现代服务领域技能型人才培养模式创新规划教材

商品推销应用技术

主 编 郑锐洪

中国水利水电出版社
www.waterpub.com.cn

内容提要

推销是一门科学，也是一种艺术；推销是一个热门行业，也是一种富于挑战性的工作。本书以推销的"工作过程"为导向，从推销基本认知、推销员素质准备、推销活动实施、推销服务与管理四个篇章十二个单元展开，充分体现体系现实感、理论可读性、方法实用性、案例本土化的特点，可作为高等院校专业用书和职业技能培训用书，是一本学生好学、老师好用的好教材。

本书配有电子教案，读者可以从中国水利水电出版社和万水书苑网站免费下载，网址为：http://www.waterpub.com.cn/softdown/和 http://www.wsbookshow.com。

图书在版编目（CIP）数据

商品推销应用技术 / 郑锐洪主编. -- 北京：中国水利水电出版社，2011.4
 现代服务领域技能型人才培养模式创新规划教材
 ISBN 978-7-5084-8441-9

Ⅰ. ①商… Ⅱ. ①郑… Ⅲ. ①推销－职业教育－教材 Ⅳ. ①F713.3

中国版本图书馆CIP数据核字（2011）第034142号

策划编辑：杨 谷　　责任编辑：张玉玲　　封面设计：李 佳

书　名	现代服务领域技能型人才培养模式创新规划教材 **商品推销应用技术**
作　者	主　编　郑锐洪
出版发行	中国水利水电出版社 （北京市海淀区玉渊潭南路1号D座　100038） 网址：www.waterpub.com.cn E-mail：mchannel@263.net（万水） 　　　　sales@waterpub.com.cn 电话：（010）68367658（营销中心）、82562819（万水）
经　售	全国各地新华书店和相关出版物销售网点
排　版	北京万水电子信息有限公司
印　刷	北京蓝空印刷厂
规　格	184mm×260mm　16开本　18印张　443千字
版　次	2011年4月第1版　2011年4月第1次印刷
印　数	0001—4000册
定　价	32.00元

凡购买我社图书，如有缺页、倒页、脱页的，本社营销中心负责调换

版权所有·侵权必究

现代服务业技能人才培养培训模式研究与实践课题组名单

顾　问：王文槿　　李燕泥　　王成荣
　　　　汤鑫华　　周金辉　　许　远
组　长：李维利　　邓恩远
副组长：郑锐洪　　闫　彦　　邓　凯
　　　　李作聚　　王文学　　王淑文
　　　　杜文洁　　陈彦许
秘书长：杨庆川
秘　书：杨　谷　　周益丹　　胡海家
　　　　陈　洁　　张志年

课题参与院校

北京财贸职业学院	荆州职业技术学院
北京城市学院	上海建桥学院
国家林业局管理干部学院	常州纺织服装职业技术学院
北京农业职业学院	常州广播电视大学
北京青年政治学院	常州机电职业技术学院
北京思德职业技能培训学校	常州建东职业技术学院
北京现代职业技术学院	常州轻工职业技术学院
北京信息职业技术学院	常州信息职业技术学院
福建对外经济贸易职业技术学院	江海职业技术学院
泉州华光摄影艺术职业学院	金坛广播电视大学
广东纺织职业技术学院	南京化工职业技术学院
广东工贸职业技术学院	苏州工业园区职业技术学院
广州铁路职业技术学院	武进广播电视大学
桂林航天工业高等专科学校	辽宁城市建设职业技术学院
柳州铁道职业技术学院	大连职业技术学院
贵州轻工职业技术学院	大连工业大学职业技术学院
贵州商业高等专科学校	辽宁农业职业技术学院
河北公安警察职业学院	沈阳师范大学工程技术学院
河北金融学院	沈阳师范大学职业技术学院
河北软件职业技术学院	沈阳航空航天大学
河北政法职业学院	营口职业技术学院
中国地质大学长城学院	青岛恒星职业技术学院
河南机电高等专科学校	青岛职业技术学院
开封大学	潍坊工商职业学院
大庆职业学院	山西省财政税务专科学校
黑龙江信息技术职业学院	陕西财经职业技术学院
伊春职业学院	陕西工业职业技术学院
湖北城市建设职业技术学院	天津滨海职业学院
武汉电力职业技术学院	天津城市职业学院
武汉软件工程职业学院	天津天狮学院
武汉商贸职业学院	天津职业大学
武汉商业服务学院	浙江机电职业技术学院
武汉铁路职业技术学院	鲁迅美术学院
武汉职业技术学院	宁波职业技术学院
湖北职业技术学院	浙江水利水电专科学校

实践先进课程理念　构建全新教材体系
——《现代服务领域技能型人才培养模式创新规划教材》
出版说明

"现代服务领域技能型人才培养模式创新规划教材"丛书是由中国高等职业技术教育研究会立项的《现代服务业技能人才培养培训模式研究与实践》课题[①]的研究成果。

进入新世纪以来，我国的职业教育、职业培训与社会经济的发展联系越来越紧密，职业教育与培训的课程的改革越来越为广大师生所关注。职业教育与职业培训的课程具有定向性、应用性、实践性、整体性、灵活性的突出特点。任何的职业教育培训课程开发实践都不外乎注重调动学生的学习动机，以职业活动为导向、以职业能力为本位。目前，职业教育领域的课程改革领域，呈现出指导思想多元化、课程结构模块化、职业技术前瞻化、国家干预加强化的特点。

现代服务类专业在高等职业院校普遍开设，招生数量和在校生人数占到高职学生总数的40%左右，以现代服务业的技能人才培养培训模式为题进行研究，对于探索打破学科系统化课程、参照国家职业技能标准的要求，建立职业能力系统化专业课程体系，推进高职院校课程改革、推进双证书制度建设有特殊的现实意义。因此，《现代服务业技能人才培养培训模式研究与实践》课题是一个具有宏观意义、沟通微观课程的中观研究，具有特殊的桥梁作用。该课题与人力资源和社会保障部的《技能人才职业导向式培训模式标准研究》课题[②]的《现代服务业技能人才培训模式研究》子课题并题研究。经过酝酿，于2008年底进行了课题研究队伍和开题准备，2009年正式开题，研究历时16个月，于2010年12月形成了部分成果，具备结题条件。课题组通过高等职业技术教育研究会组织并依托60余所高等职业院校，按照现代服务业类型分组，选取市场营销、工商企业管理、电子商务、物流管理、文秘、艺术设计专业作为案例，进行技能人才培养培训模式研究，开展教学资源开发建设的试点工作。

《现代服务业技能人才培养培训方案及研究论文汇编》（以下简称《方案汇编》）、《现代服务领域技能型人才培养模式创新规划教材》（以下简称《规划教材》）既作为《现代服务业技能人才培养培训模式研究与实践》课题的研究成果和附件，也是人力资源和社会保障部部级课题《技能人才职业导向式培训模式标准研究》的研究成果和附件。

《方案汇编》收录了包括市场营销、工商企业管理、电子商务、物流管理、文秘（商务秘书方向、涉外秘书方向）、艺术设计（平面设计方向、三维动画方向）共6个专业8个方向的人才培养方案。

《规划教材》是依据《方案汇编》中的人才培养方案，紧密结合高等职业教育领域中现代服务业技能人才的现状和课程设置进行编写的，教材突出体现了"就业导向、校企合作、

---

① 课题来源：中国高等职业技术教育研究会，编号：GZYLX2009-201021
② 课题来源：人力资源和社会保障部职业技能鉴定中心，编号：LA2009-10

双证衔接、项目驱动"的特点，重视学生核心职业技能的培养，已经经过中国高等职业技术教育研究会有关专家审定，列入人力资源和社会保障部职业技能鉴定中心的《全国职业培训与技能鉴定用书目录》。

本课题在研究过程中得到了中国水利水电出版社的大力支持。本丛书的编审委员会由从事职业教育教学研究、职业培训研究、职业资格研究、职业教育教材出版等各方面专家和一线教师组成。上述领域的专家、学者均具有较强的理论造诣和实践经验，我们希望通过大家共同的努力来实践先进职教课程理念，构建全新职业教育教材体系，为我国的高等职业教育事业以及高技能人才培养工作尽自己一份力量。

丛书编审委员会

现代服务领域技能型人才培养模式创新规划教材
市场营销专业编委会

主　任：郑锐洪

副主任：（排名不分先后）

平建恒	刘金章	杨家栋	闫文谦	孙京娟	李建峰
张翠英	施凤芹	白福贤	刘艳玲	李占军	饶　欣
陈　娟	王　涛	刘　凤	张于林	李子剑	马峥涛
王玉波	孙　炎				

委　员：（排名不分先后）

易正伟	彭　娟	李正敏	杨海娜	王麟康	孙肖丽
张桂芝	赵立华	毛锦华	王霄宁	周志年	林祖华
杨贵娟	蒋　平	蒋良俊	李春侠	王　方	赵　轶
包发根	金欢阳	郑荷芬	吴文英	陈竹韵	董　媛
邓迪夫	王社民	雷锋刚	张馨予	张　洁	赵志江
王心良	方志坚	赖月云	谭清端	王海刚	张　涛
王建社	王福清	陈　宇	张晨光	周彦民	赵润慧
王霖琳	王汉忠	王连仁	刘　伟	王慧敏	马会杰
刘艳丽	刘　媛	王　云	孙吉春	刘　凤	田学忠
胡　皓	郝亚坤	余　荣	顾　伟	卞进圣	晏　霞
周万发	谢　刚	薛　莉	陆　玲	李柏杏	

前　言

首先，推销是一个行业，一个富有诱惑力的行业，目前在中国仍然是一个热门的行业。因为推销行业意味着丰厚的回报，意味着有机会快速实现资本的原始积累，为创业和追求更大的事业发展奠定基础。事实上，世界上很多的富豪，比如李嘉诚、王元庆、迈克尔·戴尔等都是从推销起家的。其次，推销也是一种工作，一种刺激而具有挑战性的工作，这种工作要求业务人员具有较高的综合素质，能够巧妙地融知识、勇气、意志和智慧于一身，对于具有强烈企图心和勇于挑战的年轻人非常具有吸引力。

从学科的角度，推销既是一门科学，也是一门艺术，同时还是一项实践性很强的销售技术。作为一门科学，在西方已经发展了几十年，有着一套完整的、系统的理论和方法，是广大销售从业人员实践经验的总结，这些有益的知识和经验可以帮助成长中的新一代销售人员少走弯路，减少经验积累的时间。推销作为一门艺术，它存在很多微妙之处需要琢磨领会，懂得灵活地运用推销的方法和技巧，才可能游刃有余。而推销作为一种销售技术，是需要经过长期探索，反复演练、实践，才能达到熟练运用的境界，同时还需要引入科学技术进行推销方法的创新。可以说，随着市场经济的深入开展，推销行为已经渗透到我们生活的方方面面，影响着我们每个人、每个家庭，乃至每个企业的前途。虽然有人认为推销只是"市场营销冰山的一角"，彼得·德鲁克甚至提出"市场营销的目的在于使推销成为多余"，但就我国目前的市场实际而言，"推销"仍然不可或缺。

纵观目前国内图书市场，关于推销方面的教材很多，但真正好的适用的教材不多，感觉鱼龙混杂。有的是比较宏观的注重理论体系完整性的教科书，缺少实践操作性的内容；有的是比较微观的操作性的销售技能培训读物，又缺乏一些理论的提升；有的是国外翻译过来的"推销管理"教材，其文字生硬、内容不切合中国实际。总之，老师感觉不好用，学生感觉不好学。本书是凭借编者多年的企业营销经历，力图将推销理论与中国市场的操作实际结合起来，希望给读者奉献一本既有一定理论深度，又有丰富的操作策略和方法，对于中国本土销售工作者和企业管理相关专业学生很实用，又具可读性的优秀教科书，也可以作为企业销售人员的参考读物和营销培训教材。编者都具有扎实的理论功底，又具有难得的企业营销和教学经验，这是一个有力的保障。

本书在内容结构的构思上充分体现"以推销工作过程为导向"的指导思想，将全书分为12个单元，依据企业推销工作的实践逻辑安排内容版块，目的是内容层层深入、技能循序渐进，知识和技能都可得到逐步提升，并配合案例讨论加深理解。

本教材的编写特别注重理论的可读性、创新性，以及方法和策略的实用性、操作性，注重理论与实践的匹配，策略向方法、技能的转化，目的是编出一本好学、好用的教材。本教材的内容特色体现在以下几个方面：

（1）体系现实感。

本教材以推销的"工作过程"为导向，全书共12单元，内容体现了"树立现代推销观念——进行推销前的素质准备——掌握推销过程的步骤、策略与方法——推销售后服务与管理"

的逻辑关系,紧密结合企业推销工作的实际,便于读者学以致用。

(2)理论可读性。

本教材在编写过程中尽量避免使用晦涩的语言和冗长的语句表达含混的思想,而是力求用流畅的文字表达深邃的思想,用简洁明了的语言准确传达推销的策略与方法要领,同时增加销售管理领域的前沿创新主题,以增强教材的可读性。

(3)方法实用性。

本教材在注重推销工作实践逻辑的基础上,加强了推销实施和推销管理过程的操作性策略与方法,以体现企业推销工作的实践性、应用性特征。其中很多策略与方法都是编者在多年营销实践中的经验总结,具有很强的可操作性和宝贵的实用价值。

(4)案例本土化。

企业推销工作具有很强的本土化特征,因此本教材在编写过程中大多采用本国企业的案例、新近的案例、发生在我们身边的案例,有的甚至是编者亲身经历的案例,尽量少使用国外案例,以增强案例的关联性、适用性和说服力。

本书由天津工业大学管理学院郑锐洪教授(博士)负责设计和统筹编撰。其中单元一、二、八、十一、十二由郑锐洪编写,单元三、四、九、十由广东工贸职业技术学院经济贸易系杨海娜老师编写,单元五、六、七由上海海洋大学经济管理学院李玉峰博士编写,全书由郑锐洪统稿和审阅。

在编写过程中有幸得到我国知名营销专家、中国人民大学商学院郭国庆教授(博导)的悉心指导,在此致以特别的敬意!同时感谢劳动部、中国高职教育研究会《现代服务业技能人才培养培训模式》课题组的项目资助,感谢中国水利水电出版社北京万水电子信息有限公司杨庆川总经理和杨谷编辑的大力支持。书中凝聚了编者大量心血和闪光的思想,借鉴了一些学界同仁的真知灼见和精彩案例,在此一并表示诚挚的谢意!

编者在本书编写过程中付出了十分的努力,但在完稿之时仍感觉有不尽人意之处。特别是推销情景复杂多变,任何的策略和方法都只能是一家之言,不敢轻言真理,因此错漏和不足之处在所难免,恳请业内专家和广大读者批评指正。作者 E-mail:ruihong2003@126.com。

编　者
2011 年 2 月

目 录

前言
单元一 推销基本认知 ……………………… 1
项目一 了解推销的概念与内涵 ………………… 2
　　任务1 界定推销行为 …………………………… 2
　　任务2 了解推销工作的特点 …………………… 6
项目二 弄清推销、销售与营销的区别 ………… 9
　　任务1 辨析推销与营销 ………………………… 9
　　任务2 辨析推销与销售 ………………………… 11
项目三 了解推销流程及学科发展 ……………… 11
　　任务1 认识推销活动的一般流程 ……………… 11
　　任务2 了解现代推销学科的发展 ……………… 14
项目四 把握商品推销的伦理原则 ……………… 15
　　任务1 了解销售行业的道德失范现象 ………… 15
　　任务2 把握商品推销的商业伦理原则 ………… 17
单元小结 …………………………………………… 21
训练题 ……………………………………………… 21
综合案例分析 ……………………………………… 22

单元二 推销理论和模式 ………………… 24
项目一 了解推销三角理论 ……………………… 25
项目二 认识推销方格理论 ……………………… 27
　　任务1 掌握推销人员方格 ……………………… 27
　　任务2 掌握顾客方格 …………………………… 29
项目三 四种典型推销模式分析 ………………… 32
　　任务1 掌握爱达（AIDA）模式 ……………… 32
　　任务2 掌握迪伯达（DIPADA）模式 ………… 34
　　任务3 掌握埃德帕（IDEPA）模式 …………… 36
　　任务4 掌握费比（FABE）模式 ……………… 37
项目四 讨论新时期推销创新 …………………… 38
　　任务1 讨论知识推销 …………………………… 38
　　任务2 讨论关系推销 …………………………… 39
　　任务3 讨论网络推销 …………………………… 40
　　任务4 讨论体验推销 …………………………… 41
单元小结 …………………………………………… 43
训练题 ……………………………………………… 43
综合案例分析 ……………………………………… 44

单元三 推销员素质准备 ………………… 45
项目一 推销员的素质准备 ……………………… 45
　　任务1 道德素质准备 …………………………… 46
　　任务2 文化素质准备 …………………………… 47
　　任务3 心理素质准备 …………………………… 48
　　任务4 身体素质准备 …………………………… 50
项目二 推销员的知识准备 ……………………… 50
　　任务1 企业知识准备 …………………………… 50
　　任务2 产品知识准备 …………………………… 51
　　任务3 推销专业知识准备 ……………………… 53
　　任务4 客户服务知识准备 ……………………… 53
　　任务5 竞争对手知识准备 ……………………… 54
　　任务6 相关法律知识准备 ……………………… 54
项目三 推销员的能力准备 ……………………… 54
　　任务1 培养学习能力 …………………………… 54
　　任务2 磨练洞察力 ……………………………… 55
　　任务3 沟通能力训练 …………………………… 55
　　任务4 锻炼交际能力 …………………………… 55
　　任务5 炼就忍耐力 ……………………………… 56
　　任务6 自我控制能力培养 ……………………… 56
　　任务7 自我调节能力养成 ……………………… 56
　　任务8 创新应变能力开拓 ……………………… 57
项目四 成功推销员的特质塑造 ………………… 57
　　任务1 挖掘强烈的企图心 ……………………… 57
　　任务2 培养超人的勇气 ………………………… 58
　　任务3 焕发销售激情 …………………………… 61
　　任务4 养成良好的自控力 ……………………… 61
　　任务5 形成非凡的亲和力 ……………………… 62
单元小结 …………………………………………… 62
训练题 ……………………………………………… 63
综合案例分析 ……………………………………… 63

单元四 推销沟通与礼仪 ………………… 65
项目一 了解客户沟通 …………………………… 66
　　任务1 理解沟通的含义 ………………………… 66

任务2　明确沟通三要素……………………66
　　任务3　熟悉沟通的方式………………………67
　　任务4　讨论沟通的原则………………………68
　　任务5　学会与不同风格的客户沟通…………69
　项目二　掌握客户沟通技巧……………………71
　　任务1　学会倾听………………………………71
　　任务2　提问的技巧……………………………73
　　任务3　善用同理心……………………………75
　　任务4　要善于赞美……………………………78
　项目三　了解推销礼仪…………………………80
　　任务1　认识推销礼仪的重要性………………80
　　任务2　推销礼仪形成第一印象………………80
　项目四　掌握人员推销基本礼仪………………81
　　任务1　了解推销员的着装仪容………………81
　　任务2　注意推销员的行为举止………………84
　　任务3　懂得推销交往礼仪……………………85
　　任务4　掌握推销交谈礼仪……………………88
　单元小结…………………………………………89
　训练题……………………………………………90
　综合案例分析……………………………………90
单元五　目标顾客寻找……………………………92
　项目一　潜在顾客寻找…………………………93
　　任务1　了解什么是潜在顾客…………………93
　　任务2　区分潜在顾客的类型…………………93
　　任务3　找准潜在顾客的价值…………………95
　　任务4　掌握寻找潜在顾客的方法……………96
　项目二　顾客档案建立…………………………98
　　任务1　如何建立顾客档案……………………98
　　任务2　最佳顾客与最差顾客识别……………101
　　任务3　了解潜在顾客购买决策过程…………103
　　任务4　形成潜在顾客开发策略………………107
　项目三　运用精确营销帮助聚焦顾客…………108
　　任务1　认识精确营销…………………………108
　　任务2　了解精确营销体系与技术……………109
　　任务3　利用精确营销帮助聚焦顾客…………110
　单元小结…………………………………………112
　训练题……………………………………………112
　综合案例分析……………………………………112
单元六　接近目标顾客……………………………114

　项目一　顾客接近的设计………………………115
　　任务1　制定顾客接近计划……………………115
　　任务2　顾客接近前的准备……………………117
　项目二　顾客的有效接近………………………119
　　任务1　顾客接近的方法指引…………………119
　　任务2　有效接近顾客的策略…………………125
　项目三　约见目标顾客…………………………126
　　任务1　确定推销接近的目标…………………126
　　任务2　确定约见顾客的方法…………………127
　项目四　建立顾客信任…………………………128
　　任务1　了解信任的含义与特征………………129
　　任务2　体会信任的社会价值…………………130
　　任务3　分析影响顾客信任的因素……………130
　　任务4　掌握建立顾客信任的步骤……………132
　单元小结…………………………………………135
　训练题……………………………………………135
　综合案例分析……………………………………135
单元七　推销业务洽谈……………………………137
　项目一　了解推销洽谈的内容…………………138
　　任务1　了解推销洽谈的特点…………………138
　　任务2　熟悉推销洽谈的内容…………………139
　　任务3　制订推销洽谈的目标…………………140
　项目二　熟悉推销洽谈的步骤…………………141
　　任务1　营造良好的开场气氛…………………142
　　任务2　介绍并示范公司产品…………………142
　　任务3　合理报价并陈述交易条件……………143
　　任务4　把握实质性磋商阶段…………………144
　　任务5　伺机达成业务交易……………………145
　项目三　掌握推销洽谈的方法…………………145
　　任务1　领会提示法……………………………146
　　任务2　掌握演示法……………………………147
　　任务3　体验试用法……………………………149
　项目四　领会推销洽谈的策略…………………150
　　任务1　学会与顾客共同销售…………………150
　　任务2　善于揣度顾客心理……………………150
　　任务3　掌握说服顾客的策略…………………152
　单元小结…………………………………………153
　训练题……………………………………………154
　综合案例分析……………………………………154

单元八　顾客异议处理 156
项目一　弄清顾客异议的类型及成因 156
任务1　明晰顾客异议的界定 157
任务2　讨论顾客异议的价值 157
任务3　分析顾客异议的成因 158
任务4　划分顾客异议的类别 160
项目二　怎样进行顾客异议的有效处理 161
任务1　把握顾客异议处理的原则 161
任务2　领会顾客异议处理的策略 163
项目三　掌握顾客异议处理的有效方法 164
任务1　学习直接驳正法 164
任务2　领会先扬后抑法 165
任务3　学会转化处理法 165
任务4　掌握截长补短法 165
任务5　体会反问处理法 166
任务6　尝试忽视处理法 166
项目四　顾客价格异议的应对策略 167
任务1　建立双赢的理念基础 167
任务2　掌握灵活的报价策略 168
任务3　尽量让对方感觉赢得了谈判 169
单元小结 169
训练题 170
综合案例分析 170

单元九　促成业务交易 172
项目一　有效捕捉成交的信号 173
任务1　明确推销成交的界定 173
任务2　捕捉成交的有利信号 174
任务3　学会正确对待成交 176
项目二　领会促进成交的技巧 177
任务1　要适当保留余地 177
任务2　可恰当忽视异议 177
任务3　需要突出特定功效 178
任务4　特别强调最后机会 178
任务5　可满足特殊要求 178
任务6　可提供多种选择 179
任务7　要力争大额订单 179
项目三　掌握促成交易的方法 180
任务1　应用假设成交法 180
任务2　尝试试成交法 180
任务3　采用请求式成交法 180
任务4　考虑多选式成交法 181
任务5　体会体验成交法 181
任务6　运用从众成交法 182
任务7　选用优惠成交法 182
任务8　探索平衡表式成交 183
单元小结 183
训练题 184
综合案例分析 184

单元十　开展电话推销 188
项目一　了解电话推销 189
任务1　了解电话推销及其发展 189
任务2　辨析电话推销的优势与劣势 190
项目二　熟悉电话推销的一般流程 191
任务1　电话推销前的准备 191
任务2　做好电话沟通的步骤 194
任务3　促成电话交易的关键 195
项目三　电话推销人员素质修炼 195
任务1　学会遵守电话礼仪 195
任务2　强化声音训练 197
项目四　电话推销方法技巧训练 199
任务1　掌握越过前台的技巧 199
任务2　掌握开场白的技巧 201
任务3　掌握询问鉴别的技巧 203
任务4　掌握落实订单的技巧 204
任务5　掌握赞美的技巧 205
任务6　电话推销存在的问题及解决 206
单元小结 208
训练题 208
综合案例分析 209

单元十一　推销售后服务 212
项目一　了解推销服务的内涵 213
任务1　认识服务与推销服务 213
任务2　了解推销服务的内容 215
项目二　正确认识和处理顾客投诉 220
任务1　正确认识顾客投诉 220
任务2　区分顾客投诉的性质和种类 221
任务3　熟悉处理顾客投诉的方法流程 222
任务4　与不满的顾客结成伙伴关系 225

项目三　了解大客户的管理策略……………226
　　任务1　大客户认知……………………227
　　任务2　大客户管理……………………229
　　任务3　大客户管理的关键要素………230
　　任务4　掌握大客户管理的方法………232
项目四　掌握客户关系管理方法……………234
　　任务1　认识客户关系管理……………234
　　任务2　把握客户关系管理的原则……236
　　任务3　顾客数据库的建立与管理……237
　　任务4　运用CRM提升客户忠诚度…240
单元小结……………………………………242
训练题………………………………………243
综合案例分析………………………………243

单元十二　推销过程管理…………………245
项目一　推销业务管理………………………246
　　任务1　日常推销业务管理……………246
　　任务2　推销压力管理…………………248
　　任务3　推销时间管理…………………250
项目二　推销组织设计………………………253

　　任务1　推销组织设计的原则…………253
　　任务2　典型推销组织模式……………254
项目三　推销队伍管理………………………257
　　任务1　推销人员招聘…………………257
　　任务2　推销人员培训…………………259
　　任务3　推销人员薪酬设计……………261
　　任务4　推销人员绩效考核……………263
　　任务5　推销人员激励…………………264
项目四　推销账款控制………………………269
　　任务1　了解推销账款…………………269
　　任务2　分析推销账款的成因…………269
　　任务3　认识推销账款的危害…………270
　　任务4　领会推销账款的防范要领……271
　　任务5　掌握推销账款的催收方法……271
单元小结……………………………………272
训练题………………………………………273
综合案例分析………………………………273
参考文献……………………………………274

单元一　推销基本认知

知识点

（1）推销的概念、内涵和本质。
（2）推销与销售、营销的区别。
（3）推销工作的一般流程。
（4）推销学科的现代发展。
（5）推销工作的伦理原则。

技能点

（1）掌握推销工作的流程设计。
（2）分析推销工作的要求、特点。
（3）推销行业的道德缺失与防范。

[案例导入]

案例 1-1　台湾首富王永庆年轻时在台湾嘉义靠卖大米为生。当时由于米铺多，竞争激烈，王永庆在偏僻小巷中的铺面一开始就面临门庭冷清的经营局面。为了生计，也为了在市场上立足，王永庆琢磨在提高米的质量和服务质量上做起了细枝末节的文章。

首先，王永庆从淘米开始了自己的努力。经过细致挑拣的大米，因为没有了沙子、小石头和杂物从而提高了档次，受到了顾客的青睐。其次，王永庆开始为顾客提供送米上门的服务。对于习惯了自己买米扛回家的体弱、工作忙的一些顾客来说，这样的便民服务无疑又让小王得到了很多好评和认可。第三，送货上门的同时开展问卷调查工作。当时尚无问卷调查之说，但是从王永庆询问记录顾客米缸的大小、家庭成员的人数、大人小孩的比例、大米的消耗等数据来看，他做的也就是问卷的事情。在收集到资料后，顾客会发现，每当他们的米快要用完的时候，这个小王就会把米送到自家门口，让顾客总是心里热乎乎的。第四，把米倒进米缸。这原本是个很简单的动作，但是就在这个简单的动作中，王永庆又一次用细心和职业的素养让顾客感动了。他在把新米倒进米缸前，一定是将旧米倒出，擦干净米缸，然后倒进新米，再把旧米放在上层。这一系列的动作是对顾客的体贴，也赢得了顾客的心。

案例来源：http://www.795.com.cn/wz/79396_2.html

项目一　了解推销的概念与内涵

任务 1　界定推销行为

1. 话说推销

说起"推销"（Selling）大家并不陌生。推销是人们所熟悉的一种社会行为，它是伴随着商品交换的产生而产生，伴随着商品交换的发展而发展的，它已经融入我们的生活并成为生活中不可或缺的内容。推销作为现代企业经营活动的一个重要环节，渗透在人们的日常生活之中。可以说，随着市场经济的深入开展，推销行为时时刻刻、无处不在地存在于我们的生活中，影响着我们每个人、每个家庭、每个企业乃至每个国家的前途。

仔细想来，我们或者在推销我们的产品和服务，或者在推销我们的思想、知识或解决方案，或者就是在推销我们自己，每一个人每一分钟都没有停息。无论你干什么都需要自我展示，也都是一种自我推销。从街市里沿街叫卖的小贩，到街头上五彩缤纷的路牌广告，再到各种宣传媒介的商品信息；从婴儿对母亲的微笑，朋友之间的互相招呼，到下属对上司的工作汇报，其实都是一种社会推销行为。从广义来理解，不同职业的人也都是不同行业的推销员，如作家推销其作品，医生推销其医术，教师推销其专业知识，政治家推销其政见等。所以，推销不仅是一种企业销售行为，而且是一种社会交往行为。

人在社会当中的所有交往行为我们都可以视为一种推销行为。一个人要取得成功，就要不断地取得别人的理解、好感、信任和支持，就要赢得友谊、爱情以及事业上的合作伙伴，实际上就是不断推销自己。实践经验告诉我们，推销是一种生存能力，也是一种社会本领，自我推销能力的大小深深影响着每一个人一生的成败。因此，想要拥有成功的事业和人生，不妨使自己成为一个成功的推销专家，推销产品的同时顺便推销自己。

2. 推销的概念界定

目前，国内外关于"推销"的定义或说法有 180 多种。其中世界著名的欧洲推销专家海因兹·姆·戈德曼认为：推销就是要顾客深信他购买你的产品是会得到某些好处的。日本的"推销之神"原一平认为：推销就是热情，就是战斗，就是勤奋地去工作，去追求；澳大利亚推销专家则认为：推销是说服人们，对推销人员所宣传的商品、劳务或意见，理解、认同并愿意购买。其核心是发现和说服，也就是要发现人们的需要和欲望，并说服他们采用推销的商品或劳务，以满足其需要。我国的一些权威人士则认为，推销是指推销人员在一定的推销环境里，运用各种推销技术和推销手段，说服一定的推销对象，同时也达到推销人员自身特定目的的活动。

推销可以分为广义的推销和狭义的推销两个方面来理解。本书主要从狭义的推销，即直接的面对面的人员推销的角度，来阐释现代推销学的过程和行动内容。

广义的推销是指推销的主动发起者，采用一定的技巧，传递有关信息，刺激推销对象，使其接受并实施推销内容的活动与过程。推销是一种说服、暗示，也是一种沟通、促进，从这个角度讲，当今社会生活中处处充满推销，每个人都在进行着推销活动。

狭义的推销是一种上门的或者面对面的人员推销行为，是指推销人员与顾客通过直接接触，运用一定的推销方法和手段，将自己的商品或劳务信息传递给顾客，并促使其购买的销售行为和过程。换言之，通常意义的推销就是运用一切可能的方法和手段把产品或服务提供给顾客，并促使其接受或购买的过程。因此，狭义的推销是以企业或推销员为推销的主体，以产品或服务为推销内容，以目标市场的购买者为推销对象的。

3. 对推销的认识误区

由于在改革开放初期，很多身无特殊专长的人，在谋职无门的情况下，去做了销售，因此，社会对推销工作，以及从事推销工作的推销人员产生了低看一等的认识，认为推销是一件很容易的事情，只要是一个正常的人都能做的工作，只要会与人打交道、勤快就可以将推销工作做好，认为推销不是一个值得尊敬的职业。有的认为好产品自然会畅销，推销属于无谓的投入，是浪费钱。还有很多人把推销与沿街叫卖、上门兜售联系在一起，并且认为推销人员都是唯利是图，不择手段，推销是不道德的行为，以推销为职业的人都是花言巧语，都是不可靠的，由此贬低推销，这种误解对推销人员的形象及推销的发展影响最大。难怪大多数的推销员，当亲友问起工作时含糊其辞，不能以推销为荣，这是行业的一种悲哀，主要缘于社会对现代推销工作和推销人员的误解。

对于推销，社会上存在种种不同的误解：

① 推销就是"高明的骗术"。
② 推销就是"耍嘴皮子、吹牛"。
③ 推销就是"说服、诱导顾客"。
④ 推销就是"迫使顾客掏钱"。
⑤ 推销就是"拉关系，搞回扣"。
⑥ 推销都是"骗钱，赚取暴利"。
……

把推销描绘成为一种骗人的把戏，一种见不得人的行为。这些错误的认识，阻碍了人们对于推销学以及推销活动过程的探讨和研究。

对于推销工作，社会上也存在种种不同的看法：

①推销一般是那些文化水平低、没有什么本事的人干的职业。
②干推销赚不了什么大钱，还可能随时被公司解雇。
③推销就是欺骗顾客，让顾客购买他不需要的商品或服务。
④酒香不怕巷子深，好的产品或服务是不需要推销的。
⑤被推销的商品或服务一定是有什么问题的。
⑥推销属于低知识含量的夕阳行业，很快会被淘汰。
……

这些似是而非的认识不知阻挡了多少渴望进入推销行列的年轻人的脚步，把推销看作一种不负责任的销售行为，也影响到企业优秀推销队伍的建立。

其实，推销为交换提供了一种机制，通过这个机制和过程，顾客的需要得到了满足，企业也得到了发展。推销是一种神圣的工作，是具有很强挑战性的工作，虽然是比较艰苦的行业，但却是能够成就大事业和实现自我价值的工作。世界上很多大企业的老板或CEO都是从干推销起步的，华人富豪李嘉诚、王永庆等早年都是靠推销起家的。据权威部门统计，世界上90%以上的巨富是从推销员干起的，推销是充满挑战、充满发展空间的朝阳行业，推销很需要责任感且报酬丰厚。所以，正确地认识推销是投入推销行业、掌握推销技巧、提高推销技能的前提。

4. 推销的实质

综上所述，推销既是一门科学，也是一门艺术，同时还是一种技术。作为一门科学，在西方已经发展了几十年，有着一套完整的、系统的理论和方法，是人们推销实践经验的结晶。这些有益的知识和经验是可以通过学习间接得到的。作为一门艺术，它存在很多微妙之处需要领会，懂得灵活地运用推销的方法和技巧，才可能游刃有余。而推销作为一种技术，是需要长期积累，反复地演练、摸索、实践，才能达到熟练运用的境界，推销的独特之处在于它是去满足每个顾客的具体需求。我们可以从以下几个方面全面理解"推销"这一销售行为的实质，以帮助我们正确理解"推销"和搞好"推销工作"：

（1）推销是一个具有挑战性的行业。

从"推销"本身的字面含义分析，推销就是通过"推"的方式，把自己的产品或服务"销"出去的过程，这是一个运动变化的过程，也是一个艰难复杂的过程，"销"是该运动过程的目的和结果。从表面看来，推销是一件很平常的事情，一件很简单的事情，但事实上，改革开放30年以来，随着市场经济的深入开展，我国市场上产品出现过剩现象，市场竞争日渐加剧，企业之间通过推销占领市场成为必然的选择，推销竞争白热化。所以，推销工作对于当代企业的生存和发展来说，是一件极其重要的事情。

同时，推销成为一个热门的行业，有数百万人专门从事各种产品的推销工作，形成一支浩浩荡荡的推销大军。但推销员之间的推销竞争也日益激烈，推销行业也成为既有吸引力又很有挑战性的行业。从事商品的推销工作，有可能帮助一个刚起步的年轻人改善经济状况，构建事业发展的基础，实现自身的价值，但不是谁都可以做好推销工作的，它需要很高的综合素质和能力，特别是不怕苦、不怕累，积极上进，勇于创新的精神。

（2）推销活动是一个系统的交换过程。

推销过程包括寻找顾客、接近顾客、推销洽谈、处理顾客问题、促成交易、交易反馈等环节，各环节相互制约、相互影响，最后形成交易。推销过程是人们感情、能量、信息、物质、货币等经济社会要素不断进行交换和交易的系统过程。推销活动的主要要素，包括推销主体（推销人员）、推销对象（顾客、用户等）、推销客体（产品、劳务、观念等），互相影响、相互作用，主宰推销的结果。这三个要素在整个推销过程中相互依存、相互关联、相互作用，实现了能量和信息的交换，实现了商品使用价值和价值的转换。

（3）推销的实质是满足顾客的需求。

市场经济是消费者主权经济，生产者、经营者的经营活动能否成功，关键取决于其提供的产品和服务是否符合消费者的需求。市场营销的基本原理告诉我们，一切商业活动必须以更好地满足消费者的需要为出发点，而推销活动也不例外，也必须以满足消费者的需求为中心，不能违背消费者意愿，不能搞强制推销，更不能坑蒙拐骗，同时还要考虑消费者需求的现实性，即消费者是否急需，是否有能力购买。所以推销人员在进行推销活动时，应该做到：

- 寻找对产品使用价值有急切需求的顾客，并由此确定推销目标和计划。产品的使用价值是促使顾客购买的首要因素，寻找有急切需求的顾客是推销人员的重要任务。
- 通过推销要满足顾客的主要需求。顾客的需求总是多种多样，而其中有极少数需求是主要的，所推销产品的主要特点只有与顾客的主要需求相吻合才可能取得成功。
- 通过推销要满足顾客的潜在需求。已经存在并已被顾客认识的需求是推销机会，但还没有被顾客认识的潜在需求更是推销的契机，推销工作要求具有前瞻性。成功的推销人员要善于发现顾客的潜在需求，通过说服、刺激与引导，并促成购买。

（4）推销的核心内容是说服顾客。

很多专业推销人员，虽然从事推销工作多年，但绩效并不理想，其中一个很重要的原因就是注重了前期的情感投入，但抓不住推销的核心工作——说服顾客。推销技巧看似形形色色，但只要我们抓住说服顾客的要领，就可能会成功。因为说服顾客接受并且购买特定的产品或服务并不是一件容易的事，要做到令对方心悦诚服、自觉自愿就更加困难，这就需要把推销的重点放在说服环节上。

推销工作的核心就是说服，说服力的强弱是衡量推销人员素质、水平的重要标准。怎样才能更有说服力？这不仅需要推销人员具备专业的知识、良好的口才，更重要的是要掌握说服别人的原则和技巧，要抓住对方切身利益展开说服工作，使顾客相信所推销的产品是顾客所需要的，由此产生认同感、信任感，才能达到推销效果。说服的过程是一个艺术的过程，不但要消除顾客对产品的顾虑、无知，更要增进顾客对推销品的认同、信任，还要激发顾客对产品的购买欲望；不但要让顾客清楚购买产品的功能价值和附加价值，要与顾客拉近感情上的距离，还要达成心灵的沟通与理念的共识，这样才能促使顾客做出购买决策。

（5）推销既是商品交换与服务顾客的过程，又是信息反馈的过程。

推销首要的功能是实现商品交换与服务顾客，表现为商品买卖、商务沟通、售后服务、客户关系的管理过程。通过推销活动，实现企业（产品）、顾客与推销员三者之间的价值交换，这也是社会分工的必然结果。企业通过推销活动实现产品的功能价值，获得经营利润；顾客通过推销活动获得自己需要的产品，获得使用价值；推销员通过推销活动实现自己的人生价值，获得薪酬或佣金，这是推销工作的动力所在。

同时，推销活动又是信息沟通与信息反馈的重要过程。一方面，推销工作需要将行业的、企业的、产品的相关信息传递给顾客，通过信息的传播、接受、加工、反馈、储存、处理等环节，实现推销员与顾客的双向信息互动，加强顾客的有效认知以促进销售；另一方面，推销工作也需要从顾客、行业甚至竞争对手那里反馈信息给企业，了解顾客需求变化及市场竞争状况，以便企业进行新产品开发和市场策略的决策。

[参考阅读]　考量一个人是否适合从事推销工作的重要条件

（1）感觉敏锐，对与人打交道有浓厚兴趣。这种技能可以帮助推销人员更加准确地把握顾客的实际需要，发现顾客的问题。因为它能使推销人员发觉顾客在想什么，并能理解他们为什么那样想。

（2）沟通能力强。这不仅意味着向顾客传递信息的能力，更为重要的是一种聆听和理解的能力。知道什么时候停下来不说和什么时候听顾客说是十分重要的。

（3）有决心。尽管要求推销人员能把被拒绝当作一种常事，但对于真正想在推销行业获取成功的人来说，他们是决不会轻易满足于被拒绝的。事实上，顾客在说"不"的时候，很有可能意味着也许可以尝试一下，没准能取得成功。有决心的推销人员有一种成功的欲望和意志，而对他们来说，成功就是做成一笔交易。

（4）自律乐观。多数推销人员大部分的时间都处于无人监管的状态，除了与顾客接触外，他们都是独立自主的。作为推销人员，又必须时刻准备着遇到挫折、遭到拒绝和承受失败。因此，推销人员必须既自律又乐观。

资料来源：[美]戴维·乔布等著．推销与销售管理（第 7 版）．俞利军译．北京：中国人民大学出版社，2007 年 9 月版，第 6 页

任务 2 了解推销工作的特点

推销是一种行业，也是一种工作。推销是一种富于吸引力和挑战性的工作，容易获得高的回报或收入，也可能是一种非常自由和轻松的工作。因为每一个人所处的情况不同，对推销工作会有不同的感受和认识。按照推销大师原一平的说法："销售（推销）是一项报酬率非常高的艰难工作，也是一项报酬率最低的轻松工作。所有的决定均取决于自己，一切操之在我。我可以是一个高收入的辛勤工作者，也可以成为一个收入最低的轻松工作者。销售就是热情，就是战斗，就是勤奋工作，就是忍耐，就是执著的追求，就是时间的魔鬼，就是勇气。" 可见，推销并不是一项简单的工作，它需要推销人员巧妙地融知识、天赋和才干于一身。

1. 交易型推销与顾问型推销

交易型推销（Transactional Selling）是指有效地针对价格敏感型顾客的需要进行销售的一种推销过程。买卖的双方只对交易的产品及其功能和价格感兴趣，交易结束推销活动即结束，没有售后服务和客户关系管理的内容。

这种类型的顾客主要对产品价格和便利性感兴趣，他们对自己的需要有充分的认识，并可能已经了解他们想要购买的产品或服务的大量信息。基于交易的顾客倾向于主要关注低廉的价格，所以交易型推销大多采用低成本的推销策略。低成本交易推销战略包括电话推销、直邮和互联网推销等。这种推销方法通常为那些认为不需要花费太多时间来评估顾客需要、解决问题、构建关系或售后跟踪的营销人员采用。

顾问型推销（Consultative Selling）强调推销员要了解把握顾客的实际需求，充当顾客的购买顾问，帮助顾客提供商品购买的解决方案。顾问型推销出现于 20 世纪 60 年代末 70 年代初，是市场营销观念在推销领域的应用和延伸。

这种推销方式强调通过推销人员和顾客之间的有效沟通来识别需要，帮助顾客解决合理购买问题，因此非常符合现代顾客的购买心理需求。推销人员通过适当的询问和仔细地倾听顾客的意见，建立起双向沟通渠道，推销人员扮演顾问的角色并提供深思熟虑的推荐意见，以帮助顾客形成解决方案。推销人员要为长期伙伴关系奠定基础，要站在顾客角度考虑，商谈代替了操纵，赢得了顾客信任。因此，采用顾问型推销方式的推销人员要掌握倾听、识别顾客需求和提供一个或多个解决方案的关键能力。

在企业营销实践中，那些具有市场营销观念的生产、服务、零售和批发公司都已经采用或者正在采用顾问型推销实践并取得成效。顾问型推销方式的主要特点包括：

（1）顾客被视为服务的对象，而不仅仅是推销产品的对象。

顾问型推销人员认为他们的职责就是给顾客以充分的咨询与指引，帮助顾客做出明智的决定。所以，顾问型推销人员首先要是一个信息专家或产品行家，还要是一个热心者。顾问型推销一般采用四步骤推销流程，包括：发现需要、选择解决方案、需要—满足和推销服务，如图 1-1 所示。

```
发现需要 → 选择解决方案 → 需要—满足 → 推销服务
```

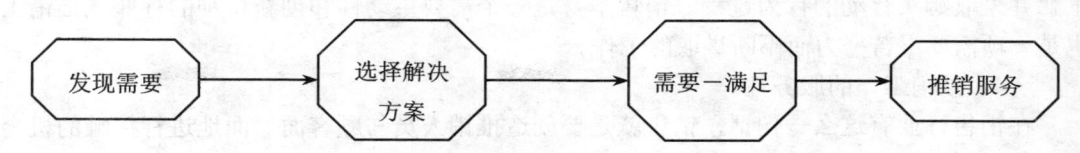

图1-1　顾问型推销流程示意图

（2）顾问型推销人员，不像早期的小贩那样采用高压的推销陈述对顾客进行强力推销，相反，他们在拜访之前先进行调研，在推销拜访过程中进行询问，尽可能多地了解顾客的需要和感知，通过双向沟通确认顾客的需要，尊重顾客并帮助顾客做出正确决策。

（3）顾问型推销强调提供专业信息、技术咨询和双向沟通，而不是操纵。这种方法使推销人员和购买者建立起更加信任的关系。推销人员通过帮助购买者在充分信息的情况下做出更明智的购买决策，从而为产品推销过程增加价值。

（4）顾问型推销强调售后服务。在越来越多的现代交易活动中，顾客在接受推销之后产生了更高的服务期望，推销后的服务增加了推销的价值，这种个性化的售后服务可能包括信用安排、产品的配送和安装、服务保证，以及对顾客投诉的妥善处理等，推销员与顾客的这种平等、互利、沟通的客户关系加强了，更加有利于公司业务的进一步开展。

所以，顾问型推销是适应现代消费需求的高层次的推销方式，是现代营销理念在推销领域的具体应用。顾问型推销是一个复杂的寻找解决方案的过程，是一个持续进取的过程，它对推销人员的意识、知识和能力都有很高的要求。顾问型推销应该是现代企业的推销追求，成为顾问型推销人员应该是现代推销人员的发展目标。

2. 推销工作的特点

无论人员推销，还是利用媒体推销，在推销过程中都要掌握推销活动的特点，灵活运用多种推销策略和技巧，才可能有效提高推销效率。推销作为一种直接的销售行为，表现出如下主要特征：

（1）推销目标的指向性。

推销是对特定对象的销售行为，是企业在特定的市场环境中为特定的产品寻找买主并实现交易的商业活动，它首先必须确定目标顾客或潜在顾客，然后再有针对性地向目标对象传递产品及企业信息，并进而说服其购买。因此，与销售的泛对象不同，推销总是有特定工作对象的。任何一位推销员的任何一次推销活动都具有这种目标的指向性。推销不可能是漫无目的的，没有特定对象的推销不太容易取得成功。

（2）推销过程的互动性。

推销是推销员与顾客之间关于产品及其价值的信息交流与价值交换。换句话说，推销并非只是一个推销员向顾客单向传递信息的过程，而是信息传递与反馈的双向沟通过程。推销人员一方面向顾客提供有关产品、企业及售后服务等方面的信息，另一方面必须了解顾客的需求反应，了解顾客对企业产品的意见和建议，并且及时反馈给企业，为企业领导进行经营决策提供依据。为此，推销是一个信息双向沟通互动的过程。

（3）推销工作的主动性。

推销是一项开创性的工作，需要不断地去开发客户资源，主动和顾客接触，因此，对于推销员的主动性、进取心有较高的要求。推销是把产品用最短的时间、最合适的方式让客户了解并采取购买行动的行为过程。销售本身是一个需要主动性和创新精神的行业，推销工作也是一项需要艰苦努力而不断进取的工作。

（4）推销工作的服务性。

在销售行业有这么一句话，销售就是要创造推销人员与顾客面对面地进行接触的机会，以达到把高质量的产品或周到而完善的服务介绍给顾客的目的。销售需要售后服务，销售本身也是一种服务，属于现代服务业范畴，现在的顾客不仅是买产品，也是在买服务。所以说，成功的销售是对顾客完成的最好的服务。

（5）推销活动的互利性。

现代推销活动是一种互利互惠的双赢行为，企业不仅需要将产品推销出去以获取利润，满足顾客需求，更重要的是使所推销的产品或服务让顾客满意。成功的推销需要买与卖双方都有利可图，企业通过推销活动实现了产品价值，获得了赢利，顾客通过推销活动获得物超所值的商品使用价值，获得了需求的满足，其结果是"双赢"。只有这样，企业的生意才可能持续发展，任何只顾单方面利益的推销行为都是没有生命力的。

（6）推销手段的说服性。

推销活动中推销的是产品，但使用者是顾客，所以推销的中心是人而不是物。说服是推销的重要手段，也是推销活动的核心工作。为了争取顾客的信任，使顾客接受企业的产品，并且采取购买行动，推销人员必须将商品的特点和优点耐心地向顾客展示、介绍，影响并促使顾客接受推销人员的观点、商品或劳务。一句话，说服是讲究艺术的。

（7）推销方法的灵活性。

虽然推销对象具有特定性，但顾客的偏好和个性心理特征千差万别，推销环境与顾客需求都是千变万化的，其他不确定性影响因素也多种多样。所以说，推销没有固定模式，推销活动必须适应推销环境的这种变化，具体问题具体分析，因地制宜、灵活机动地运用推销的原理和技巧，恰当地调整推销的策略和方法。可以说，采取因地制宜、灵活机动的战略战术，是推销活动的一个重要特征。

（8）推销工作的挑战性。

推销工作给大家一种易于赚钱和成就事业的感觉，有很大的想象空间，是一种有很强吸引力的工作，同时，推销工作对推销员的素质与能力也有较高的要求，不是什么人都适合做推销的。成功的推销员除了具有基本的专业知识、文化素质和社会沟通交往能力外，特别要具有非凡的自信心、吃苦耐劳的精神、面对挫折的勇气和强烈的成功欲望。另外，推销目标任务完成的压力、推销竞争环境的压力，也决定了推销工作的挑战性质。

[参考阅读] 专业推销的十大成功因素

（1）倾听能力

（2）跟进能力

（3）因时制宜地改变销售模式的能力

（4）对任务的执着精神

（5）组织技能

（6）口头沟通能力

（7）与组织中不同等级人员交流的能力
（8）克服障碍的示范能力
（9）成交能力
（10）个人规划和时间管理能力

资料来源：[美]戴维·乔布等著．推销与销售管理（第7版）．俞利军译．北京：中国人民大学出版社，2007年9月版，第6页

项目二　弄清推销、销售与营销的区别

有人说营销就是推销。的确，营销离不开推销，但是仅靠推销树立不起一流的品牌，仅靠推销也实现不了营销的目标。那么，营销和推销究竟是一种什么样的关系，营销和销售之间又是怎么回事儿，这是经常困扰营销人员的一个重要问题。其实，推销与营销或者销售的概念无论从内涵还是外延上讲都不完全相同。推销是销售的基础，销售又是营销的一个重要构成部分，推销与销售、营销之间密切联系，其外延有逐次扩大的趋势，如图 1-2 所示。前面的推销与销售工作做好了，有利于企业整体营销的开展；企业营销工作做得有成效，后面的销售和推销工作的压力也就越小。所以要在战略上藐视推销，战术上重视推销。

营销（marketing）　　销售（sales）　　推销（selling）

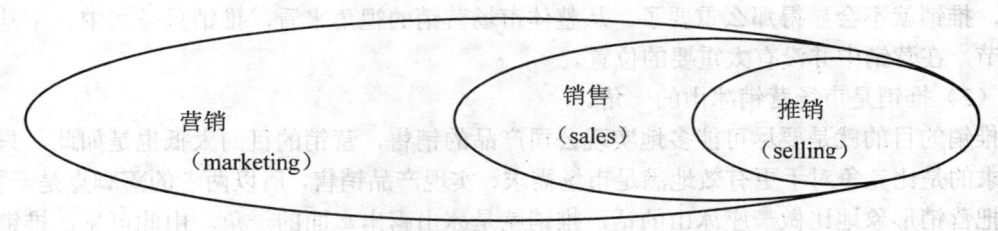

图 1-2　推销、销售与营销的关系

任务 1　辨析推销与营销

很多人将推销与营销混为一谈，错误地把营销等同于推销。其实，现代企业的市场营销活动包括市场调研、商品推销、目标市场选择、市场定位、产品开发、定价、分销、促销、品牌建设、营销策划、销售管理、客户关系管理等一系列丰富的活动内容，推销仅仅是市场营销活动的一小部分，而且是最基础的部分。而市场营销的精神是企业通过使用一定的营销策略与方法（即"营"的过程），比竞争对手更有效地销售产品（即"销"的结果），其中"营"的过程就显得更加重要，而"销"只是顺带的结果，所以市场营销的含义比推销更广泛、更丰富，层次也更高，要求也更高。按照菲利普·科特勒的说法，推销不是市场营销的最重要部分，推销只是"市场营销冰山"的一角。但话又说回来，营销的目的还是"销"，"营"只是手段。企业只有将产品卖出去并把货款收回来才是硬道理。换句话说，作为营销的一种职能，推销在现代经济生活中仍然具有它的位置。

早期的市场营销与推销几乎是同义语。如第二次世界大战前的英文词典曾将 marketing 释义为"推销"或"销售"，以至迄今国内外仍存在营销即推销的误解。事实上，推销是企业

营销人员的工作职能之一，但不一定是最重要的职能。这是因为，如果企业的营销人员做好了市场研究工作，了解了消费者的需求，并根据消费者的需求来设计和生产适销对路的产品，同时进行合理的定价，搞好渠道分销、终端促销等营销工作，那么产品的销售或推销就是轻而易举的事情。正因为如此，管理大师彼得·德鲁克提出："市场营销的目的在于使推销成为多余"，然而这只是一个美好的愿望，事实上，推销不可或缺。

市场营销（marketing）与推销（selling）存在原则上的区别：市场营销属于顾客导向或市场导向，特别重视顾客的需求和市场竞争的需要，主要考虑如何更好地满足顾客需求，并根据顾客的需要设计产品和进行产品创新；根据顾客的需要定价，使顾客愿意接受和能够购买；根据顾客的需要确定分销渠道，以方便顾客购买；同时根据顾客的需要进行促销，及时传播商品信息并与消费者充分沟通。而传统的推销，主要指面对面的或一对一的直接的人员推销，属于企业导向或产品导向性质，还是站在自己企业的立场考虑问题，重视的是卖方的需要，以销售现有的产品、实现企业赢利为主要目标。

推销与营销的主要关系特征体现在以下3个方面：

（1）推销只是市场营销的基础职能。

推销仅仅是营销过程中的一个基础步骤或者一项基本活动，在整个营销活动中并不是最主要的部分。当企业面临的销售压力很大时，很多人都会把推销放在非常重要的地位。但是，如果企业通过周密的市场调研、科学的市场细分、有针对性的目标市场选择，按照顾客的要求组织设计产品，按照顾客能接受的价格水平来定价，按照顾客购买的便利性来构建分销渠道时，推销就不会显得那么重要了。从整体市场营销的视角来看，推销只是其中一个基础性的环节，在营销中并没有太重要的位置。

（2）推销是市场营销冰山的一角。

推销的目的就是要尽可能多地实现公司产品的销售，营销的目的大抵也是如此，只是营销追求的是比竞争对手更有效地满足市场需求、实现产品销售，所以两者的落脚点是一样的。如果把营销形象地比做一座冰山的话，推销就是冰山露出水面的一角。由此可见，推销只是营销活动中的一部分内容，而且是要依赖营销这座"冰山"才可能有保障，否则推销的目标就实现不了。因此，必须踏踏实实地做好营销的每一项工作，才能帮助实现推销目标。

（3）营销的最终目标是使推销成为多余。

管理学大师德鲁克先生说过："市场营销的目标是使推销成为多余。"也就是说，如果能够重视营销工作，科学地做好营销管理工作，就可以使我们的推销压力变得越来越小。不过，目前情况下，推销作为营销的基础环节也有它存在的必要和可能，原因就在于营销作为一种操作技术其基础就是产品的推销，还因为营销的目的就是销售，处于营销过程末端的推销不可能没有压力。当然，从战略的角度看，推销不是最重要的，前面的营销工作做得越有成效，后面的推销压力就越小。因此，要重视营销工作的整体性和协调性，提高企业的整体营销水平，最终的目标是"使推销成为多余"，这是一种境界。

可见，市场营销的出发点是市场（需求），传统推销的出发点是企业（产品）；市场营销是以满足消费者的需求为核心，传统推销是以销售企业的产品为核心；市场营销采取的是整体营销的手段，传统推销更侧重个体推销的技巧。现代推销观念把推销看做营销组合的一个重要环节，也是市场营销不可缺少的基础而重要的内容。

任务 2　辨析推销与销售

也有人将推销与销售混同使用。其实，严格来讲，销售与推销是有区别的。因为销售包含批发、零售、代理、分销、促销、人员推销等诸多形式和内容，而推销只是销售的一种方式而已。可见，销售比推销范围更广，内容更丰富。

但在现实生活中，由于推销、销售其实质都是一样的，目的都是将产品卖出去，把货款收回来，所以在日常业务用语中，经常将推销与销售混同使用，经常不做严格的区分，大家心知肚明，书中也会出现推销与销售两个概念交替使用的情况。正因为有上述概念混同使用的情况，但实际上概念间又有区别，所以在此对推销与销售的相关概念进行辨析。

1. 推销（selling）与销售（sales）

推销主要指的是狭义的推销，是指推销人员与顾客通过直接接触，运用一定的推销方法和手段，将自己的商品或劳务信息传递给顾客，并促使其购买的销售行为和过程。selling 是一个动名词，表现一个主观动作；sales 是一个名词，表明一个客观事实。推销大多是指一种上门的或者面对面的人员推销行为，推销的主体主要是个人。而销售是企业将自己的产品或服务卖给顾客，从而实现产品价值和企业盈利的经营行为。销售的主体可能是个人（销售人员），也可能是企业组织；销售的方式可以是直接的（直销），也可以是间接的（分销），可以是面对面的，也可能是通过中间商的或者通过网络等其他媒介的。可见，销售的方式、内涵及范围都比推销大，推销只是一种销售的方式，但推销大多是指人员推销，其主观能动性的特点体现得更为显著。

2. 推销（selling）与分销（distribution）

推销大多是指人员推销，这种推销关系是直接的，属于一级渠道关系；而分销主要是指通过中间分销机构（经销商、代理商、零售商、中介、经纪人等）实现销售的企业经营行为，属于间接销售，体现出多层次的渠道关系特征。当然，推销人员与分销渠道中的中间商的接触也是推销工作的一部分。中间商既是生产企业分销的对象，也是推销员的推销对象，对集团或组织的推销就包含这部分内容。一句话，推销是单层次的，分销是多层次的。

3. 推销（selling）与促销（promotion）

促销，顾名思义就是促进产品销售的意思。促销的主要手段和方式包括：人员推销、广告、公共关系、营业推广，其中人员推销是促销的一个重要组成部分。广告也是一种促销手段，这个观点经常为一些非专业人士所不理解。而推销（selling）的主要工具和方法在于"推"，推销主要指的是人员推销，这与促销形成了方式上的差别。虽然目前已经出现了利用电话、网络媒介的推销行为，但推销的主观人员特征还没有实质性的改变。

项目三　了解推销流程及学科发展

任务 1　认识推销活动的一般流程

既然推销是一项技术，就应该有其相对稳定的一些规范环节和流程。本章根据企业推销实践经验，以推销"工作过程"为导向，将一般推销的过程归纳为三个大的阶段：推销员素质准备、推销活动实施、推销服务与管理。每个阶段又包含多个操作的环节和流程，共同构

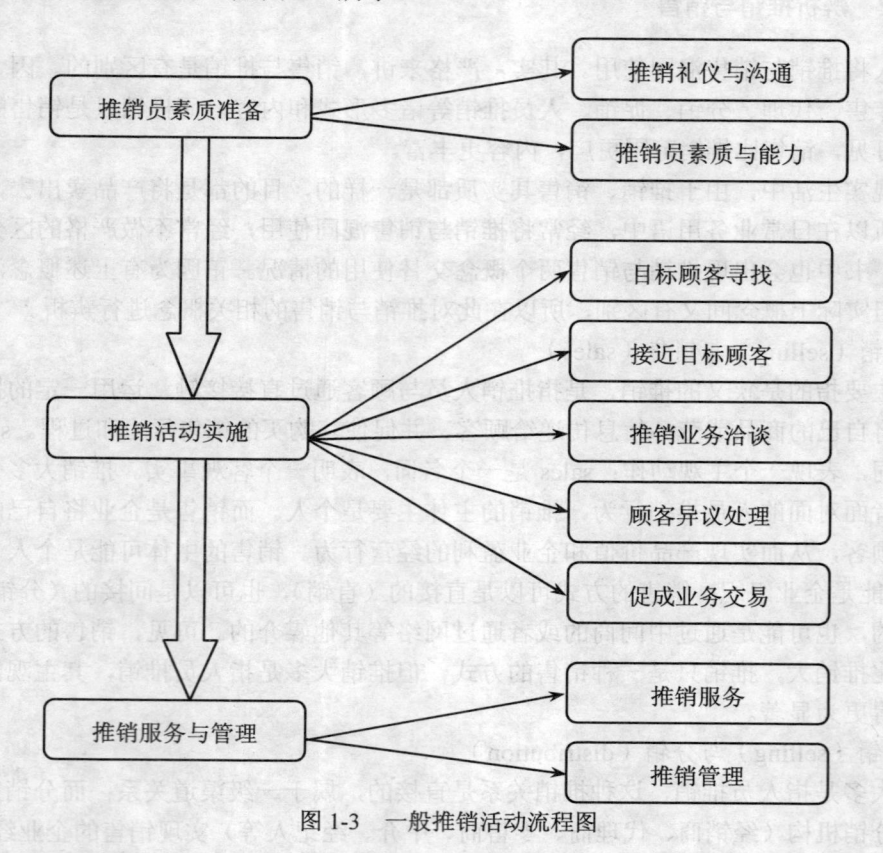

成了商品推销的完整轨迹，如图 1-3 所示。

```
推销员素质准备 ──→ 推销礼仪与沟通
              └──→ 推销员素质与能力
       │
       ↓
推销活动实施 ──→ 目标顾客寻找
           ──→ 接近目标顾客
           ──→ 推销业务洽谈
           ──→ 顾客异议处理
           ──→ 促成业务交易
       │
       ↓
推销服务与管理 ──→ 推销服务
            └──→ 推销管理
```

图 1-3　一般推销活动流程图

1. 推销员素质准备

如前所述，推销是一件极具挑战性的工作，也是一种极其复杂的社会交换行为，它不但要求销售业务人员具有丰富的业务知识和较高的专业素质，同时要求销售业务人员具有丰富的社会知识，特别是有关人际交往与沟通的技能。所以，在正式开展推销业务之前，必须做好以下两个方面的推销员素质准备：

（1）熟悉商务推销的基本礼仪与沟通技巧。包括个人形象塑造、迎来送往的礼节、人际沟通交流的技巧等，这是从事商务活动的基本素质要求。

（2）培养和提高相关专业素质与能力。包括知识素质（对产品、企业、行业及顾客的相关知识）、文化素质、心理素质（自信心、忍耐力等）和道德素质（敬业精神等）。

推销前准备的内容很多，除了要做好上述推销员在商务沟通与礼仪和专业素质与能力方面的准备外，还应该做一些相关业务准备，具体包括：了解自己的顾客、熟悉推销的产品及企业、了解竞争者及其行业状况、确定推销目标、制订拜访计划等。

[参考阅读]

推销前需要问自己的问题

商品推销也是一件很复杂的事情，推销的过程牵涉到产品、企业、顾客、竞争者，以及自身的环境与心理因素，各种不确定的因素都可能影响到推销的效果。因此，为了我们的推销工作顺利并且取得成功，在推销前不妨问自己一些问题，以便届时从容应对。

（1）对顾客来说，这次访问的时机是否适当？
（2）对即将见面的顾客，是否有充分的了解？
（3）是否事先以电话或书信联络约定？
（4）有无忽略对本次买卖有决定权的人？
（5）访问顾客有没有准备好良好的理由？
（6）顾客现在是否真正需要我们的商品？
（7）顾客对于购买该商品是否确实拥有资金及权限？
（8）对所推销的商品，能否立即举出三个以上的优点？
（9）对所推销的商品，顾客提出咨询时能否立即答复？
（10）为应付顾客可能的变化，有没有准备好多个谈话的话题？
（11）有没有准备好与顾客见面时的第一句话？
（12）对商品能够带给顾客的利益，能否充分说明？
（13）有没有事先设想顾客可能提出的反对意见及应对方案？
（14）遇到顾客提出反对意见，有没有准备好应付的方法？
（15）有没有事先练习产品说明方法，以便提高说服效果？

资料来源：陈守则等主编．现代推销学教程．北京：机械工业出版社，2010年4月

2．推销活动实施
（1）目标顾客寻找。

1）确定潜在顾客及其来源。凡是有可能使用推销员所推销产品的一切单位和个人都可能成为潜在顾客。一般说来，潜在顾客从来源上可分为三类：一是过去没有买过我们的产品，以后可能购买我们产品的顾客；二是过去曾经购买过我们的产品，但现在已不再购买我们产品的顾客；三是现有正在消费我们产品的顾客。

2）进行顾客资格审查。推销员寻找到的可能会成为潜在顾客的组织和个人，有的可能是伪顾客，必须进行资格审查进行筛选，审查合格者才能列入我们的潜在顾客名单。判断一个组织或个人是否可以成为我们的潜在顾客可以参照：①是否需要我们的产品；②是否接受我们的价格；③是否有能力支付货款；④是否有一定的需求容量。

3）确定寻找潜在顾客的方法。条条大路通罗马，我们需要选择其中有效的一条。如资料查阅法、顾客介绍法、中心开花法、地毯式搜索法、委托代理法、市场咨询法、通信网络法、广告征询法、组织介绍法等。

（2）接近目标顾客。

推销的对象是顾客，约见目标顾客是推销的重要环节。有时，能否约见到顾客成为推销是否成功的关键。接近是指在实质性洽谈之前，销售人员努力获得顾客接见并相互了解的过程，接近是实质性洽谈的前奏。约见和接近是推销准备过程的延伸，又是实质性推销的开始。

（3）推销业务洽谈。

业务洽谈过程是推销员掌握顾客购买心理变化、诱导顾客采取购买行为的实质性的过程，

它是推销的核心环节，对推销的进程及成败起到关键性作用。所以，推销洽谈的步骤、方法或技巧都要以顾客心理变化和推销环境的变化为基础灵活展开。

（4）顾客异议处理。

在推销业务洽谈和推销服务过程中，顾客都有可能提出各种各样的意见，这个时候需要推销人员出面进行适当的解释，以消除疑虑。情况严重者需要销售人员采取措施以解决问题，必要时甚至需要业务人员做出补偿承诺或拟订解决方案，以消除顾客不满。

（5）促成业务交易。

促成业务交易是推销追求的结果，而成交是一个过程，而不是瞬间行为，所以销售人员要学会控制谈判过程，把握成交的机会，要善于促成业务交易。而推销员要想捕捉成交机会，成功地与顾客达成交易，必须掌握促进成交的一些方法与策略。

3. 推销服务与管理

（1）推销服务。

推销服务既是上一次推销过程的延伸，也是下一次推销活动的开始。售后服务是一个长期的过程，主要内容包括售后服务、顾客投诉处理、大客户的维护、客户关系管理等，其服务质量评价标准是客户的满意度。在市场竞争激烈的今天，推销服务已成为吸引客户和培养消费者忠诚度的一个重要因素。某种程度上，售后的服务甚至比产品销售过程还要重要。因此做好推销服务工作，可以全面提升企业的服务品质，赢得客户的信赖和忠诚，并以此维持和扩大产品销量，这是现代经营的一种重要策略。

（2）推销管理。

推销是一种企业经营行为，需要监督与管理。推销管理包括对推销员或销售业务部门的时间管理、日常业务管理、销售组织设计、销售队伍的管理、应收账款的管理等内容。其中销售队伍的管理是一个比较困难和复杂的环节，包括销售队伍的设计、建立、培训、考核、激励、发展规划、团队建设等，队伍的战斗力是影响企业销售业绩的关键要素。

（3）信息反馈。

推销员的职责是不但要推销产品，还要向公司反馈各种市场信息，以作公司决策参考。销售业务人员一方面要将公司的产品信息、新产品开发信息以及市场政策信息及时传达给消费者，另一方面也要将市场的信息（消费者需求信息、行业竞争信息）反馈给公司相关部门，如用户需求信息、产品使用情况的信息、竞争对手的信息等，以便为改进产品、调整营销策略提供依据，否则公司的决策将成为无源之水。

任务2　了解现代推销学科的发展

20世纪以来，随着社会经济的发展和社会分工的深入，推销逐渐演变成为一种工作、一个行业、一门学科。而推销学科在经历了古老的推销技术（19世纪中期前）、生产型推销（19世纪中期到20世纪20年代）、销售型推销（20世纪20年代到50年代）几个发展阶段之后，正处在现代市场型推销（20世纪50年代至今）的发展阶段。

可以说，第二次世界大战以后，随着科学技术的迅猛发展，物质财富有了较大的增长，形成了以消费者为主导的买方市场，顾客的消费需求也呈现多样化、复杂化的趋势，企业间的竞争日益激烈，为现代推销提供了现实的土壤。在这种情况下，新的推销方式的产生便成为顺理成章的事情，并从根本上改变了传统推销的观念，使推销日益规范化、系统化、科学化。欧洲著名推销专家戈德曼的《推销技巧》（1958 年）一书的问世是一个标志，宣告了现代推销学的产生。据观察分析，现代推销活动呈现出以下几个主要特点：

（1）现代推销以消费者的需求为中心。

以消费者的需求为中心，即消费者需要什么就生产什么，企业以销定产、以需定产，这是当代市场营销的基本出发点。现代推销也遵循这一原则，采取顾客导向和市场导向的推销策略，充分考虑消费者的需求变化，从而彻底改变了传统销售中成功的偶然性。

（2）现代推销具有全局性和系统性。

现代推销的全局性主要表现在以市场信息反馈为指导组织生产和采购，企业中的销售部门发展为占有主导地位的综合性市场部门，企业的一切经济活动围绕市场来进行。系统性主要表现在推销已不再单纯是销售部门的事情，而是企业经营管理水平的整体体现，是企业各经营环节配合情况的综合反映。

（3）现代推销使销售成功具有长期性和稳定性。

企业必须使推销的成功具有长期性和稳定性，才能保证企业的生存和持续发展。要使生产持续地进行，决不能像传统推销那样靠一次性交易进行"一锤子买卖"，亦不能靠欺诈手段去牟取暴利。现代推销注重推销服务和推销管理，注重对重点客户的维护和客户关系管理，目的是建立和维护稳定良好的厂商关系，保证企业生意的长久不衰。

（4）现代推销改变了企业的经营策略与目标。

在经营策略上，更注意开拓市场，开发新产品和提高市场占有率，注重产品、品牌、价格、渠道等营销策略以及经营手段和促销方式等方面的市场化和科学化。在经营目标上，从过去只注重销售和利润等硬目标转变为追求"创造顾客"、"顾客满意"等企业软目标的实现，即在实现一定利润水平目标的前提下，争取更多的满意顾客，为企业实现长期、稳定的发展提供了保障。

（5）现代推销的技术导向和人本化趋势。

现代推销要求企业更加广泛利用现代科学技术以提高推销的效率，包括新的通讯手段、新的信息处理方法得到广泛应用，电话推销、网络推销在行业内得到有效开展，当代推销行业出现技术导向的趋势。同时，现代推销特别关注消费者需求的多样化、个性化，在信贷策略、结算手段和科学决策等方面充分满足顾客愿望，知识推销、文化推销、体验推销等得到有效开展，当代推销体现出人本化的趋势。

项目四　把握商品推销的伦理原则

任务 1　了解销售行业的道德失范现象

在日常的销售活动中，由于受到过度营销风气的影响，过度推销的现象也非常严重。比如过分夸大产品的功能，过度使用广告轰炸，在信息不对称的前提下容易对顾客产生诱导甚至误导，有的推销假冒伪劣产品，有的涉嫌价格欺诈，有的虚假促销，有的空头承诺，总之，不道德的推销行为对于顾客来讲是不公平的，轻则直接损害消费者利益，重则殃及整个社会的利益，殃及整个社会的伦理道德准则，也不利于经济秩序的健康发展。具体来讲，现代销售行为的道德失范大体表现在如下几个方面：

（1）产品假冒伪劣严重。

市场中的假冒伪劣产品非常常见。比如许多企业因看到人们追求名牌的心理，纷纷炮制名牌，如仿制"梦特娇"、"鳄鱼"、"金利来"、"花花公子"等，有的生产致命的假酒和假药、毁坏面容的化妆品、使农民颗粒不收的假种子。假冒伪劣产品已经渗透到了各行各业，包括衣、食、住、行等各个方面，深深损害了人们的消费利益，害人害己。据全国技术监督局统计，全国产品质量合格率仅为75%，中小企业的产品质量合格率更低，不到60%。这些事件向人们敲响了警钟，必须重视质量建设，把质量提到议事日程上。

（2）价格欺诈与价格陷阱。

有些企业打着价格的幌子，让消费者上当受骗。比如"1元购机"、"跳楼价"、"震撼价"、"清仓转行最后三天"、"大甩卖"、"全市最低价"等，大多是价格陷阱。由此，价格投诉成为一个热点问题，其中以电信、教育、医疗、交通、住房、药品等方面的价格欺诈及投诉最为突出。一些公用事业单位利用自身的垄断地位多收费、乱收费，甚至收费不提供收据现象时有发生。商场里名目繁多的打折、优惠、买100送100等，暴露出价格中的大量水分。不知这些价格水分何时才能"蒸发"干净，还消费者一个公平。

案例 1-2　中秋来临，某摩登百货推出中秋送大礼终端促销方案，其核心是"买100送100"优惠活动。商场将"买100送100"字样印在宽大的横幅上，悬挂于店门上方，吸引了不少过往行人的注意，不少人认为这是一个享受优惠购物的机会。小张周末也和她的老公匆匆赶去该店购物，并且在商场门口拿到促销单仔细阅读。促销方式是这样的：促销时间为9月15日——10月31日，凡促销期间在本店购物享受"买100送100"优惠，即买100元商品赠送价值100元优惠卡一张，多买多送，优惠卡在下次购买时抵现金，购足200元才能使用一张优惠卡，10月30日前有效。小张暗自高兴，直接到以前经常去的某品牌时装专卖柜，准备把上次看中的那套300元的时装买上，以了结自己的心愿。到了一看，小张傻了，那套原来300元的时装现在标价600元！小张知道商场"买100送100"的门道了！羊毛出在羊身上，心想，原来可以只买一件的，现在一买就得买两次。小张不愿被绑，悻悻而归。

（3）虚假促销与虚假广告。

为了提升销量，有的企业搞虚假促销，夸大产品性能、功效，有意提供不完整信息，隐瞒产品或服务缺陷信息，甚至做虚假的"特价、减价"广告，做不文明广告，传播不健康文化，有的刊登有偿新闻，故意贬低竞争对手等。如欧典地板的广告宣传，可谓做得有板有眼、有模有样，对虚假宣称"源自德国，著名品牌地板"，借"洋品牌"误导消费，而且大部分产品都没有标注生产厂家和地址，这些侵害了消费者的权益。又如一些广告随意夸大功效，使用绝对化语言，进行伪科学的表述，利用科技、环保概念进行商业炒作，假借患者、专家、医疗机构名义作证明，玩起了"猫腻"，甚至是不具备资质的企业也敢做广告。再如有些药品、保健品等随意夸大功效，包治百病，药到病除，甚至有人吹自己能治愈艾滋病。

（4）售后服务虚假承诺。

许多企业在产品销售过程中，对消费者百般热情，笑脸相迎，承诺实行"三包"，保证产品质量，120个放心，可以在15日内无条件退换货等。但当购买的产品出了问题寻求处理时，对方的热情就一落千丈，或者采用拖延战术，或者干脆翻脸不认账，这种现象非常普遍。服务营销、售后服务是企业营销竞争的利器，因为只有完善售后服务，提供给消费者更多的附加价值，才能让消费者满意，才能赢得顾客，这个道理大家都懂，但大多企业的售后服务只是一个说辞，很难落到实处，到真正需要退货换货之时，不少采用推托和回避不了了之。

案例 1-3 一天下午，李佳正和朋友逛街。一个提着化妆品口袋的姑娘很有礼貌地叫住她："靓女，耽误您一分钟行吗？我是欧盟化妆品公司的营销代表，这是我们公司的化妆品，送您免费试用……"，李佳担心上当不想要，但那位姑娘继续拦着她说："我们公司是国际品牌，产品刚进入国内市场，现特搞赠送活动，一套 200 多元的化妆品免费送给您，征求您的意见"。李佳动心了，于是停下来看看，姑娘抢着说："产品免费送您使用，但由于我们到这儿来赠送产品要花路费，公司规定每赠送一套产品收取 30 元的交通费"。李佳听说要付交通费，心里实在不爽。要送就送，不送拉倒，何必耍这些花招，浪费时间心烦。

资料来源：梁红波主编. 现代推销实务. 北京：人民邮电出版社，2010 年 5 月

此外，销售人员还面临行贿、欺诈、强买强卖、互惠购买等不道德行为，在签约和履行合约方面，宴请、送礼、娱乐、搞关系、拉关系、关联交易等"灰色销售"现象严重，欺骗性承诺、强迫甚至胁迫销售影响到消费者的信心，使用不公平的格式合同，强加霸王条款，不履行承诺，故意曲解并违反合同等在现代销售活动中经常出现。特别是强制推销，往往违背消费者意志，对销售行业的健康发展造成负面影响。由于上述不道德销售行为的影响，社会对推销行为、推销人员出现不理解，甚至抵触的现象，这对于推销行业的发展是非常不利的。所以，我们有必要澄清，也有责任要求销售人员遵守社会道德规范。

任务 2　把握商品推销的商业伦理原则

我们的社会既是一个法制的社会，也是一个伦理的社会。企业的商业活动不但受国家法律法规的规范，还受到地方风土人情、风俗文化及伦理道德的制约。中国是一个文明古国、礼仪之邦，历来注重儒家道德文化的修养，但最近这些年，由于受到西方物质文明和不健康的道德观的冲击，在企业的经营活动过程中也出现了很多道德失范的现象，这对我国经济社会的文明发展都是不利的。因此，需要规范相关销售人员的商业道德行为，以净化我们的商业环境。

[参考阅读]：

赫克金法则：做一个好人比什么都重要

美国的一项调查表明，优秀销售人员的业绩是普通销售人员的 300 倍。资料显示，优秀销售人员与长相无关，与年龄大小无关，也与性格无关。那么，究竟什么样的人才能成为优秀销售人员呢？美国营销专家赫克金有句名言："要当一名优秀销售人员，首先要做一个好人。"这就是赫克金的诚信法则。诚信是一个优秀销售人员必备的品质，它能帮助销售人员赢得顾客的认可和尊重，赢得持续稳定增长的客户群体。"勿以恶小而为之，勿以善小而不为"，用善意和真诚装点你的皮肤，用勤奋和踏实铸就你的血肉，用关爱和正直锻造你的筋骨，这种自然的亲和与谦逊是每个销售人员成功的前提。

资料来源：陈守友编著. 每天一堂销售课. 北京：人民邮电出版社，2009 年 8 月

根据社会商业发展的要求,现代推销工作需要遵循如下伦理原则:

(1) 尊重顾客意愿,反对强制推销。

现代推销也要遵循现代营销的顾客导向和市场导向原则,以顾客需求为中心生产和推销产品,目的是满足消费者多样化、个性化的需求。当今社会推崇人性化的管理思想,推销也要充分尊重顾客的意愿,要努力将公司目标与顾客意愿结合起来,实现供求双方的双赢,反对违背消费者意愿的强制推销行为。

所谓强制推销,就是企业在向消费者推广自己的产品或服务的过程中带有直接或间接的不平等性质,使消费者感觉到某种压力而不得不接受的销售行为。强制推销的结果是使消费者感到不悦或反感,影响顾客满意和顾客忠诚,不利于生意的持续发展,属于推销的"短期行为",因为消费者是聪明的、理智的,消费者最终是用脚投票的,企业不能失去消费者,否则就会失去生命之源。推销员必须学会理解人的本性,学会尊重顾客,设身处地为别人着想,照顾和体谅别人的感受,搞好人际关系,这对成功推销有非常大的帮助。

(2) 坚持互利互惠,反对损人利己。

推销活动是厂商与顾客之间通过交换分别实现产品价值和使用价值的过程,成功的推销应该能够照顾到双方的利益,任何有损于其中一方利益的销售行为都是不会长久的。推销人员在推销活动中要设法满足自己和顾客双方所追逐的目标,实现"双赢"是培养忠诚客户的要求,是顾客不重复购买的基础,也是取得顾客口碑传颂效果的条件。

互惠互利原则是指在推销过程中,推销员要以交易能为双方都带来较大的利益或者能够为双方都减少损失为出发点,不能从事伤害一方或给一方带来损失的推销活动。推销人员在贯彻互利互惠原则时,必须善于认识顾客的核心利益,并与顾客加强沟通,在推销之前分析交易活动的结果能够给顾客带来的各种利益,因为不同商品带给顾客的利益会有差异,要在准确判断推销品给顾客带来的利益的基础上找到双方利益的均衡点,开展双赢推销活动。同时,一个优秀的推销人员,不仅要看到当前的推销利益,而且要看到长远的推销利益;不仅要看到直接的推销利益,还要看到间接的推销利益,要多因素综合评价利益均衡点。

(3) 坚持诚实信用,反对商业欺诈。

诚信属于道德范畴,包括诚实和信用,主要内涵体现在两个方面:一是实事求是,销售货真价实的产品,不夸大,不欺骗;二是信守承诺,提供顾客急需的服务,不反悔,不敷衍。可以说,在现代推销活动中,诚信居于举足轻重的地位,双方是否有信用,是否诚实可靠,是决定推销成功与否的基础,而推销货真价实的产品是诚信推销的根本。诚信推销既是推销人员的素质与道德要求,也是职业规范的要求。诚实的意义在于不欺诈,中国商业文化倡导的"生意不成仁义在"正是诚信经营的写照。

"诚信"是中华民族所尊重的一种传统美德。孟子说:"诚者,天之道也;思诚者,人之道也",可见诚是天和人之最高准则,中国古代无论浙商、徽商、晋商都把诚信经营作为其成功经营的信条。也许,诚信经营、做老实人往往会吃一些眼前亏,不诚信的商业行为往往会获得一些好处,因此就有一些道德水平低下的人通过投机获取短期利益,但从长远来讲,不道德的行为总会在消费者面前败露而带来严重后果,最终会受到消费者的惩罚。其实,诚信是企业的一种美德,只有诚信经营才能赢得消费者的信任,有效降低交易成本,才能有效留住老顾客和吸引新顾客,培养顾客忠诚。建立在诚信经营基础之上的企业声誉是一种稀缺资源,是企业重要的无形资产,是企业永续经营的源动力。因此,要持续发展就必须诚信经营,任何自作聪明、搞商业欺诈都绝对属于短期行为。

（4）保护消费者权益，反对不正当竞争。

随着我国的法制化，消费者的地位得到很大改善，消费者的权益受到社会的广泛重视和制度法律的保障，特别是现代顾客导向的营销和推销，以满足消费者的需求为己任，以充分尊重消费者的权益为特征。正所谓"君子爱财，取之有道"。为此，国务院1993年就颁布了《消费者权益保护法》用于保护消费者的基本权益不受侵害。其中规定了消费者的九项基本权益，包括安全权、知情权、选择权、公平交易权、求偿权、结社权、获知权、受尊重和监督权。根据我国实际，消费者权益保护重点突出以下六项权益：

- 自愿选择权。选择权是确保消费者在消费生活中行为自由、生活自主的法律保障。
- 公平交易权。一是消费者有权获得质量保障、价格合理、计量准确等公平交易条件；二是消费者有权拒绝经营者的强制交易行为。
- 安全权。消费者有权要求经营者提供符合保障人身安全、财产安全要求的商品和服务。
- 知情权。知情权是消费者了解商品和服务，避免因盲目购买使用商品和接受服务而遭受损害的法律保障。
- 索赔权。索赔权是法律赋予消费者在其权益受到损害时的一种救济权，使消费者所受损害得到经营者的赔偿，同时对经营者的欺诈行为进行惩罚。
- 受尊重权。消费者在购买、使用商品，接受服务享有人格尊严、民族风俗习惯受到尊重的权利，坚决制止侵犯消费者人身权利的行为。

此外，我国还制定了《反不正当竞争法》、《产品质量法》、《食品卫生法》、《商标法》等法律法规，形成了消费者权益保护的法律体系，使消费者权益在法律上有了切实可行的保障。虽然说消费者权益、企业权益可以通过国家法律法规来保护，但要从根本上解决这个问题，伦理道德层面的规范工作更加重要。只有销售人员的职业道德意识和职业操守加强了，销售主体才可能自觉地关心消费者权益和减少不正当竞争，商业环境才可能净化。

（5）坚持绿色推销，弘扬社会责任。

绿色推销的理论基础来源于绿色营销。20世纪绿色营销的产生是基于人类面临危及自身生存和发展的几大社会伦理问题：全球人口呈几何级数增长造成的资源短缺和资源争夺，工业化带来的环境污染、气候变暖、资源枯竭，生态的恶化使得人类的健康、安全得不到保障。绿色营销要求营销者关注环境、资源等自然和社会生态，关注消费者的安全和健康以及社会权利，反对以环境污染、资源浪费、消费者安全为代价获取短期经济效益，它要求企业从产品设计、生产、营销到使用的整个营销过程都要充分维护环保利益，做到安全、卫生、无公害，反对任何"营销近视症"和企业"短期行为"。绿色推销同样要求销售人员保护自然环境和社会生态，实现企业经济利益与消费者利益、环境利益的统一，实现经济与生态环境的协调共生，反对任何破坏生态、浪费资源和损人利己的事情。

另外，企业是社会的一个分子，用彼得·德鲁克的话讲："工商企业是社会的一种器官"，因此，企业应该义不容辞地履行作为"社会公民"的社会责任，做一些有益于全社会的事情。企业的社会责任意味着企业在创造利润、实现股东利益最大化的同时，应该考虑利益相关者的利益，承担对社会和环境的责任，包括遵守商业道德、诚信经营、安全生产、保护生态、节约能源、维护劳动者权益、遵纪守法等。推销亦不能损公肥私，不能探求短期的利益。企业履行社会责任绝不是简单的成本投入，而是一种战略投资，因为企业履行社会责任更加能够赢得社会各界的信任和支持。实践经验表明，企业承担社会责任往往与企业的经济绩效正相关，所以国内外多数知名企业都会积极投身社会公益事业。

[参考阅读]

"推销人员的四大素质"——菲利普·科特勒

在营销行业中，什么样的素质能使优秀的推销员脱颖而出？什么样的素质能使干练的推销员不同于那些平庸之辈？为此，盖洛普管理咨询公司对近50万名推销员进行了调查。研究表明，优秀的推销员应该具有四个方面的素质与能力：内在动力、干练的作风、推销能力、与客户建立良好业务关系的能力。

1. 内在动力

"不同的人有不同的动力——自尊心、幸福、金钱，你什么都可以列举，"一位专家说，"但是所有优秀的推销员都有一个共同点：有成为杰出之士的无尽动力。"这种强烈的内在动力可以通过锤炼和磨练形成，但却不是能教会的。动力的源泉各不相同——有的受金钱的驱使，有的渴望得到承认，有的喜欢广泛的交际。盖洛普研究揭示了四种性格类型（竞争型、成就型、自我实现型和关系型），这四种人都可能成为优秀的推销员，但有各自不同的动力源泉。

竞争型的人不仅想要成功，而且渴望战胜对手——其他公司和其他推销员获得的满足感。他们能站出来对一个同行说："你是本年度最佳推销员，我不是对你不恭，但我会与你一争高低的。"成就型的销售人员会给自己定目标，且把目标定得比别人高，只要是团队能够取得好成绩，他不在乎功劳归谁，他是优秀的团队成员，他喜欢接受挑战。追求自我实现的推销员就是为了想体验一下获胜的荣耀。他们不论竞争如何，就想把自己的目标定得比自己能做到的要高。他们一般能成为最好的营销经理，因为他们只要能使自己的机构完成任务，对他人的成败与否看得不重。最后一种是关系型的推销员，他们的长处在于他们能与客户建立和发展好的业务关系。他们为人慷慨、周到，做事尽力。"这样的推销员是非常难得的"，美能达少司商务部国内培训经理说，"我们需要那种能够耐心回答顾客可能提出的第十个问题的推销员，那种愿意和客户在一起的推销员。"

没有谁是单纯的竞争型、成就型、自我实现型或关系型推销员。多数优秀的推销员或多或少属于其中的某一种类型。"竞争型的推销员如果有一些关系意识，他可能除在照顾客户方面干得很好外，还能得到大笔业务。"盖洛普管理咨询公司主任认为，"对这样的人，谁还能苛求更多呢？"

2. 严谨的工作作风

不管他们的动机如何，如果销售人员组织不好，凝聚力不强，工作不尽力，他们就不能满足现代客户越来越多的要求。优秀的推销员能坚持制定详细周密的计划，然后坚决执行。在推销工作中没有什么神奇的方法，有的只是严密的组织和勤奋的工作。"我们最棒的推销员从不拖拖拉拉"，一家小型物资贸易公司的总裁说，"如果他们说他们将在六个月后会面，那么你可以相信六个月之后他们肯定会到客户门前的。"优秀的推销员依靠的是勤奋的工作，而不是运气或是雕虫小技。"有人说他们能碰到好运气，但那是因为他们早出晚归，有时为一项计划要工作到凌晨两点，或是在一天的工作快结束、人们都要离开办公室时还在与人商谈。"

3. 完成推销的能力

如果一个推销员不能让客户订货，其他技巧都是空谈。不能成交就称不上推销。因此，如何才能成为一名优秀的推销员呢？经理们和推销事务顾问们认为有一点很重要，即一种百折不挠、坚持到底的精神。他们其中有一位认为："优秀的推销员和优秀的运动员一样。他们不畏惧失败，直到最后一刻也不会放弃努力。"优秀的推销员失败率较低的原因就是他们对自己和推销的产品深信不疑。优秀的推销员非常自信，认为他们的决策是正确的。他们十分渴望做成交易——在法律和道德允许的范围内无论采用何种方法都要使交易成功。

4. 建立关系的能力

在当今的关系营销环境中，作为优秀的推销员，最重要的一点就是成为解决客户问题的能手和与客户拉关系的行家。他们能本能地理解客户的需求。如果你和营销主管谈谈，他们会向你这样描述优秀的推销员：全神贯注、有耐心、够周到、反应迅速、能听进话、十分真诚。优秀的推销员能够站在顾客的立场上用客户的眼光看问题。当今的客户寻求的是业务伙伴，而不是打高尔夫球的伙伴。"问题的根本在于要目的明确"，达拉斯的一位推销顾问说，"优秀的推销员不是讨别人的喜欢，他们要的就是盈利。"他还补充道："优秀的推销员总是想到大事情，客户的业务将向何处发展，他们怎样才能帮上客户的忙。"

资料来源：李文国，夏冬主编. 现代推销技术. 北京：清华大学出版社，2010年2月

问题：你认为推销员最重要的素质应该是什么？通过学习你怎样看待推销工作？

单元小结

本单元作为开篇介绍了推销的基本概念、推销工作的特点、推销行业以及推销学的内涵及发展，辨析了推销、销售与营销的区别，阐述了推销工作的一般流程，讨论了销售行业的道德失范现象和现代推销的商业伦理原则。

狭义的推销是一种上门的或者面对面的人员推销行为，是指推销人员与顾客通过直接接触，运用一定的推销方法和手段，将自己的商品或劳务信息传递给顾客，并促使其购买的销售行为和过程。广义的推销包含所有的社会交往行为，其核心内容是说服。

推销既是一门科学，也是一种艺术，同时还是一种技术。推销是销售的基础，销售又是营销的一个重要构成部分，推销与销售、营销之间密切联系，"市场营销的目标是使推销成为多余"（德鲁克语）。

推销工作的一般流程包括推销员素质准备、推销活动实施、推销服务与管理3个重要阶段，包括目标顾客寻找、接近目标顾客、推销业务洽谈、顾客异议处理、促成业务交易和推销服务、推销管理等重要环节和流程。

现代推销工作需要遵循的商业伦理原则：尊重顾客意愿，反对强制推销；坚持互利互惠，反对损人利己；坚持诚实信用，反对商业欺诈；保护消费者权益，反对不正当竞争；坚持绿色推销，弘扬社会责任。

核心概念

推销　销售　营销　推销员　推销工作　推销流程　商业伦理

训练题

1. 设计一场关于"推销是科学还是艺术"的课堂辩论赛。

2. 你认为应该具备怎样的素质与能力才能胜任推销工作？
3. 推销员应该遵循哪些职业道德规范和商业伦理原则？
4. 互联网与信息技术的发展对现代推销有什么样的影响？
5. 怎样理解"市场营销的目标是使推销成为多余"这句话？

综合案例分析

老汉卖报的秘诀在哪儿？

每天坐 35 路车上下班，车站总有一个卖报纸的老汉。老汉穿着整洁，看上去精神矍铄。看起来每天的生意都不错。

有一天下班时间不算晚，买了他一份杂志，便和他闲聊了起来。

"老师傅，生意不错吧！"

"嗯，还可以，过得去吧！"

"看您成天忙忙碌碌的，收成一定不错吧！"

"呵呵，还不错吧！反正养老婆和供孩子读书基本没问题了！朋友，别看我普普通通，我家女儿可是在南大读书哩！学费贵着哩！"

"哟，老师傅，你真行啊！一般人可没您这么大能耐呢！"

"呵呵，朋友你可真会说话。不过你倒没说错，我吧，不动不摇，一个月 4000 块是没有问题的！"

老汉打开了话匣子，和我聊了起来。两年前，老汉在工厂下岗了。

下岗工资就那么少，生活的压力，使得老汉开始打算卖报挣钱。（制定工作目标）

几经挑选，发现 35W 车总站人流量大、车次多，于是选定在 35W 车总站卖报。（经初步市场分析，选择终端销售点）

但是，经过几天蹲点发现，车站固定的卖报人已经有了两个。（营销环境论证）

其中一个卖了很长的时间了，另一个好像是车站一位驾驶员的熟人。（对竞争对手进行初步分析）

如果不做任何准备就直接进场卖报，一定会被人家赶出来的。于是老汉打算从车站的管理人员下手。（制定公关策略）

开始，老汉每天给几位管理人员每人送份报纸，刚开始人家跟他不熟，不要他的报纸。他就说这是在附近卖报多余的，车站管理员也不是什么大官，一来二去也就熟了。老汉这时就开始大倒苦水，说现在下岗了，在附近卖报销量也不好，一天卖不了几份，而马上女儿就要参加高考了，高昂的学费实在是无力负担，女儿学习成绩那么好，如果让她不读了真的对不起她了……。（与公关对象接触，并博取同情）

人心都是肉做的，车站管理员就热心帮他出主意：那你就来我们车站来卖报嘛。我们这边生意蛮好的，他们每天都能卖几百份呢。（大功告成了！）

有了车站管理员的许可，老汉光明正大地进场了。当然，老汉不会忘记每天孝敬管理员每人一份报纸。（公共关系维护）

可是，这场是进了，可一共三个卖报人，卖的可是同样的报纸。老汉冥思苦想一番。（进行营销策略分析）

有了!另两个卖报的都是各有一个小摊点,在车站的一左一右。老汉决定,不摆摊,带报纸到等车的人群中和进车厢里卖。(差异化营销,渠道创新,变店铺销售为直销)

卖一段时间下来,老汉还总结了一些门道:等车的人中一般中青年男的喜欢买报纸、上车的人中一般有座位的人喜欢买报纸并喜欢一边吃早点一边看(消费者分析)、有重大新闻时报纸卖得特别多。(销售数据分析)

于是,老汉又有了新创意。每天叫卖报纸时,不再叫唤:快报、晨报、金陵晚报,三毛一份,五毛两份。而是换了叫法,根据新闻来叫。什么伏明霞嫁给53岁的梁锦松啦、汤山投毒案告破啦、一个女检察长的堕落啦、非典疫情新进展、病毒研究有重大突破啦什么的。(对产品进行分析,挖掘USP独特的销售主张)

果然,这一招十分见效!原先许多没打算买的人都纷纷买报纸。几天下来,老汉发现,每天卖的报纸居然比平时多了一倍!

同时,老汉还凭借和车站管理员的良好关系,让同样下岗的老婆在车站摆了个小摊,卖豆浆。旁边卖早点的摊点已经有十来个了,带卖豆浆的也有四五家。而老汉不同,老汉只卖豆浆,而且老汉的豆浆是用封口机封装的那种,拿在手上不会洒出去。比人家多花了500多块买的一台封口机,豆浆价格比别人贵一毛钱。因为坐车吃早点的人通常没法拿饮料,因为怕洒。有了这个封口豆浆,这个问题就解决了。(针对目标消费者的潜在需求,开发边缘产品)结果,老汉老婆的豆浆摊生意出奇地好!

这样做了大约半年左右,车站的一家报摊由于生意不太好就不卖了,于是老汉就接下这个地方支起了自己的报摊。但老汉又有不同:买了政府统一制作的报亭,气派又美观。(有统一的VI,有助于提升形象)

老汉的经营品种也从单一的卖报纸发展到卖一些畅销杂志。(产品线延伸)

销量更上一层楼了。老汉还会根据什么杂志好卖搞一些优惠,比如说买一本《读者》送一份《快报》什么的,因为杂志赚得比较多。(促销策略:用利润空间较大的产品做买赠促销,并选择受欢迎的赠品)

老汉的女儿周末在肯德基打工,经常带回来一些优惠券,于是,这又成了老汉促销的独特武器!买报纸杂志一份,赠送肯德基优惠券一份。(整合资源,创造差异化)

同时,由于老汉这个报亭良好的地理位置和巨大的销量,很快就被可口可乐公司发现了,他们安排业务人员上门,在老汉的报亭里张贴了可口可乐的宣传画,安放了小冰箱,于是,老汉的报亭不仅变得更漂亮更醒目,还能收一些宣传费,而且增加了卖饮料的收入。(开发新的盈利项目成功)

就这样一直做了两年,老汉的卖报生意有声有色,每月的收入都不低于4000元。现在,老汉又有了新的目标,就是附近的有线电厂小区。老汉打算在小区出口的小胡同里再开一家新的报亭(利用成型的管理和共享的资源,走连锁经营路线),把女儿将来读研的钱也挣到手!

和老汉的一席谈话,感觉卖报卖出这样的经营哲学,不简单啦!这位老汉可才是真正的实战派营销人。

资料来源:http://www.k167.com/article/1199067.html

问题思考:老汉卖报的故事对你有什么启示?

单元二　推销理论和模式

知识点

（1）推销三角理论。
（2）推销方格理论。
（3）四种典型推销模式。
（4）推销创新理论。

技能点

（1）分析推销三角理论的管理意义。
（2）运用推销人员方格和顾客方格。
（3）掌握四种典型推销模式的特点。
（4）讨论新时期推销创新的趋势。

[案例导入]

案例 2-1　有一天，一位年轻的女士来到某服装店服装柜台前，仔细打量着挂在衣架上的几款"鄂尔多斯"牌羊毛衫。随后，她从衣架上取下一款黄蓝相间几何图案的羊毛衫，端详了一会儿对营业员王莉说："请问这件羊毛衫多少钱？""758元"，营业员王莉回答。"好，我要了，就这件吧！"那位女士把毛衣放在服务台上，边掏钱包边对她说。在为她包衣服的时候，王莉恭维了她一句："小姐真有眼力，很多人都喜欢这种款式的。"那位年轻的女士听了这句话，沉吟片刻，然后微笑着对王莉说："抱歉，我不要啦！"

王莉傻了，没想到一句恭维话反倒使顾客中止了购买，为什么呢？王莉客气地问："小姐怎么啦，这样子您不喜欢吗？""有点。"她也很客气地回答，然后准备离开。王莉立刻意识到刚才那句恭维可能是个错误，必须赶紧补救。趁她还未走开，王莉赶紧问："小姐，您能否告诉我您喜欢哪种款式的？我们这几款羊毛衫是专门为像您这样气质高雅的年轻女士设计的，如果您不喜欢可否留下宝贵的意见，以便我们改进。"听了这话，她解释道："其实，这几款都不错，我只是不太喜欢跟别人穿一样的衣服。"哦！原来这是位不追求时尚，有自己的主见，喜欢与众不同的顾客。"小姐，您误会了。我刚才说很多人都喜欢您看中的这种款式，由于产品质量好，价格高一点，所以买的人并不多，您是这两天里第一位买这种款式的顾客。而且，这种款式我们总共才进了10件……"经过一番争取，那位女士最后终于买走了那件羊毛衫。

资料来源：董亚辉，霍亚楼主编．推销技术．北京：对外经济贸易大学出版社，2008年10月

问题讨论：这个案例里的情况转折又说明了什么问题呢？

项目一　了解推销三角理论

推销学大师戈德曼认为，如果一个推销人员想获得成功就必须以工作为己任，并且必须对他自己从事的工作充满信心。一些职业的推销人员，在遇到顾客对他所提供的产品不感兴趣的时候，能够保持精力旺盛，不灰心，不气馁，针对顾客的实际情况，想方设法去赢得顾客。那么，怎样使推销人员树立起对所从事工作的必胜信心呢？这种必胜信心的表现形式的具体内容又是什么呢？这些将是推销三角理论所要回答的问题。推销三角理论是阐述推销员推销活动的三个因素：推销员、推销的产品或服务、推销员所在的企业之间的关系的理论，它是为推销员奠定推销心理基础，激发推销员的积极性，提高其推销技术的基础理论。建立信任是职业推销员坚定信心、推销成功的基础与关键要素。

推销三角理论认为，推销活动中最重要的三个要素是产品（或服务）、企业（或品牌）、自己（推销能力），推销员在推销活动中必须做到三个相信，才有可能取得好的推销业绩，包括：

（1）相信自己所推销的产品或服务。

（2）相信自己所代表的企业或品牌。

（3）相信自己的推销能力。

该理论认为推销员只有同时具备了这三个条件，才能激发推销员的销售热情，才能充分发挥自己的推销才能，自如运用各种推销策略和技巧，取得较好的推销业绩。这就好比三角形的三条边，合起来就构成了稳定的三角形结构，缺一不可。其中，企业的产品用英文表示为 Goods（产品），推销员所代表的企业用英文表示为 Enterprise（企业），而推销员由英文单词表示 Myself（我自己），这三个英文单词的第一字母合起来便构成了 GEM，故西方营销界也称推销三角理论为 GEM 模式，汉译为"吉姆模式"，如图 2-1 所示。

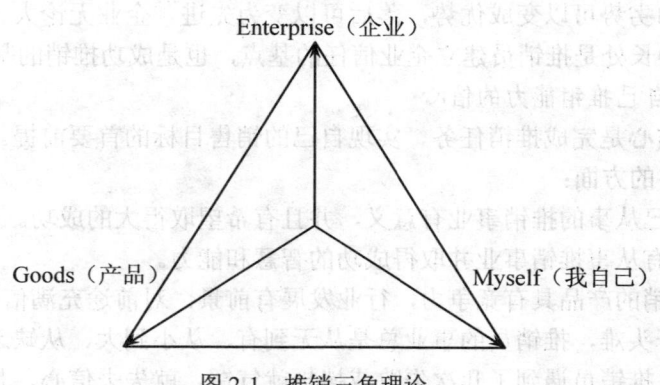

图 2-1　推销三角理论

1. 推销员对产品或服务的相信

推销员对自己所推销的产品应当充分相信，因为产品是推销员推销的客体。它给顾客提供使用价值，给顾客带来需求上的满足。推销员要相信推销的产品货真价实，相信自己的产品具有使用价值，才可以成功地推销出去。

现代产品的概念是一个具有使用价值的实体产品,它包括了三个层次的内容:

(1) 核心产品。指产品能给顾客带来的效用和利益,这是满足顾客需求的核心,是顾客真正想购买的东西。

(2) 形式产品。指产品的形式结构和外观部分,包括产品的质量、形状、外观、颜色、商标、包装等,它是核心产品的表现形式。

(3) 延伸产品。也称为附加产品,是指顾客购买产品能获得的附加利益和服务,包括信贷、送货、安装、培训、维修等销售服务。

推销员相信自己的产品,要求推销员对其产品三个层次的概念必须十分清楚,并对竞争产品有较清晰的了解,从而对自己推销的产品的效用、质量、价格等建立起自信。在向顾客推销介绍时,便能根据顾客的不同需求有目的地作出有理有据的阐述,才能更加主动有效地处理顾客的各种异议。当然,推销员对自己推销的产品也不应盲目地自信。这种自信应源于对产品的充分了解,源于对产品知识、功能效用和与其他产品相比的相对特征、优势及其合理使用方法的充分了解。

2. 推销员对企业或品牌的信任

在推销活动中,推销员是企业形象的代言人,他们对外代表着企业,他们的一举一动都会影响顾客对其所代表的企业的看法和印象。同时,推销员的工作态度、服务质量和推销业绩直接影响到企业的经济效益、社会效益和发展前景。因此,只有当推销员充分相信自己所代表的企业并形成认同感,才能使其产生从事推销工作的向心力、荣誉感和责任感,才能使其产生主人翁的工作热情,并在推销工作中发挥创造精神。

推销员对企业的信任,包括相信企业经营行为的合理性、合法性,相信企业的经营、决策和管理能力,相信企业的实力和行业影响力,相信企业改革和发展的前景等。信任是成功的动力,连自己企业都不相信的推销员是不可能在推销工作中取得成功的。

然而,推销员对企业的信任应该是客观的,而不应是盲目的,因为企业的优势和劣势是相对的。推销员对企业的优劣、长短要用辩证的眼光来分析,认识到在自己和企业其他人员的努力下,企业的劣势可以变成优势,落后可以变为先进。企业无论大、小、新、旧,都有自己的长处,这种长处是推销员建立企业信任的基点,也是成功推销的基础。

3. 推销员对自己推销能力的信心

推销员的自信心是完成推销任务,实现自己的销售目标的首要前提。推销员对自己的信心来源于如下很多的方面:

(1) 认为自己从事的推销事业有意义,并且有希望取得大的成功。

(2) 自己具有从事推销事业并取得成功的智慧和能力。

(3) 自己推销的产品具有竞争力,行业发展有前景,对前途充满信心。

然而,万事开头难,推销员的事业总是从无到有、从小到大、从缺乏经验到经验丰富进步和发展的。如果推销员遇到了几次失败或挫折就气馁,就失去信心,是不可能干好推销工作的,因此,推销员必须要有遭遇挫折的心理准备,才能保持信心。

推销员信心缺乏的表现往往有三个:

(1) 认为自己天生就不是干推销的"料"。

(2) 害怕被顾客拒绝,觉得被拒绝很没面子。

(3) 担心从事的推销工作会做"蚀本生意"而不愿承担经济风险。

所以，成功的推销员需要克服上述心理障碍，因为成功的推销员没有一个是一帆风顺的。推销大师乔·吉拉德也曾欠债 6 万美元，但凭着自己顽强的毅力和自信，在逆境中求生存、求发展，最终成为享誉世界的汽车推销大王。

项目二　认识推销方格理论

推销方格理论是美国著名管理学家 R·R·布莱克和 J·S·蒙顿教授的管理方格理论在推销活动领域中的具体运用。他们于 1964 年提出了管理方格理论，在 1970 年将这种理论应用于推销学理论体系中，形成一种新的推销技术理论，即推销方格理论。在西方国家，这种理论被视为推销学基本理论的一大突破，被业界广泛地运用于实际推销工作中，用于指导和培训推销队伍并收到了良好的效果。推销方格理论以行为科学为理论依据，着重研究和分析推销人员与顾客之间的人际关系态度和产品买卖心态，其实质与中国《孙子兵法》中的"知己知彼，百战不殆"的军事战略有异曲同工之妙。所以，正确地掌握和运用推销方格理论，对于推销人员正确认识自己推销工作中的不足，培养和开发自己的推销能力，了解推销对象（顾客）对推销人员及推销活动的态度，恰当地处理好与推销对象的关系，把握推销活动的主动权，提高推销工作效率都具有十分重要的作用。下面从推销人员方格和顾客方格两个角度分别介绍。

任务 1　掌握推销人员方格

一般推销人员在推销活动中都有两个明确的目标：一是要全力说服顾客，完成当前商品销售的任务，即销售任务导向；二是要努力迎合顾客的偏好，与顾客建立良好的关系，为以后的销售工作打下基础，即顾客服务导向。不同的推销人员因为成长环境和公司要求不同，所以他们在推销过程中的战略指导思想就有所不同，因而形成不同的推销导向。如果把这两个不同的推销目标导向用平面坐标图表示出来，就形成了推销人员方格，如图 2-2 所示。

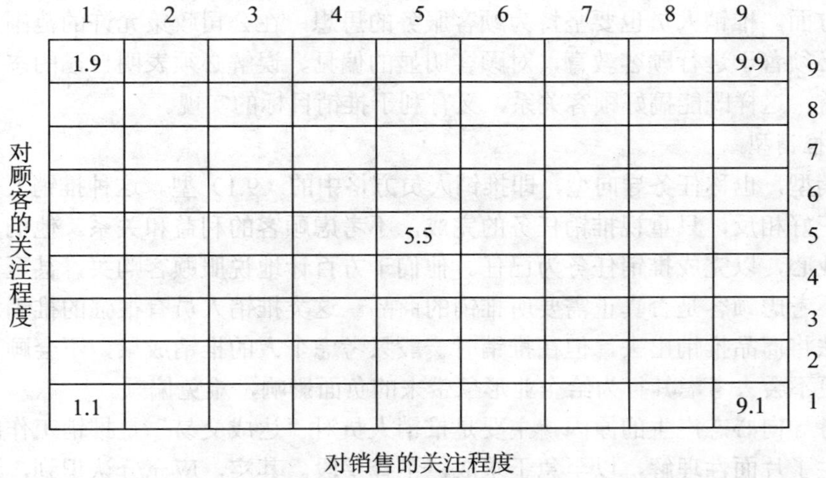

	1	2	3	4	5	6	7	8	9	
对顾客的关注程度	1.9								9.9	9
										8
										7
										6
					5.5					5
										4
										3
										2
	1.1								9.1	1

对销售的关注程度

图 2-2　推销人员方格

图中数值越大，表明推销人员对相关事情的关注程度越高。其中的关注程度从弱到强依次分为 1～9 共 9 个等级。因此，从理论上讲，推销人员的推销心态有 81（9×9）种之多。由于两种相邻的心态之间的差别很小，布莱克和蒙顿把推销人员的推销导向（心态）分为 5 种典型类型，即事不关己型、顾客导向型、强力推销型、推销技巧型、解决问题型，每一种类型都有其显著的特征。

1. 事不关己型

事不关己型，即推销人员方格中的（1.1）型。推销人员既不关心自己的推销任务能否完成，也不关心顾客的需求和利益能否满足。这种类型的推销人员对推销工作缺乏必要的信心和责任感，没有成就感，也没有明确的奋斗目标。他们对顾客缺乏热情，对待工作的态度也不积极，回答顾客所提的问题极不耐心，甚至在推销过程中常常与顾客发生争吵，在顾客当中影响很坏。这种类型的推销人员态度消极，不适合从事推销工作。

考察这种消极心态产生的原因：一是推销人员缺乏敬业精神而不思进取；二是有可能因为企业缺乏有效的激励机制。因此，要改变这种消极推销态度，一是要推销人员树立正确积极的推销观念，树立积极向上的人生观，严格要求自己，正确对待推销工作，热情对待顾客；二是企业要建立明确有效的奖惩制度，奖勤罚懒，以激发推销员的销售热情。

2. 顾客导向型

顾客导向型，即推销人员方格中的（1.9）型。推销人员非常重视与顾客建立关系，而不太关心销售任务的完成情况。推销人员非常注重在顾客中树立良好的自我形象，处处为顾客着想，甚至有时会出现放弃原则来迎合顾客，讨好顾客，以达到与顾客建立良好关系的目的。这类推销员只重视建立与顾客之间的良好关系，而忽视了当前推销任务的完成，他们有时还会不顾公司利益，因此不是推销人员应该具有的好的心态。

考察顾客导向心态产生的原因：一是推销人员片面强调了人际关系在推销过程中的作用，重关系而轻了利益；二是推销人员对以顾客为中心的现代推销观念的实质认识不清，行为出现了偏颇。因此，成功的推销人员应该客观认识到：一方面，人际关系对增加订单、完成推销任务有积极作用，但这种关系如果不能使销售额增加，这种关系对于推销事业就没有实际意义；另一方面，推销人员也要坚持为顾客服务的思想，在公司政策允许的范围内为顾客着想，同时又必须善于进行顾客教育，对顾客明显的偏见、误解必须表明自己的态度和立场，维护公司利益，这样既能搞好顾客关系，又有利于推销目标的实现。

3. 强力推销型

强力推销型，也称任务导向型，即推销人员方格中的（9.1）型。这种推销人员的心态与顾客导向型正好相反，只重视推销任务的完成，不考虑顾客的利益和关系。他们具有强烈的责任感和事业心，以完成推销任务为己任。他们千方百计地说服顾客购买，甚至不择手段强行推销，而不考虑顾客是否真正需要所推销的商品。这类推销人员有很强的推销意识，就是想尽一切办法将商品推销出去，但在推销时一般只考虑个人的推销成果，不会顾及与顾客之间的关系，更不会去考虑其行为给企业形象带来的负面影响，难免偏颇。

考察任务导向心态产生的原因：主要是推销人员对"达成交易"是推销工作的中心任务这一观点产生了片面性理解，以至急于求成，不择手段。其实，应充分认识到，达成交易作为推销工作的中心任务，是针对推销工作的长期性而言，决不能要求推销人员每一次业务拜访都能达成交易，不能把它演变为强制推销。如果推销员只顾完成销售任务而不尊重顾客，不考虑顾客的感受和需要强行推销，最终会赶走顾客。正所谓"欲速则不达"。

4. 推销技巧型

推销技巧型，也称平衡推销型，即推销人员方格中的（5.5）型。他们既关心推销的成果，也关心与顾客之间的关系。他们关注推销工作成效，十分重视对顾客心理和购买动机的研究，善于平衡推销业绩与顾客关系，善于运用推销技巧达成销售目标。若在推销中与顾客意见不一致，一般都能采取折衷的办法，使双方互相妥协，而实现双赢。这类推销人员心理态度平衡，作风扎实，既不一味取悦于顾客，也不一味强行推销，既不愿意丢掉生意，也不愿意丢掉顾客，四平八稳，避免冲突，力求成交，是一种在和平的氛围中巧妙利用推销技巧达成交易的推销态度，符合中庸之道，也能取得较好业绩。

分析推销平衡的心态：虽然这类推销人员踏实肯干、经验丰富、老练成熟，往往也具有较好的推销业绩，但他们太过追求推销各方利益的平衡，往往不太可能成为推销专家。因为他们在推销中比较注意推销技巧，注重顾客的心理反应，注重说服顾客的艺术，而不十分关心顾客的真正需求，也不十分关心自己的销售额。因而，虽然这种类型的推销人员善于平衡利益关系，但实际上也很难适应现代推销竞争的要求。

5. 解决问题型

该种类型也称理想型，即推销人员方格中的（9.9）型推销人员。这类推销人员是一种比较理想的推销员，他们的推销心态也是极为上进的。他们对自己的推销工作及其效果非常重视，并且十分关心顾客的真正需要，目的是实现推销业绩和顾客利益的最大化。他们注重研究整个推销过程，总是把推销的成功建立在满足推销主体、对象双方需求的基础上，能够针对顾客的问题提出整体解决方案，并在此基础上完成自己的推销目标。这种推销人员能够最大限度地满足顾客的各种需求，同时取得最佳的推销效果。

分析理想型推销的心态：这类推销人员可以说是理想的推销人员，他们具有积极上进的推销心态，能够最大限度地同时关注推销成效和顾客利益，达到企业销售目标，这也是企业销售追求的一种境界。解决问题型的推销人员具备现代推销人员的基本心态和能力的要求，能够适应现代推销竞争的需要，能够成为最理想、最优秀的推销人员。但事实上，要同时实现销售业绩和顾客利益的最大化，的确是一件很难的事情。

任务 2　掌握顾客方格

在推销活动中，顾客对商品推销活动的看法可以从两个方面进行分析：一是顾客对推销人员的看法，二是顾客对购买活动本身的看法。这两个方面的看法形成了顾客在购买活动过程中的两个目标：一是希望与推销人员建立良好的人际关系，为日后的购买及长期合作建立基础；二是希望通过与推销人员的讨价还价，为自己赢得较多的利益，或者以其他有利的条件达成交易。每个顾客对这两个具体目标的关心程度是有所不同的，由此影响其购买行为，将其表现在方格图上就称为顾客方格，如图2-3所示。

在图2-3中，横坐标表示顾客对购买活动的关心程度，纵坐标表示顾客对推销人员的关心程度。不同位置的方格，代表着顾客不同的购买心态，数值越大表示相关关心的程度越高。其中具有代表性的心态有5种，即漠不关心型、软心肠型、防卫型、干练型、寻求答案型，每一种心态都有各自的典型特征。

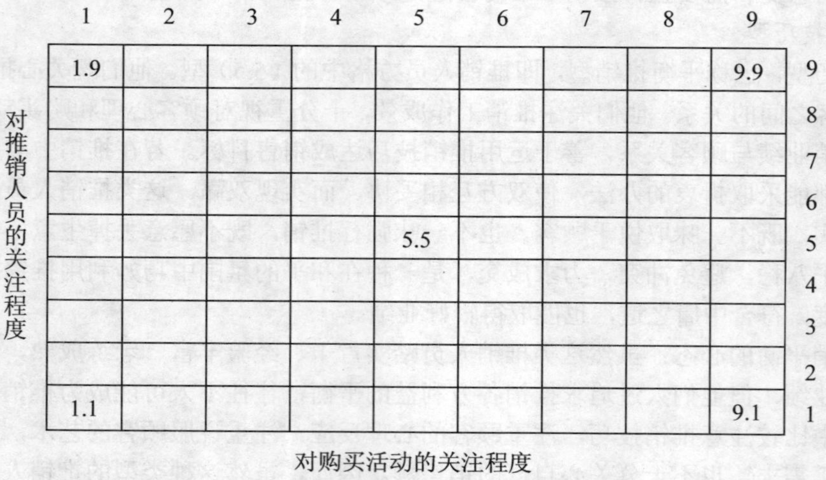

```
           1    2    3    4    5    6    7    8    9
         ┌────┬────┬────┬────┬────┬────┬────┬────┬────┐
         │1.9 │    │    │    │    │    │    │    │9.9 │ 9
         ├────┼────┼────┼────┼────┼────┼────┼────┼────┤
         │    │    │    │    │    │    │    │    │    │ 8
         ├────┼────┼────┼────┼────┼────┼────┼────┼────┤
         │    │    │    │    │    │    │    │    │    │ 7
对推       ├────┼────┼────┼────┼────┼────┼────┼────┼────┤
销人       │    │    │    │    │    │    │    │    │    │ 6
员的       ├────┼────┼────┼────┼────┼────┼────┼────┼────┤
关注       │    │    │    │    │5.5 │    │    │    │    │ 5
程度       ├────┼────┼────┼────┼────┼────┼────┼────┼────┤
         │    │    │    │    │    │    │    │    │    │ 4
         ├────┼────┼────┼────┼────┼────┼────┼────┼────┤
         │    │    │    │    │    │    │    │    │    │ 3
         ├────┼────┼────┼────┼────┼────┼────┼────┼────┤
         │    │    │    │    │    │    │    │    │    │ 2
         ├────┼────┼────┼────┼────┼────┼────┼────┼────┤
         │1.1 │    │    │    │    │    │    │    │9.1 │ 1
         └────┴────┴────┴────┴────┴────┴────┴────┴────┘
                         对购买活动的关注程度
```

图 2-3　顾客方格

1. 漠不关心型

漠不关心型的心理态度即顾客方格中的（1.1）位置。具有这种心态的顾客对自己的购买行为和推销人员均漠然置之，既不关心推销人员情况，也不关心自己的购买活动。这种人往往认为购买行为与己无关，因而在购买活动中缺乏激情和责任感，对推销人员敷衍了事，对推销人员的拜访不大高兴，对购买活动的细节和过程也不上心。他们既不设身处地为推销人员着想，亦不想与推销人员打交道，常常应付了事。他们把购买行为当成例行公事，不想负任何责任，尽量避免做购买决策；或者是受人之托购买，没有决策权，因而对购买活动能推便推，能简则简。这种心态的顾客把购买活动视为一种负担，对能否达成交易的条件及商品本身和推销人员等问题淡然处之。

因此，漠不关心型的顾客是最难打交道也是最难取得推销业绩的推销对象。对这类心态的顾客，推销人员应先主动了解他的情况，尽量把顾客的切身利益与其购买行为结合起来，使其产生关注，要利用自己对产品及市场的丰富知识激发、引导顾客产生购买兴趣与责任感。如果不能达到效果，就应该采取果断放弃的策略。

2. 软心肠型

软心肠型的购买心态即顾客方格中的（1.9）位置。具有这种心态的顾客对推销人员极为关心，而对购买行为则不大关心。他们重视与推销人员的感情，同情理解推销人员，经常设身处地为推销人员着想，也极易被推销人员的情绪所感染，容易被推销人员的说服所打动。比如当别人说东西买贵了，他反而会说："别人也要吃饭，站了那么久，也够辛苦的"，"从大老远跑来，贵一点也是应该的"，这种人就是典型的软心肠型顾客。

对于软心肠型顾客，只要推销人员对他们表示极大的友好、尊重和关心，满足他们的自尊心，他们就可能接受推销。由于这种类型的顾客心地善良，但缺少必要的商品知识和购买经验，往往不能理智地处理自己的需要与实际购买的关系，受推销人员所左右而产生感性的冲动性的购买。这类顾客具有重感情盲目购买的特点，很多老年消费者就具有这个特点，因此往往成为推销员进行感情投资的重要目标。

分析这种购买心态的原因：一是出于顾客的个性心理特征，爱物及乌，这种心态的顾客心地善良，喜欢与人交往，如果他们对该推销人员十分满意，也就会连带喜欢上他所推销的所有商品并持续购买；二是出于对推销人员的同情心，他们认为推销人员的工作十分辛苦，如果没有把商品推销出去，很可能受到上司的责骂或者没有饭吃，出于同情持续购买。出于这两种心理，他们很可能会买上一些并不十分需要的东西而造成资源浪费。

3. 防卫型

这种购买心态即顾客方格中的（9.1）位置，或称利益导向型。与软心肠型的购买心态恰恰相反，具有这种心态的顾客唯一关心的是自己的购买行为以及自身利益是否受到侵害，而不关心推销人员。在他们看来，推销人员都是不可靠的、不诚实的，因此他们对推销人员怀有戒备之心，态度冷淡，甚至抱有一种敌对的态度，处处加以提防。他们对购买行为的每一个决策都相当谨慎，对每一点利益都精打细算、斤斤计较、寸土必争，生怕被推销人员所欺骗。因此，这类顾客的生意最难做，即使成交，其盈利也甚低微。

分析这种购买心态的原因，或是出于顾客本身的个性心理特征，他们缺乏主见，个性多疑，天生有一种对人的不信任感；或是受以往偏见的影响，认为推销人员都是花言巧语，靠耍嘴皮子骗人；或是曾经轻信过某些推销人员而上过当，本能地对推销人员产生反感等。他们不欢迎推销人员，并不是他们不需要推销人员所推销的商品，而是他们心里不能接受推销这种行为。对于具有这种购买心态的顾客，推销人员首先要做的不应该是直接推销产品，而应该是推销自己，以实际行动去赢得顾客的信任，消除顾客的偏见，再引导顾客去分析从购买活动中获得的利益，打消顾虑，这样才能收到良好的推销效果。

4. 干练型

干练型的购买心态即顾客方格中的（5.5）位置。干练型是指既关心自己的购买行为，又关心推销人员的推销工作，这是一种比较合理的顾客购买心态。具有这种购买心态的顾客往往具有相关商品知识和社会经验，具有理智、自信的特点。他们在购买过程中比较冷静，既能尊重推销人员的人格，乐意听取推销人员的建议和意见，也有自己的观点和判断，其购买行为科学、客观。比如，在进行购买决策时，常常根据自己的知识和别人的经验来选择厂家和品牌，再决定合理的购买数量，他们所做出的任何购买决策都要经过全面的分析和客观的判断，不受推销员左右，不会盲目从事。

分析干练型购买心态的原因，认为具有干练型心态的顾客一般知识、经验都比较丰富，都比较自信，甚至具有强烈的责任感，但有时也会受虚荣心影响。有时他们购买的商品并不一定是自己确实需要的东西，而是为了满足自己的虚荣心，抬高自己的身价。对待这类顾客，推销人员应该讲事实，摆道理，让他们自己去做判断，不能急于求成。当顾客犹豫购买时，推销人员的适度赞赏，也许会收到促进购买的效果。

5. 寻求答案型

这种购买心态即顾客方格中的（9.9）位置。具有这种购买心态的顾客既高度关心自己的购买行为和结果，清楚地知道自己的购买需要及价值，同时又高度关心推销人员的工作，与推销人员建立良好的人际关系，愿意与推销人员进行真诚的合作。他们最能接受的是推销人员能够设身处地为自己着想，并能为自己实实在在的解决问题。他们善于通过购买活动与推销人员建立彼此信赖的良好关系，通过购买活动买到质优价廉的产品。

分析这种购买心态的原因，认为这种心态的顾客在做购买决策时很理智实在，不感情用事，很少受推销广告的影响，更不会轻信推销人员的言语，他们理智决策，有时也会独断，但遇到意外时他们会主动寻求推销人员的帮助，求得明智的解决方案。所以，从现代推销学的角度，寻求答案型的顾客是最成熟和值得信赖的顾客。对于这种类型的顾客，推销人员一定要做好顾客的好参谋，真心诚意地为顾客服务，才能收到良好的销售效果。

项目三　四种典型推销模式分析

所谓推销模式就是根据各种推销活动的特点、顾客购买行为各阶段的心理特征以及推销员应采用的相关策略，归纳总结出的一套具有代表性的程序化的推销操作方式。本节将依次介绍爱达模式、迪伯达模式、埃德帕模式、费比模式等具有典型意义的推销模式。其中，爱达模式、迪伯达模式和埃德帕模式都是国际推销协会名誉会长、欧洲市场及推销咨询协会名誉会长、著名的推销专家海因兹·姆·戈德曼根据自身推销经验总结出来的推销模式，在其《推销技巧——怎样赢得顾客》（The Classic Manual of Successful selling－How to Win Customers）一书中详细介绍了这些模式。该书于1958年出版后，曾被译成18种文字在全球销售，成为推销学的经典。然而，在推销活动过程中，由于市场环境的多样性、推销活动过程的复杂性和变动性，推销人员不应生搬硬套标准化的推销程序模式，而应以典型推销模式理论为指引，具体问题具体分析，灵活运用这些模式理论，才能有效提高推销效率。

任务1　掌握爱达（AIDA）模式

AIDA的含义是指Attention（注意）、Interest（兴趣）、Desire（欲望）、Action（行动），是第一个字母的缩写。"爱达"是AIDA的音译，AIDA的四个英文单词分别代表了爱达模式的四个主要步骤，如图2-4所示。

| Attention
引起顾客注意 | → | Interest
激发顾客兴趣 | → | Desire
刺激顾客欲望 | → | Action
促进顾客购买 |

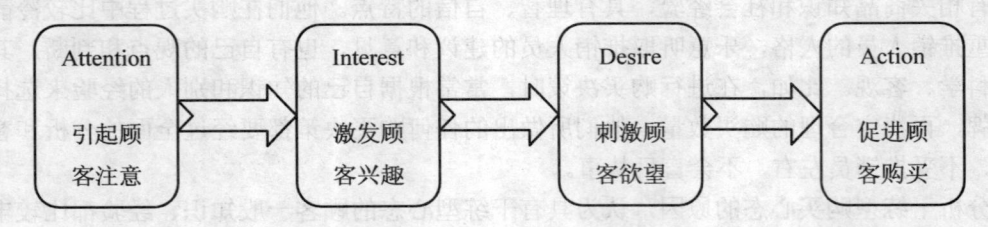

图2-4　爱达（AIDA）模式

爱达模式的核心内容可以概括为：推销员首先必须把顾客的注意力吸引过来并转移到所推销的商品上，使顾客对所推销的商品（品牌）开始关注并产生兴趣，顾客的购买欲望随之产生，随后的工作就是促进顾客做出购买行动。其中"引起注意"（Attention）是该模式的核心特色。

案例2-2　华人首富李嘉诚年轻时曾经做过多年的推销员，推销过五金产品、塑胶洒水器等产品。在其推销生涯中曾经有这么一则故事广为传诵。说他有一天带着洒水器到几家公司推销都没有成功，客户对他关于洒水器的介绍都没有兴趣。于是，在他进入另一家公司推销时灵机一动，说洒水器出了点问题想借水管试一下，对方同意后，年轻的李嘉诚就地开始表演起来，迅速将水喷洒到办公室玻璃墙上又迅速用带的毛巾将其擦拭干净，公司工作人员没有怪罪李嘉诚，反而被这个年轻人的即兴表演所吸引，最后购买了十几个产品。李嘉诚从这次尝试中获得了意外的收获，认识到要想推销成功，不能墨守成规，必须想办法吸引顾客的注意以引起对方关注。

可以说当今市场经济是眼球经济，注意力是一种资源，"注意力营销"大行其道，所以遵从注意力推销的爱达模式具有很强的实用性。从应用范围看，爱达模式较特别适用于有形店堂推销行为，如店面推销、柜台推销、展销会推销等；也适用于一些易于携带、展示的生活用品和办公用品的推销，如化妆品；同时适用于新推销人员以及面对陌生推销对象的推销行动。其主要内容和特点包括：

（1）引起顾客关注。

引起顾客关注需要从推销员自身做起。首先在形象方面，注重自己的穿着打扮，给顾客留下整洁良好的印象。最好着职业装且颜色和款式尽量稳重大方；保持头发整洁，保持皮鞋干净；装饰品不宜过多；最好带一个大一点的公文包。其次，讲好第一句话也很关键。开场白的好坏会形成第一印象，在很大程度上影响到推销的结果，这就是心理学上的"晕轮效应"原理。所以，推销员除了不卑不亢的态度、彬彬有礼的举止外，还应提前准备、设计面对陌生顾客的开场白，了解顾客的背景和偏好，展示产品并尽量从产品话题入手，这样的开局才会引起顾客关注。总之，能否引起顾客关注是推销能否成功的开始。

（2）激发顾客兴趣。

在引起顾客注意之后，接下来就要通过产品展示和推介使顾客对所推销的产品产生兴趣。介绍和演示是提高顾客兴趣的有效手段，两种手段往往同时使用，即推销员边演示边介绍。俗话说："耳听为虚，眼见为实"，演示是提高顾客关注度最有效的手段，现场演示能够让顾客非常直观地感受产品的性能和特点。推销员做演示时应注意：注重产品使用过程中的演示以及演示过程的新颖性；演示应专业熟练；最好让顾客参与（试听音乐CD、试驾汽车、免费品尝食品等）；要突出重点，集中演示；演示目的明确，使顾客从演示中获得知识、做出正确判断。

（3）刺激顾客欲望。

顾客产生兴趣并不代表顾客能立即购买，还需要进一步说服和刺激。顾客对产品产生浓厚兴趣只表示他具有强烈的需求意识，而要最后形成顾客购买行为，还需要满足两个条件：购买能力和购买决策权。在这个阶段，推销员需要做的就是根据顾客的需求情况、经济情况、社会地位和产品的功能价值进行分析，为顾客提供多种选择方案并帮助他们下决心做出购买选择，需要的是推销员的说服力。折扣价格、分期付款和按揭也许是解决购买能力不足的有效办法，而如果顾客在决策时犹豫不决，则需要推销员给予顾客鼓励和信心。

（4）促进顾客购买。

顾客一旦产生了强烈的购买冲动，采取购买行动就是自然而然的事了，这时推销员不能掉以轻心，应该顺水推舟，速战速决，以免顾客受其他外界因素影响而改变态度。有时候，顾客会在最后关头突然变卦，这种事情时有发生，因为人的情绪是可以发生变化的。在这个成交阶段，推销员可以使用一些技巧促使顾客采取购买行动，比如提醒顾客该款产品很畅销，如果现在不买，很可能以后会涨价或者出现断货；或者告诉顾客现在是优惠期，马上购买会比较划算，过期享受不了价格优惠等，促使顾客立即采取购买行动。

任务 2　掌握迪伯达（DIPADA）模式

DIPADA 的含义指 Definition（发现）、Identification（结合）、Proof（证实）、Acceptance（接受）、Desire（欲望）、Action（行动），DIPADA 是其英文的缩写。"迪伯达"是 DIPADA 的英文译音，DIPADA 代表了迪伯达模式的六个主要步骤，如图 2-5 所示。

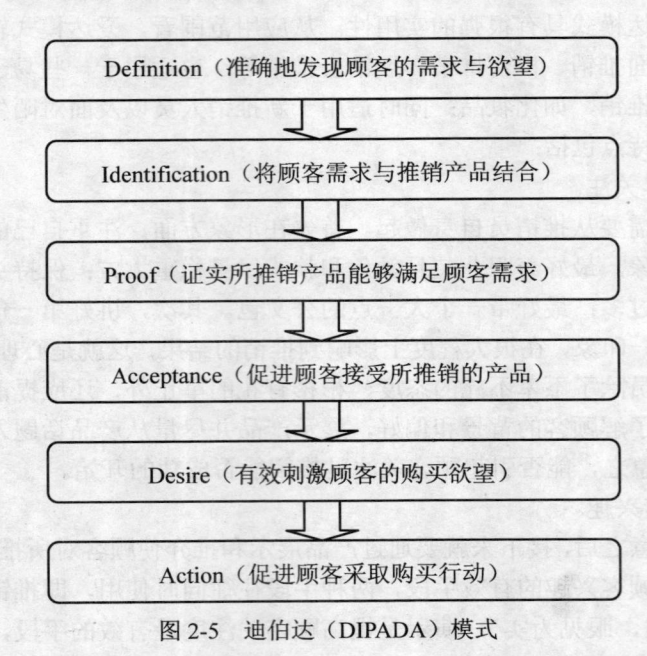

```
┌─────────────────────────────────────────┐
│ Definition（准确地发现顾客的需求与欲望）│
└─────────────────────────────────────────┘
                    ↓
┌─────────────────────────────────────────┐
│ Identification（将顾客需求与推销产品结合）│
└─────────────────────────────────────────┘
                    ↓
┌─────────────────────────────────────────┐
│ Proof（证实所推销产品能够满足顾客需求）  │
└─────────────────────────────────────────┘
                    ↓
┌─────────────────────────────────────────┐
│ Acceptance（促进顾客接受所推销的产品）   │
└─────────────────────────────────────────┘
                    ↓
┌─────────────────────────────────────────┐
│ Desire（有效刺激顾客的购买欲望）         │
└─────────────────────────────────────────┘
                    ↓
┌─────────────────────────────────────────┐
│ Action（促进顾客采取购买行动）           │
└─────────────────────────────────────────┘
```

图 2-5　迪伯达（DIPADA）模式

根据迪伯达模式，在推销过程中，推销人员必须先准确地发现顾客的需要和愿望，然后把它们与自己推销的商品联系起来。推销人员应想办法向顾客证明，他所推销的商品符合顾客的需要和愿望，为顾客所必需，并促使其购买，这就是迪伯达模式的要点。其中证实（Proof）是该模式的核心特色。

案例 2-3　某电脑销售公司开张不久，在当地市场代理了一个新的电脑 F 品牌，自然在销售竞争中处于劣势，公司张老板很是紧张，希望想出办法扭转颓势。经过思索，张老板决定针对公司用户采用"先试用后购买"的策略，以抢占集团顾客。公司决定提供足够数量的样机给顾客试用，试用期一个月，不满意退货。试用期间公司准备了丰富的产品技术资料（使用说明书、宣传单等），到顾客公司培训关于产品的功能配置、操作技术，有意无意向对方通报购买使用该产品的客户信息并安排对方代表人员到相关客户处参观，派遣优秀技术人员进行现场指导和培训。结果，接受试用的公司大部分接受了该公司的产品，较少出现退货现象，公司的"先试用后购买"策略取得了成功，其代理的这个电脑 F 品牌也获得了很好的知名度和市场占有率。这个案例表明，推销工作不仅需要将顾客需求与推销产品结合，更重要的是能够证实该产品能够很好地满足顾客地需求。

从应用范围看，迪伯达模式比较适用于生产资料市场、机器设备等产品的推销；适用于对老顾客及熟悉顾客的推销；适用于保险、技术服务、咨询服务、信息情报、劳务市场上无形产品的推销以及开展无形交易；适用于对组织（或集团）购买者的推销。

1. 准确地发现顾客的需求与愿望

企业的推销实践表明，成功的推销首先要把重点放在了解顾客的需要和愿望上，而不是急于宣传所要推销的产品。只有准确发现顾客的愿望和偏好，才能以此作为说服的要点，有的放矢，唤起顾客的购买欲。因此，准确发现顾客的需要、了解其偏好是有效说服顾客的基础，是提高推销效率的根本立足点。

2. 将顾客需求与推销产品相结合

在了解顾客的愿望和偏好的基础上，有目的地介绍所推销的产品，充分展示产品的功能、优点和特点，把顾客的需要和愿望与所推销的产品结合起来。主要方法有3个：

（1）需要结合法。把握顾客的需要和愿望，从产品功能、价格、质量、售后服务等方面准确地向顾客说明该商品正是他所需要的。

（2）关系结合法。联想并借助各种人际关系和工作关系，使顾客认可该商品能满足他个人或其单位的相关实际需要。

（3）逻辑结合法。通过利弊分析和逻辑推理方法，向顾客说明购买该商品是其明智的选择，为顾客的购买行为提供信心依据。

3. 证实所推销产品能够满足顾客需求

以一定的方法向顾客证实所推销产品能满足其真正的需要，能够给顾客带来超值的功能和价值，让顾客感受到物有所值。"证实"的方法多种多样，可提供如人证、物证或例证等有说服力的证据，如顾客所认识的某某人用了效果如何、顾客所知道的某单位用了怎么样等。可提供产品信息、功能介绍的宣传单，有的商品还可以现场展示产品的性能特征，让消费者动手参与体验，感受真实的产品特征，增强接受度。

4. 促使顾客接受所推销的产品

结合和证实都是手段，促使顾客产生购买欲望才是目的。推销员通过对本商品的介绍和同类产品的比较分析，以便促使顾客接受推销的商品。以下具体方法供参考：

（1）示范法。推销员通过现场示范的直观效果促使顾客接受产品。如推销人员在示范过程中，显示产品操作简单，性能优良，价廉物美。

（2）提问法。推销员在讲解及演示的过程中，可不断发问以了解顾客是否认同或理解自己所作的介绍，从而使顾客逐步接受所介绍的产品及理念。

（3）总结法。推销员在讲解及演示的过程中，通过对前阶段双方的价值意向和见解的总结归纳，取长补短，求同存异，促使顾客接受推销品。

（4）试用法。把已介绍和经过证实的产品留给顾客试用一段时间，同时征求顾客的使用意见和改进意见，以达到促使顾客接受推销产品的效果。

5. 有效刺激顾客的购买欲望

激起顾客购买欲望（Desire）是爱达模式的第三阶段，也是迪伯达模式的一个推销步骤，同时也是推销过程的一个关键性阶段。如果顾客已经明确对推销人员的示范表示了兴趣和信心，但仍未采取购买行动，这说明顾客的购买欲望还未被激起，还需要加一把火。此时，最重要的是要想办法使顾客相信，该产品正是他所需要的产品，且正是购买的最好时机，如不立即购买有可能升价，有可能断货。一句话，过了这个村就没这个店了。具体方法参照爱达模式中的相关阐述。

6. 促进顾客采取购买行动

促使顾客购买是推销工作的重要步骤，也是推销所应达到的最后目标。促使顾客购买的方式多种多样，具体参照爱达模式中的相关阐述。这时推销员最应该采取的态度就是顺水推舟，速战速决，直接进入签约付款程序，以免夜长梦多而导致爽约。

任务3　掌握埃德帕（IDEPA）模式

IDEPA 的含义是指 Identification（结合）、Demonstration（示范）、Elimination（淘汰）、Proof（证实）、Acceptance（接受），是其英文第一字母的缩写。"埃德帕"是 IDEPA 的译音，IDEPA 代表了埃德帕模式的五个主要步骤，如图 2-6 所示。

```
Identification（将顾客需求与推销产品结合）
            ↓
Demonstration（向顾客示范所推销的产品）
            ↓
Elimination（淘汰不适合顾客的相关产品）
            ↓
Proof（证实顾客的选择是正确的）
            ↓
Acceptance（促进顾客接受并采取购买行为）
```

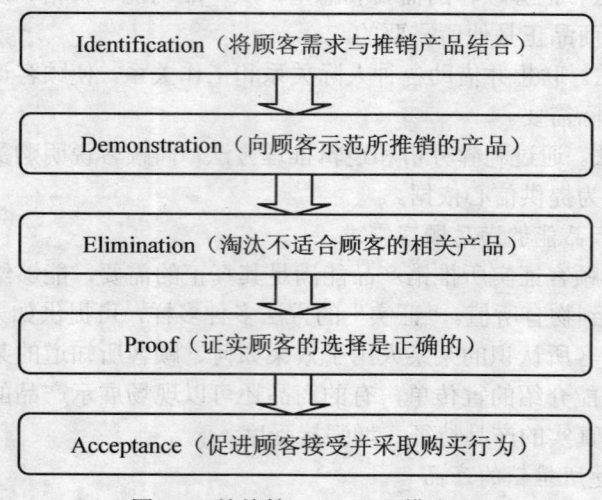

图 2-6　埃德帕（IDEPA）模式

从应用范围看，埃德帕模式适用于有着明确的购买愿望和购买目标的顾客，是零售行业推销较适用的模式。当顾客主动来到零售商店，提出他要购买哪些产品时，或者手里拿着购货清单，照单抓药时，可以采用埃德帕推销模式。

埃德帕模式中 Identification、Proof、Acceptance 三个步骤所应达到的目标和应采取的行动与迪伯达模式中的内涵基本相同，这里不再一一叙述。其中，向顾客示范（Demonstration）是该模式的主要特点，能够满足新时期消费者对购买过程体验的需求。

案例 2-4　世界推销大王杰拉德在推销汽车时有一个绝活，就是当客户到了他所在的专卖店，看中了某款汽车，并询问该车的性能的时候，杰拉德二话不说，跳上汽车，猛踩油门，汽车风驰电掣地向远方驶去，在视线范围内又猛一掉头，朝着顾客所在的地方急驶过来，顾客还没回过神来，汽车在离顾客十几米的地方嘎然停稳。顾客惊恐之际，杰拉德会询问顾客，感觉汽车性能如何，无不暗自佩服，顾客连连称道。杰拉德使用自己娴熟的驾驶技术，给顾客一个出乎意料的精彩展示，一下子征服了顾客，赢得了生意。

在该模式的操作过程中，有两方面的问题需要注意：

（1）推销员应向顾客示范合适的产品，力求有效结合顾客的需要。如果顾客带来进货清单，可按清单上所列品种照单示范，尽量让顾客参与其中。如果有新产品、潜在畅销产品、进销差价大的特殊品等，推销人员应主动向顾客示范，推销成功的几率也比较大。

（2）适时淘汰不适合顾客的产品，主要指淘汰那些不适应顾客需要、与顾客愿望距离较大的产品。主动淘汰这一部分产品，实现产品优化，可以使顾客更容易买到合适的产品。在产品示范与商务沟通过程中，推销人员应尽量了解顾客进货的档次、数量和目标市场消费者的需求特点，做到示范和淘汰的产品都恰到好处。

任务4　掌握费比（FABE）模式

费比模式是由美国俄克拉荷马大学的企业管理博士、台湾中兴大学商学院院长郭昆漠教授总结出来的一种推销模式。FABE 的含义是指 Feature（特征）、Advantage（优点）、Benefit（利益）、Evidence（依据），是其英文的缩写。费比是英文 FABE 的译音，FABE 代表了费比模式的四个主要步骤，如图 2-7 所示。

```
┌─────────────────────────────────────┐
│ Feature（向顾客详细介绍产品的特征） │
└─────────────────────────────────────┘
                 ↓
┌─────────────────────────────────────┐
│ Advantage（充分分析展示产品的优点） │
└─────────────────────────────────────┘
                 ↓
┌─────────────────────────────────────┐
│ Benefit（尽数产品给顾客带来的利益） │
└─────────────────────────────────────┘
                 ↓
┌─────────────────────────────────────┐
│ Evidence（以事实依据说服顾客购买） │
└─────────────────────────────────────┘
```

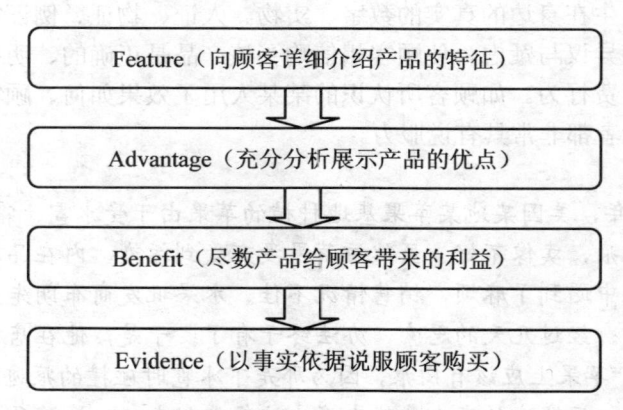

图 2-7　费比（FABE）模式

与其他几个模式相比，费比模式有一个显著的特点，即事先把产品特征、优点及能够带给顾客的利益等列选出来，印在宣传单上或写在卡片上，这样就能使顾客一目了然，更好地了解有关的内容，节省顾客疑问的时间与减少顾客异议的内容。正是由于费比模式具有重点突出、简明扼要的特点，在推销实践中显示出计划性和有效性，它受到不少推销人员的大力推崇。其主要内容和特点体现在以下几个方面：

（1）向顾客详细介绍产品的特征。

推销人员在见到顾客后，要以合适的语调、准确的语言向顾客介绍产品的特征。介绍的内容包括：产品的性能、构造、作用、使用的简易及方便程度、耐久性、经济性、外观优点及价格情况等。如果是新产品则应更详细地介绍，如果产品在用料或加工工艺方面有所改进的话，亦应介绍清楚。如果上述内容复杂难记，推销人员可事先制作成宣传单或卡片，以便在向顾客介绍时方便将材料或卡片交给顾客，因此提前制作好宣传单或卡片成为费比模式的主要特色，也是该模式成功的关键。

（2）充分分析展示产品的优点。

推销人员应寻找出推销产品区别于竞争品在外观设计、功能特点、使用方法、售后服务，以及产地、品质、品牌、创始人等独特的特征，进行差异化的推介说明，以便激发消费者兴趣和便于记忆。在产品展示过程中，要把产品的优点充分地挖掘，简明扼要地介绍给顾客，不要拖泥带水和面面俱到。如果是新产品，务必要说明该产品开发的目的、背景、设计时的主导思想、开发意义，以及相对于老产品的差别化优势等。当面对的是具有专业知识的顾客时，则尽量以专业术语进行介绍，并力求用词简练准确。

（3）尽可能列举产品对顾客的利益。

顾客购买产品追求的是使用价值、声誉价值以及消费者剩余（高的性价比）等，所以分析产品对顾客的价值和利益是费比模式中最重要的一环。推销人员应在了解顾客需求的基础上，把产品所能带给顾客的预期利益，尽可能地讲清楚，给消费者一个购买的理由。不仅要讲产品实体、功能的利益，更要讲产品给顾客带来的内在的、形式的及附加的利益。在对顾客需求偏好了解不多的情况下，应边讲边观察顾客的专注程度与态度，在顾客表现关注的方面要特别注意多讲、细讲、多举例说明。

（4）以真实的证据说服顾客购买。

推销人员应以发生在身边的真实的数字、实物、人证、物证、例证等作为有说服力的证据，解决顾客的各种异议与疑虑，使顾客相信购买该产品是正确的、明智的、合算的，从而产生从众的购买和消费行为。如顾客所认识的某某人用了效果如何、顾客所知道的某单位用了怎么样等，对消费者都非常具有说服力。

案例2-5 有一年，美国某地某苹果基地种植的苹果由于受冰雹、霜等自然灾害的侵袭，果皮上出现了点点斑痕，卖像不好。虽然该苹果没有受到污染，内在品质好，口感脆甜，但是在当年的销售过程中遇到了麻烦，销售情况不佳。水果批发商布朗先生面对这种情况很着急，一时想不出办法。经过几天的思索，办法终于有了。于是，他在店门口竖立一个醒目的大招牌，上面写着："苹果上应该有斑痕，因为那是下冰雹时碰撞的痕迹。它说明这些苹果都生长在寒冷的高山上，而寒冷的高山才能生产出这般香甜爽口、清脆多汁的上等苹果。货量有限，欲购从速。"创意一出，布朗的店顾客络绎不绝，小贩之间也互相传播着这个信息，布朗还把这个创意在当地报纸上登出，斑点苹果得到了当地消费者的认可，没过多久，布朗的存货就销售一空。有趣的是，经过一个销售季节，斑点苹果成为高品质美味苹果的代名词，有些果贩还专门向布朗预约了来年的销售生意。

资料来源：董亚辉，霍亚楼主编．推销技术．北京：对外经济贸易大学出版社，2008年10月

项目四 讨论新时期推销创新

任务1 讨论知识推销

知识推销的理论基础是知识营销，即企业通过产品或行业知识的传播与推广，达到促进产品销售的目的。简单来讲，就是先学习，后购买。通过学习认知产品或行业知识，激发潜在消费者的内在需求，形成购买欲望，促进购买行为。所以，知识营销往往是高科技产品、

健康产品、医药产品、美容产品以及新产品的有效营销方式。知识推销的原理与知识营销一样,是让顾客先学习认知,后购买消费。所以,推销员或企业可以通过办各种讲座、培训班、技术辅导等方式推广自己的产品。懂摄影的人更喜欢购买最先进的照相机,学驾照的人往往也是最可能买车的人,所以计算机培训学院、驾校等培训机构往往是知识推销最直接的场所,有些药店也通过免费咨询、听诊等方式推销药品。

1. 知识推销的含义

知识推销是指推销员或企业向目标消费群传播相关科学知识,进而激发消费者的需要和欲望,最后达到销售产品目的的一种推销方式。知识推销通过科普宣传等方式让消费者不仅知其然,而且知其所以然,通过认知产品达到销售产品的目的,是一种具有知识含量的先进推销方式。作为一个企业,在搞产品研发的同时,就要想到知识的推广,即消费者教育问题,运用知识推销降低产品风险。如比尔·盖茨斥资 2 亿元成立盖茨图书馆基金会,为全球一些低收入的地区图书馆配备最先进的计算机,培训其 Windows 系统的使用,又捐赠相关软件让当地群众了解计算机知识。比尔·盖茨这种"先教电脑,再卖电脑"的做法就是典型的知识推销。

2. 知识推销的特征

知识推销以产品相关知识的传播为载体,与传统的推销方式相比具有以下特征:

(1) 推销的产品不同。随着科技的进步,传统产品逐步被高技术含量的知识型产品所替代,所以知识推销成为必然。推销人员不仅要懂得推销技巧,还要掌握产品的科技知识,才能把这些知识产品有效地推销给消费者。如果推销人员对产品本身的技术含量、使用功能、维修知识一知半解,对消费者的疑问不能说清,发生故障也不能迅速排除,那么推销也很难成功。

(2) 推销的方式不同。传统推销以单向传递产品信息、上门推销以推动产品销售为主,消费者是被动获取知识;而知识推销以买卖双方互动沟通信息、咨询培训等方式拉动产品销售为主,消费者是主动获取知识。在目前知识推销中,网络媒体正在成为主要的推销平台。

(3) 推销的环境不同。在目前知识经济时代,企业的推销环境发生了巨大变化。企业面临的是一个"更加平坦的世界",经济全球化已经成为现实,企业产品的知识含量也越来越高,所以全球化和高科技使得知识推销的应用范围越来越广。其次是全球网络化为信息共享、知识传播创造了条件,人们更加关注通过网络获取相关产品知识。

案例 2-6 上海交大昂立公司是一家生物保健品公司,该公司曾经开展"送你一把金钥匙"的科普活动,通过在社区举办科普讲座,宣传昂立的科学健康理念,传播健康保健知识,通过向市民赠送生物科学书籍、举办科普知识竞赛等,激发了市民对生物科技产品的需求,达到了其产品推销的目的,公司昂立 1 号等微生态试剂产品在短短的 10 年间,销售达到近百亿元,创造了辉煌的销售业绩。

任务 2 讨论关系推销

关系推销是从关系营销中延伸出来的概念,在实践中逐渐被认同和加以运用。关系推销的理论基础是关系营销,即企业通过与客户建立和发展持续稳定的关系,以提高企业经营效益。在 20 世纪 80 年代,西方的一些企业家发现,通过和客户建立稳定良好的关系,可以改善企业的经营绩效,这个现实使他们认识到,维持一个老客户往往比开发一个新客户更重要,于是产生了关系营销。关系营销自 90 年代传入中国,得到了广泛的发展和应用,因为中国是一个讲求人情关系的国度,关系营销在中国具有深厚的文化基础,并且有广泛的应用前景。而关系推销就是关系营销理念在现代推销活动中的运用,两者的实质是一样的。

1. 关系推销的含义

关系推销的基本含义是:企业要与顾客、经销商建立更加紧密的工作关系和相互依赖的人情关系,从而发展双方的连续性交往与合作,以提高品牌的忠诚度,巩固和扩大产品的销售。其实,从人际交往的角度,做销售的过程就是推销员或企业与其商业伙伴从相识到相交、相知,由生人变成熟人的相互信任过程。"先做朋友,再做生意"成为行业内的口头禅。美国管理学家罗宾斯曾经说过:"优秀的企业家 48%的精力建立网络",可见,建立和维护客户关系在推销活动过程中处于非常重要的位置。

2. 关系推销的特征

关系推销注重和顾客建立长期的关系,注重生意的持续发展,注重"回头客",而不是"一锤子买卖",现代关系推销具有以下几个方面的显著特征:

(1) 双向沟通。只有广泛的信息交流和信息共享,才可能使企业赢得各方利益相关者的支持与合作。传统推销是单向的信息传递,顾客处于被动地位;在关系推销过程中,推销员或企业非常注意与顾客的互动交流,注意听取顾客意见,沟通是双向的,顾客是主动的。

(2) 互利互惠。关系推销旨在通过合作增加关系各方的利益,而不是通过损害其中一方或多方的利益来达到自己单方面的利益。关系推销把顾客放到平等、主动的地位,尊重他们的需要,兼顾他们的利益,强调互利合作,因为只有通过合作才能实现"双赢"的效果。

(3) 情感交融。与交易营销不同,关系营销强调情感的认同。关系能否得到稳定和发展,情感因素起到重要的作用。因此关系推销不只是要实现物质利益的互惠双赢,还要让参与各方能从关系建立与维护过程中获得情感交流的机会以及情感需求的满足。

(4) 持续发展。与传统推销只注重一次性交易不同,关系推销强调推销业务的持续发展,要求建立专门的产品和服务部门,用以跟踪顾客、分销商、供应商及其他参与者的需要与态度,广泛了解关系的动态变化,及时反馈信息,采取措施消除不稳定因素,维持良性关系发展。

案例 2-7 安利是一家国际知名的消费品企业,20 世纪 80 年代进入中国以后发展很好,但在 90 年代中国政府打击非法传销的过程中受到牵连,业务一落千丈,其大陆市场几乎瘫痪。在这危难之时,安利董事长亲自来到北京开展政府公关,寻找企业出路。在中国政府的指导下,安利实现了业务转型,从传销模式转为连锁经营,实现了转危为安。有了这个教训,安利人从此更加注重和当地政府、社区建立良好的关系,经常资助开展一些公益事业,同时注重和客户的沟通交流,与客户建立深厚的感情,其业绩稳定增长,大陆销售上 100 亿元。

任务 3 讨论网络推销

毫无疑问,互联网已经进入到了百姓的生活,并且已经成为人们日常生活中不可或缺的部分。"互联网在推销与销售管理上的应用仍然是一个相对较新的领域,它的潜力在于将对企业建立品牌、销售产品和服务、建立关系的方式等产生革命性的影响"[①]。人们不但通过网络

[①] [美]戴维·乔布等著. 推销与销售管理(第 7 版). 北京:中国人民大学出版社,2007 年 9 月

学习知识、获得信息，而且越来越多的人通过网络购物，实现消费和娱乐。顾客能够登录网站实现日常购买，企业和推销员也可以利用互联网平台实现产品信息的发布和产品的销售，关注客户并建立客户关系，为客户提供个性化解决方案，同时物色新业务，其中的发展空间不可估量。所以，有人说 21 世纪是电子商务的世纪，"网络推销"可能会成为一个极有发展潜力的新职业，它可能就是下一个值得你挖掘的"金矿"。亚马逊网络书店、戴尔、阿里巴巴、当当网、卓越网的销售成功向人们昭示了这一点。

1. 网络推销的含义

网络推销是利用互联网技术和平台构建基于网络的虚拟市场，向目标顾客开展商品或服务销售的经营活动。互联网的发展是网络推销产生的技术基础，互联网上各种各样的产品和服务体现出连接、传输、互动、存取各类形式信息的功能，使得互联网成为了具备商业交易与互动沟通能力的经营平台。通过互联网，企业可以开展一系列的经营活动，如信息发布、网址推广、销售促进、建立品牌、渠道建设、网上调研、顾客服务等。

2. 网络推销的特征

网络推销这种新的基于互联网的销售方式必然会对旧的销售方式产生影响，传统推销人员及面对面推销方式（如店面推销、上门推销）势必受到冲击。在美国等地已经出现这样的势头，大部分企业利用网络进行销售，其传统的推销人员已逐渐减少，像网上书店、超市、二手车市场等地方，传统推销人员已转变成为网络管理员和信息处理员的角色了。企业利用互联网开展经营活动，显示出越来越多的优势。互联网的全球性、虚拟性、互动性和高成长性造就了一个独特的营销环境，使网络推销具有如下四大特征及优势：

（1）交互性特点。企业通过互联网推销可以与顾客进行实时沟通，向顾客传递高效有用的信息，并更有效、更明确地了解和挖掘顾客的潜在需求，实现及时反馈和更新。

（2）个性化特点。消费者通过互联网选择自己喜欢的产品，披露个人需求的信息，企业可以根据顾客的个性需求及特征为其定制符合其个性化要求的产品和提供一对一的服务。

（3）低成本特点。低成本是现代企业热衷于网络营销的最直接原因。企业以互联网为推销工具，可以大大降低企业的交易成本，把价值让渡给目标顾客，还可以减少顾客的购买成本。通过网络交易买卖双方都得以降低成本，实现"双赢"。

（4）指向性特点。企业通过互联网推销产品，还可以做到具有针对性的特点。一般来讲，"物以类聚，人以群分"，不同类型的顾客会去搜寻不同内容的网站内容，如汽车发烧友会关注汽车网站；另一方面，不同的产品也可以到不同的"论坛"去发布产品信息，做到有的放矢。

案例 2-8 戴尔（Dell）公司是全球知名的经营个人计算机的企业，其主要通过互联网推销自己的产品，成就了自己的霸业，在行业内独树一帜。Dell 利用互联网发布产品信息，推出几种电脑套装产品供客户选择，同时公布了各种规格的零部件售价，客户可以根据自己的工作特点及特殊需要进行"点菜"组装，公司根据客户的下单进行个性化的生产（组合），提供个性化的售中售后服务。这种销售模式满足了消费者的个性需求，一经推出就得到了消费者的认同，也帮助 Dell 成就了行业的伟业。

任务 4　讨论体验推销

体验推销又称体验式推销，其理论基础来源于 20 世纪末在西方兴起的体验营销

（Experiential Marketing），也称体验式营销。按照 B·H·施密特在其《体验式营销》一书中的观点，体验式营销是站在消费者的感官（Sense）、情感（Feel）、思考（Think）、行动（Action）、关联（Relation）5 个方面重新定义设计营销的方式，它在内容上包括感官娱乐体验、精神愉悦体验、情感感动体验、心灵震撼体验 4 个方面。体验营销突破了传统上"理性消费者"的假设，认为消费者是理性与感性兼具的，消费者在消费前、消费时、消费后的体验感受才是研究消费者行为的关键。随着经济的发展和人们消费水平的提高，消费者越来越关注购物过程的美好感受和该产品消费过程的独特体验，越来越希望能够参与到购物，甚至产品的生产过程中，换句话说，越来越注重参与、互动、体验的消费需求，所以新时期体验式营销或推销都必将具有广阔的运用前景。

1. 体验式推销的含义

所谓体验式推销是指企业以消费者为中心，通过对事件、情景的安排以及特定体验过程的设计，让消费者在体验中产生美妙而深刻的印象，并获得精神满足，从而实现产品销售的过程。在人们的消费需求日趋差异化、个性化、多样化的今天，消费者已经不仅仅关注产品本身所带来的使用价值或功能价值，更重视在产品购买、消费过程中获得的愉悦、美好或震撼的"体验感觉"，更加重视心理价值。

2. 体验式推销的特征

体验式推销是一种满足顾客体验心理需求的推销方式，要求顾客积极主动地参与。企业在实施体验推销的过程中，各个部门之间高度协调，注重体验传递的一致性和整体性，为消费者营造购物过程的整个体验，以使消费者"难忘"而购买。与传统推销方式相比，体验式推销具有如下显著特征：

（1）在产品策略上，传统推销注重产品的品质和功能，即使用价值，而体验推销只把产品视为道具，更关注产品的体验特征，更专注于传递给顾客个性化的购物及消费的体验价值。

（2）在定价策略上，传统推销运用成本、需求及竞争定价法，考量的是性价比，而体验推销基于顾客可感知的体验价值进行定价，把价格视为衡量体验的一种功用，如顾客在星巴克就愿意为 40~50 元一杯的咖啡体验付费。

（3）在渠道策略上，传统推销可以根据产品的不同而采用直销或分销，而体验推销一般只依靠便于控制的直接渠道创造并传递体验，在企业精心设计的体验场景中，所有接触到顾客的任何物体都成为传递体验价值的载体。

（4）在促销策略上，传统推销可以运用人员推销、广告、营业推广及公共关系等促销方式，而体验推销则把各种促销手段融入体验过程之中，以情感为基点，通过参与互动使信息传递流畅，消费者置身体验场景流连忘返，欲罢不能。体验式推销具有很强的市场穿透力，许多跨国公司在开拓中国市场的过程中曾经运用和实施体验式推销策略，并取得了很大的成功，如哈根达斯、星巴克、摩托罗拉、耐克、可口可乐和百事可乐等。

案例 2-9 宜家家居的销售是体验式推销的典型代表。在宜家购物，你完全可以自由地选择，充分享受逛商场的乐趣，没有人主动来干预和打扰。宜家公司从产品设计、销售环境布局到购买过程，为顾客全面营造体验氛围，鼓励消费者在卖场进行全面的亲身体验。据说，1953 年宜家在自己的发源地瑞典就开辟了样板房，让人们可以亲自来体验，可谓是体验推销的先驱。宜家进入中国以后，其样板间的设计充分结合中国人的生活要求和特点，充分考虑不同产品的颜色、灯光、材料等的搭配效果，力图打造具有中国特色的家居产品，并鼓励消费者买回家后自己进行搭配。而在产品上，宜家也设计了消费者自己动手体验的过程，宜家的大件产品都是可以拆分的，因此消费者可以将部件带回家自己组装，还提供各种各样的工具来帮助安装，并配备了安装的指导手册和宣传片。另外，宜家出售的一些沙发，展示处还特意提示顾客："请坐上去！感觉一下它是多么的舒服！"宜家出售的餐桌你可以坐上去感觉，宜家出售的席梦思床你可以睡一睡是否舒服。总之，在宜家购物，你会感觉惬意舒适。

单元小结

首先介绍了推销三角理论，认为推销活动中最重要的三个要素是产品（或服务）、企业（或品牌）、自己（推销能力），推销员在推销活动中必须做到三个相信，才有可能取得好的推销业绩，包括：相信自己所推销的产品或服务、相信自己所代表的企业或品牌、相信自己的推销能力。

其次介绍了推销方格理论，它是美国著名管理学家 R·R·布莱克和 J·S·蒙顿教授的管理方格理论在推销活动领域中的具体运用，包括推销人员方格和顾客方格。前者用来说明推销员对销售的关注程度和对顾客的关注程度；后者用来说明顾客对推销人员的关注程度和对购买行为的关注程度。

再次介绍了爱达模式、迪伯达模式、埃德帕模式和费比模式 4 种具有典型意义的推销模式，阐述了它们的内涵、特征与应用特点。其中爱达模式的核心是"引起注意"（Attention）；迪伯达模式的核心是证实（Proof）；向顾客示范（Demonstration）是埃德帕模式的主要特点；展示优点（Advantage）是费比模式的主要特点。

最后介绍了推销学理论与实践创新的新成就，包括知识推销、关系推销、网络推销、体验推销，阐述了它们的内涵、特征、应用前景，以及知识营销、关系营销、网络营销、体验营销的理论基础。

核心概念

推销三角理论　　推销方格理论　　推销模式　　知识推销　　关系推销
网络推销　　体验推销

训练题

1. 设计一场关于"四种典型推销模式的优势与劣势"的课堂讨论会。
2. 为什么说建立企业信任是推销员推销成功的关键要素？
3. 推销人员方格和顾客方格对推销工作有什么指导意义？
4. 在 4 种典型模式中你最认同哪一种推销模式？为什么？
5. 怎样看待知识推销、关系推销、网络推销、体验推销的应用前景？

商品推销应用技术

综合案例分析

陈刚审时度势巧推销

陈刚大学毕业之后，来到一家生产洗衣粉的公司做销售业务员。开始时销售情况不好，于是他开始考虑用何种销售方式来走出目前的困境。当时，陈刚销售的洗衣粉知名度低，如果找经销代理商或直接往商店进行销售肯定效果不好。因为，奇强、雕牌和立白等在当地属强势品牌，早已塞满商店的货架，消费者对这些洗衣粉忠诚度较高。陈刚工作的厂家没有足够的资金进行广告宣传和促销，如将这种洗衣粉摆放在商店，肯定会被强势品牌的洗衣粉淹没，消费者是不会问津的。因此，陈刚决定先以低价策略在农村走乡串户销售，因为农民的品牌意识相对来说不强，只图物美价廉。待附近村镇居民认可他们厂的洗衣粉后，再找经销商代理或是往商店销售也不迟，到那时商店或许还会非常乐意经销自己的洗衣粉。

经过一番准备，陈刚租用了一辆三轮车，装上1000袋洗衣粉去农村走乡串户销售。刚到一个村头上，他就发现有十几个妇女坐在道边纳凉闲聊。陈刚停下车，拿几袋洗衣粉过去："各位大婶、大嫂、大姐，瞧一瞧，看一看，物美价廉的洗衣粉来了。"陈刚边说边把几袋洗衣粉递到几位妇女手中，"来，大婶、大嫂、大姐，感觉一下我的洗衣粉，买不买没关系，摸一摸洗衣粉的手感多好，不伤手，一袋洗衣粉重400克是标准袋，别的品牌标准袋在商店卖3元钱，我的洗衣粉两块五一袋。"有一位老太太说，"这么便宜，是假的吧？"，"大婶，便宜的不一定是假的，贵的也不一定就是真的。我卖的洗衣粉为什么这么便宜呢？因为产品从厂家出来直接面对消费者，没有经过中间商，也就是说没有层层加价，当然便宜。如果我把洗衣粉卖给商店，商店肯定要3元钱卖给大家。我不那样做，主要是想大家买洗衣粉每袋省5毛钱，大婶、大嫂、大姐如果对洗衣粉质量不放心，谁离家最近，可以回去端一盆水来，在车上1000袋洗衣粉中任意拿出一袋验证一下，看好使不。"

一位大嫂回家端来一盆水并拿来一块脏抹布，陈刚从车上随意拿出一袋洗衣粉当场试验，结果证明去污能力强、泡沫丰富。陈刚紧接着说，"看一看多好使呀，这年头谁挣钱也不容易，咱不能卖假货害人。做买卖就要货真价实，伤天害理的事我不做。"通过悉心观察，陈刚发现几位妇女开始动心了，赶紧趁热打铁地说道："俗语说，吃不穷，喝不穷，算计不到就受穷。挣钱是学问，花钱是一门艺术，少花一分钱等于多挣一分钱。今天你买一袋洗衣粉省5毛钱，就等于多挣5毛钱。虽说5毛钱是小钱，谁也不瞧在眼里，可是天长日久就是大钱啦！"

这时，一位妇女站起来说"给我4袋"，陈刚接过钱把四袋洗衣粉递到她手中，嘴里也没闲着，"这位大姐过日子看得远，会计算，碰到物美价廉并且天天用的东西知道多贮存，这叫闲里忙用。别临时抱佛脚啊，那样既多花钱又耽误事。"陈刚的一番话激起了这十多位妇女的购买欲望，她们纷纷掏钱买，一下子就卖出了80多袋。紧接着陈刚到下一个村纳凉的人群中如法炮制，销售效果相当好，不到一天，1000袋洗衣粉销售一空。

资料来源：董亚辉，霍亚楼主编. 推销技术. 北京：对外经济贸易大学出版社，2008年

问题思考：（1）陈刚采用的是什么样的推销模式？请予以说明。

（2）通过这个案例我们发现农村消费者最关注哪些利益？

单元三　推销员素质准备

知识点

（1）推销员的业务知识。
（2）推销员的基本素质。
（3）推销员的核心能力。
（4）成功推销员的特质。

技能点

（1）推销员业务知识准备。
（2）推销员基本素质培育。
（3）推销员核心能力打造。
（4）成功推销员特质挖掘。

[案例导入]

案例3-1　一个星期六下午，一位顾客找到某公司总经理，称自己一个小时前在该公司购买的某品牌羊毛衫"名不副实"。总经理耐着性子仔细听完了顾客的诉说，原来这件套衫的成分标志上表明人造丝55%，尼龙45%，而顾客所出示的发票上却标示着"羊毛衫"，顾客还说，促销员在介绍该产品时也说是羊毛衫。经与该促销员核实，顾客所反映的情况基本属实。问题就是该促销员对商品的了解知之甚少，让顾客觉得上当受骗。无奈，总经理只得对顾客做出解释、赔礼道歉，并同意了退货处理。事后，总经理做了一个决定：促销员上岗得经过商品知识考核，否则不得上岗。

推销是一项事业，更是一种生存的艺术。推销工作不仅能为人们带来财富，而且能够锻炼销售人员为人处世的技能，推销可使你的各项能力倍增，你会更有智慧，在生活的各个方面得心应手。销售是世界上最具挑战性的工作之一，有人说能做好销售工作的人，其他的任何事情都能做好。

项目一　推销员的素质准备

推销工作并不是一件轻而易举的工作，而是一项极富创造性与挑战性的工作。销售工作的丰厚回报与挑战性吸引着大批人从事销售工作，但真正在销售的岗位上成功的人却为极少数。要想做好销售工作，推销员需要做好充分的自我准备，其中个人的综合素质和能力是所有准备工作的关键，所以做销售首先要做好推销员的自我准备。

推销过程就是一个信息传递的过程，推销员要以自己丰富的学识、生动的语言和过人的魅力来感染顾客，改变顾客的态度从而使其接受商品。推销人员在推销过程中，首先推销的是自己，其次是推销商品的功能，最后才是推销商品本身。推销是一种人与人直接打交道的过程。要想让别人接纳你所推销的商品，首先就要求你自己得被顾客接受，所以推销员必须不断提升自身的素质。

任务1　道德素质准备

所谓推销道德，是指推销活动行为规范的总和。推销道德的基本原则是：诚信、负责、公平。"做人之道，以诚为本"。推销员应该养成高尚的职业道德情操，不弄虚作假、以劣充优，不招摇撞骗、坑害顾客，不见利忘义、唯利是图。做销售首先是"做人"，"小胜靠智，大胜靠德"，所以推销员首先要具备良好的道德素质，有正确的经营思想、良好的职业道德，要具有高度的责任感，并为人诚信。

古人云：言而无信，不知其可也。所以诚信是推销员具备良好道德素质的基本准则，诚信包括对企业诚信和对客户诚信。对企业来说，推销员的诚信不仅仅是不说假话，那是诚信的最低标准，所谓的诚信应当包括：真实地反映情况、不歪曲事实、能够及时地察觉问题的真相等，这些都是诚信的范畴。缺乏诚信常常使销售员处于不利的地位，以一个服务零售店的普通销售员为例，一个客户在试穿一件外套时，客户满怀诚意地征询销售员的意见："这件衣服我穿着怎么样？""不错不错，太适合你了。"销售员回答到。后来，客户又试了另外一件完全不同风格的衣服，销售员同样回答："不错不错，很适合你啊。"这样情况下，客户很快就会意识到那位销售员的建议是没有价值的，他是不会说真话的，他唯一的目的就是把东西卖出去。当客户明白了这一点的时候，他是不会在那儿买的。

另外，从客户的角度来看，绝大多数客户认为诚信是销售人员的根本要素，对于客户来说，诚信的概念应当解释为"真诚、实在"更为贴切。这就要求销售人员不光在外表体现实在，在内涵上也要体现真诚实在，并将此作为重要的追求目标。客户是公司利益的来源，甚至可以说是"衣食父母"。诚实守信，是做生意之本，也是做人之本。推销员最忌讳的就是为了眼前的一点小利去欺骗客户，个别推销员自以为是，采用欺骗手段获得客户的信任，自以为能将客户玩弄于股掌之间，殊不知，这纯粹是玩火自焚，一旦东窗事发，受伤的还是自己。推销员切忌为了盲目追求销售业绩而不择手段，更不能认为只要自己业绩好，公司形象好不好无所谓。

案例3-2　　　　　　　　耍"小聪明"只能赚小钱

有一年长江和淮河都发大水，造成铁路货运中断，某厂在苏州工厂生产的产品发不过来。就在那时，一个客户要一批货，而且要得很急。经理让业务员尽量跟客户把情况说清楚，并说我们在组织空运。但业务员却说想拿我们库里的一批退货发过去。那批货虽说是退货，但并不存在质量问题，它是因为客户改行把剩下的给退回来了。虽然质量没问题，但在人家仓库里放了很久，再加上来回运输，包装不仅弄脏了，而且还有些变形。

经理："那批货不能发。"

业务员："那怎么办？如果明天中午不能送去，那这单生意就跑了。"

经理:"没有办法,你跟客户解释解释吧。如果我们不能发货,只损失一单生意。如果把这批包装有问题的产品发过去,则可能永远失去这个客户。"

业务员:"包装问题我跟他解释一下就行了。别说我们的质量没有问题,即使知道有问题,别人不也在照卖不误吗?"

经理:"虽然产品没有内在的质量问题,但包装弄脏了甚至变形了,这就破坏了我们产品一贯保持的高雅与时尚的形象,所以不能卖。如果卖了,不仅有损产品形象,而且更有损我们公司的形象。市场竞争的核心就是诚信;靠欺骗客户赚钱,那是路边小贩的所作所为。只有愚蠢的人才只顾赚今天的钱,聪明的人不仅要赚今天的钱,而且还要考虑赚明天的钱。"

资料来源:谭一平.中式推销——一个中国推销老手的10年总结.2006年7月

任务2 文化素质准备

优秀的推销员还应具备良好的文化素质。对推销员来说,具备良好的文化素质,能够提升个人在客户心目中的整体形象,同时,良好的文化素质可以为推销员提供更多与客户的谈资。在文化素质方面,要求推销员具有一定的专业知识,如经济学、市场学、心理学、经济法、社会学等。除此之外,还应在文学、艺术、地理、历史、哲学、自然科学、国际时事、外语、礼仪表达、风土人情等方面充实自己。

业务员具有较好的文化修养,能够更好地交流,利于出谋划策,便于审时度势,对于搞好推销工作是非常有利的。具体表现在以下几个方面:

(1)拥有丰富扎实的文化知识是构成和塑造推销员个人良好形象的重要因素,在客户的心目当中可以树立专业且综合素质高的印象,此种印象可以促使客户对推销员所在公司及所销售产品形成积极正面的印象。

(2)丰富的文化知识可以成为推销员与客户沟通交往时的谈资,共同的爱好或见解有助于拉近推销员与客户之间的距离,有利于增进客情。曾经有一个推销员,在向一个潜在的大客户进行推销时遇到难题,他每次去拜访该客户,客户都是冷漠相待,不论推销员说什么客户都没有任何兴趣。后来,该推销员经过侧面了解到,该客户虽然四十多岁,但是个超级动漫迷,尤其对于日本的动漫如痴如醉。该推销员自己对动漫并没有太大的兴趣,但是他马上找来几乎所有的日本动漫方面的书籍和影片,经过将近20天的学习和了解,对于动漫的相关知识有了大体的了解和认识后,他又开始去拜访客户。客户的冷漠态度依旧,推销员逐渐将话题转向动漫,一下子调动起了客户的谈话兴趣,到最后,他们的交谈完全变成了客户自己的演讲,最终客户感叹:"在我这个年纪,能够找到动漫知己真的很难得啊。这真是个愉快的下午。"最终的结局是推销员成功获得订单,并且跟该客户成了好朋友。

(3)推销员了解必要的社会习俗和风土人情方面的知识,在与客户交往的过程中,可以避免因不了解对方的风俗习惯而做出让客户不满意的行为。例如,如果客户是回族人,在请对方吃饭的时候就要严格遵守回族的风俗习惯,猪肉绝对不能出现在餐桌上,也不宜向对方推介猪肉的相关产品。大家非常熟悉的品牌——金利来最早进入的是香港市场,当时他们的中文名字是用英文直译的(Gold Lion)金狮。但是因为香港和广东人比较好赌,而在广东话里金狮的谐音是"金输",所以很不吉利。所以金利来就改用直译加音译,起了这么个吉利好听的名字。

任务 3　心理素质准备

优秀的推销员应具备良好的心理素质，良好的心理素质包括以下几个方面。

（1）坚定的自信心。

萧伯纳曾经说过："有自信心的人，可以化渺小为伟大，化平庸为神奇。自信心是支撑人们做任何工作走向成功的基础，而对于推销员来说，强大的自信心尤为重要。"据统计，在所有的工作当中，销售工作的淘汰率是最高的。面对激烈的竞争、客户傲慢的态度和多次无情的拒绝，大多数推销员都会开始怀疑自己，怀疑自己是否具备做销售的素质和能力，所以销售人员的自信心极易受到冲击。自信具有传染性，推销员对自己具有足够的信心，可以感染客户，使之对自己产生信任感。相信自己，相信自己一定能成功，这一点对推销人员而言至关重要。著名的"吉姆"公式，从心理学角度揭示了成功推销的三大心理要素：第一，推销员一定要相信自己所推销的产品；第二，推销员一定要相信自己所代表的企业；第三，推销员一定要相信自己。

1）相信自己的企业。推销员充分相信自己所代表的企业，才能具备从事推销工作应有的向心力、荣誉感和责任感；才能使其具备主人翁的工作热情，并在推销事业中发挥创造精神。只有相信自己的企业，才能在推销工作中脚踏实地、信心百倍；才能在遇到错综复杂的情况时，保持头脑冷静，才能以企业为后盾，大胆开创推销新局面。同时，相信自己的企业有利于增强自信心。连自己的企业都不相信的推销员是不可能长期对企业和顾客有所作为的。推销员对企业的相信，包括相信企业经营行为的合法性、合理性，相信企业的决策、管理能力，相信企业改革和发展的前景等。当然，企业的优势和劣势是相对的，推销员对本企业的信任也不应该是盲目的。推销员对企业的优劣、长短要用辩证的眼光看，认识到在推销员和企业其他人员的努力下，企业的劣势可以变成优势，落后可以变成先进。企业无论大、小、新、旧，都有自己的特色，这种特色是推销员信任的基点，也是推销技术运用的基础。

2）相信自己的产品。推销员对本企业产品建立信心的基本前提是产品是可以信任的，是符合质量标准和适销对路的。"己所不欲，勿施于人"，世界著名的激励大师金克拉曾经说过"别推销连自己都不相信的产品。"在顾客看来，对产品缺乏信心的推销员，不是油嘴滑舌、费尽心机的骗子，就是狡诈多端的乞丐。推销员只有相信和喜欢本企业的产品，才会充分调动积极情绪，充满热情地投入到推销工作中，并用自己的热情感染顾客接受产品。很多推销人员在听到公司产品有一点点不足时，或者用户反映产品有一点点小毛病时，马上开始抱怨公司产品质量的低下，这是不利于推销的。在产品高度同质化的今天，同类产品在功能方面有什么大的区别？没有！只要公司产品符合国标、行业标准或者企业标准，就是合格产品，也是公司最好的产品，一定可以找到消费者或者是购买者。在整个推销过程中，不要对产品产生什么怀疑，相信你推销的产品是优秀产品之一。能不能达成交易，取决你的认真与技巧。

3）相信自己。推销员的自信心是完成推销任务、实现自己的目标的前提。自信心能够激励推销员的自强心，激发推销员开拓进取的活力和创造力，有利于推销员充分调动自己内在的潜能；自信心可以提高推销员的勇气，促使推销员勇于克服困难，勇于面对现实；自信心能帮助推销员赢得顾客的信任，因为只有对自己充满信心，才能感染顾客，影响顾客，改变顾客的态度，使顾客对你产生信心，进而相信并购买你所推销的产品。推销员对自己缺乏信心的表现主要有：认为自己天生就不是干推销的"料"；害怕被顾客拒绝，觉得被拒绝很没有面子；担心从事推销工作会做"蚀本买卖"等。事实上，任何一位成功的推销员都经历过对自我推销能力的怀疑、被他人无数次拒绝、自己业绩不佳陷入窘境的困难时期，与大多数普通推销员的区别之处在于：优秀的推销员能够迅速重塑自信心，凭着顽强的拼搏精神，在逆境中不断努力，最终获得成功。推销员对自己的相信，包括：相信自己从事的推销事业的伟大意义；相信自己从事推销事业的智慧和能力；相信自己充满前途的美好明天。

案例 3-3 一次，推销员张珊拜访某跨国公司的采购部门后，经理递给她一份下游客户的"采购员谈判技巧"。只见"谈判技巧"上写着：

（1）永远不要去喜欢一个推销员，尽管他是我们的合作者。

（2）要把推销员当作你的头号敌人。

（3）永远不要接受第一次报价，让推销员乞求你，这将为我们提供更多的机会。

（4）永远保持最低价纪录，并且还要不断地要求降价，直到推销员停止提供折扣。

（5）每当推销员的对手正在进行促销时，你就问他"你们为什么不做促销？"并要求同样的条件。

……

（28）永远记住这个口号："你卖我买，但我不是总是要买你卖的。"

看完这个，推销员张珊好不容易建立起来的自信心瞬间被击溃。她说："看完这个，我真后悔选择推销员这个职业！"但是推销员小李并不这么认为，他把材料拿过去看了看，对张珊轻松一笑："我给你几条建议！"

（1）你要把对方的采购作为我们的头号敌人，永远与他们玩心理游戏。

（2）永远不要在第一次报价后就交枪，对方的贪婪是无止境的，要记得给自己留退路。

（3）对方的采购越嚣张，你就越沉稳，把精明和算计都藏在肚子里。

（4）就算他喊着说要换供应商，你也不要慌张，大智若愚，不急着降价。

（5）对于你所面对的采购，要把他身上的每一个毛孔都摸透，你的信念永远是："他可以买得更多！"

……

看着小李口若悬河的样子，张珊惭愧得低下了头，她明白：自己还没有完全建立起自己的自信心，而这份自信正是成为一个优秀推销员的必备潜质。

（2）顽强的意志品质。

在推销工作中，推销员会遇到来自许多方面的问题和障碍，瞬息变化的市场、激烈的竞争、严厉的拒绝、冷嘲热讽、怀疑奚落等，无一不是对推销员意志的考验。面对考验，推销员要有正确的心态面对困难，要有远大的理想、勤奋进取，要有不达目的不罢休的恒心与意志才能坚持下去。很多推销员在刚入职时信心百倍、斗志昂扬，但在工作一段时间后，工作的压力致使自信心和自尊心遭受打击，慢慢开始怀疑自己，怀疑自己的工作，乃至最后退出推销行业。所以说推销员一定要具备顽强的意志，面对推销过程中的种种困难，要始终坚定信念，坚持到底。

案例 3-4 小陈是一家报社的广告推销员。刚到报社时，他对自己很有信心，向经理提出：不要薪水，只按广告费抽取佣金。经理不相信地笑了笑，答应了他的请求。

于是，他列出一份名单，准备去拜访一些其他销售员以前没有洽谈成功的客户。

在去拜访之前，小陈让自己站在床前，把名单上的客户念了10遍，然后挥舞着双臂大声说:"在第一月月末之前,你们将向我购买广告版面!"然后,他怀着坚定的信心去拜访客户。第一天,他和10个"不可能的"客户中的2个谈成了交易;第二天,他又成交一笔……到第一个月的月末,只有一个还不买他的广告版面。在第二个月里,每天早晨,小陈都要去拜访那位拒绝他的客户。每次这位客户都回答说:"不!"但每一次,小陈都假装没听到,然后继续前去拜访。到了那个月的最后一天,已经连着说了30天"不"的客户说:"你已经浪费了一个月的时间了!我现在想知道的是,你为何要坚持这样做。"小陈说:"我并没有浪费时间,我一直在训练自己坚忍不拔的精神,而你就是我的老师。"那位客户说:"我也要向你承认,你也是我的老师。你已经教会了我坚持到底这一课,对我来说,这比金钱更有价值,为了表示我的感谢,我要买一个广告版面,权当我付给你的学费。"

资料来源:赵彦锋.销售细节全书.2007年5月

任务4 身体素质准备

推销是一项十分辛苦的工作,推销人员要起早贪黑、东奔西走,要经常出差、食宿无规律,要思考和处理各种推销业务,还要蒙受失败和挫折的打击。这样不仅要消耗体力,还需要有旺盛的精力。推销人员每一次交易的完成都是拜访多名客户、一个客户多次拜访的结果,要付出心理上、体能上的大量消耗,这些均要求推销人员具有健康的体魄。为此,推销人员应注意以下几点:

(1)要经常保持良好的心态。
(2)要学会放松自己。
(3)尽量每天坚持运动。
(4)要注意饮食卫生和预防疾病。
(5)要保证必要的休息。

项目二 推销员的知识准备

推销员每天要与各种各样的顾客打交道,推销员自身业务知识的广度和深度在很大程度上决定着推销员的推销能力,也影响着客户对推销员的印象。同时,现代推销理念对推销员的综合素质能力提出了更高的要求——顾问型销售人员,即推销人员不仅掌握基本的业务知识,还能够根据基本的业务知识为客户提出非常深入的有见地的意见或看法。过去,客户因为不了解产品和服务信息匮乏而苦恼。随着现代信息技术的发展,买家不再为缺少信息而煎熬,他们为不能全面理解所处的市场环境而痛苦,他们需要的是推销员的洞见。所以,推销员首先要掌握必要的业务知识,并对相关知识进行深入的分析,对客户提出有价值的意见。推销员应该掌握的业务知识主要包括:企业知识、产品知识、推销专业知识、客户服务知识、竞争对手知识、相关法律知识。

任务1 企业知识准备

(1)企业的历史。推销员应掌握企业的创建情况、发展历程、经营的指导思想、经营的方针目标、企业发展壮大的背景知识、发展过程中的名人轶事。掌握这些有关企业的历史知识可以使推销员在与顾客交谈时显得知识渊博,能够让客户更加详细全面地了解推销员所在企业的状况，使客户对推销员所在的企业形成良好的印象；同时推销员能够熟练且自豪地讲出企业的发展历史，可以给客户留下热爱企业的印象，有利于树立推销员在客户心目中的形象。另外，推销员向客户介绍企业的历史，可以增强推销员对自身工作的自豪感和归属感，增强推销时的信心。

（2）企业规模的大小。推销员要熟悉企业的规模大小。在与顾客的洽谈中，顾客一般会认为规模大的公司会比较可信，销售过程中也比较占优势。企业规模的大小可以通过下列指标反映：市场占有率、原材料的运用情况、日产量和年产量、公司雇员人数、工厂及办公室的规模及数量、工资总额。

（3）企业的财务状况。推销员要了解企业的资产、负债状况，在与顾客签订合同、顾客支付产品交易的预付款时，都必须知道这些情况。否则，推销也难以成功。

（4）企业的领导与组织机构。推销员应该了解企业领导层的职务、姓名、行业地位、名声、经营理念等，对那些与销售有关的部门和人员也应非常熟悉。

（5）企业的规章制度和政策。推销员要熟悉企业的赊销规定、企业的价格政策、企业的服务措施等各项规章制度和政策。

任务 2 产品知识准备

要想成功地打动客户，再出色的口才也不及性能优越的产品！一名合格的推销员对企业生产的尤其是自己负责推销的产品和服务应该非常熟悉，缺乏产品知识的推销员是很难说服顾客购买其产品的。甚至有的销售员对自己推销的产品只知道个大概，有的只知道价格，就开始了推销工作，造成客户一问三不知的尴尬局面，进一步详细询问就开始不知所云了。这样不但造成了客户对产品的怀疑，同样也是公司名誉的损失，更是业务上毫无进展的重要原因。中国古代的寓言故事《庖丁解牛》告诉大家，如果销售人员对自己产品的了解程度达到庖丁的熟练程度，那么推销就不再是一件苦差事了。

推销员应该了解的产品方面的知识包括：

（1）产品的基本特征。

- 产品的物理属性。产品的物理属性包括硬性特征和软性特征，硬性特征是指产品的大小、重量、容量、长度、构造、原料、式样、颜色、速度、改良之处及专利技术等相关的信息；软性特征是指产品的设计风格、色彩、流行性等。
- 产品的生产流程。了解产品的生产工艺流程、所用材料、质量控制方法等。
- 产品的性能指标。了解产品的性能指标如产品的温度极限、功率、电流、使用寿命等。同时，应该掌握一些产品使用、维修方面的基本技术和知识。
- 产品的交易条件。包括产品的价格和付款方式、运输方式、保证年限、维修条件和购买程序等。
- 产品的使用知识。包括产品的使用方法、操作方法、使用时的注意事项等。

（2）产品的价值取向。

产品的价值取向是指产品能给使用者所带来的价值。产品整体概念认为产品包括三个层次：核心产品、有形产品和延伸产品。核心产品是消费者购买某种产品时所追求的利益和效用，是产品整体概念中最基本、最主要的部分，是顾客购买产品核心利益的所在。形式产品是核心产品借以实现的具体表现形式。延伸产品是指顾客购买形式产品和期望产品时，附带获得的各种利益的总和，包括产品说明书、质量保证、维修、送货、技术服务等。

推销员应该对产品的整体进行深入了解，分析产品带给顾客的最核心的利益是什么，表现核心利益的最优形式以及顾客最关注的延伸产品又在哪里，只有这样才能在推销的过程中抓住消费者的心理，进行有针对性的推销。

构成产品使用价值的几个因素为：

- 品牌。品牌是确立客户购买决策的重要因素，需要了解在众多的产品品牌中，自己所推销的产品的品牌形象及市场占有率是否处于有利的地位。而且，了解品牌的知识不但对说服客户有帮助，也有利于培养推销员对该品牌的归属感和荣誉感，增强其销售的信心。
- 产品的性价比。通过产品说明书的性能参数来确定产品的性能，性价比是客户确定投入的重要依据。
- 服务。服务不仅是售后服务，而且包括整个销售过程中您给客户带来的信心和方便。
- 产品的优点。优点即产品在功效上表现出的特点。
- 产品的特殊利益。特殊利益是指产品能满足客户本身特殊的要求，如每天和国外总部联系，利用传真机可以加快速度，并有利于节约国际电话费。

（3）产品竞争差异。

客户经常会在不同品牌之间进行比较，并提出疑问，因此推销员必须了解竞争产品的相关知识。

- 品种。主要竞争产品的卖点是什么？质量、价格、性能及特点如何？与本公司产品相比其优缺点是什么？推出的新品是什么？
- 促销方式。竞争产品的促销形式是什么？哪些方面对本公司的产品有影响？
- 销售人员。竞争产品的业务员着装、外形、销售技巧怎么样？有哪些值得自己学习？有哪些应该避免？
- 客户。竞争产品的客户数量有多少？层次怎么样？他们为什么选择购买竞争产品？

（4）产品的诉求点。

推销员要能够有效地说服客户，除了具备完备的产品知识外，还需要明确重点的说明方向——产品的诉求点。

- 找出产品的卖点及独特卖点。卖点即客户购买你的产品的理由；独特卖点是客户为什么要买你的产品而不买竞争产品的原因。台湾著名行销专家余世维曾经代理过"捷豹"牌汽车，在开始销售之前，余先生就明确应该给自己代理的汽车找到区别于其他竞争品牌的吸引消费者的卖点，最终他们了解到英国皇室的戴安娜王妃曾经的座驾就是"捷豹"牌，但不是同一款式。于是，余先生想办法找到了戴安娜王妃曾经乘坐"捷豹"牌汽车的照片，并翻印了很多张。他让推销员在跟客户推销"捷豹"牌汽车的时候，一定要提到戴安娜王妃的座驾也是"捷豹"牌，并赠送一张照片给客户，结果他代理的十辆"捷豹"牌汽车很快销售一空。
- 找出产品的优点和缺点，并制定相应的对策。推销员要找出产品的优点，作为重点推介；找出缺点，则考虑如何将缺点转化为优点或给客户一个合理的解释。对于客户提出自己产品的缺点，有的推销员采用坚决不承认的态度，采取狡辩的方式应对，这样的推销员很容易引起顾客的反感。任何产品都不可能是完美的，消费者并不苛求产品没有缺点，大多数追求的是合理的性价比，所以对于客户提出产品的缺点，推销员应该真诚接受，这种坦诚的态度往往会赢得客户的尊重和好感。

任务3　推销专业知识准备

推销渗透在我们的日常生活中，似乎每个人都可以做推销，所以推销工作的入职门槛不高，但真正做好推销工作却并不容易。推销是一门艺术，所以推销没有固定的方式方法，推销是一项技能，必须在真正的推销实践中锻炼推销本领。要真正做好推销工作，必须掌握一些基本的推销专业知识，这对推销的顺利进行会起到事半功倍的效果。

与推销工作相关的学科知识涉及面很广。实际的推销工作并不要求推销员对这些学科知识有很深的理解，但对一些基本知识要有所了解。这些学科知识包括市场营销学、消费者行为学、商品信息学、经济学、金融学、经济法、企业管理、公共关系、广告学、国家的法律法规等，尤其要懂得市场知识，能够掌握市场调查、市场预测、商务谈判和推销技巧。

推销专业知识的获得除了理论学习以外，还包括一些社会阅历方面的积累，如待人接物、为人处世方面的一些经验，这是推销必备的社会知识基础。另外，推销的专业知识是需要专业的培训或者在实践过程中摸索和积累的，比如目标顾客定位、潜在顾客信息寻找和筛选、目标顾客接近、推销业务洽谈、有效讨价还价、顾客异议处理、业务交易促成、电话推销、网络推销、推销售后服务、推销过程管理、大客户管理、应收账款控制、客户关系管理、销售团队建设等，都需要相关的专业知识及技能训练。

任务4　客户服务知识准备

一个优秀的推销员必须同时是一个优秀的调查员，必须去发现、追踪和了解，直到摸清客户的一切。

（1）善于分析和总结不同客户的特点。

了解谁是推销产品的目标顾客、目标顾客的规模有多大、目标顾客的需要是什么，了解客户的购买习惯、购买动机等情况。这需要推销员掌握有关消费心理学、社会学、经济学、行为科学等相关知识。

（2）了解顾客购买决策的过程。

顾客购买决策权在谁手中，谁是购买者，谁是使用者和消费者。了解顾客的购买条件、方式和时间，深入分析不同顾客的心理、习惯、爱好和要求。不同的公司，内部的决策模式是不同的，不能清楚了解公司的决策过程和模式，往往会做很多无用功，浪费很多时间和金钱，闹出"南辕北辙"的笑话。例如，大多数大型医院的采购决策权归属药剂科主任，而一些小型医院药品的采购权则由业务院长把握，而有些医院由于特殊情况，也并不遵循上述的规律，所以事前必须了解清楚。某药品推销员未经调查了解，贸然认为某大型医院的采购决策权在院长，于是花了大量的时间和精力给院长做工作，结果将近一年业务没有任何进展，后来才知道，该医院采购药品事项全权由药剂科主任负责。

（3）客户公司的基本信息。

包括公司的规模大小、公司的财务状况、公司的领导与组织机构、客户的行业特点、产品销售半径、销售方式、竞争对手、股权结构等。

案例3-5　很多人认为推销员一定要能说会道，华人首富李嘉诚却不这样认为，他不喜高谈阔论，但是他非常注意市场和消费者使用某类商品的情况，他把香港划分成很多区域，把每一区域的居民生活情况和市场情况都记下来，这样就知道什么产品该到什么地方去推销。短短一年以后，李嘉诚推销商品的数量超过了那些老的推销员。

资料来源：http://www.360doc.com/content/10/1208/13/3220704_76108763.shtml

任务 5 竞争对手知识准备

销售人员必须牢记，任何的营销行动都是在竞争的环境中展开的。只有"知己知彼"，才能"百战不殆"。因此，对竞争对手方面情况的了解是销售人员的必修课。

在日益激烈的市场竞争环境下，企业必须十分注意他们的竞争对手，才能有针对性地制定出有效的营销策略。首先推销人员必须深入了解现有的竞争者。谁是主要的竞争者？其市场定位如何？产品组合如何？价格水平怎样？年销售额有多少？他们的优势和劣势是什么？根据对这些问题的了解，推销人员就可以制定出有针对性的推销策略，目的是避其锋芒，发挥自己的优势，规避自己的劣势。可以说，对竞争对手的状况了解掌握得越清楚，推销员在推销中就越主动、越自信，推销成功的机会就越大。

任务 6 相关法律知识准备

推销员在工作中要有强烈的法律意识和丰富的法律知识。推销工作是一种复杂的社会活动，受到一定的法律法规制约。在推销过程中，推销员应注意衡量自己的言行是否合法，以及会给社会带来什么后果。所以，推销员有必要学习、了解《经济法》、《合同法》、《民事诉讼法》、《商标法》、《广告法》、《产品质量法》、《消费者权益保护法》、《反不正当竞争法》等相关法律法规，做到依法推销、诚信推销，反对欺骗性推销和强制推销。

项目三 推销员的能力准备

推销是一种以成败论英雄的行业，推销也是一种具有很大挑战性的工作。特别是进入 21 世纪以来，随着市场经济的深入开展，企业之间的客户竞争加剧，推销人员虽然在企业中的地位越来越高，但同时企业、行业对推销人员的能力素质要求也越来越高，否则将不能胜任。具体来说，优秀的推销人员应具备以下核心能力：学习能力、洞察力、沟通能力、交际能力、忍耐力、自我控制能力、自我调节能力、创新应变能力。

任务 1 培养学习能力

时代在不断地变化，客户在不断地成长。在这个高速发展的时代，除了变化，没有什么东西是不变的，而学习则是让销售员了解外部世界、跟上客户步伐的最有效途径。对于优秀的销售员来说，主动学习是指这样一种能力：能够快速地汲取最新知识，了解社会发展趋势；能够将学习到的知识与实际工作进行结合，做到理论与实践相融合。随着经济和社会的快速发展，知识的保鲜期越来越短，推销人员必须与时俱进，不断补充和学习新知识。因此，没有良好的学习能力，在速度决定胜负、速度决定前途的今天势必会被淘汰。

顶尖的销售员都是注重学习的高手，通过学习培养自己的能力，让学习成为自己的习惯，因为成功本身是一种习惯和能力（思考和行为习惯）。成功的销售员都是在不断地通过学习超越自己，并且在销售的团队里形成学习的氛围，建立学习型组织，有利于自我的提升和组织素质的提升。彼德·圣吉的《第五项修炼》掀起了全球组织学习的热潮。

学习者不一定是成功者，但成功者必然是擅长学习者。纵使如李嘉诚这类商业巨子，在年逾七旬之时，他依然强迫自己每周读完三本书、几本杂志，让自己时时能了解社会最新知识。而对于身处瞬息万变社会的销售员来说，学习新知识，了解社会、行业、客户的最新情况是一种工作必需。理论的东西是前人经验的总结，也许是别人交了很多学费才总结出来的，所以学习理论就是借鉴成功的经验，寻找成功的路径，避免走太多的错路和弯路。

任务2　磨练洞察力

推销员的洞察力包括两个方面：一是对市场的洞察力；二是对客户的洞察力。洞察不是简单地看看，而是用专业的眼光和知识去细心地观察，通过观察发现重要的信息。例如，到卖场逛逛一般人可能知道什么产品在促销，什么产品多少钱，而专业的销售人员可以观察出更多的信息：别人的产品卖得好是因为什么？推销人员也是每个企业的信息反馈员，通过观察获取大量准确的信息反馈是推销人员的一大职责。成功的推销员不仅对市场具有很强的洞察力，而且善解人意、心思灵敏，能准确地从客户的言谈举止中窥见对方的思想状况和内在意图，能准确、及时地捕捉到商机。

案例3-6　一天，推销员小张去一家卖场巡访，偶然看到超市的货运车正在将对手的产品陆续地卸车入库。对于推销员来说，这原本是件很常见的事情，但是那天她却多长了个心眼。于是她继续观察，发现那天对于运来的产品比平时多得多。她心里想："这是怎么回事？对方想干什么？难道是搞大规模促销？"想到这里，她匆忙回到卖场，吩咐一个刚招聘的促销员假扮顾客，到对手的卖场区去询问。原来对手准备几天后连续三天举行大型促销活动。她马上向公司汇报这个情况，公司分析确定对手在各卖场准备掀起一次大规模的降价促销活动，打算在公司立足未稳的情况下发起进攻。于是，公司连夜布置，第三天抢先在各卖场全面掀起购货附赠品的促销活动，避免了一场厄运。

资料来源：谭一平. 中式推销——一个中国推销老手的10年总结. 2006年7月

任务3　沟通能力训练

推销本身就是推销员与客户之间的一种沟通行为，推销员将产品及相关信息传递给客户并搜集客户的意见反馈，这就需要推销员具备由语言表达能力、逻辑思维能力、观察判断能力及交际能力组成的良好的沟通能力。通过与对方沟通，推销员可以了解对方的信息，明白对方的真正意图，同时将自身信息也准确地传达给对方；同时，通过恰当的交流方式（例如语气、语调、表情、神态、说话方式等）使得谈话双方容易达成共识。

任务4　锻炼交际能力

推销是一种交易，也是一种交际。做生意是做人的生意，是与人做生意，因此，社交能力是衡量一个业务员能否适应现代开放社会和做好本职工作的一条重要标准。良好的交际能力可以为推销员提供更多的接触潜在客户的机会，获得更多的有助于推销工作的信息。推销员必须善于沟通和与各界人士建立紧密的交往关系，要在任何场合都能应付自如、相机行事，推销才可能取得大的成功。

任务 5　炼就忍耐力

销售是世界上淘汰率最高的工作之一，很多年轻人怀着远大的理想，踌躇满志地进入推销领域，却又在短时间内离开，各种原因很多，其中最重要的一条是缺乏超常的忍耐力。推销工作需要一个适应过程，可能你需要忍耐一个月、半年甚至一年才开始积累到一些客户，你的业绩和收入才能相应地提高，很多刚踏入推销行业的人不能忍受这段时间的艰辛与不易，半途而废，都是不能坚持的结果，因此如果你是机会主义者千万不要去从事推销工作。在推销过程中仍然需要忍耐。和客户约好的时间，你准时到达，可是客户临时有事或者正在开会，你应该如何？忍耐！否则你必定失去这个客户。有时候一个客户跟了半年一年，付出了巨大的时间精力成本最终还是失败了，这个时候推销员只能忍耐，用一种平常心看待推销过程中经历的一切失败，才能等到"柳暗花明又一村"。

任务 6　自我控制能力培养

很多时候推销员是单兵作战的，推销员每天从事的工作都不可能完全在领导的监督下进行，企业唯一的控制方式就是工作日报表以及每天开会汇报个人的工作状况，可是如果真想偷懒是非常容易的，比如故意去较远的客户那里，路上可以休息；本来半小时谈完，结果谎称谈了三个小时等，这种方式除了损害企业的利益，更重要的是也阻碍了推销员自身的发展。推销员还经常遭遇拒绝和挫折，免不了生气，需要控制情绪，保持良好的工作状态，每天都要以饱满的热情迎接新的挑战，所以推销员一定要努力培养自己的自控能力。另外，在日常的推销工作中，推销员不可避免地会遇到竞争对手，有时候跟踪很久马上要成功的客户被别人抢走，有时候会碰到竞争对手在客户面前诋毁自己，有时候是在销售终端的现场竞争。面对这些销售中经常出现的竞争局面，推销员必须采用健康的平常心对待，如果不能很好地调节自己的心态，没有较好的自控能力，顺着自己的情绪而为，尤其是一些刚入职的销售人员，往往会义气用事，容易采取一些过激行为，发生一些不愉快的事情，对自己的职业生涯和公司的名誉都会产生负面的影响。例如，2010年"十一"黄金周，安徽巢湖当地规模庞大的家电卖场安德利里，格力的一名商场导购和美的一名实习业务员发生了打斗，美的这名业务员在打斗中头部受伤，经抢救无效后死亡。事情的起因仅仅因为格力空调展位的促销吊旗挂到了美的展厅的门口，把灯箱和横幅全都遮盖掉了。所以，良好的自我调控能力是做推销员的必备素质。

任务 7　自我调节能力养成

推销是一项需要承受巨大压力的工作，面对客人的无情拒绝、他人的冷嘲热讽以及许久没有销售业绩，很多推销员的情绪会变得很不稳定，甚至会怀疑自己的能力——是不是自己真的不适合做销售？这样的负面情绪如果不能得到及时的调整，推销员很容易半途而废。面对工作的失意、家庭烦恼或其他不顺心的事情时，优秀的推销员总是能够很好地进行自我心理调节。他们绝不会将失意写在脸上，把情绪带进推销，即便遭受再大的痛苦，也会在推销时容光焕发、面带微笑。自我调节并不是压抑感情，而是让自己学会如何控制自己的情绪，你可以选择多种方式来宣泄，比如到酒吧喝上一杯、看一场电影、打一场球赛，只要不将所有不满与愤怒发泄在你的客户身上就行。

任务8　创新应变能力开拓

推销是一种技术，更是一门激情的艺术。根据不同的客户需要采用不同的方法和技巧，这就要求推销员必须掌握和熟悉客户的消费心理特征，而客户的消费心理是随着时代的变化而不断变化的。因此，推销员必须具有创新能力，尤其是推销方法和手段。如果一个推销员按照固定模式进行推销，先不说客户是否对你的老一套感到厌倦，推销员自身可能也会缺乏激情。此外，在推销洽谈中，有很多因素影响推销进程乃至推销结果，这些因素并不是一成不变的。虽然可以在推销前进行充分的准备，尽量将推销中可能会出现的意外情况考虑周全，但仍然有很多情况是出乎意料的，这就要求推销员具有很强的应变能力，能够随时处理各种突发事件。

案例 3-7　有一个推销员当着一大群客户的面推销一种钢化玻璃酒杯。在他进行商品说明之后，就向客户做商品示范，也就是把一只钢化玻璃杯扔到地上而不会破碎。可是他碰巧拿了一只质量没有过关的杯子，猛地一扔，酒杯砸碎了。

这样的事情在他整个推销酒杯的过程中还未发生过，大大出乎他的意料，他感到十分吃惊。而客户呢，更是目瞪口呆。因为他们原先已十分相信这个推销员的推销说明，只不过想亲眼看看，以得到一个证明罢了，结果却出现了如此尴尬的局面。

此时，如果推销员也不知所措，没了主意，让这种沉默继续下去，不到 3 分钟，准会有客户拂袖而去，交易会因此遭到惨败。但是，这位推销员灵机一动，说了一句话，不仅引得哄堂大笑，化解了尴尬的局面，而且更加博得了客户的信任，从而大获全胜。

那么，这位推销员怎么说的呢？

原来，当杯子砸破之后，他没有流露出惊慌的情绪，反而对客户们笑了笑，然后沉着而富有幽默地说："你们看，像这样的杯子，我就不会卖给你们。"禁不住大家一起笑了起来，气氛一下子变得活跃。紧接着，这个推销员又接连扔了 5 只杯子都成功了，博得了信任，很快就推销出几十打酒杯。

资料来源：马福存. 世界上最伟大的推销员实训提升版. 2009 年 1 月

项目四　成功推销员的特质塑造

任务1　挖掘强烈的企图心

"企图心"是由美国心理学学者默里（Murray）提出的，又称为"成就动机"（Achievement Motivation）或"成功欲望"。默里将"成就动机"定义为：个人认为对自己很有意义或很有价值的工作，不但愿意去做，而且会全身心地投入，以求成功的心理历程。强烈的企图心就是对成功的强烈欲望，没有强烈的企图心就不会有足够的决心。拥有强烈的企图心的推销员，不会畏惧客户的拒绝，做事一定会全力以赴。一个不想赚大钱的推销员一般都创造不出良好的业绩。

销售是"业绩为王"的高压力行业，压力可以让人把企图心释放到极致，从而获得顶尖的绩效和可观的收入。但同时，压力也可能使销售人员产生挫败感，甚至心力交瘁，狼狈退出。这是每个业务员可能要面对的喜与悲。一位亚洲成功学专家认为：业务人员要成功，一定要具备 3 个最重要的条件：一是拥有强烈的企图心，二是拥有强烈的企图心，三是拥有强烈的企图心。他还进一步解释道："如果你的下属不具备这 3 个条件，你就不必费心去训练他，因为他如果会成功真是活见鬼!"

企图心就是自信和强烈的渴望,是成为顶尖的业务人员必备的心态。从某种意义上说,企图心实际上就是永不满足,永远追求好上加好。对于一名销售人员而言,这会带给他无穷的动力和工作的热情,使他不断地跨越障碍,创造奇迹。顶尖的业务人员胜过一般业务人员靠的并不是口头功夫,而是心理武器,其中最基础的一条就是企图心。企图心正是业绩争霸赛中打败对手的必杀技。你愿不愿意尽全力放手一搏?你会不会设定高远的目标?你能不能持之以恒,勇往直前,走得更远更久?你能不能超越自我获得成功?这些全都取决于你有没有超人一等的"企图心"。总而言之一句话:企图心是成功路上帮你披荆斩棘的利刃,你要向成功的巅峰进发,绝对不能忽视它的重要性。

古希腊有个大哲学家苏格拉底。有一天,一个年轻人想向他学哲学。苏格拉底带着他走到一条河边,突然用力把他推到了河里。年轻人起先以为苏格拉底在跟他开玩笑,并不在意。结果苏格拉底也跳到水里,并且拼命地把他往水底按。这下子,年轻人真的慌了,求生的本能令他拼尽全力将苏格拉底掀开,爬到岸上。年轻人不解地问苏格拉底为什么要这样做,苏格拉底回答道:"我只想告诉你,做什么事业都必须有绝处求生那么大的决心,才能获得真正的收获。"一个销售人员若拥有像被苏格拉底按在河里的年轻人那样强烈求生欲的成功欲望的时候,会想方设法去达到其目的,阻力为帮助力,将勇往而不胜,而且成功欲望越大则发展越快。所以说企图心将决定销售人员职业生涯发展的高度。

任务 2　培养超人的勇气

先哲说过:"你的心态就是你真正的主人""要么是你驾驭生命,要么是生命驾驭你,你的心态决定谁是坐骑,谁是骑师。"所以,成功的推销员是需要具备超人的勇气的,不但要挑战推销过程中面临的困难,还需要挑战自己身体、心理、智慧的极限。

因为推销是一项极具挑战性的工作,极其考验人的抗压能力和心理承受能力的工作,艰辛的工作、他人的不理解、客户的拒绝、很久没有业务成交的压力很容易摧毁人的意志,滋生一些负面的心态和情绪,对推销将产生极大的负面作用。要想创造骄人的业绩,最重要的是树立积极向上的销售心态。好的心态就是热情,就是战斗精神,就是勤奋工作,就是忍耐,就是执着的追求,就是积极的思考,就是勇气,不能适时地调整心态的人永远无法胜任销售工作。真正导致业绩平庸的,不是销售员们经常抱怨的激烈的同行竞争、萧条的市场环境、难缠的客户,而是潜在他们内心深处消极的心态,如果不能摒弃这些侵蚀业绩的蛀虫,即使外部条件再有利,也仍不能成就卓越的业绩。

在销售中,存在消极思想的人会对所有的事充满否定。拥有消极否定思想的销售员不仅否定自己也否定他人的成绩。要知道,否定对于销售员取得成就的阻碍是相当大的。

成功、快乐和成就的感受,全是由我们的心态而来。当销售员的思想开始呈现消极否定的倾向时,他们往往体会不到成功和快乐的感觉,在他们的头脑中有的只是消极的否定。而且,他们总是对顾客、对同事、对他们所接触的人过于挑剔,经常给别人否定的评价,批评、谴责、抱怨别人。时间久了,别人对这样的销售人员印象也会变坏,不愿意与其接触。这样的话,销售员的业绩自然无法提升了。

另外,当销售员有负面的心态时,所表现出来的行为多半也是负面与消极的,因此也无法得到预期的结果。例如,当销售员想和潜在顾客进行面谈,向其推销产品时,销售人员存在着消极否定的态度，总是觉得自己不行，或者觉得自己所推销的东西不好，那么在向顾客推销的过程中自然会表现得畏畏缩缩，毫无自信。这些行为自然会给顾客带来不好的影响，使其对该销售员和其所推销的产品，甚至对销售员所代表的公司产生怀疑，而销售人员自然也就不能达到自己的目的了。所以如果销售人员真的想将销售工作当作自己的事业，首先必须先拥有正面的心态，不要再用"我办不到"这句话作为借口，而要开始付诸行动，告诉自己"我做得到""我能行"。

1. 阻碍推销员成功的消极心态

（1）害怕拒绝，为自己寻找退缩的理由。被客户拒绝过的推销员往往担心再次被拒绝，不敢也不愿再次拜访客户。

（2）销售是在求人，低人一等。在经历被客户毫无情面的拒绝后，很多销售人员开始动摇，开始怀疑销售这项工作的价值。

（3）对产品对企业没有信心。很多推销员在推销过程中遇到挫折后，往往习惯于将自己的失败归咎于产品和企业。

（4）害怕同行竞争。销售是一项竞争激烈的工作，面对竞争，有的推销员会甘拜下风，不战而退。

（5）经常抱怨客观条件不利，从不反思自己。例如经常抱怨"是我们公司的政策不对。""我们公司的产品、质量、交易条件、价格不如竞争对手。""竞争厂家的价格比我们的更低。""这个顾客不识货。"

2. 推销员应该具备的积极心态

积极心态打造超凡业绩，真正能够使你的业绩一路飘红的，不是销售技巧，而是最好的心态，只有调整好了自己的心态，始终用积极的心态去面对销售，才能成为王牌销售员。

（1）不怕被客户拒绝。

做销售工作被客户拒绝是不可避免的，关键是怎样去看待它。人们对于不了解的事会拒绝接受，这是人本能上自我保护的反应，是人之常情，不必在意。没有拒绝，就没有销售。因为别人被拒绝打倒了，所以才没有完成销售，我们才有机会。不管做什么事，要想有所收获，就必须勇敢面对，敢于承担风险，敢于面对失败，去除畏惧心理的最好办法就是立即行动。能否坦然地面对拒绝并鼓起勇气再去尝试，使推销成功，是检验推销员能力的试金石。

告诉自己成功就在下一次，即使客户拒绝多次，也要面带微笑地再试一次，那些成功的销售人员并不是比别人更有运气，只是比别人更具有坚持下去的韧性和勇气。请记住，那些成功的人都是失败后立刻爬起来再尝试，直到自己获得成功为止的，拥有积极心态的销售员是不怕拒绝，不怕失败的。

（2）销售是一项让人骄傲的职业。

世界知名销售专家乔·吉拉德曾经说过："每一个销售员都应以自己的职业为骄傲，因为销售员推动了整个世界。如果我们不把货物从货架上和仓库里面运出来，整个社会体系的钟就要停摆了。"一些销售员在平时谈笑风生，但到了真正与客户面对面的时候不是语无伦次，就是坐立不安，这是什么原因呢？因为他们把销售看成是一种卑微的职业、求人的工作，因为他们并不是从心里热爱这份工作。像这样的销售员是永远也不会取得成功的。

推销员心理角色一般有两种：乞丐心理和使者心理。乞丐心理的推销员认为推销是乞求，请别人、求别人帮助自己办成某项事情，所以在推销时非常害怕客户提出反对意见，害怕客户对产品提出哪怕是一点点儿的意见。因为在乞求心理情况下，害怕购买者有丝毫的反对意见或看法，一旦听到反对意见，马上禁不住意识到成交将失败。销售行业最忌讳的就是在客户面前卑躬屈膝，如果你连自己都看不起，别人又怎能看得起你？表现得过于谦卑并不会博得客户的好感，反而会让客户大失所望——你对自己都没有信心，别人又怎么可能对你推销的产品有信心呢？一名推销员向一位总经理推销电脑，言行过于谦卑，这让总经理十分反感。总经理看了看电脑，觉得质量不错，但最终并未购买。总经理说："你用不着这样谦卑，你推销的是你的产品，你这个样子，谁愿买你的东西呢？"

使者心理是当今流行的推销员心理，是一种麻痹自己、提高自己自信心的措施。你去走访一个顾客不是求他购买产品，而是向他介绍或推荐一种对他有用（有利）的赚钱的产品，像医生上门看病一样，是给患者带来便利、实惠！你今天迈进某个店面，是这个店面的福气，因为你将给他带来一些意外的惊喜，你将给他带来便利或赚钱的机会。你手中掌握着公司的产品，对客户而言，每一个都是一个获利的机会。你是光明的使者，你给消费者带来生活上的便利！推销员在以上这两种心理模式下，精神状态不一样，展现在客户面前的气质信心也不一样，销售的成绩也不一样。

（3）相信我的产品最好。

自信是优秀推销员必备的素质，自信包括相信自己、相信自己的企业和产品，连自己都不相信的产品不可能推销给他们。亚洲销售女神徐鹤宁总结自己的成功之道时曾经说过：要百分之一百地相信自己所推广的产品。推销员始终要相信世界上没有"完美"的产品，只有最"适合"的产品，完美的产品永远不会出现，符合客户需求的产品会不断地推出。我们不是单纯在销售产品，更是在推销我们的价值。除了国际知名大品牌的推销员可以在推销过程中享受到一些品牌知名度给自己的推销带来的便利性，大多数推销员所推销的产品在客户心目中的位置是一样的。

（4）不惧怕竞争。

对于推销员来说，竞争是不可避免的，关键是抱着什么样的心态去对待，坦然地并且积极主动地面对同行的竞争，是任何一个想创造卓越业绩的推销员必备的素质和能力。竞争使我们更加努力，更加成功。为了更好地面对竞争，推销员要做到详细调查了解竞争对手，设立目标，全力以赴，在竞争中不断提高服务质量。这也是在竞争中取胜的最可靠策略。

（5）相信自己而不怨天尤人。

不从自身找原因，总把失败归于外部环境，更谈不上下苦功努力改进，结果业绩越来越差，离成功也越来越远。对一个销售员来说，生意是否景气，不在于外部环境，全在于有没有积极的心态。积极的想法会产生行动的勇气，而消极的想法只会成为你面对挑战的障碍，以积极的心态，带着热情和信心去做，全力以赴，就一定能提升销售业绩。

案例3-8 一家公司的两名销售同时去一家超市推销产品，甲看到这家超市已经有很多的同类产品，竞品卖得相当好而且利润比自己的产品高，即认为该店此类产品已经饱合，很难说服老板进货，即使进了货也不一定好卖；另一个销售乙也看到这家超市同类产品很多，乙认为这也同时证明了该店的此类产品销售较旺，有很大的开发潜力。经了解该店销售最好的是XX品牌，自己的产品相对XX虽有差距但也有着独特的优势，于是乙用尽浑身解数说服了超市老板进货，同时针对XX产品制定了相应的促销政策，不久这家超市成了公司的样板店。

资料来源：http://edu.ch.gongchang.com/article-18818-314591.html

任务3　焕发销售激情

激情,这是一个四处充溢的字眼,从学校到社会,从事业到生活,人们都在呼唤着激情。可以说,没有一种职业不需要激情,但对于销售,这句话要改为:没有激情就没有销售。

优秀的销售人员:"燕雀安知鸿鹄之志?""王侯将相,宁有种乎?"有这样的激情,有了激情才有了灵感的火花,才有了鲜明的个性,才有了人际关系中的强烈感染力,也才有了解决问题的魄力和方法。

销售员每天面对的失败与压力,远远胜过其他职业。这种状态很容易消磨掉人的斗志,吞噬掉人的激情。可是,销售员一旦没有了激情,就像飞机没有了燃油,结果只能是一落千丈。所以说,销售员每天必做的工作就是,不断给自己打气,鼓励自己,也鼓励他人。久而久之,形成习惯,进而影响到性格,让这种乐观、坚定、不屈不挠的个性成为自己面对挫折的防火墙,修成百毒不侵之身。到最后,他就能把一切不利因素转化为有利因素,面临的困难越大,越能激发起他的斗志与潜能。到这一步,我们可以说,这是一个放之四海而皆能成功的销售员,因为,激情,就是他征服世界的利剑。

激情并不是盲目乐观,而是看重事情有利的一面,并尽一切可能,转化事情不利的一面。激情也不是自我陶醉,他清醒地认识到自己的不足,巧妙地扬长避短;激情不是明哲保身,他只有先感染自己,才能感染他人,包括他的顾客、他的同事、他的对手,都是他传播激情的对象。一个饱含激情的销售员,足以影响他所在的团队,让大家都看到光明和希望。同样,一个丧失激情的销售员,也会动摇所在团队的信心,使人心涣散、溃不成军。

业绩不好的销售人员没有激情,他总是按部就班,很难出大错,也绝对不会做到最好。没有激情就无法兴奋,就不可能全心全意投入工作。

案例 3-9　亚洲销售女神徐鹤宁是个永远挑战更高目标的人,是个永远保持高昂销售激情的人。徐鹤宁入职的第二个月,陈安之老师给几位讲师设立目标,陈老师首先问鹤宁:"你是上个月的冠军,你定多少?""推广 100 人上课。""好!"陈老师又问第二名的讲师,"那你呢?""我……80 人吧。""难怪你是第二名,连报目标都输给第一名!"听陈老师这样一说,第二名的讲师"嗖"地一下从座位上站起来,站到鹤宁的面前,大声说:"我这个月的目标,就是要超过徐鹤宁!""谁会被你超越?我徐鹤宁是永远的第一名!"谁知其他几位讲师也一起站到了鹤宁的面前,围着她,大叫:"徐鹤宁,我要超越你!徐鹤宁,我要超越你!徐鹤宁,我要超越你!!……"没想到,陈老师一句话,就把大家都激励成了"疯子"!那一个月,鹤宁的压力比前一个月更大。本来每天的睡觉时间就只有两三个小时,结果那个月,老是做噩梦,梦见奖被人偷走了,满大街地找!那么多人在后面拼命地追,鹤宁哪敢有丝毫的懈怠?她比第一个月更卖力,任何一个机会都不放过,连沐足店都去演讲过,房间黑黑的一股味道,屋里堆着一大堆洗脚桶,鹤宁就在那样的环境里也会讲得很认真,居然还会有人报名!还有每次去地王大厦演讲,她会把保安也叫过去听,连电梯的维修工也有报名的!她认为真是每一个人都需要成功,不论贵贱。

资料来源:潇竹. 亚洲销售女神徐鹤宁. 2010 年 6 月

任务4　养成良好的自控力

推销是一项个体性较强的工作,纷繁复杂的工作往往需要推销员自己进行调控和把握,例如如何把握销售的进程？每一天的工作时间如何分配？这些需要推销员拥有良好的自我管理能力，没有良好的自我管理能力，推销员的大部分时间会在碌碌无为中度过。良好的自我管理能力体现在做推销工作有明确的目标和计划。

成功的销售员有明确的目标和计划，他们总是在不断地调整自己的目标，制定相应的计划，严格地按计划办事。日本保险业的推销大王原一平，给自己的目标和计划就是每天拜访20个客户，如果那天没有达到，他就一定不吃饭也要坚持晚上出去。就是凭了他这种坚韧不拔的精神，使他当之无愧地成为顶尖的销售大王，也给他带来巨大的财富。

工作我们的计划，计划我们的工作。销售员要有长远目标、年度目标、季度目标、月目标，并且把明确的目标细分成你当日的行动计划，比如要达成目标你每天要完成多少拜访？你要完成多少销售额？你今天拜访了哪里？明天的拜访路线是哪里？每天，心里都应该清清楚楚。没有目标和计划的销售就好像是没有航标和双桨的船，只有在江面随波逐流没有目标和计划，销售员也无法对自己的工作成绩进行评估和总结，他不记得自己的产品卖到了哪里，他要浪费大量的时间，他的业绩也将停滞不前。

任务5 形成非凡的亲和力

容易让客户接受、喜欢、信赖的业务员，他们就是成功的业务员，许多成功的销售行为，都是建立在友谊的基础上的。我们喜欢向我们所喜欢、所接受、所信赖的人购买东西，我们喜欢向我们具有友谊基础的人购买东西，因为那样会让我们觉得放心。想要业务做得更好，必须很快地和你的客户建立良好的关系基础，这也就是我们所说的亲和力。亲和力和你的自信心和良好形象意识有很大的关系。什么样的人最具有亲和力呢？通常一般对人热情、关心别人、乐于助人、有幽默感、对人诚恳、让人值得信赖的人都是有亲和力的人。

世界上最成功的顶尖销售员都是具有较强的亲和力，且容易和客户交朋友的人。失败的推销员，往往自信心低落、自我价值和自我形象低落，所以他们不喜欢自己，他们讨厌自己，当他们看别人的时候，也很容易看到别人的缺点，容易挑剔别人的毛病，这样的人没有办法与他人建立起良好的友谊，对客户来说，这样的推销员是不具备亲和力的。

案例3-10 一个推销员去拜访一个久不向他们进货的商铺老板，当时老板正在整理账本，老板可爱的小女儿独自在一边玩耍，推销员没有去打搅商铺老板，而与老板的小女儿玩起了游戏，像陪自己六岁的小女儿一样，并教导孩子应该从游戏中明白的道理，小女孩很快就喜欢上了推销员。商铺老板整理完手里的账本，走过来，邀请推销员入内，整个的态度有非常大的转变。商铺老板说："看到一个不造作、对任何人都自然、亲切、友好的推销员，我愿意与你成为好朋友。"后来他的订单都下给了这位推销员。

资料来源：http://www.keepyoung.com.cn/Sale_Show.asp?ArticleID=2821

单元小结

推销是一项颇具挑战性的工作，要想做好推销工作，推销员一定要做好充分的准备工作，本单元主要从推销员个人的角度，分析了推销员应该做好三方面的准备工作：业务知识准备、个人素质准备、个人能力准备，以及成功推销员的特质。

本单元首先介绍了推销员应该具备哪些业务知识，推销员的专业知识准备包括以下几方面：企业方面的知识、产品方面的知识、推销的专业知识、客户方面的知识、竞争对手方面的知识、法律法规相关知识；其次介绍了推销员应该具备哪些素质，推销员的素质准备包括以下几个方面：道德素质、文化素质、心理素质、身体素质；接着介绍了推销员应该具备怎样的能力，推销员的能力包括以下几个方面：学习能力、洞察力、沟通能力、交际能力、忍耐力、自我控制能力、自我调节能力、创新应变能力；最后介绍了优秀推销员的特质，优秀的推销员一般具备以下特质：强烈的企图心（成功的欲望）、积极的心态、富有激情、良好的自我控制能力、有非凡的亲和力。

核心概念

推销员　个人素质　核心能力　成功推销员　特质　企图心

训练题

1. 课堂讨论：在推销工作中是智商重要还是情商重要？
2. 优秀推销员应该具备哪些基本素质？你认为其中哪一项最重要？
3. 优秀推销员应该具备哪些核心能力？其中哪种能力最不可或缺？
4. 你怎样看待推销员应该具备的"企图心"？
5. 以一个成功的推销员为例，分析其具有的销售特质。

综合案例分析

推销之神原一平是这样炼成的

也许还有很多人不知道原一平是谁，但在日本寿险业，他却是一个声名显赫的人物。1904年，原一平出生于日本长野县。他的家境富裕，父亲德高望重又热心公务，因此在村里担任若干要职，为村民排忧解难，深受敬重。

原一平是家中的老幺，从小长得矮矮胖胖的，很得父母亲的宠爱。可能是被宠坏的缘故，原一平从小就很顽皮，不爱读书，喜爱调皮捣蛋，捉弄别人，常常与村里的小孩吵架、殴斗，甚至于老师教育他，他竟然拿小刀刺伤了老师，父母对他实在无可奈何了。

23岁那年，原一平离开家乡，到东京闯天下。第一份工作就是做推销，但是碰上了一个骗子，卷走保证金和会费就跑了。为此，原一平陷入了困境之中。

1930年3月27日，对于还一事无成的原一平是个不平凡的日子。27岁的原一平揣着自己的简历，走入了明治保险公司的招聘现场。一位刚从美国研习推销术归来的资深专家担任主考官。他瞟了一眼面前这个身高只有145厘米，体重50公斤的"家伙"，抛出一句硬邦邦的话："你不能胜任。"

原一平惊呆了，好半天回过神来，结结巴巴地问："何……以见得？"

主考官轻蔑地说："老实对你说吧，推销保险非常困难，你根本不是干这个的料。"

原一平被激怒了，他头一抬："请问进入贵公司，究竟要达到什么样的标准？"

"每人每月10000元。"

"每个人都能完成这个数字？"

"当然。"

原一平不服输的劲儿上来了,他一赌气:"既然这样,我也能做到10000元。"

主考官轻蔑地瞪了原一平一眼,发出一阵冷笑。

原一平"斗胆"许下了每月推销10000元的诺言,但并未得到主考官的青睐,勉强当了一名"见习推销员"。没有办公桌,没有薪水,还常被老推销员当"听差"使唤。在最初成为推销员的7个月里,他连一分钱的保险也没拉到,当然也就拿不到分文的薪水。为了省钱,他只好上班不坐电车,中午不吃饭,晚上睡在公园的长凳上。

然而,这一切都没有使原一平退却。他把应聘那天的屈辱看做一条鞭子,不断"抽打"自己,整日奔波,拼命工作,为了不使自己有丝毫的松懈,他经常对着镜子,大声对自己喊:"全世界独一无二的原一平,有超人的毅力和旺盛的斗志,所有的落魄都是暂时的,我一定要成功,我一定会成功。"他明白,此时的他已不再是单纯地推销保险,他是在推销自己,他要向世人证明:"我是干推销的料。"

他依旧精神抖擞,每天清晨5点起床从"家"徒步上班。一路上,他不断微笑着和擦肩而过的行人打招呼。有一位绅士经常看到他这副快乐的样子,很受感染,便邀请他共进早餐。尽管他饿得要死,但还是委婉地拒绝了。当得知他是保险公司的推销员时,绅士便说:"既然你不赏脸和我吃顿饭,我就投你的保好啦!"他终于签下了生命中的第一张保单。更令他惊喜的是,那位绅士是一家大酒店的老板,帮他介绍了不少业务。

从这一天开始,否极泰来,原一平的工作业绩开始直线上升。到年底统计,他在9个月内共实现了16.8万日元的业绩,远远超过了当时的许诺。公司同仁顿时对他刮目相看,这时的成功让原一平泪流满面,他对自己说:"原一平,你干得好,你这个不吃中午饭,不坐公车,住公园的穷小子,干得好!"

分析提示:世界上没有谁是天生干推销的料,但如果你选择了干销售,就一定要证明给世人看你是这块料。原一平乐观不服输的精神为他带来了好运,这也说明命运是青睐自立、自强、坚持理想的人的。

问题思考:

(1)从该案例分析中,你认为优秀推销员应具备什么样的素质和能力?

(2)从原一平的成长过程中,你得到哪些有益的启示?

单元四　推销沟通与礼仪

知识点

（1）语言沟通与非语言沟通。
（2）沟通风格理论。
（3）商务礼仪中的第一印象。
（4）同理心理论。

技能点

（1）学会使用语言沟通与非语言沟通。
（2）学会与不同沟通风格的客户沟通。
（3）掌握着装、仪容的主要要领。
（4）掌握交际、交谈的主要礼仪。
（5）掌握提问与赞美的技巧。

[案例导入]

案例 4-1

推销员：你们需要的卡车我们都有。

客　户：我们要两吨的。

推销员：你们运的东西，每次平均重量是多少？

客　户：很难说，大约两吨吧。

推销员：是不是有时多、有时少呀？

客　户：是这样。

推销员：究竟需要用什么型号的汽车，一方面要看你运什么货，另一方面要看你在什么路上行驶对吧？

客　户：对。

推销员：你们那个地方是山区吧，据我所知，你们那里路况并不好，那么汽车的发动机、车身、轮胎承受的压力是不是要更大一些啊？

客　户：是的。

推销员：你们主要是利用冬天田里没活了搞运输吧？那么，对汽车承受力的要求是不是更高呢？

客　户：是的。

推销员：货物有时会超重，又是冬天在山区，汽车负荷已经够大的了，你们决定购买汽车型号时,连一点余地都不留吗?

客户:你的意思是?

推销员:你们难道不想延长车的寿命吗?一辆车满负荷,另一辆车从不超载,你觉得哪一辆车寿命会更长呢?

客户:当然是载重量大的那辆了。

于是,他们洽谈成功了。

项目一　了解客户沟通

沟通是人的基本技能,也是一种艺术,推销员与顾客之间、推销员与管理部门之间、推销团队之间等无处不存在沟通。整个推销过程就是不断与客户沟通的过程,推销员沟通的素质与能力直接决定推销工作的成败,只有懂得沟通、善于沟通的人才能够成为合格的推销人才。因此,要想成为优秀的推销人才,必须了解沟通的概念、原则,掌握沟通的技巧。

[参考阅读]

销售产品首先就是销售自己

销售学里有一个著名的四段论,它把销售分成了四个阶段:第一,销售自己;第二,销售产品的功效;第三,销售服务;第四,销售产品。由此我们看出:要想销售产品,首先就是要销售自己。所以,在学习销售技巧的同时一定要充分认识自己、发展自己、推广自己。要想充分发挥自己的销售才能,就要塑造一个良好的自我,首先通过沟通销售自己。其实,每个人都有极大的价值,但真正认识这一点的人并不多。我们应该相信:一切由我控制,一切由我决定,一切奇迹都要靠自己创造,一切从沟通开始。

资料来源:改编自陈守友. 每天一堂销售课. 北京:人民邮电出版社,2009年8月

任务1　理解沟通的含义

沟通是人与人之间、人与群体之间思想与感情的传递和反馈过程,以求思想达成和感情的通畅。在现实生活的实际工作中,沟通无处不在、无时不在。掌握娴熟的沟通技巧是所有营销服务人员都应当具备的一项基本功。

沟通是各方围绕某一目标,为达成共识而进行的有效信息交流所采取的行动。沟通与一般对话既有相同之处,又有本质区别。它们的相同点是都是双向的,都具有表达个人的某种意愿,并且能使对方所接受;它们的区别点在于沟通往往具有明显的目标,目的是要通过与对方交流达到使对方理解、接受并取得共识。在推销过程中,沟通是指信息在买卖双方间的传递或交换以及相互理解的过程。

同样是沟通,应用于不同的方面也具有各自的特征。例如,人际交往中的沟通侧重于情感的交流;商业谈判中的沟通则侧重于了解对方的商业动机;服务中的沟通更侧重于了解客户的意见和建议;推销中的沟通则主要在于挖掘客户需求,满足客户的需求,达成最终的交易。

任务2　明确沟通三要素

(1)沟通要有明确的目标。

沟通要有明确的目标,这是沟通最重要的前提。面对竞争日益加剧的商业环境,人们越来越强调工作的高效率,做事干练高效可以给客户留下良好的印象,所以对于推销员来说,要珍惜与客户的每次沟通交流的机会,每次与客户的沟通都要有清晰明确的目标任务,针对目标进行针对性沟通,例如了解客户的性格特点、增进与客户之间的感情、签合约等,争取在最短的时间内促成推销。没有目标的沟通职能称之为闲聊,闲聊只能是浪费推销员与客户的时间。所以,推销员在和客户沟通的时候,见面的第一句话可以说:"这次我找你的目的是——"。沟通时说的第一句话要说出你要达到的目的,这是非常重要的,也是你的沟通技巧在行为上的一个表现。

(2)沟通要达成共同的协议。

沟通结束以后,或许沟通前所预期的目标并没有达成,但是通过此次沟通,交流双方一定要形成一个双方或者多方都共同承认的一个协议。作为推销员来说,与客户沟通交流之后,一定要与客户确认此次沟通双方在哪些方面达成了一致协议。在实际的推销过程中,时常会出现这样的情况,即与客户沟通过后,对于此次沟通达成的成效、客户的真实想法推销员并不能完全领会确认,双方由于对沟通的内容理解不同,又没有达成协议,最终造成了工作效率的低下,双方又增添了很多矛盾。所以在客户沟通结束的时候,推销员最好用这样的话来总结:非常感谢你,通过刚才交流我们现在达成了这样的协议,你看是这样的吗?在沟通结束的时候一定要有人来做总结,这是一个非常良好的沟通行为。

(3)沟通的内容——信息、思想和情感。

沟通的内容不仅仅是信息,还包括着更加重要的思想和情感。推销员在推销产品之前首先要让客户认可推销员,接受推销员,乃至成为朋友,这个过程需要推销员与客户之间进行更多的思想与情感沟通,在思想上取得共鸣,在行为上成为知己。信息是比较容易沟通的,只要掌握一定的沟通技巧,一般的信息都可以通过沟通达到沟通双方理解和知会的效果,但思想和情感的沟通就显得复杂得多。在工作的过程中,很多障碍使思想和情感无法得到很好的沟通,因此,在推销的过程中,推销员个人被客户接受成为推销工作得以进一步开展的前提条件。

任务 3　熟悉沟通的方式

在日常沟通过程中,我们用得最多的是语言。实际上在工作和生活中我们除了用口头语言沟通,有时候还会用书面语言和肢体语言去沟通,如用我们的眼神、面部表情和手势去沟通,如图4-1所示。美国加州柏克莱大学教授 Albert Merribie 曾经说过"为了沟通好,就必须在文字、声调、语气、肢体语言上与对方相似或引起共鸣。文字占7%,声音占38%,肢体语言占55%"。归纳起来,我们的沟通方式有以下两种:

(1)语言的沟通。

语言是人类特有的一种非常好的、有效的沟通方式。语言的沟通包括口头语言、书面语言、图片或图形。口头语言包括我们面对面的谈话、开会议等;书面语言包括我们的信函、广告和传真,甚至现在用得很多的 E-mail 等;图片包括一些幻灯片和电影等,这些都统称为语言的沟通。

在沟通过程中,语言沟通对于信息的传递、思想的传递和情感的传递而言更擅长于传递的是信息。在推销过程中,语言沟通传递的主要是客观信息,例如推销员个人基本信息;介绍产品的特点、功能;企业的基本信息等。推销员可以尝试采取多种方式与客户进行沟通交流,例如信函、传真、短信、幻灯片、VCR、E-mail 等,力求将上述信息最真实完整地介绍给客户。

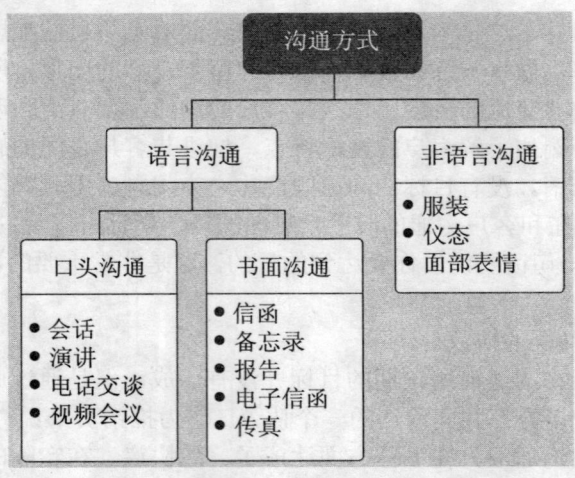

```
                    ┌─────────┐
                    │ 沟通方式 │
                    └────┬────┘
              ┌──────────┴──────────┐
         ┌────┴─────┐          ┌────┴─────┐
         │ 语言沟通 │          │非语言沟通│
         └────┬─────┘          │ • 服装   │
    ┌────────┴────────┐        │ • 仪态   │
┌───┴────┐       ┌────┴───┐    │ • 面部表情│
│口头沟通│       │书面沟通│    └──────────┘
│• 会话  │       │• 信函  │
│• 演讲  │       │• 备忘录│
│• 电话交谈│     │• 报告  │
│• 视频会议│     │• 电子信函│
└────────┘       │• 传真  │
                 └────────┘
```

图 4-1　沟通方式

（2）肢体语言的沟通。

肢体语言的内涵非常丰富，主要包括我们的动作、表情、眼神。肢体语言更善于沟通的是人与人之间的思想和情感。例如柔和的手势表示友好、商量；强硬的手势则意味着："我是对的，你必须听我的"；微笑表示友善礼貌；皱眉表示怀疑和不满意；盯着看意味着不礼貌，但也可能表示兴趣、寻求支持；双臂环抱表示防御。实际上，在我们的声音里也包含着非常丰富的肢体语言。我们在说每一句话的时候，采用什么样的音色、什么样的语气和语速、是否要抑扬顿挫等，都具有不同的表达意图，所以这些都属于肢体语言的组成部分。

优秀的推销员必须善于使用肢体语言，肢体语言也可称之为沟通行为礼仪，在第 3 节将有详细的介绍。

任务 4　讨论沟通的原则

1. 尊重

每个人都希望得到别人的尊重，所以尊重他人是成功沟通的基本原则。尊重别人是一种美德，它会让你赢得认同、欣赏和合作。尊重是一种修养、一种品格。一个人只有懂得尊重别人，才能赢得别人的尊重。在日常的推销过程中，推销员的言谈举止要让客户感受到充分的尊重，"客户是上帝"的行动根本就是尊重客户。尊重客户与被客户尊重是相辅相成的，被尊重的客户会更加理解支持推销员的工作，甚至与推销员成为朋友，形成忠诚度，重复购买产品，并向身边的人推销产品。

尊重客户，首先要从心理上认可对方、尊重对方，让客户从心理上感受到推销员的真诚；其次要从行为上尊重客户，礼貌待人，尊重客户的风俗文化、隐私等；最后要从语言上尊重客户，尽量使用敬辞谦辞，不在语言上冒犯客户。

2. 诚信

英国专门研究社会关系的卡斯利博士曾经说过："大多数人选择朋友都是以对方是否出于真诚而决定的"。诚信是人的修身之本，也是一切事业得以成功的保证，更是各种商业活动的最佳竞争手段，是市场经济的灵魂，是推销人员的一张真正的"金质名片"。诚信要求推销员在与客户的沟通过程中重诺言、守信用、说真话，不随意夸大编造产品的优点，不给客户随意承诺保证，说到的就要做到，做不到的要实事求是告诉对方。俗话说"推销产品首先是推销自己"，做一名优秀的推销员的关键是如何做人，推销人员只有在客户心目中树立了诚信的形象，才能够赢得与客户进一步沟通交流的机会，为最终的交易促成打下基础。

3. 自信

自信就是相信自己，相信自己所追求的目标是正确的，相信自己的目标是可以实现的。对于推销员来说，自信是做好推销工作的基础。沟通中，只有自信才能表现自如、落落大方，才能赢得客户的好感和尊重。推销员强烈的自信心可以感染客户，让客户信任推销员，从而信任产品、接受产品。推销人员的自信表现在以下几方面：首先是要相信自己，相信自己是有足够的能力做好推销工作的；其次是相信自己的产品是最适合客户的；最后要相信自己所属的公司是一家有前途的公司，是时刻为客户提供最好的商品与服务的公司。

4. 效率

推销人员在与客户沟通时，要有强烈的效率意识，即力争在最短的时间内完成销售任务。很多推销人员容易犯这样的错误，即在推销过程中，与客户沟通得非常愉快，甚至与客户成为好朋友，但是却迟迟拿不到最后的成交合同。沟通是手段，不是目的，推销员与客户沟通的最终目的是为了交易的促成，所以推销人员在与客户沟通的过程中，要详细规划与客户的沟通过程，思维清晰，目的明确，争取高效率地完成推销工作。

任务 5　学会与不同风格的客户沟通

在日常社交沟通中，每个人都有各自不同的做事风格和处事原则，根据人们在日常交际过程中所表现出来的性格特征和处事方式，一般将人际沟通风格分为四种类型：和蔼型（amiable）、表现型（expressive）、支配型（driver）和分析型（analytical），如图 4-2 所示。人际沟通的"黄金定律"就是"你希望别人怎么对待你，你也要怎么对待别人。""用别人喜欢被对待的方法对待别人。"推销员应该掌握沟通黄金法则，面对不同沟通风格的客户采取合适恰当的沟通方式，高效有效地达成推销交易。

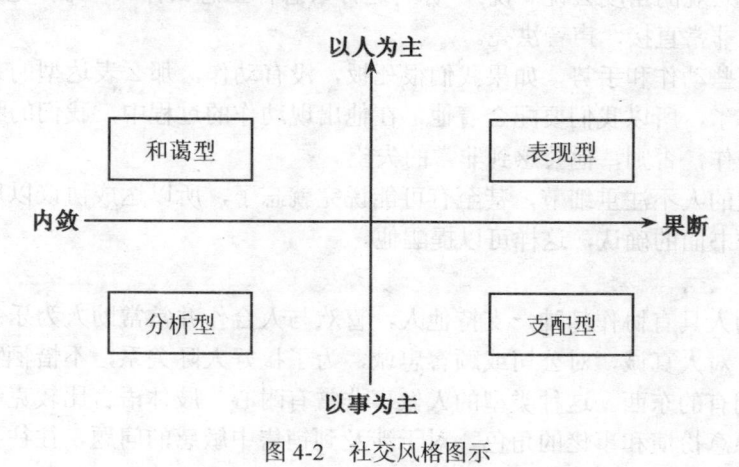

图 4-2　社交风格图示

1. 支配型

具有这种沟通风格的人比较注重实效，具有非常明确的目标和个人愿望，并且不达目标誓不罢休；当机立断，独立而坦率，常常会根据情境的变化而改变自己的决定，他们往往以事为中心，要求沟通对象具有一定的专业水准和深度；在与人沟通中，他们精力旺盛，节奏迅速，说话直截了当，动作非常有力，表情严肃，但是有时过于直率而显得咄咄逼人，如果一味关注自我观点，可能会忽略他人的情感。与支配型的客户进行沟通，要注意以下几点：

- 要讲究实际情况，用大量具体的事实依据说话，大胆表达创新的思想。
- 支配型的人非常强调效率，要在最短的时间里给他一个非常准确的答案，而不是一种模棱两可的结果。
- 同支配型的人沟通的时候，一定要非常的直接，不要有太多的寒暄，直接说出你的来历，或者直接告诉他你的目的，要节约时间。
- 说话的时候声音要洪亮，充满了信心，语速一定要比较快。如果你在这个支配型的人面前声音很小缺乏信心，他就会产生很大的怀疑。
- 与支配型的人沟通时，一定要有计划，并且最终要落到一个结果上，他看重的是结果。回答问题一定要非常的准确。
- 在和支配型人的谈话中不要感情流露太多，要直奔结果，从结果的方向说，而不要从感情的方向去说。
- 在和他沟通的过程中，要有强烈的目光接触，目光的接触是一种信心的表现，所以说和支配型的人一起沟通时，你一定要和他有目光的接触。

2. 表现型

具有这种沟通风格的人显得外向、热情、生机勃勃、魅力四射，喜欢在销售过程中扮演主角；他们干劲十足，不断进取，总喜好与人打交道并愿意与人合作；具有丰富的想象力，对未来充满憧憬与幻想，也会将自己的热情感染给他人；他们富有情趣，面部表情丰富，动作多、节奏快、幅度大，善用肢体语言传情达意，但是往往情绪波动大，易陷入情感的旋涡，可能会给自己及顾客带来麻烦。与表现型的客户进行沟通，要注意以下几点：

- 表现型的人特点是只见森林，不见树木。所以在与表达型的人沟通的过程中，我们要多从宏观的角度去说一说："你看这件事总体上怎么样"、"最后怎么样"。
- 说话要非常直接，声音洪亮。
- 要有一些动作和手势，如果我们很死板，没有动作，那么表达型的人的热情很快就消失掉了，所以我们要配合着他，在他出现动作的过程中，我们的眼神一定要看着他的动作，否则，他会感到非常的失望。
- 表现型的人不注重细节，甚至有可能说完就忘了，所以达成协议以后，最好与之进行一个书面的确认，这样可以提醒他。

3. 和蔼型

这种类型的人具有协作精神，支持他人，喜欢与人合作并常常助人为乐；他们富有同情心，擅长外交，对人真诚，对公司或顾客忠诚，为了搞好人际关系，不惜牺牲自己的时间与精力，珍视已拥有的东西。这种类型的人做事非常有耐心，肢体语言比较克制，面部表情单纯，但是往往愿意扮演和事佬的角色，对于涉及到销售中敏感的问题，往往会采取回避的态度。与和蔼型的客户进行沟通，要注意以下几点：

- 和蔼型的人看重的是双方良好的关系，与之沟通的时候，首先要建立好关系。
- 同和蔼型的人沟通过程中，要时刻充满微笑。如果你突然不笑了，和蔼型的人就会想：他为什么不笑了？是不是我哪句话说错了？会不会是我得罪他了？是不是以后他就不来找我了？等等，他会想很多。所以你在沟通的过程中，一定要注意始终保持微笑的姿态。
- 说话要比较慢，要注意抑扬顿挫，不要给他压力，要鼓励他，去征求他的意见。所以，遇到和蔼型的人要多提问，如"您有什么意见"、"您有什么看法"。
- 遇到和蔼型的人一定要时常注意同他要有频繁的目光接触。每次接触的时间不长，但是频率要高，沟通效果会非常的好。

4. 分析型

具有这种沟通风格的人擅长推理，一丝不苟，具有完美主义倾向，严于律己，对人挑剔，做事按部就班，严谨且循序渐进，对数据与情报的要求特别高；他们不愿抛头露面，与其与人合作，不如单枪匹马一个人单干，因而他们往往在销售过程中沉默寡言，不大表露自我情感，动作小，节奏慢，面部表情单一，有时为了息事宁人，他们采取绕道迂回的对策，反而白白错失良机。与分析型的客户进行沟通，要注意以下几点：

- 注重细节，遵守时间。
- 与这种类型的人沟通时，必须以专业水准与其交流，因而必须表达准确且内容突出。
- 资料齐全，逻辑性强，最好以数字或数据说明问题，以自己的专业性去帮助自己做出决定。
- 切忌流于外表的轻浮与浅薄，避免空谈或任其偏离沟通的方向与目的。
- 要一边说一边拿纸和笔在记录，像他一样认真，一丝不苟。

项目二　掌握客户沟通技巧

沟通是人类与生俱来的一种生存本领，似乎每个人天生就会沟通。然而，现实生活中，人与人在沟通方面差别很大，有的人喜欢沟通，有的人不喜欢沟通，有的人善于沟通，有的人不善于沟通。事实证明，沟通是人际交往的一种基本技能，沟通态度是否积极、沟通能力是否出色对一个人的成功起着重要的作用，特别是对于以人际交往为基础的推销工作而言更是如此。而沟通能力的培养既取决于先天因素，同时也受到后天环境和后天习得因素的影响，所以推销人员有必要掌握有效的沟通技巧，提高自己的沟通能力。

任务 1　学会倾听

一位外国学者说："成功的捷径就是把你的耳朵而不是舌头借给所有的人。"作为一个好的聆听者是成为一个成功的沟通者的重要特质之一。与客户沟通的过程是一个双向的、互动的过程。在整个销售沟通过程中，客户并不只是被动地接受劝说和聆听介绍，他们也要表达自己的意见和要求，也需要得到沟通的另一方——销售人员的认真倾听。管理学专家汤姆·彼得斯和南希·奥斯汀在他们合著的《追求完美》一书中谈到了有效倾听的重要性。他们认为，有效的倾听至少可以使销售人员直接从客户口中获得重要信息，而不必通过其他中间环节，这样就可以尽可能地免去事实在输送过程中被扭曲的风险。同时，有效的倾听还可以使被倾听者产生被关注、被尊重的感觉，他们会因此而更加积极地投入到整个沟通过程当中。

案例 4-2　乔·吉拉德向一位客户销售汽车，交易过程十分顺利。当客户正要掏钱付款时，另一位销售人员跟吉拉德谈起昨天的篮球赛，吉拉德一边跟同伴津津有味地说笑，一边伸手去接车款，不料客户却突然掉头而走，连车也不买了。吉拉德苦思冥想了一天，不明白客户为什么对已经挑选好的汽车突然放弃了。夜里 11 点，他终于忍不住给客户打了一个电话，询问客户突然改变主意的理由。客户不高兴地在电话中告诉他："今天下午付款时，我同您谈到了我们的小儿子，他刚考上密西根大学，是我们家的骄傲，可是您一点也没有听见，只顾跟您的同伴谈篮球赛。"吉拉德明白了，这次生意失败的根本原因是因为自己没有认真倾听客户谈论自己最得意的儿子。

有效倾听的技巧包括以下几方面：

（1）集中精力，专心倾听。

这是有效倾听的基础，也是实现良好沟通的关键。要想做到这一点，销售人员应该在与客户沟通之前做好多方面的准备，如身体准备、心理准备、态度准备、情绪准备等。疲惫的身体、无精打采的神态以及消极的情绪等都可能使倾听归于失败。

（2）不随意打断客户谈话。

随意打断客户谈话会打击客户说话的热情和积极性，如果客户当时的情绪不佳，而你又打断了他们的谈话，那无疑是火上浇油。所以，当客户的谈话热情高涨时，销售人员可以给予必要的、简单的回应，如"噢"、"对"、"是吗"、"好的"等。除此之外，销售人员最好不要随意插话或接话，更不要不顾客户喜好另起话题，例如：

"等一下，我们公司的产品绝对比你提到的那种产品好得多……"

"您说的这个问题我以前也遇到过，只不过我当时……"

（3）谨慎反驳客户观点。

客户在谈话过程中表达的某些观点可能有失偏颇，也可能不符合你的口味，但是你要记住：客户永远都是上帝，他们很少愿意销售人员直接批评或反驳他们的观点。如果你实在难以对客户的观点做出积极反应，那可以采取提问等方式改变客户谈话的重点，引导客户谈论更能促进销售的话题，例如：

"既然您如此厌恶保险，那您是如何安排孩子们今后的教育问题的？"

"您很诚恳，我特别想知道您认为什么样的理财服务才能令您满意？"

（4）学会遵守倾听礼仪。

在倾听过程中，销售人员要尽可能地保持一定的礼仪，这样既显得自己有涵养、有素质，又表达了你对客户的尊重。通常在倾听过程中需要讲究的礼仪如下：

- 保持视线接触，不东张西望。
- 身体前倾，表情自然。
- 耐心聆听客户把话讲完。
- 真正做到全神贯注。
- 不要只做样子、心思分散。
- 点头微笑，表示对客户意见感兴趣。
- 重点问题用笔记录下来。
- 插话时请求客户允许，使用礼貌用语。

(5) 及时总结和归纳客户的观点。

在与客户沟通过程中，推销人员要适时总结归纳客户的观点，这样做，一方面可以向客户传达你一直在认真倾听的信息；另一方面，也有助于保证你没有误解或歪曲客户的意见，从而使你更有效地找到解决问题的方法。例如：

"您的意思是要在合同签订之后的 20 天内发货，并且再得到 5%的优惠，是吗？"

"如果我没理解错的话，您更喜欢弧线形外观的深色汽车，性能和质量也要一流，对吗？"

(6) 真诚地倾听。

沟通从"心"开始，只有心与心的沟通才能体现聆听者的诚意。每个人都有倾诉的欲望，但并不一定每个人都愿意倾听他人的倾诉，所以说，善于且能够真诚地倾听他人的谈话是做人的优秀品质。当自己的话被别人认真仔细地倾听时，诉说者会感到自身的价值得到了他人的承认，受到了他人的尊重。

真诚倾听意味着推销人员要把客户当作朋友来对待，沟通过程中，真正关心客户所谈论的一切，即在倾听客户谈话的过程中，不能一味地仅仅关注与推销业务成交有关的谈话内容，对客户所谈的貌似与推销无关的内容显示出无所谓甚至不耐烦的表情。例如，有些推销人员在与客户沟通的过程中，心中只有一个目标，那就是促成交易，谈话时，仅仅关注与业务有关的内容，而对于有些客户谈论到自己的家人、自己的喜怒哀乐等似乎与推销没有太大关系的内容时就表现出明显的不耐烦，或者不认真听，或者不断引导客户转移话题，这些做法都会极大地伤害客户的自尊心，甚至惹怒客户，导致推销失败。

案例 4-3 某电话公司曾遇到一个凶狠的客户，这位顾客对电话公司的有关工作人员破口大骂，怒火中烧，威胁要拆毁电话，并拒付费用，公司特派一位善于倾听的推销员与客户沟通，推销员静静地倾听了这位顾客近三个小时的"狂暴雨"，并对此表示歉意。以后，他又两次登门继续倾听他对电话公司的不满和抱怨。当他第四次去时，那位顾客已经风平浪静，不仅缴了电话费，还和推销员成了好朋友。

资料来源：http://www.docin.com/p-15461923.html

任务 2　提问的技巧

美国一份关于公众对销售人员评价的调查报告显示，人们最讨厌的销售人员的形象就是：一见面就喋喋不休地谈自己的产品与公司，千方百计想向顾客证明自己的实力与价值。所以说，优秀的推销员，最重要的素质不在于是否拥有夸夸其谈的口才，而是是否善于倾听和提问。

1. 巧妙提问的重要性

世界潜能大师安东尼·罗滨说过："成功者与不成功者最主要的判别是什么呢？一言以蔽之，那就是成功者善于提出好的问题，从而得到好的答案。"如果你想改变顾客的购买模式，那你就必须改变顾客的思考方式。改变顾客思维方式的方法之一就是提出一些恰当的问题，通过问题引导顾客的思维朝着推销员所期待的方向转移。专业的销售人员绝不是一味地告诉顾客什么，而是尽可能多地向客户提问题。销售行业的圣言是："能用问的就绝不用说。"多问少说永远是销售的黄金法则。

巧妙提问的前提是一定要问"对"的问题，那么什么是"对"的问题呢？专业的提问对推销洽谈应该能起到如下作用：

（1）提问让推销员有机会了解客户更多的信息，如客户的购买原因、需求偏好、决策过程等。很多推销员在与客户进行沟通的初始，就开始滔滔不绝地介绍自己的产品和公司，说明自己的产品如何适合客户。但是一番介绍之后，推销员对于客户有什么样的需求、有怎样的价值偏好却一无所知，这样的推销就是无的放矢、盲目推销。例如，一位消费者走进一个汽车销售 4S 店的时候，如果那位销售人员什么也不问，就开始夸夸其谈，某款车有多么多么的好，消费者会觉得如何？消费者会觉得销售员根本不知道自己的需要在哪里，根本不关心产品是否适合消费者，根本不关心消费者的需求与感受，他关心的只是他们所销售的汽车而已。

（2）提问让推销员与客户迅速建立信任。一般来说，客户对所有的推销者都是带着抵触心理的，所以取得客户的信任是推销成败的一大关键。要想获得客户的信任，整个沟通过程必须以客户为中心，以客户的需求为出发点，所以你越快开始介绍自己的产品，客户就越容易产生抵触心理。客户会想，你一点都不了解我到底需要什么，我为什么要听你介绍那些不相干的东西。你需要让客户明白，你是真的在关心他，为他的利益着想，而不是总想着从他身上赚钱，你唯一的方法就是，小心地提问并认真地倾听。

（3）提问让推销员把握对推销进程的控制。推销员在与客户沟通的过程中，要有严格的效率意识，即尽量通过短时间的沟通达到促成交易的目的，而不是进行马拉松式的沟通过程。沟通过程中，推销员要尽量让客户多讲话，但客户一般是不会主动将谈话带入成交阶段的，沟通的进程必须由推销员来把握，而控制沟通进程的最好方法就是恰当的时间进行有效的提问，使整个沟通过程按照推销的过程自然过渡到最终的成交。

2. 提问的注意事项

（1）要尽可能地站在客户的立场上提问，例如提问关于客户的偏好、客户的需求、客户的业余爱好等。不要仅仅围绕着自己的销售目的与客户沟通，这样会让客户感觉推销员缺乏诚意。

（2）避免提问某些敏感性问题，例如客户的年龄、收入、在家庭中的地位等，如果这些问题的答案确实对你很重要，那么不妨在提问之前换一种方式进行试探，等到确认客户不会产生反感时再进行询问。

（3）提问要循序渐进，不要直截了当地询问客户是否愿意购买，初次与客户接触时，最好先从客户感兴趣的话题入手。

（4）提问问题要通俗易懂，一定要让客户有足够的回答空间，不能让客户琢磨不透，难以回答。

（5）在客户回答问题时要认真倾听，尽量避免中途打断。

3. 提问的操作技巧

巧妙的提问有时能够达到长篇大论的推介所达不到的效果，有效的提问要把握两个要点：

（1）提出探索式的问题，以便发现顾客的购买意图以及怎样让他们从购买的产品中得到他们需要的利益，从而就能针对顾客的需要为他们提供恰当的服务，使买卖成交。

（2）提出引导式的问题，引导顾客对你打算为他们提供的产品和服务产生信任。

1）开放式提问。

开放式提问是指能让潜在顾客充分发挥想象空间来阐述自己的意见、看法及陈述某些事实现状。采用开放式提问一般有两个目的：一是取得顾客信息；二是让顾客表达看法和想法，然后针对提问所获得的顾客信息进行针对性的沟通。

"通常您一般采用哪些护肤的方法？您觉得效果怎样？"

——了解客户目前的状况和存在的问题，挖掘客户的潜在需求。

"您希望拥有哪些方面的服务？"

——了解客户的需求和期望，以便更好地满足客户的需要。

"请问您为什么这样认为呢？"

——了解客户拒绝的原因，以便找到进一步沟通的突破口。

"您认为我们在哪些方面还需要完善才能让您满意？"

——进一步确认客户存在异议的问题所在。

2）启发型提问。

启发型提问是以先虚后实的形式提问，让对方做出提问者想要得到的回答。这种提问方式循循善诱，有利于表达自己的感受，促使顾客进行思考，控制推销劝说的方向。例如：

推销员：您愿意花便宜的价格买个电器三天两头让厂家来维修吗？

客户：我当然不愿意三天两头修电器了。

推销员：那就是了，我们的产品虽然价格贵了点，但是我们质量有保证，绝对不会出现三天两头维修的现象。

3）两难型提问——在一个问题中提示两个可供选择的答案，两个答案都是肯定的。

人们有一种共同的心理——认为说"不"比说"是"更容易和更安全。所以，内行的推销员向顾客提问时尽量设法不让顾客说出"不"字来。如与顾客订约会，有经验的推销员从来不会问顾客"我可以在今天下午来见您吗？"因为这种只能在"是"和"不"中选择答案的问题，顾客多半只会说："不行，我今天下午的日程实在太紧了，等我有空的时候再打电话约定时间吧。"有经验的推销员会对顾客说："您看我是今天下午2点钟来见您还是3点钟来？""3点钟来比较好。"当他说这句话时，你们的约定已经达成了。

4）求教型提问。

这种提问是以请教问题的形式提问。这种提问的方式是在不了解对方意图的情况下，先虚设一问，投石问路，以避免遭到对方拒绝而出现难堪局面，又能探出对方的虚实。同时求教型提问可以让客户享受被尊重的感觉，拉近推销员与客户的心理距离。如"您是这个行业的专家，对于这个行业当前的发展现状您能谈一下自己的见解吗？"

5）封闭型提问。

封闭型提问是让顾客针对某个问题，在"是"与"否"两者之间做出回答。封闭式提问的目的是通过回答问题引导客户进入推销员所谈论的主题，控制谈话的进程，同时，通过"是"与"否"的回答，确认顾客的态度，对沟通中的某些问题进行确认。例如：

"像贵公司这个大型的企业，购买产品的时候质量肯定是首先要考虑的因素，而不是价格，是吗？"

"如果您没有什么意见，我们现在是不是就可以签合同了？"

任务3 善用同理心

人们常以自己"想当然"的想法和思考方式来做判断，甚至指责别人，然而"自我的角度"有时候不一定是绝对正确的，必须善用"同理心"站在对方的立场来设想，才能真正理解对方的想法、感受和做法。

案例 4-4 在美国,曾经有一营的士兵,到一家大型剧院集合,聆听当地新的司令官讲话。司令官讲得口沫横飞,也谈到"安全问题"的重要性;接着司令官话锋一转,问道:"你们到这里来时,有多少人坐车戴了安全带?"

剧院中五百多人,只有寥寥几个人举手。新司令官脸色很难看,显然是很不高兴,也大声责备这些士兵——不遵守交通规则,拿自己生命开玩笑!

此时,随从赶紧走向前去,低声向新司令官说:他们的营房就在马路对街,他们大部分都是走路过来的!司令官顿时语塞,露出歉意的微笑。

1. 什么是同理心

同理心是个心理学概念。它的基本意思是说,一个人要想真正了解别人,就要学会站在别人的角度来看问题,也就是人们在日常生活中经常提到的设身处地、将心比心的做法。同理心就是站在当事人的角度和位置上,客观地理解当事人的内心感受及内心世界,并同时把这种理解传达给当事人。同理心并不要你迎合别人的感情,而是希望你能够理解和尊重别人的感情,希望你在处理问题或做出决定时,充分考虑到别人的感情以及这种感情可能引起的后果。它有三个基本条件:①站在对方的立场去理解对方;②了解导致这种情形的因素;③把这种对对方设身处地的了解让对方了解。

同理心分为表层的同理心和深层的同理心。表层的同理心就是站在别人的角度去理解,了解对方的信息,听明白对方说话的意思;深层的同理心就是理解对方的感情成分,理解对方所表达的隐含的意思。

2. 推销沟通中善用同理心的重要性

(1) 同理心使客户更加信任推销员。

善于使用同理心的推销员能够真正站在消费者的立场分析问题、解决问题,真正做到帮助客户、为客户服务,而不是一味地以达成交易赚钱为目的。推销员与客户直接的沟通多了一些真诚的情感交流,少了一些功利性的交易,使客户在轻松的沟通过程中渐渐对推销员产生信任,这种信任不仅可以促成初次交易的完成,而且可以促使推销员和客户建立良好的长期合作关系。例如有些推销员会站在客户的角度推销适合客户需求的价格便宜的产品,而不是一味地向客户推销不适合客户的高价的产品,这样的推销员很容易让客户产生信任。

(2) 同理心使推销员更加容易掌握客户的消费需求。

站在客户的立场与角度分析问题,推销员能够更加客观地理解客户的消费心理,把握客户的消费需求。有些推销员面对客户的种种表现不知所措,难以理解,甚至表现出愤恨,抱怨客户刁难、不识货等,其实问题的根本在于推销员并没有真正理解客户的需求,站在客户的角度或许能够得到不同的答案。例如为什么我介绍的手机的多种用途客户不感兴趣?原来客户是个非常理性的消费者,只看重手机的通讯核心功能,这样的消费者看重的是产品的性价比,而不是手机的时尚性。

(3) 同理心使推销员更能把握洽谈的进程。

推销过程中,推销员往往会有急于成交的心态,在推销沟通还没有达到一定程度的时候,过于急躁的提出成交的愿望,使客户产生反感。把握好推销洽谈进程的最好办法就是站在客户的角度分析问题,假如我是客户,在现有的条件下,我会答应成交吗?我还有哪些不明确的问题?运用同理心,我们可以自查推销的进程到达了什么阶段,还有哪些工作要做,是否适时提出成交。

3. 表达同理心的技巧

（1）心理情绪的同步。

心理情绪同步，即让自己的情绪与客户同步，与客户同快乐同悲伤。要做到这一点，推销员首先要做到积极揣摩客户的心理感受，并要学会控制自己的情绪，适时作出回应，与客户积极探讨。例如有时候我们会碰到客户的态度非常激烈——"请你不要再来了，我肯定不会购买的！"这种情况下，推销员一定要克制自己的情绪，不可以跟客户争吵，而应该理智地站在客户的角度，分析客户为什么会态度如此激烈。例如可以这样回应"哦，对不起，一定是我哪些地方做得不好让您如此生气。生意我们可以不做，但是您一定要帮我指出来我哪些地方做得不好，我将不尽感激。"

（2）身体状态的同步。

身体状态同步意即换位思考的同时，尽量将自己想象成对方，使自己不仅在思想上与对方同步，在行为上也同步。具体包括模仿客户的音调语速、模仿客户的肢体动作语言等。这是对他人尊重和重视的一种重要表现，可以真正融入客户的思维视角，真正体会客户的行为心态，较容易拉近推销员与客户之间的心理距离，感化客户。

案例4-5 一个汽车销售员在向一个客户介绍一种型号的汽车，而这个客户其实并不想买，只不过是因为自己已经麻烦了这位销售人员很久，心里十分过意不去。因此，他谎称自己手上资金不足，这个销售人员看出了客户的为难，便恭敬地递上了一张自己的名片，对客户说："您如果决定购买，就请给我打个电话，我会再与您细谈的。"客户释然一笑。几周之后，该客户给这个销售人员打了一个电话，说他的朋友希望购买那种型号的车，并表示越快越好。

资料来源：陈守友. 每天一堂销售课. 北京：人民邮电出版社，2009年，第207页

4. 表达同理心应该注意的问题

（1）重点关注客户的难处和弱点。

客户在购买某些产品或服务时，有的时候是面临某种困难，抱着解决困难的心态来购买的，这些困难或弱点是客户最现实和最关注的问题，例如来咨询课外辅导班的家长可能正为孩子成绩不好而苦恼；热衷讨价还价的客人可能的确资金有困难，这些都是客户最敏感脆弱需要重点关注保护的地方，也是最容易被打动的地方，所以这些方面推销员应该给予重点关注。

（2）平淡处理客户的困难。

让客户感觉这是很正常的事情、很普遍的现象，让客户心理上处于放松状态。平淡处理客户的困难可以从两方面做起：一是态度上表示淡然，对客户遇到的问题不能一惊一乍，加重客户的心理负担；二是通过语言技巧淡化问题。例如面对为孩子选择辅导班的家长，或许孩子的成绩差、自制力差正是客户苦恼的问题，推销员切不可大肆渲染成绩差的严重性——"小孩子成绩这么差，确实需要抓紧补课了"，应该轻松地宽慰家长"您的孩子肯定是很聪明的，聪明的孩子一般都很淘气的。只要掌握学习方法，养成一个好习惯，很快就会赶上来的。"

（3）用客户容易接受的语言和表达方式委婉处理客户的困难。

例如，面对高额的美容套餐价格客户正在犹豫不决，价格很可能是主因，服务小姐可以

这样表达同理心"小姐,其实您的年纪较轻,而且皮肤的底子不错,现在不需要做这么深层的护理,您可以选择另外一个更基础一些的护理就足够了。"服务小姐的话既赞美了客户,又得体地维护了客户没钱的隐情,维护了客户的自尊心,也促成了购买。

下面来比较一下不同表达方式的效果。

普通表达方式:如果没有那么多的钱……

富有同理心的表达方式:如果您不想花这么多钱在这上面……

普通表达方式:网站建设这部分的技术含量比较高,您们搞贸易的自己做很难的。

富有同理心的表达方式:我们为您把比较基础的工作做好了,您可以省下时间把您的主业做好。

案例4-6 2008年残奥会前,志愿者在进行培训时,都要亲身体验残障人士的感觉。如坐在轮椅上与人交流,以及蒙上眼睛被人引路。这种培训方式让志愿者真正以残障人士的角度去感受,是换位思考的最好形式。在残奥会进行的过程中,志愿者注意不要去帮助残障人士,因为残障人士往往内心渴望被当作正常人看待,不希望别人给予同情;对于坐轮椅的残障人士,志愿者要蹲下来平视对方;对于盲人,不要主动帮助他们提拿随身物品等。

2008年"5·12"大地震后,志愿者在四川灾区为当地受灾群众做心理辅导,有一些话是不能说的,如"我很同情您们。"(这句话显得姿态很高。)、"我理解你们的痛苦"(没有经历地震,再怎么样也没法体会受灾者的痛苦。),还有"你们受苦了"、"你们太不容易了"这些都是不正确的说法。正确的方法是讲未来,讲今后怎么做。面对失去亲人的受灾群众,应该说:"虽然无法挽回亲人的生命,但是我们坚强地生活下去,就是对亲人最大的告慰。"

资料来源:崔小屹.电话销售与成交技巧实训.北京:化学工业出版社,2010年

任务4 要善于赞美

美国著名女企业家玛丽·凯曾经说过:"世界上有两种东西比金钱和性更为人们所需——认可与赞美"。赞美别人,仿佛用一支火把照亮别人的生活,也照亮自己的心田,有助于发扬被赞美者的美德和推动彼此友谊健康地发展,还可以消除人际间的龃龉和怨恨,所以说赞美是人际关系的润滑剂。在商业沟通过程中,适时得体的赞美可以拉近推销员与客户之间的距离,有助于交易的达成。

赞美他们是一件好事,但不是一件易事,所以赞美他们要掌握一定的技巧。

(1)赞美要因人而异。

对于不同性别、不同职业、不同性格、不同年龄的客户,要采用不同的赞美语言,且不可以一刀切。人的素质有高低之分,年龄有长幼之别,因人而异,突出个性,有特点的赞美比一般化的赞美能收到更好的效果。赞美他人要把握对方的特点,进行针对性赞美,让对方感觉到你的赞美的确是发自内心的、有针对性的,而不是放诸四海而皆准的客套话。例如"您今天真漂亮。"和"您今天的衣服特别衬您的气质,整个人显得年轻很多。"同样两句赞美他人的话,后者比前者更具针对性,显得更为真诚,容易为听者所接受。

(2)真诚是赞美的前提。

真诚的赞美是发自内心深处的,是对他们的羡慕和敬佩,能使对方受到感染有所触动的是那些基于事实、发自内心的赞美。相反,你若无根无据、虚情假意地赞美别人,他不仅会

感到莫名其妙，更会觉得你油嘴滑舌、诡诈虚伪。例如，对方是一位身材有点臃肿的女士，你却偏要对她说："你的身材好苗条啊！"对方立刻就会认定你所说的是虚伪之至的违心之言。但如果你着眼于她的服饰、谈吐、举止，发现她这些方面的出众之处并真诚地赞美，她一定会高兴地接受。真诚的赞美不但会使被赞美者产生心理上的愉悦，还可以使你经常发现别人的优点，从而使自己对人生持有乐观、欣赏的态度。

（3）赞美的内容要详实。

赞美的语言不在大，而在于真诚，从细微之处着眼对他们进行赞美往往更容易打动对方。例如"您的办公室装修真的很有特色啊！""您的声音真的很好听啊！"有些人虽然常常赞美别人，但是赞美他人的内容空洞笼统，缺乏具体的内容，给人假、大、空的感觉。赞美用语越详实具体，说明你对对方越了解，对他的长处和成绩越看重。例如一些含糊其辞的赞美——"你真的是一位难得的优秀人才"或者"你真的是个大美女啊"等空泛飘浮的话语，可能引起对方的猜度，甚至产生不必要的误解和信任危机。

（4）赞美要及时。

赞美他人应该选择恰当的时间和地点，错过了合适的时间，再动听的赞美也难以打动对方。例如，当他人做出了令人赞赏的行为举止时应该立刻赞美，而不是等到事后才想起。赞美的语言结合当时的场景才能给人深刻的印象，而事情发生之后的赞美就难以达到当时赞美的效果。另外，最需要赞美的不是那些早已功成名就的人，而是那些因被埋没而产生自卑感或身处逆境的人。在推销沟通中，如果客户精神不振、心情不佳，推销员得体的赞美会收到意想不到的效果。所以说赞美贵在"雪中送炭"，而不是"锦上添花"，赞美他人一定要及时。

案例 4-7　唐代诗人崔护举进士不第，在清明节那天，独自一人去郊游，时值桃花盛开，崔护口渴求饮，一美貌女子开门送水，二人默默无言后分手。次年清明节，崔护思念女子，重游不遇，因而写下了"去年今日此门中，人面桃花相映红。人面不知何处去，桃花依旧笑春风"的美丽诗句。

（5）借用他人的言辞赞美。

有时候，借用第三者的口吻去赞美客户会更有说服力。借用他人的言辞赞美客户会显得更加真实自然，让客户更加容易接受，更能满足客户的自我心理需求。例如"你好，某某先生，今天早上，我听您的一位同事介绍说您在这一行里面非常权威，而且您对人特别友好。"

案例 4-8　20 世纪 30 年代，美国费城电气公司的威伯到一个州的乡村去推销电，他到了一所富有的农家面前，叫开了门，户主是个老太太，一见是电气公司的代表，就砰地把门关闭了。威伯于是再次叫门，门勉强开了一条缝。威伯说："很抱歉打扰了您，也知道您对用电不感兴趣。所以我这次并不是来推销电的，而是来买几个鸡蛋。"听他这样一说，老太太消除了一些戒意，把门开大了一点。威伯继续说："我看见您喂得道明尼克鸡种很漂亮，所以想买一打新鲜的鸡蛋回城。"老太太把门打开得更大一些，并问道："为什么不用你的鸡蛋？"威伯说："因为我的力行鸡蛋是白色的，做起蛋糕不好看，我的太太让我来买你的棕色的鸡蛋。"这时候，老太太走出门口，态度也温和了许多，并和威伯聊起了鸡蛋的事情。但威伯却指着院里的牛棚说："夫人，我敢打赌，您丈夫养的牛赶不上您养鸡赚钱多。"老太太心花怒放，因为长期以来，她丈夫总不承认这个事实。两个星期后，威伯在公司收到了老太太寄来的用电申请。

资料来源：一鸣编著. 金牌推销员的成功话术. 北京：企业管理出版社，2008 年

项目三　了解推销礼仪

任务 1　认识推销礼仪的重要性

中华民族素有"礼仪之邦"之称。礼仪的"礼"字指的是尊重，即在人际交往中既要尊重自己，也要尊重别人。古人讲"礼仪者敬人也"，实际上是一种待人接物的基本要求。我们通常说"礼多人不怪"，如果你重视别人，别人可能就重视你。礼仪的"仪"字顾名思义，仪者仪式也，即尊重自己、尊重别人的表现形式。

推销礼仪是推销活动中推销人员的综合素质修养的具体体现，也是客户认可推销人员的标准体现。推销人员对外代表着企业的信誉与形象。比尔·盖茨说过："在市场竞争条件下，企业竞争首先是员工素质的竞争"。就产品销售来说，企业的竞争也就是销售人员素质的竞争。从某种角度说，销售技巧就是如何更好地和顾客打交道，使销售服务化。服务是最能够创造价值的销售利器，体现服务的手段离不开礼仪的运用。销售礼仪就是要把"无形的服务有形化"，使得有形规范的服务和销售过程进行完美的结合。

案例 4-9　2002 年 12 月，我们去拜访石家庄当地最大的食品添加剂经销商，在谈起双方合作的历程时，经销商兴致勃勃地给我们讲起 A 公司销售人员拜访他的故事。

A 公司是我们公司在国内最大的竞争对手，他们的产品质量优秀，进入食品添加剂领域已有一年，销售业绩不错。

经销商说："那是 2001 年 12 月的一天，我的秘书电话告诉我 A 公司的销售人员约见我。我一听 A 公司的，听客户讲他们的产品质量不错，我也一直没时间和他们联系。既然他们主动上门，我就告诉秘书让他下午 2 点到我的办公室来。"

"2 点 10 分我听见有人敲门，就说请进。门开了，进来一个人。穿一套旧的皱皱巴巴的浅色西装，他走到我的办公桌前说自己是 A 公司的销售员。"

"我继续打量着他，羊毛衫，打一条领带。领带飘在羊毛衫的外面，有些脏，好像有油污。黑色皮鞋，没有擦，看得见灰土。"

"有好大一会儿，我都在打量他，心里在开小差，脑中一片空白。我听不清他在说什么，只隐约看见他的嘴巴在动，还不停地放些资料在我面前。"

"他介绍完了，没有说话，安静了。我一下子回过神来，我马上对他说把资料放在这里，我看一看，你回去吧！"

听到这里，我们都笑了。经销商继续说："就这样我把他打发走了。在我思考的那段时间里，我的心理没有接受他，本能地想拒绝他。我当时就想我不能与 A 公司合作。后来，2002年初，你们的张经理来找我，一看，与他们天壤之别，精明能干、有礼有节，是干实事的，我们就合作了。"

任务 2　推销礼仪形成第一印象

礼仪可以塑造销售人员完美的个人形象，给顾客留下最好的第一印象，让销售人员在销

售开始之前就赢得顾客的好感。"推销员并不是在推销产品，而是在推销自己。"在推销工作中，礼仪是推销员的名片。顾客由推销员的礼仪而知其修养，产生信任与否、喜爱与否、接纳与否的情感，从而决定是否购买产品。礼仪贯穿在销售的每个程序中，它可以帮销售人员从细节上区分顾客的心理，从而和顾客打交道更加得心应手。礼仪更能让销售人员在和顾客打交道中赢得顾客的好感、信任和尊重，没有什么比顾客信任更重要的事了。

在日常的交际中，"第一印象是最重要的印象"，第一印象是对不熟悉的社会知觉对象第一次接触后形成的印象。初次见面时对方的仪表、风度给我们的最初印象往往形成日后交往时的依据。一般人通常根据最初印象而将他人加以归类，然后再从这一类别系统中对这个人加以推论与作出判断。据心理学方面的有关研究表明，人们对其他人或事物在 7 秒钟之内的第一印象可以保持 7 年。给他人留下的第一印象一旦形成，就很难改变。同样，在销售过程中，第一印象也是最重要的印象，它对能否成功销售起着关键作用。据相关资料统计，销售人员的失败，80%的原因是因为留给客户的第一印象不好。也就是说，很多时候，在你还没开口介绍产品之前，客户就已经决定不与你进行进一步的沟通了。所以说，是否给客户留下良好的第一印象对于接下来的相互沟通很重要。

根据心理学的"晕轮效应"原理，只要对某人产生了好的第一印象，就会很容易认同他的观点和言行，而彬彬有礼的推销员是很容易留给顾客好印象的。所以说，商务礼仪在销售中就是完善自身的点金棒、和顾客交往的润滑剂、成功交易的催化剂。

项目四　掌握人员推销基本礼仪

任务 1　了解推销员的着装仪容

1. 着装礼仪

西方的服装设计大师认为："服装不能造出完人，但是第一印象的 80%来自于着装。"对于销售人员来说，要有效地推销自己，进而成功地销售产品，掌握一定的着装技能是非常有必要的。

（1）着装的 TOP 原则（T—Time 时间；O—Occasion 场合；P—Place 地点）。

TOP 是三个英语单词的缩写，它们分别代表时间（Time）、场合（Occasion）和地点（Place），即着装应该与当时的时间、所处的环境和地点相协调。

1）时间原则（Time）——着装要随时间而变化。

如果在白天工作时间与刚结识不久的潜在顾客会面，建议着装要正式，以表现出专业性；而晚上、周末、工休时间与顾客在非正式的场合会面，则可以穿得休闲一些。因为在工作之余，顾客为了放松自己，在穿着上也较为随意，这时你如果穿得太正式，就会给顾客留下刻板的印象。但是如果参加较正式的晚宴，则需要遵循场合原则，要穿正式晚宴装。

2）场合原则（Occasion）——着装要随场合而变化。

场合可以分为正式场合和非正式场合。在正式场合，如与顾客会谈、参加正式会议或出席晚宴等，销售人员的衣着应庄重、考究。男士可穿质地较好的西装、打领带，女士可以穿正式的职业套装或晚礼服。在非正式的场合，如朋友聚会、郊游等，着装应轻便、舒适。试想一下，如果一位女士穿着高跟鞋、窄身裙搭乘飞机，将会发现给自己带来诸多不便。同样地，如果穿便装去出席正式晚宴，不但是对宴会主人的不尊重，同时也会令自己颇觉尴尬。

3）地点原则（Place）——着装要入乡随俗、因地制宜。

地点即所处地点或准备前往的地点。如果是在自己家里接待顾客，可以穿着舒适的休闲服，但要干净整洁；如果是去顾客家里拜访，则既可以穿职业套装，也可以穿干净整洁的休闲服；如果是去公司或单位拜访，穿职业套装会显得专业；外出郊游可以穿得轻松休闲一些；而到酒店拜访，并在酒店的中餐厅厨房里示范产品功效时，则宜穿着轻便的服装，因为如果衣冠楚楚地在厨房示范产品，不仅在示范操作时碍手碍脚，也有可能会令别人排斥，感到你不属于他们这个圈子。

总之，穿着打扮应该与时间、场合、地点保持和谐。这样不仅能令自己感觉舒适、信心十足，也能给顾客留下良好的第一印象，唤起顾客对你的好感与共鸣，乐意与你交谈，在无形之中使双方的关系变得融洽、亲和，否则就会显得和这个环境格格不入，甚至滑稽可笑。

（2）男士穿衣建议。

与顾客见面时可以穿有领T恤和西裤，使自己显得随和而亲切，要避免穿着牛仔装，以免显得过于随便。如果是去顾客的办公室，则一般要求穿西装，因为这样会显得庄重而正式。在所有的男式服装中，西装是最重要的衣着，得体的西装穿着会使你显得神采奕奕、气质高雅、内涵丰富、卓尔不凡。

西装的着装规范。在推销工作中，对男性推销员来说，西装是最被认可的。选择西装，最重要的不是价格和品牌，而是包括面料、裁剪、加工工艺等在内的许多细节。在款式上，应样式简洁，注重服装的质料、剪裁和手工。在色彩选择上，以单色为宜，建议至少要有一套深蓝色的西装。深蓝色显示出高雅、理性、稳重；灰色比较中庸、平和、显得庄重、得休而气度不凡；咖啡色是一种自然而朴素的色彩，显得亲切而别具一格；深藏青色比较大方、稳重，也是较为常见的一种色调，比较适合黄皮肤的东方人。

西装的穿着很有讲究。西装衣袖合适的长度是在手臂向前伸直时，使衬衫的袖子露出二三厘米。衣领的高度以使衬衫领口外露2厘米为宜。如果穿的是单排两颗纽扣西服，只扣上边一颗；单排三颗纽扣的西服，可以只系中间一颗扣子或全扣。

另外，西装的穿着还要注意与其他配件的搭配。

领带：领带虽小，但是对佩戴者的身份、品味影响非常大。懂得自我包装的男士非常讲究领带的装饰效果，因为领带是点睛之笔。领带的面料一般以真丝为优，颜色尽可能不选择太浅的，黑色领带几乎可以和除了宝蓝色以外任何颜色的西服搭配。深色西服可以搭配比较华丽的领带，浅色西服搭配的领带相应也要浅一些。除了颜色必须与自己的西装和衬衫协调之外，还要求干净、平整不起皱。领带长度要合适，打好的领带尖应恰好触及皮带扣，领带的宽度应该与西装翻领的宽度和谐。

衬衫：在工作场合，和西服配穿的衬衫主要是以纯棉、纯毛为主的单色正装衬衫。白色衬衫搭配深色西服是最安全、最普遍的，浅蓝和浅粉也可以，但不要选择浅紫色、桃色。需要注意的是条纹衬衫和方格西服或方格衬衫和条纹西服是不能搭配在一起的。

穿着衬衫的时候，所有的扣子都要扣上，只有在不打领带的时候才可以解开领扣。衬衫的下摆要均匀地收到裤腰里。衬衣一定要保持干净、硬挺，领子不要翻在西服外。

袜子：袜子的长度以坐下后不露出小脚为宜。袜子颜色要和西装协调，深色袜子比较稳妥，黑色最正规，尽量不要穿白色袜子、彩色袜子、花袜子。

鞋子：鞋的款式和质地的好坏也直接影响到男士的整体形象。在颜色方面，建议选择黑色或深棕色的皮鞋，因为这两种颜色的皮鞋是不变的经典，浅色皮鞋只可配浅色西装，如果配深色西装会给人头重脚轻的感觉。休闲风格的皮鞋最好配单件休闲西装。无论穿什么鞋，都要注意保持鞋子的光亮及干净，光洁的皮鞋会给人以专业、整齐的感觉。

（3）女性着装建议。

穿着得体大方的女推销员，通常能给人以成熟、干练、亲切、稳重的感觉。女推销员的职业装一般包括两种：一是西服套裙；二是三件套的套裙，即衬衫、背心和半截裙的搭配。以西服套裙最为标准、最能体现女性的体态美。

1）西服套裙的着装规范。应选择较好的面料，避免出现褶皱。套裙的大小要合体，上衣最短齐腰，裙子最长可达到小腿中部。在色彩方面以冷色调为主，以体现着装者的典雅、端庄和稳重，最好不要选择鲜亮抢眼的颜色。西服套裙应该搭配皮鞋穿，半高跟黑色牛皮鞋为最佳，和套裙颜色一致的皮鞋也可以选择。不能穿运动鞋、布鞋、拖式凉鞋。女士穿裙子应当搭配长筒丝袜或连裤袜，不可以光腿、光脚。袜子的颜色以肉色最为常用。夏季可以选择浅色或近似肤色的袜子。冬季的服装颜色偏深，袜子的颜色也可适当加深。袜子最好没有图案和装饰，一些有网眼、链扣、珠饰或印有时尚图案的袜子都不能穿。女性销售代表应在皮包内放一双备用丝袜，以便当丝袜被弄脏或破损时可以及时更换，避免尴尬。

2）女性穿着禁忌。

- 忌穿着暴露。夏季，有的女士会穿着"清凉"的服饰，这些服饰的确为炎热的夏日增添了一道亮丽的风景。但是，这样的服装并非适合所有的场合。在正式场合如果穿着过露、过紧、过短和过透的衣服，如短裤、背心、超短裙、紧身裤等，就容易分散顾客的注意力，同时也显得你不够专业。除此之处，还要注意切勿将内衣、衬裙、袜口等露在外衣外面。

- 忌过分潇洒或过分可爱。最典型的例子就是一件随随便便的 T 恤或罩衫，配上一条泛白的"破"牛仔裤，或穿当下流行的可爱俏丽的款式等，这样会给客户留下轻浮、不稳重的感觉。

- 饰品要适量。巧妙地佩戴饰品能够起到画龙点睛的作用，给女士们增添色彩。但是佩戴的饰品不宜过多，原则上全身的首饰不要超过三套，否则会分散对方的注意力。佩戴饰品时，应尽量选择同一色系。佩戴首饰最关键的就是要与你的整体服饰搭配统一起来。

2. 仪容礼仪

仪容是指一个人的长相和修饰。美的形象首先表现在容貌上。仪容修饰的基本原则：要与性别年龄相适宜；要与容貌皮肤相适宜；要与身体造型相适宜；要与个性气质相适宜；要与推销员的职业身份相适宜。男性推销员要体现刚毅有力、优美自然的男子气韵，女性推销员要体现温柔妩媚、典雅端庄的女子风韵。

男性的仪容规范重在"洁"，男士推销员要特别注意头部的整洁，头发要经常梳洗，不可过长或过短，比较认可的长度是：前不及眼、左右不及耳、后不及衣领。发型不要过分追求新潮，要注意面部修理，及时清理胡须、鼻毛、耳屎、眼屎，注意牙齿清洁、美容，并且要保持指甲卫生。

女性推销员的容貌修饰要典雅,发型应以中庸为原则,避免形态、色彩怪异;眉毛、睫毛的描画,脂粉、口红、香水的使用,以淡雅清香为宜;要注意皮肤护理,化妆品的选用要与个人的脸型、年龄、气质特点相符。

推销员在容貌修饰方面应避免犯的错误是:油头粉面或蓬头垢面,发型过于新潮,形态怪异;浓妆艳抹,香气袭人;面部不清洁,口中有异味;交谈中戴变色镜或墨镜。

女士推销员化妆也要遵循 TOP 原则。

时间:白天是工作的时间,宜化淡妆,这样会显得清雅大方;夜晚因为光线的原因,可适当加重妆容。

场合:在与顾客会面时,宜化淡妆,这样既庄重又不至于分散顾客的注意力;参加正式的社交活动,如晚宴时,可以化晚宴妆以配合灯光的效果,同时可以打扮得隆重一些来配合妆容。

地点:在自己家里,如果不会客,可以根据个人喜好化妆或不化妆;但如果要会客的话,还是应该适当化妆以显示对客人的尊重。应尽量避免在公共场所当众化妆或补妆。重视个人形象是一件好事,但是一有空闲就旁若无人地对镜修饰,则显得比较失礼。

任务 2 注意推销员的行为举止

举止是指人的动作和表情。举止是无声的"语言",它可以真实地体现一个人的素质、受教育的程度和能够被人信任的程度。美国心理学家梅拉比安曾经提出一个非常著名的公式:人类全部的信息表达=7%语言+38%语调+55%身体语言。

推销员的举止要求是:彬彬有礼、端庄大方;在约见顾客、拜访顾客、推销洽谈、社会交往中,要表现出稳健、优雅、大方的姿势、表情,严格遵守社交礼仪。

(1)站姿。站姿是生活中最基本的一种举止。正确、健美的站姿给人以精力充沛、充满自信的感觉。站姿的基本要求是"站如松"。站立时,应头正颈直,双眼平视,挺胸直腰,双肩保持水平,手指并拢自然弯曲,腿伸直,脚跟并拢,保持重心在双脚之间。不能弯腰驼背,左摆右晃;不可以歪脖、斜腰、曲腿;不能双手叉腰、身体倚物等。

(2)坐姿。推销坐姿要端正、稳重,力求做到"坐如钟"。入座时,动作应轻、缓、柔,应走到座位前,转身平稳坐下;坐定后,身体重心垂直向下,腰部挺起,上体保持正直,头部保持平稳,两眼平视,下颌微收,双掌自然地放在膝头或者座椅的扶手上。女士入座尤要文静、柔美,穿裙子时要收好裙脚。

(3)行走。行姿的基本要求是"行如风"。推销员的步态应协调稳健,轻松敏捷。行走时,要双目平视前方,双肩平稳,双臂自然摆动,上身要挺直,步位要顺直,步幅要适当。如与顾客一起行走,步伐要以跟上顾客为前提,以方便交谈为宗旨。

行走时,男士不要左右晃肩,女士髋部不要左右摆动。

(4)面部表情。推销员接触顾客时要运用好面部表情和手势。"眼睛是心灵之窗",拜访顾客时,目光应该和蔼、亲切。与顾客交谈时,目光应注视对方。正式的洽谈过程中,目光应严肃认真,注视的位置应在对方的双眼或双眼与额头之间;在社交场合,目光要坦然、有神,注视的位置在对方唇心到双眼之间的区域。微笑是友善和尊重顾客的表现,拜访顾客过程中,要面带微笑。在交谈的过程中,推销员同时要注意观察客户的表情,例如下巴松弛并伴有微笑，表示对对方赞同和有兴趣，可以继续推销演讲。下巴绷紧，则表示怀疑和生气。皱眉、撇嘴、眯眼表示不确定、不同意，甚至完全不相信。

（5）手势。手势是推销员与顾客交往中使用最平凡的一种非口语活动，运用恰当，会大大增加推销员传递信息的清晰度，增强交流的效果。

推销沟通过程中，使用手势应注意以下几点：

- 大小适度。手势的上界一般不应该超过对方的视线，下界不低于自己的胸区，左右摆动的范围不要太宽，应在人的胸前或右方进行。
- 自然亲切。多用柔和曲线的手势，少用生硬的直线手势。
- 避免不良手势：与人交谈时，讲到自己不要用手指自己的鼻尖，而应用手按在胸口上；在谈到别人时，不可用手指别人；初见新客户，避免抓头发、玩饰物、抠鼻子等粗俗动作；避免交谈时指手画脚，手势动作过多过大。

（6）注意观察客户的体姿。推销员在推销过程中要时刻保持良好的坐、立、行、走姿势，在客户心目中树立良好的印象。同时要注意观察客户的体姿，从中捕捉到客户对我们的推销是否满意的信号，从而适时调整推销的进程。例如身体前倾暗示对问题越来越感兴趣，推销员应该停止事先准备的推销陈述，直接请求成交；顾客远离推销员，并把双手放在脑后或坐在桌子和椅子的扶手上，象征沾沾自喜和优越感；张开手臂表示坦率、自信与合作；双臂和双脚交叉、清嗓子暗示有心理抵触；玩手指或轻轻跺脚表示不耐烦。

任务3　懂得推销交往礼仪

1. 拜访礼仪

拜访是指亲自到潜在客户的单位或相应场所去拜见、访问某人或某单位的活动。拜访应遵循以下礼仪规范：

（1）做好拜访前的准备工作。

拜访客户之前做好充分的准备工作，这不仅能够提高本次拜访的成功率，而且也是对拜访对象尊重的体现。

1）明确拜访的目的和性质，理清此次拜访的核心目标和宗旨。

2）仪表准备。注意着装和个人形象，力图为客户留下良好的第一印象。

3）资料准备。作为推销员，不仅仅要获得顾客的基本情况，例如对方的性格、教育背景、生活水准、兴趣爱好、社交范围、习惯嗜好等以及和他要好的朋友的姓名等，还要了解对方目前得意或苦恼的事情，如乔迁新居、结婚、喜得贵子，或者工作紧张、经济紧张、充满压力、身体欠佳等。总之，了解得越多，就越容易确定一种最佳的方式来与顾客谈话。还要努力掌握活动资料、公司资料、同行业资料。

调查表明，推销人员在拜访顾客时，利用推销工具，可以降低50%的劳动成本，提高10%的成功率，提高100%的推销质量！推销工具包括产品说明书、企业宣传资料、名片、计算器、笔记本、钢笔、价格表、宣传品等。

（2）做好时间安排。

拜访时间的约定要注意两点：一是争取实现预约，预约时要有礼貌地请教对方是否方便和需要占用的时间；二是要注意安排在对方乐于接待的时段。

案例4-10 一个星期一的早晨，我们刚上班，正在开例会，安排本周的工作计划和布置重点工作，有人敲门，原来是一家文具用品公司的人上门推销。

"对不起，我是某某文化公司的……"没等对方说完，我们中就有人不耐烦地说："你没看见我们正在开会吗？"

对方一看我们都没有笑脸便悻悻地走了，被他这么一打扰，我都不记得我说到哪里了，心里对这位不速之客更反感了。

资料来源：http://www.docin.com/p-15461923.html

（3）等待会见时，要注意细节，给对方留下良好印象。

拜访时间一定要准时，最好提前5～10分钟为宜。到达后先通知前台人员，然后耐心等待通报。若被拜访者不能马上接见，可按前台人员的安排在休息室或者会客室等待。等待的过程中不要大声交谈，不要在公司里到处乱走，甚至乱翻别人的资料，要耐心等待，同时与在此进出的工作人员点头示意，行注目礼。

（4）在与客户面谈时，要注意以下事项：

- 顾客房门不管是关还是开，推销员走进房间前都应先敲门，应用食指敲门，力度适中，间隔有序敲三下，等待回应，得到对方允许才能进入。
- 进入对方办公室时，应主动询问自己随身携带的资料袋和公文包或雨伞应该放在哪里，在得到对方的确认之前不要自行做主。
- 推销员应该等候对方的指示后再入座。
- 不要任意抚摸或玩弄顾客桌上的物品。
- 当秘书为你奉茶时，要有礼貌地表示谢意。
- 在告辞时，要对对方的接待表示感谢。如果碰到对方非常忙碌的时候，要有礼貌地请对方留步。

2. 接访礼仪

客人来访时，推销员应主动接待，并随时记得"顾客至上"。推销人员应引领客人进入会客厅或者公共接待区，并为其送上饮料。如果是在自己的座位上交谈，应该注意声音不要过大，以免影响周围同事。推销员在前面领路时，切记始终面带微笑。

在公司内不同场所领路时，应该留意以下重点：

（1）走廊：应走在客人前面两三步的地方。让客人走在走廊中间，转弯时先提醒客人："请往这边走。"

（2）楼梯：先说要去哪一层楼，上楼时让客人走在前面，一方面是确认客人的安全，一方面也表示谦卑，不要站得比客人高。

（3）电梯：必须主导客人上下电梯。首先必须先按电梯按钮，如果只有一个客人，可以以手压住打开的门，让客人先进，如果人数很多，则应该先进电梯，按住开关，先招呼客人，再让公司的人上电梯。出电梯时刚好相反，按住开关客人先出电梯，自己才走出电梯。如果上司在电梯内，则应让上司先出，自己最后再出电梯。

3. 介绍礼仪

在推销场合结识朋友，可由第三者介绍，也可自我介绍相识。

（1）介绍他人的基本原则。

- 将男士介绍给女士。
- 将年轻者介绍给年长者。
- 将职位低的介绍给职位高的,而不分男女老幼。
- 将未婚者介绍给已婚者。
- 将本国人介绍给外国人。

（2）自我介绍。

在很多场合，推销员需要做自我介绍。自我介绍一般包括姓名、身份、单位等，对方则会随后自行介绍。自我介绍应把握以下要点：

- 举止要庄重大方，不要慌慌张张、语无伦次。
- 表情要坦然亲切，面带微笑，眼睛注视对方或大家。

4. 名片礼仪

名片是推销员常备的一种常用交际工具。推销员在与顾客交谈时，递给顾客一张名片，不仅是很好的自我介绍，而且与顾客建立了联系，方便体面。但名片不能滥用，要讲究一定的礼节，以避免留下不良的印象。

（1）递交名片。一般递名片的顺序应是地位低的先把名片交给地位高的，年轻的先把名片交给年老的。不过，假如是对方先拿出来，自己也不必谦让，应该大方收下，然后再拿出自己的名片来回报。

名片应该放到名片夹里或手提包里，而不是散乱地放在公文包或口袋里。名片夹应放在西装的内袋里，而不应该放在裤子的口袋里。递名片时，双手拿着名片的上端，名片的正面应对着对方，名字向着顾客。在面谈过程中或临别时，可以再拿出名片递给对方，以加深印象，并表示保持联络的诚意。

（2）接受名片。在接到对方递过来的名片时，应双手去接，接过后仔细看一遍，有不认识的字应马上询问，不可拿着对方的名片玩弄。看完后应将名片放入名片夹或认真收好，不可随手扔到桌子上或随便放入口袋，这都是对他人的不尊重。如果接下来与对方谈话，不要将名片收起来，应该放在桌子上，并保证不被其他东西压起来，这会使对方感觉你很重视他。第一次见面后，应在名片背面记下认识的时间、地点、内容等资料，最好简单记下顾客的特征（如籍贯、特殊爱好等）。这样累积起来的名片就成为自己的社会档案，为再次会面或联络提供线索或话题。

名片除了在面谈的时候使用外，还有其他的妙用。例如推销员去拜访顾客时，如对方不在，可将名片留下，客户回来后看到名片就知道你来过，可以加深客户对你的印象。向客户赠送小礼物，如让人转交，则可随带名片一张。推销员还可以抓住某些潜在客户聚会的时机大规模派发名片。

5. 握手礼仪

（1）何时握手。握手是推销场合中运用最多的一种礼节，握手可以拉近推销员与客户之间的距离。一般在以下场合需要握手：

- 作为东道主迎送客人时。
- 向客户辞行时。
- 被介绍给不相识者时。
- 在外面偶遇朋友、客户或上司时。

- 感谢他人的支持、鼓励或帮助时。
- 向他人或他人向自己表示恭喜、祝贺时。

（2）握手的顺序。一般来说，和妇女、长者、主人、领导人、名人打交道时，为了尊重他们，把是否愿意握手的主动权赋予他们。但如果另一方先伸了手，妇女、长者、主人、领导人、名人等为了礼貌起见也应伸出手来握。见面时对方不伸手，则应向对方点头或鞠躬以示敬意。见面的对方如果是自己的长辈或贵宾，先伸了手，则应该快步走近，用双手握住对方的手，以示敬意，并问候对方"您好"、"见到您很高兴"等。

（3）握手的正确姿势。一般情况下，握手要用右手，掌心向左，虎口向上，以轻触对方为准（如果男士和女士握手，则男士应轻轻握住女士的手指部分）。时间3～5秒钟（匆匆握一下就松手，是在敷衍；长久地握着不放，未免让人尴尬），轻轻摇动1～3下，根据双方交往程度确定。和新客户握手应轻握，但不可绵软无力，和老客户应握重些，表明礼貌、热情。握手时表情应自然、面带微笑，眼睛注视对方。

（4）握手的禁忌。
- 男士不可带手套与人握手，在某些社交场合，女士可戴薄手套。
- 多人握手时，不可以交叉握手。
- 握手时不可以拉来、推去或上下左右抖个不停。
- 握手时不可以面无表情，目光游移或旁观。
- 在陌生场合与他们握手，一般而言在场涉及的每个人都要握到，不能只跟职位高或名气大的人握手。

任务4　掌握推销交谈礼仪

推销是面谈交易，整个推销过程离不开推销员与客户之间的交谈，得体的谈吐会给对方留下良好的印象，并有助于交易的达成。

1. 使用敬语和雅语

在交谈中要时刻以礼待人，这样既能显示自身的文化修养，也可以满足对方的自尊心。所以在交谈中要随时随地有意识地使用敬语，这是以敬人之心赢得尊重的有效方式。推销员在推销过程中常用到的敬语包括以下内容：多用"请"字；称呼对方阁下、贵公司、贵方、尊夫人等；初次见面说"久仰"；有客来访说"欢迎光临"；请人提意见说"请指教"；表示歉意说"实在对不起"、"不好意思"；请人原谅称"请包涵"；麻烦别人称"打扰"；托人办事称"拜托"，此外还有"请慢用"、"请稍后"、"请就位"等。敬语的使用不仅仅体现在语言上，为了能充分表达情意，语气的使用也十分重要。诚恳、热情、适度的谦恭是交谈的基本态度。

雅语是指一些比较文雅的词语，常常在一些正规的场合以及一些有长辈和女性在场的情况下，被用来替代那些比较随便，甚至粗俗的话语。多使用雅语，能体现出一个人的文化素养和个人素质。在待人接物中，给客人端茶时，应该说"请用茶！"假如先于他人结束用餐，你应该向其他人打招呼说："大家请慢用。"通过下面的例子，我们可以进一步体会雅语在与客户沟通交流时所起到的不同效果。

非雅语	雅语
你找谁？ 不行就算了！ 这事不归我管。 我现在没有时间。	请问您找哪一位？ 如果觉得有困难的话，那就不麻烦你了！ 这事儿您得找某某问问，他（她）比较清楚。 不如我们再约一个时间。

2. 注意语调

语调，也就是说话的语气、声调、语速的快慢和声音的大小等，它的主要作用在于感情的表达。语调的抑扬顿挫、缓急张弛，往往比语言本身更能传情达意。推销员的语言应该使顾客听起来舒服、愉快，使人乐于倾听。因此，推销员拜访顾客或推销洽谈中首先要做到谈话时声音优美。要使用低声谈话，能够使客人听清楚即可；语调要亲切、柔和；讲话的速度要适中；声音应有所起伏，抑扬顿挫；吐字要清晰。

3. 选择合适的话题

与顾客交谈或在社交场合应掌握交谈的技巧。推销员要善于选择话题，选择双方都感兴趣的话题，以了解顾客。推销员交谈中应避免出现的谈吐有：过分评价自己推销的产品，或为抬高自己的产品故意贬低同类其他产品；说话无所节制，介绍没完没了，令顾客厌烦；语言刻薄，不给人留有回旋余地；少言寡语，过多沉默。

单元小结

沟通是一种信息的双向甚至多向的交流，将信息传送给对方，并期望得到对方做出相应反应效果的过程。在现实生活的实际工作中，沟通无处不在、无时不在。

沟通是一门艺术。要想成为优秀的推销人才，必须了解沟通的概念、原则，掌握沟通的策略、技巧。本单元介绍了沟通的基本含义、沟通的三要素、沟通的方式、沟通的原则和沟通的方法与技巧。而掌握娴熟的沟通技巧是所有营销服务人员都应当具备的一项基本功。

沟通的三要素包括：沟通要有一个明确的目标；沟通要达成共同的协议；沟通的内容——信息、思想和情感根据。

沟通的方式包括语言沟通和非语言沟通两种。沟通的原则包括尊重、自信、诚信和效率。

根据人们在日常交际过程中所表现出来的性格特征和处事方式，一般将人际沟通风格分为四种类型：和蔼型、表现型、支配型和分析型。

根据心理学的"晕轮效应"原理，只要对某人产生了好的第一印象，就会很容易认同他的观点和言行，而彬彬有礼的推销员是很容易留给顾客好印象的。商务礼仪在销售中就是完善自身的点金棒、和顾客交往的润滑剂、成功交易的催化剂。

本单元还讨论了推销礼仪的重要性、人员推销的基本礼仪，详细介绍了推销过程中使用较多的相关礼仪，包括推销员仪表、推销员着装礼仪、推销员的举止礼仪、推销交往礼仪和推销交谈礼仪，具有较高的实用价值。

核心概念

沟通　　语言沟通　　非语言沟通　　沟通风格
同理心　人员推销　　商务礼仪　　　第一印象

训练题

1. 设计一个向领导请假或者是以物换物的沟通游戏，要求学生现场表演。
2. 说说四种沟通风格的顾客各有什么特点？沟通时应注意哪些问题？
3. 在推销员的沟通技巧中你认为哪些技巧最重要？为什么？
4. 你怎样理解商务礼仪在沟通和推销过程中的意义和价值？
5. 在推销员的交往礼仪中你认为哪些礼仪最重要？为什么？

综合案例分析

请把你自己的鞋擦干净

2月14号没有情人的情人节，我一人去逛街，想着买双运动鞋明天好穿着去爬山，于是我坐车来到了某市运动服装一条街。

下车我就看到了X步的专卖店，由于广告的作用我对X步这个品牌印象还不错。

走进店面销售员热情地对我打招呼——问我喜欢什么类型的运动鞋，并给我推荐最新的款式，销售小姐热情周到的介绍让我顿生好感，挑了一款鞋子试穿一下。

销售员的服务态度之好出乎我的意料，我坐在座位上刚脱下鞋子，销售员就把新鞋帮我穿上，并为我系好了鞋带，这样的服务让我充分地享受到了一位消费者作为上帝的感觉。

这时我就在想"先不说产品质量如何，就凭这服务态度几百块钱也花得值！"

不经意间我扫了一眼该销售小姐的鞋子，结果让我为之一愣，该销售员穿的鞋子样式和我要买的差不多，也是白色的，不对！应该称之为"黄色"或"黑色"的才对，因为她的鞋子已经脏得分不清颜色了。

一开始我还以为自己看错了，于是我又看了一次，果然很脏，不知多久没洗过了，我又看了一下店里的其他销售员，穿的都是白色运动鞋，然而没有一个人的鞋子稍微干净一点点，下意识里感觉专卖店内的空气里好像散发着淡淡的脚臭味。

这种感觉让我心里很不舒服，这时我就在想，是不是我穿上这样的鞋子几天后也是这个样子？

刚刚激发起来的购买冲动一下子跑得无影无踪了。

当时我心里的直接感受就像"在大酒店里吃饭时，突然发现大厨满身油泥，一头乱发，嘴里还叼着只烟，拿着把长锈的铲子在炒菜，或者是在桌上的菜里发现一只苍蝇。"

我起身对销售小姐淡淡地说："不好意思，我再转一转。"然后我离开了X步专卖店，走进了乔丹。让我失望的是乔丹的服务不比X步差，但乔丹的销售员穿的鞋子也不比X步的干净。

我还不死心，又转了百事、安踏等多家运动鞋专卖店，结果和乔丹一样。

是啊！穿鞋是每名销售员的自由，就是一年不洗一次别人也无权干涉，也许该店店长还要表扬员工"学习雷锋好榜样"，正是"新三年、旧三年、缝缝补补又三年"呢。可是以上专卖店的销售员是品牌在基层的形象代言人，脚上穿的也是自己公司的产品，难道就是为了向消费者展示"穿上我们的鞋子就是这样邋遢？"，向消费者宣传"今年流行穿脏鞋子？"

我开始思考，汪中求老师的《细节决定成败2》都出版了，该书一直受到管理人的追捧，现在各企业的管理人员张口闭口就是"细节决定成败"，基层人员听"细节决定成败"都听得耳朵起茧子了，可是细节都落实到了什么地方？

销售员，不要总在纳闷为什么很多时候"煮熟的鸭子又飞了"？应该反思一下自己有哪些细节的地方没有做好！

问题讨论：（1）X步公司推销员有错吗？错在哪儿？

（2）我们从该案例能得到哪些启示，吸取哪些教训？

单元五　目标顾客寻找

知识点

（1）潜在顾客。
（2）数据库营销。
（3）精确营销。
（4）交叉销售。

技能点

（1）了解寻找顾客的途径与方式。
（2）了解顾客购买的行为过程。
（3）学会如何建立顾客档案。
（4）学会寻找最佳顾客的方法。
（5）用精确营销帮助寻找潜在顾客。

[案例导入]

案例5-1　八月份的时候联系了深圳的一个顾客，他要采购液压系统。我们的油缸的连接方式有两种：耳环连接和摆轴连接，这两种都是顾客需要的，我就和顾客说没问题，一会儿就可以给其报价。顾客说很好。因为顾客采购的是液压系统，所以加上阀等之类的附件，还是要简单核算一下的。另外，顾客还发过来了一张图纸，是一个外形图，要求我们给其他详细的图纸，我说可以。价格不用我核算，所以我就和顾客聊天，这个顾客有很多的液压系统和液压缸方面的问题，比如说举升重量，比如说Bar和压力之间的换算等，我都耐心一一作答，顾客对我的回答还是比较满意的。价格核算出来了，图纸制作好了，就发给了顾客。其实我心里挺开心的，这个顾客是做出口的，需要量不小，我们就给其报了个优惠价格。顾客表示还行，说再商讨一下再下订单，我说可以。后来，我就一直追踪顾客，问其那边的情况，顾客说价格有点高，我就跟其解释说，现在的原材料一直在涨，这个价格已经不算高价了，是原材料上涨，这个液压系统的价格还没上涨，相反还给您降低了一点，因为咱们是第一次合作，而且您的需要量又不少。后来顾客表示说，十月中旬要来泰安一趟，来考察一下我们公司。

项目一　潜在顾客寻找

任务1　了解什么是潜在顾客

1. 潜在需求

菲利普·科特勒在其权威的《营销管理》一书中将有效需求定义为"需求=购买欲望（源于需要+购买力），并把存在潜在需求的顾客群体分为两类：

（1）有购买欲望但没有购买力的人群。

（2）有购买力但没有购买欲望的人群。

实际上，很多没有购买欲望并不是严格意义上的没有购买欲望，而是没有意识到自己有购买欲望。因此，有学者认为营销实际上就是在营销人们的购买欲望，推销人员的作用就在于激发消费欲望，积极让消费者认识到自己某方面的需求。

2. 潜在顾客

对于特定的企业来说，潜在顾客是相对于已经购买、消费使用本企业产品或服务的现实顾客而言的，可以说就是不具备充分条件成为现实顾客的顾客，即有可能成为事实顾客但因为种种原因还没有能够购买、消费使用企业产品的顾客。

潜在顾客没有成为现实顾客的原因主要有：

（1）潜在需求是潜在顾客存在的根本原因。潜在顾客的存在是以潜在需求为前提的。有了潜在需求，就有可能产生购买动机或购买欲望，加之具备相应的购买力，且市场上具有所需的产品或服务，购买时机成熟时，潜在顾客就极有可能转化为现实顾客。因此，潜在需求是导致潜在顾客产生、存在的首要因素。此外，购买动机如何、购买欲望如何、购买能力如何、购买时机如何，这些都是重要的影响因素。缺少了上述任何一个因素，潜在顾客只能是潜在顾客。

（2）企业或组织自身因素。如果存在产品质量低劣或产品性能不稳定，甚至是产品品牌包装缺少新意；如果产品价格明降暗升；如果服务手续繁琐，服务效率低下，服务人员素质差；如果企业分销渠道不畅，信息传递失灵；如果广告促销乏力，产品宣传失实，企业形象不佳等，都有可能影响潜在顾客的购买心理，从而制约着潜在顾客的购买行为，潜在顾客也就无法转变为现实顾客，或者是潜在顾客成为竞争对手的现实顾客。

（3）相关利益者因素。诸如竞争者的竞争战略、产品策略、营销活动等，都会影响到潜在顾客的心理和行为。此外，媒体宣传、公众态度、专家意见、政府倾向及国家宏观政策等，都将对潜在顾客转变为现实顾客产生影响。

任务2　区分潜在顾客的类型

1. 潜在顾客的性格类型

在营销学和推销学中，推销人员经常面对八种性格类型的企业顾客或个体消费者。

（1）理智型顾客。这类顾客办事情比较理智、有原则、有规律，这类顾客不会因为关系的好与坏而选择供应商，更不会因为个人的感觉色彩来选择对象。这类顾客大部分工作比较细心，比较负责任，他们在选择供应商之前都会做适当的心理考核比较，得出理智的选择。推销人员要在这类顾客面前表现出严谨的工作作风和强烈的时间观念。

（2）内向沉默型顾客。此类顾客对外界反应不敏感，对销售人员的态度也比较冷淡，习惯与陌生人保持一定的距离。销售人员给这类顾客的第一印象十分重要，可能会直接影响其购买决策。此时，推销人员可以主动提出一些易于交流的问题来激发顾客的交流欲望。

（3）随和型顾客。随和型的顾客不像内向型的顾客那样对陌生人存有戒备心理，此类顾客性格比较开朗，比较容易相处。也正因为如此，这类顾客比较容易被说服。推销员可以以幽默、风趣的语言与这类顾客交流。

（4）虚荣型顾客。虚荣型顾客喜欢表现和标榜自己，并且不太乐于接受别人的指使。这类顾客在与推销人员交往的过程中，往往会突出自己。推销人员可以谈论对方比较熟悉的话题，不要反驳或者打断对方的谈话，尽量创造对方发表高见的机会。

（5）神经质型顾客。这类顾客的最大特征是比较敏感，容易激动，容易情绪不稳定，也容易对自己的决策后悔。对这类顾客，推销人员要有耐心，循序渐进，在合适的时机与顾客交流自己的想法。

（6）顽固型顾客。此类顾客往往有自己的特殊购买偏好而且此类顾客不太愿意接受新事物，不愿意改变自己的消费模式，对推销人员的态度也不好。因此，对这类顾客，推销人员不要寄希望于短期内改变他们，而是应该应用数据或权威资料来说服顾客。如果试图短时间内改变这类顾客，反而容易造成他们的抵触情绪。

（7）怀疑型顾客。此类顾客是对产品和推销人员都抱有怀疑态度的人群。推销人员的重点是说服他们，取得他们的信任。严谨的工作态度和专业的数据是很重要的。

（8）好斗型顾客。此类顾客好胜，而且比较武断，很喜欢将自己的想法强加于人。对于这类顾客，销售人员要牢记"争论的胜利者常常是谈判的失败者"，准备要充分，不要意气用事。

2. 潜在顾客的目标类型

依据营销学、推销学和心理学中的相关理论，推销人员可以将自己的顾客按照购买目标的不同分为以下5类：

（1）任务型顾客。这类顾客一般在公司的职务不会是股东级的，他们只是在接受上级给予的任务，而且这个任务也不是自己的工作职责范围之内的。所以，这样的顾客一般对任务只是抱有完成到比上不足比下有余的效果就可以了。不会有太多的要求，也不会有太多的奢望。对于这个类型的顾客，要周到地服务，要主动地为顾客分析。

（2）利益型顾客。这个类型的顾客一般在自身公司的关系比较复杂，做事的目的性比较强，对价格压得比较厉害，对质量和服务也要求比较高。但这个类型的顾客很容易稳定，只要和对方的关系发展到一定程度就很容易把握住对方的需求。这类顾客时常也会主动要求和接受销售过程中的好处和个人利益。

（3）主人翁型顾客。这类顾客大部分是企业的老板或者非常正值的员工，这样的顾客只在乎追求价格、质量、服务的最佳结合体，尤其价格最为关注。所以，对于这样的顾客首先要在价格上给予适当的满足，再根据质量回升价格的战略。要让对方感觉你做的东西就是价格最便宜的，质量最好的。对于这样的顾客可以适当地玩些隐蔽性的花样。服务这类顾客要以价格为突破口，在价格上给顾客一个好的印象，在质量上可以根据顾客的认知度定位。前期道路铺好之后就是要经常回访，经常交流，经常沟通。

（4）重质型顾客。这个类型的顾客一般不会是公司的大领导，但是这样的顾客在公司有发展潜力，地位一般是处于上升趋势。这样的顾客眼光重点定位在质量上，价格只要适当就可以了。这样的顾客有的时候会出现自己掏钱为公司办事情的情况，在公司为了表现经常自己吃哑巴亏。对于这样的顾客一定要站在顾客的角度着想，在质量上一定要把管好，这样的顾客不需要保持太紧的联系，只要在日常的工作中给予适当的力所能及的帮助，为顾客在自身公司的发展做点力所能及的事情。

（5）经济型顾客。这样的顾客一般比较"小气"，想赚这样顾客的钱不容易，这样的顾客不会因为稳定、因为信任、因为关系而选择一个固定的供应商。他们会首先比较价格，而且比较的结果是让你没有利润，然后再要求质量。这样的顾客经常会隐瞒事实，夸大自己，很多时候还会选择比货，搞一些根本就不需要招投标的招投标形式，以此来压价满足自己的经济心理。

任务3　找准潜在顾客的价值

找准潜在顾客将有助于提升推销人员的工作效率，提高市场交换的成功率。同时，可以有效降低成本，避免营销活动的盲目性。最重要的是，寻找顾客的同时，也是对顾客心理和行为进行系统分析的过程，这样的过程，将有助于推销人员的整体战略思路的形成，有可能发现新的市场机会。

1. 提高市场交换成功率

不打无准备之仗，推销人员要做到在有限的精力和资源内找准顾客。有计划、有目标、有步骤地接洽顾客，这样才能实现目标清晰、方向明确、步调一致，减少盲目性。找准顾客有助于推销人员在千变万化的市场中变被动为主动，变不能为可能，提高营销成功率，创造销售业绩。

2. 避免营销活动的盲目性

很多营销人员都存在这样一种困惑：我们的营销活动为什么要这么做，是否是有效的？营销人员在营销过程中存在着很大的盲目性，不知从何做起、怎样做起，对自己的营销目标，没有一个正确的规划。原因在于我们对顾客行为的不了解。在现代市场营销活动中，营销人员作为市场营销的主体，担当着重要的责任和任务，因此，找准顾客就显得尤为重要，找准顾客才能切实减少营销活动的盲目。

企业都希望任何人都能成为自己的顾客，但这需要耗费大量成本。在成本约束下，找准最有价值、最易达成交易目标的顾客是降低营销成本的关键。

3. 洞察市场机会

找准顾客有助于洞察出潜在的市场机会。因为，推销人员在寻找顾客时，并非单纯去探听顾客或者了解顾客的需求，同时也会深入思考顾客业务的战略思想。推销人员在这一思考过程中，会对顾客本身以及顾客所面对的市场有一个深入的了解，从而形成分析、研究和策划的技巧、开放的思想、对未知事物的好奇心，以及开拓创新的精神，也会增加对顾客的灵活性、创造性和经验与信心。

挖掘潜在的市场机会要耗费大量的精力。正因为如此，只能有选择性地针对重点顾客进行。在执行时，必要时可以与顾客结成团队，发掘出对顾客具有重要价值的机会，并帮助企业和顾客付诸实施。

任务4　掌握寻找潜在顾客的方法

寻找顾客主要指通过网络、广告杂志等渠道和方式来寻找顾客源，用电话或者通过网络、见面会等形式来联络感情，进而了解顾客真正的需求、建立信任、赢得订单的过程。常见的寻找顾客的途径与方式有很多，下面介绍几种主要的。

1. 顾客资料整理法

这种方法又被称为"资料查阅寻找法"。强调顾客资料管理，是因为其重要性十分突出。现有的顾客、与企业联系过的单位、企业举办活动（如公关、市场调查）的参与者等，这些顾客的信息资料都应该得到良好的处理和保存，这些资料积累到一定的程度，就会成为公司的一笔财富，资料（行业的或者顾客的）日积月累往往更能有效地展开工作，在市场营销精耕细作的今天，尤为重要。

推销人员经常利用的资料有：有关政府部门提供的资料、有关行业和协会的资料、国家和地区的统计资料、企业黄页、工商企业目录和产品目录、电视、报纸、杂志、互联网等大众媒体、顾客发布的消息、产品介绍、企业内刊等。

推销人员要有很强的信息处理能力，需要注意的是资料的时效性和可靠性。通过资料查阅寻找顾客既要能保证一定的可靠性，也要能减小工作量、提高工作效率，还可以最大限度地减少业务工作的盲目性和顾客的抵触情绪。更重要的是，可以展开先期的顾客研究，了解顾客的特点、状况，提出适当的顾客活动针对性策略等。

一些有经验的推销人员，在出发和顾客接触之前，往往会通过大量的资料研究，对顾客做出非常充分的了解和判断。举个最简单的例子，某个家庭，第一代洗衣机购买的是"小天鹅双桶洗衣机"，第二代洗衣机是"小天鹅全自动洗衣机"，第三代洗衣机是"小天鹅滚筒式洗衣机"，你如果要做到真正让顾客的三代洗衣机都用"小天鹅"，顾客的资料和顾客的精细服务就是必不可少的。消费者的洗衣机需要更新换代，这中间就有业务机会，而且也可以通过一些活动加深厂商与顾客的感情。小天鹅提出的一个营销内部口号："让小天鹅在顾客家里代代相传"。

2. 展示会

展示会是获取潜在顾客的重要途径之一。展示会前就应该准备好顾客的资料，了解顾客的兴趣点以及现场可能需要解答的问题。国际国内每年都有不少展示会或者交易会，如广交会、高交会、中小企业博览会等，这是一个绝好的商机，要充分利用。交易会不仅实现交易，更重要的是寻找顾客、联络感情、沟通了解。即使公司没有组织展示会，但顾客群体组织的展示会同样重要，当然这需要推销人员借助业内的关系拿到顾客的资料。

3. 展开商业联系

商业联系比社会联系更容易建立。借助于私人交往，推销人员可以更快地进行商业联系。不但需要考虑在交易中认识的人，还要考虑政府职能管理部门、协会、学校、俱乐部等行业组织，这些组织带给您的是其背后庞大的潜在顾客群体。

商业联系也可以是推销人员通过他人的直接介绍或者提供的信息，可以通过推销人员的熟人、朋友等社会关系，也可以通过企业的合作伙伴、顾客等由他们进行介绍，主要方式有电话介绍、口头介绍、信函介绍、名片介绍、口碑效应等。

利用这个方法的关键是推销人员必须注意培养和积累各种关系，为现有顾客提供满意的服务和可能的帮助，并且要虚心地请求他人的帮助。口碑好、业务印象好、乐于助人、与顾客关系好、被人信任的推销人员一般都能取得有效的突破。

展开商业联系方法由于有他人的介绍或者成功案例和依据，成功的可能性非常大，同时也可以降低销售费用，减小成交障碍，因此推销人员要重视和珍惜商业关系。

4. 广告寻找法

这种方法的基本步骤是：向目标顾客群发送广告；吸引顾客上门展开业务活动或者接受反馈。例如，通过媒体发送某个减肥器具的广告，介绍其功能、购买方式、地点、代理和经销办法等，然后在目标区域展开活动。

广告寻找法的优点是：传播信息速度快、覆盖面广、重复性好；相对普遍寻找法更加省时省力；其缺点是需要支付广告费用，针对性和及时反馈性不强。

5. 直接拜访

直接拜访能迅速地掌握顾客的状况，效率极高，同时也能磨练销售人员的销售技巧，培养选择潜在顾客的能力。

6. 咨询寻找法

一些组织，特别是行业组织、技术服务组织、咨询单位等，他们手中往往集中了大量的顾客资料、资源以及相关行业和市场信息。通过咨询的方式寻找顾客不仅是一个有效的途径，还可以在顾客联系、介绍、市场进入方案建议等方面获得这些组织的服务、帮助和支持。

7. 企业各类活动寻找法

企业通过公共关系活动、市场调研活动、促销活动、技术支持和售后服务活动等，一般都会直接接触顾客，这个过程中对顾客的观察、了解、深入的沟通都非常有力，也是一个寻找顾客的好方法。

有效地寻找顾客方法远远不止这些，应该说是一个随时随地的过程。一般的信息处理过程是："所有目标对象——接触和信息处理——初选——精选——重点潜在顾客——顾客活动计划"。

[参考阅读]

猎犬计划：让老顾客帮你介绍新顾客

猎犬计划是著名的推销大师乔·吉拉德在他的工作中总结出来的。吉拉德认为，做销售工作需要别人的帮助。吉拉德的很多生意都是由"猎犬"（那些会介绍新顾客的老顾客）帮助的结果。吉拉德的一句名言就是"买过我汽车的顾客都会帮我推销"。在生意成交之后，吉拉德总是把一叠名片和猎犬计划的说明书交给顾客。说明书告诉顾客，如果他介绍别人来买车，成交之后，每辆车他会得到 25 美元的酬劳。如果吉拉德发现顾客是一位领导者，吉拉德会更加努力地促成交易并设法让其成为"猎犬"。实施猎犬计划的关键是守信用，一定要付给顾客 25 美元介绍费。吉拉德的原则是：宁可错付 50 个人，也不要漏掉一个该付的人。优秀的销售人员明白，让你的老顾客给你介绍新顾客是非常有效的方法。

资料来源：陈守友编著．每天一堂销售课．北京：人民邮电出版社，2009 年 8 月

项目二　顾客档案建立

建立顾客档案应该既包括现有顾客的档案，也应该包括记录潜在顾客的档案。现有顾客的档案是让推销人员更好地理解顾客行为，了解顾客购买的规律，同时借助于以往的销售经验形成对每类顾客的相应营销策略。从而，指导推销人员在遇到合适的潜在顾客时，辨别该潜在顾客属于现有顾客中的哪一类，并很快地形成有效的营销策略。

潜在顾客档案是帮助推销人员在恰当的时间、恰当的地点能够回忆起可能变为现实顾客的潜在顾客，便于追踪潜在顾客。

任务 1　如何建立顾客档案

1. 建立现有顾客和潜在顾客档案

在与顾客（包括潜在顾客）交流的过程中，推销人员要能够充当起记录员的职能，把顾客的关键信息记录下来，特别是从顾客的言语中找出其潜在的需求。记录的基本内容如表 5-1 所示。记录应该包括顾客的个人基本信息（人口统计变量）、所处的地理位置、生活方式、性格分析、消费行为，如果是企业顾客还应该包括企业的相关信息。

表 5-1　顾客档案基本内容项

基本信息大类	细项	特征
人口统计	年龄段	
	性别	
	家庭大小	
	收入水平	
	职业	
	宗教信仰	
	民族	
	教育程度	
	社会阶层	

续表

基本信息大类	细项	特征
地理特征	国家	
	省/市	
	地区	
	县/镇	
	人口规模	
	人口密度	
	气候	
生活方式	爱好	
	习惯	
	看电视的习惯	
	社会活动	
	度假选择	
	运动	
性格分析	领导者还是追随者	
	外向还是内向	
	追求成就的还是满足现状的	
	独立的还是依附的	
	保守的还是自由主义方式的	
	传统的还是现代派的	
	有社会责任的还是以自我为中心的	
消费者行为	使用率	
	寻求的好处	
	使用方法	
	使用频率	
	购买频率	
企业市场	企业类型（制造商、零售商、批发商、服务业等）	
	行业	
	企业规模	
	经营年限	
	财务状况	
	员工人数	

续表

基本信息大类	细项	特征
企业市场	位置	
	结构	
	销售水平	
	分配形式	
	特殊要求	

2. 用 Excel、SPSS 等统计软件帮助推销人员建立顾客档案

一些数据管理软件可以帮助推销人员建立顾客档案。除了一些收费较高的专业顾客关系管理软件之外，还有一些数据分析或统计软件都可以被用来建立顾客档案。此外，这些软件也可以帮助推销人员分析顾客的消费数据，找出行为规律，为其推销决策提供支持。

目前，统计分析软件根据其功能大致分为专用统计分析软件和综合统计分析软件两大类。综合统计分析软件功能全面，它较系统地集成了多种成熟的统计分析软件方法，具有较完善的数据定义、操作和管理功能，可以方便地生成各种统计图形和统计表格，同时提供各种简便的软件使用方法，并带有完备的错误提示及联机帮助功能。综合统计分析软件是开发的软件系统，能方便地和其他各种常用的软件进行数据交换。常在微机上使用的综合统计分析软件有 SAS、SPSS、SYSTAT、Statistica、S-plus、Stata 等。

专业统计分析软件着重实现综合统计分析软件的部分功能，突出某种特色处理。常用的专业统计分析软件有 Eviews、Minitab、BMDP、LISREL、AMOS、Excel 等。

比较容易操作和使用的专业统计分析软件是 Excel，综合统计分析软件是 SPSS。

（1）Excel。

微软的 Office 是目前最为流行的办公软件，使用Microsoft Excel可以执行计算，分析信息并管理电子表格或网页中的列表。

Excel 中大量的公式函数可以应用选择，可以实现许多方便的功能，给用户以方便。与其配套组合的有 Word、PowerPoint、Access 和 Outlook。现在 Excel 2007、Excel 2003 和老一点的 Excel 2000 较为多见，Excel 2002 版本好像用得不是很多。2000 以前的版本很少见了。最新的版本增添了许多功能，使 Excel 功能更为强大。Excel 2007 和 Excel 2003 支持 VBA 编程，VBA 是 Visual Basic For Application 的简写形式。VBA 的使用可以实现执行特定功能或是重复性高的操作。

目前许多软件厂商借助 Excel 的友好界面和强大的数据处理功能开始研究将其以更简单的方式应用到企业管理和流程控制中，比如ESSAP（Excel&SQL 平台）就是很好的将 Excel 和数据库软件 MS SQL 相结合应用到企业管理和各行各业数据处理中的例子。ESSAP 是一个用于构建信息系统的设计与运行平台。其以 Excel 为操作界面，结合大型数据库 MS SQL 与工作流技术，用户只要运用自己已经掌握的 Excel 操作技术（不需要依靠专业 IT 人员），就可以设计满足自己需要（管理意图）的各种信息管理系统。另外，系统设计完成并投入使用以后，并不意味着系统就从此不能改变，而是还可以根据管理的需要进行不断的优化与扩展功

能，真正做到了"持续优化，因需而变"，使得你自己设计的系统永不落伍。

（2）SPSS。

SPSS 是社会科学统计软件包的简写，是世界著名的统计分析软件之一。20 世纪 60 年代末，美国斯坦福大学的三位研究生研制开发了最早的统计分析软件 SPSS，同时成立了 SPSS 公司，并于 1975 年在芝加哥组建了 SPSS 总部。20 世纪 80 年代以前，SPSS 软件主要应用于企事业单位。目前的 SPSS 是一个组合的统计软件包，它集数据处理和分析功能于一身。用户可以根据实际需要和计算机功能选择模块，以降低对系统硬盘容量的要求，有利于该软件的推广和应用。SPSS 的基本功能包括数据管理、统计分析、图表分析、输出管理等。SPSS 统计分析过程包括描述性统计、均值比较、一般线性模型、相关分析、回归分析、对数线性模型、聚类分析、数据简化、生存分析、时间序列分析、多重响应等几大类，每类中又分好几个统计过程，比如回归分析中又分线性回归分析、曲线估计、Logistic 回归、加权估计、两阶段最小二乘法、非线性回归等多个统计过程，而且每个过程中又允许用户采用不同的方法和参数。SPSS 也有专门的绘图系统，可以根据数据绘制各种图形。

现在，SPSS 公司陆续并购了 SYSTAT 公司、BMDP 软件公司、Quantime 公司、ISL 公司，并将各公司的主打产品纳入 SPSS 旗下，从而使 SPSS 公司由原来的单一统计产品开发与销售转为向企业、教育科研及政府机构提供全面信息统计决策支持服务，成为了走在最新流行的"数据仓库"和"数据挖掘"领域前沿的一家综合统计软件公司。

由于在 SPSS 公司的产品线中，SPSS 软件属于中低档，因此从战略的观点来看，SPSS 显然是把相当的精力用在了用户界面的开发上。该软件只吸收较为成熟的统计方法，而对于最新的统计方法，SPSS 公司的做法是为之发展一些专门软件，如针对树结构模型的 Answer Tree、针对神经网络技术的 Neural Connection、专门用于数据挖掘的 Clementine 等，而不是直接纳入 SPSS，因此他们在 SPSS 中难觅芳踪。

但是，作为三大综合性统计软件之一，其统计分析功能与另外两个软件即 SAS 和 BMDP 相比仍有一定欠缺。虽然如此，目前的 SPSS 由于操作简单，已经在我国的社会科学、自然科学的各个领域发挥了巨大作用。该软件还可以应用于经济学、生物学、心理学、医疗卫生、体育、农业、林业、商业、金融等各个领域。与 SAS 一样，在国际学术交流中，用 SPSS 软件完成的计算和统计分析也不用说明其算法。

任务 2　最佳顾客与最差顾客识别

拥有顾客档案并不是最终的目的，而是手段。推销人员可以借助顾客档案有效地选择顾客、接触顾客，与其讨论切实存在的问题，并帮助他们解决相关问题。当然这要建立在对顾客档案中的数据进行分析的基础之上。

1. 最佳顾客和最差顾客的特征

选出最佳顾客和最差顾客，并分别描述他们的特征。最佳顾客一定是推销人员重点维护的顾客群体，如果发现某位潜在顾客具有和最佳顾客相似的特征，这位潜在顾客也将是推销人员重点需要关注的顾客。

最佳顾客是指对你微笑，喜欢你的产品或服务，使你有生意可做的那些顾客。他们是你

希望的回头客。好的顾客的特征有:
- 会让你做你擅长的事。
- 认为你做的事情有价值,并愿意买。
- 通过向你提出新的要求来提高你的技术或技能,扩大知识,充分合理地利用资源。
- 带你走向与战略和计划一致的新方向。

差的顾客正好相反,他们会这样做:
- 让你做那些你做不好或做不了的事情。
- 分散你的注意力,使你改变方向,与你的战略和计划脱离。
- 只买很少一部分产品,使你消耗的成本远远超过他们可能带来的收入。
- 要求很多的服务和特别的注意,以至于你无法把精力放在更有价值的顾客身上。
- 尽管你已尽了最大努力,但他们还是不满意。

2. 运用 80/20 原则分析最佳顾客和最差顾客

概括一下你的全部顾客,你的经营收入的 80% 是由 20% 的顾客带来的,这 20% 的顾客就是你的最佳顾客。显然,你有更多的理由让他们对你的产品或服务更满意。

我们这里所说的最差顾客并不是这 80% 的顾客,而是在这 80% 的顾客中可能会带给你麻烦的顾客,投资回报率甚至为负的顾客。在你分析这 80% 的顾客所做的事情以及你为他们所做的事情之后,你会发现有些顾客"得不偿失",甚至会造成麻烦。例如,他们的财务状况很糟糕,不能及时付款。如果没有这些顾客,可能你的处境会更好些。有时,永远不能拒绝顾客的信条会使你陷入误区和麻烦。

对付差顾客,可以这样做:
- 找出他们。
- 把他们变成好的顾客或者放弃他们。

最佳顾客与最差顾客分析表如表 5-2 所示。

表 5-2　最佳顾客与最差顾客分析表

按产品或服务 划分的市场区段	最佳顾客	最差顾客	进一步行动
1.			
2.			
3.			
4.			
……			

3. 借助最佳顾客特征对应潜在顾客

在弄清楚谁是你当前的顾客,特别是谁是你的最佳顾客之后,推销人员需要进一步了解清楚他们购买你的产品或服务的原因。现在,推销人员可以找到具有类似特征、有足够多人数(消费者市场）或有相当的需求数量（企业市场）且目前尚未购买你的产品或服务的群体或企业，这些新的群体或企业就构成了你最好的潜在顾客。通过营销努力，把他们转化为你的最佳顾客。

推销人员可以借助最佳顾客的特征来对潜在顾客进行评级，具体如表 5-3 所示。

表 5-3 顾客/潜在顾客总结表

当前顾客：	所属顾客类型	评判依据
最佳顾客：	所属顾客类型	评判依据
潜在顾客：	所属顾客类型	评判依据
顾客/潜在顾客目标：		

任务 3　了解潜在顾客购买决策过程

1. 顾客为什么选择你的产品

要调查分析这些潜在顾客尚未购买你的产品或服务的原因。究竟是公司的地理覆盖面不够？还是你的宣传促销力度不够？抑或是你的产品或服务相对竞争对手有不尽人意之处？还是有其他的替代品？

开发这些新顾客是要付出很大代价的，吸引一个新顾客所耗费的成本大概相当于保持一个现有顾客的 5 倍，所以更需要有针对性。因此你必须做认真的评估，看是否真正有利可图。要记住你为什么经营：在可接受的利润水平上创造并满足你的顾客。任何公司都是以盈利为其主要目的的，无论这是长期的还是短期的。

顾客何时、何地，以及为什么买是市场信息的关键部分。推销人员如果能确切地回答出这些问题，将远远超前于大部分竞争对手。对于你的产品或服务要搜集如表 5-4 所示种类的信息。

表 5-4 顾客为什么购买你的产品或服务

顾客购买原因	顾客购买原因
谁做购买决定	按金额计算销售量有多大
能卖出多少数量	每笔销售所花的成本是多少
你的顾客买什么	他们何时购买
他们的购买是定期的还是偶然的	他们的购买是季节性的吗
他们为什么买	什么对他们重要
他们在什么地方购买	他们的财务怎样支持其购买

你的顾客怎样评价你的产品或服务？这是个关键性的研究与开发问题。如果你能从顾客观点理解你的产品，你就能发现推销你的产品或服务的新方法、新目标市场，获取新机会。例如，如果一位顾客已经要求你的产品结构中的某种标准的产品再精致些，你能够为其他人重新设计和重新包装那种产品吗？

关键的营销观点是：人们购买的是对问题的解决，他们买的是对他们的愿望与需求的满足，而不是产品或服务本身。心理学家告诉我们，需求的满足的确是消费者行为的中心。每个人都有需求。一种需求被发现后，这种需求就会激发人试图满足这种需求的动机。动机让人们奔向市场，去寻找能满足特定需求的产品或服务。

例如，我们大多数人都需要被其他人接受和喜欢。这种强大的动机为美容店、保健中心等创造了市场机会。在我们试图回答"顾客为什么购买？"这个最困难而又最有用的问题时，除了动机，还有更多的其他因素影响着顾客最终做出是否购买的决定，并不是所有的动机都能实现。

了解顾客的需求是市场销售的第一块基石。顾客心理又被称为顾客心理暗箱，消费者的心理活动是可以反映在行为上的，但有些心理活动我们很难察觉，如果推销人员能够打开顾客的心理暗箱，对其销售成功率的影响是不言而喻的。对顾客的需求了解得越细致准确，销售的结果就越能有效地满足顾客的需求。在这一阶段中，销售人员能从顾客的谈话中了解顾客所面临的问题及顾客希望获取的信息等，进而达到销售的目的。

2. 影响顾客购买的因素

人们不会买他们不想要的产品和服务，不管你的广告和定位做得多么好。你只能把他们想要的东西卖给他们。如何确切地知道顾客从你这里购买的原因呢？最简单的办法就是去询问他们，基于上述对购买原因的分析调查他们。一份精心设计的调查表是很有用的一种市场调查方式。调查应该从文化、社会、经济等方面入手。

（1）影响消费者购买的因素。
- 文化因素：文化是人类欲望和行为的最基本的决定因素。人们在成长的过程中所处的家庭环境、社区环境、宗教环境、社会环境和所处的社会阶层形成了一整套价值、爱好和行为的整体观念。弄清消费者的文化背景对于研究他们的购买行为起着重要的作用。
- 社会因素：包括相关群体、家庭和个人在相关群体及家庭所处的角色和地位。例如一个凝聚力很强、沟通良好的群体对人们在产品和品牌选择方面有相当大的影响。
- 个人因素：一个人的购买行为往往受其年龄、职业、经济环境、生活方式、个性等因素的影响。

（2）影响公司采购的主要因素。
- 环境因素：公司的采购会受到当前经济环境或者预期经济环境诸多因素的影响，如基本需求水平、经济前景及成本。
- 组织因素：每一家公司都有其具体的目标、政策、程序、组织架构和系统，这些因素决定了公司的采购单位所处的角色和地位以及该公司的采购方式。
- 人际因素：采购中心通常包括一些不同利益、职权、地位和有说服力的参与者，这些复杂的关系会为公司的采购带来诸多变数。
- 个人因素：购买决策过程中每一位参与者都带有个人动机、直觉和偏好，这些因素受参与者的年龄、收入、教育程度、专业、个性及风险意识的影响。

3. 顾客是如何进行选择的

你的顾客是如何做出购买选择的？对此要牢记最重要的一点：顾客决定买东西是以他们自己对世界的看法，也就是他们对现实的感觉为基础的。很少有不事先考虑就买的顾客。他们带着自己对世界的感觉进入一个决策的过程，这个过程使他们去买某一种产品或服务。

顾客的感觉就是市场的现实。顾客的感觉代表了他们对市场的看法，这不仅包括了顾客怎样看待你的产品与服务，而且也包括了他们对你的公司和竞争对手的看法。当顾客到了市场，他们就会面对琳琅满目的各种商品。在他们做出自己的选择时，许许多多的因素会影响他们，如广告、签名、评论、推销等，更不用说他们自己内心的反应了。因此，你需要了解对于所有这些刺激，顾客是如何做出反应的。

（1）消费品购买的决策过程。

通过了解消费者购买的流程，推销人员就可以更好地利用他们的行为，进而做出有助于消费者完成购买过程的策略。例如，假设你刚刚开了一家生产高级软件的公司，但是你担心顾客会由于害怕软件不好学或者与他们的电脑不相容而不愿尝试你的产品。为了使潜在的顾客能从评估阶段走过，进入试验阶段，你可以考虑为新顾客设立一条免费热线，并保证没有任何问题，否则退款。

对于消费品的购买，推销人员必须要记住以下几点：

- 购买过程的五个步骤：了解、兴趣、评价、试验、购买决定，如表5-5所示。
- 在购买之前，顾客都要经过一个决策的过程。
- 很多时候，顾客是凭自己的感觉而不是事实来做出决策的。

表5-5　消费者购买过程的五个步骤

主要步骤	过程描述	你的公司应采取的行动
了解	知道一种产品或服务，但缺乏详细了解	制定一个策略，培养并激发潜在的顾客
兴趣	由于宣传，感到好奇，并寻求更多的信息	提供更详细的产品信息，并继续建立强大宣传攻势
评价	决定是否试验这种产品或服务	尽量使产品评估过程容易并值得做
试验	试用产品或服务	尽可能使试验简单而又没有风险
购买决定	决定购买这种产品或接受这种服务	制定战略来留住这些顾客

（2）企业顾客的决策过程。

相对而言，企业对市场购买的决策一般要比大多数消费者市场的决策正式、理性和专业。公司中不同部门的人常常参与到决策过程中，形成了所谓的决策单位。与消费者市场不同的是，在与企业顾客打交道时，以下重要因素要进行认真的评估：

- 企业顾客总体上是怎样的状态？
- 这家企业顾客是如何运营的？
- 对谁来说更重要？

在开始为企业顾客制定策略时，要与潜在的顾客进行沟通，了解一下顾客的组织及其产业，参加由你的顾客或潜在顾客出席的活动，试图更确切地弄清构成他们想法的决定性因素和力量是什么。顾客主要参与决策的人员是工程师？营销人员？顾客是否大小供应商都选用？在关键的领域是否有许多供应商？有时你的顾客并不是最终用户，因此你需要了解这些企业顾客的市场情况，即你的企业顾客的顾客。企业采购过程的步骤如表5-6所示。

表 5-6　企业采购过程的步骤

主要步骤	过程描述
需求确认	需求的确认可能来自：①公司决定推出一种新产品，因而需要新设备和相应的材料；②旧设备故障或报废，需要新的零部件或新设备；③原有的采购材料不能满足要求，转而寻找其他的供应商；④新材料。
总需求说明	一旦某种需求被确认之后，采购人员便着手确定所需项目的总特征和所需数量，诸如可靠性、耐用性、价格及其他属性
产品规格	在总需求确定后，有关产品的技术规格说明书必须制定出来
寻找供应商	当产品的要求具体化之后，采购人员就要设法寻找所需材料的合适供应商
供应商建议书	供应商必须根据购买者的要求提供一份供应建议书
供应商选择	根据供应商所提供的建议书，选定最适合公司要求、最具有吸引力的供应商。在当中要重点考虑供应产品质量的可靠性、服务的可靠性、供应商的灵活性
签订合同	在供应商选定之后，双方进一步详细讨论交易合同或订单，包括产品技术说明书、质量要求、需要量、预期交货时间、退货条款、支付条件、运输及担保等
供应商评估	对于供应商的绩效表现，公司要进行评估，确保其持续满足公司的要求

4. 不能忽视的购后评价

推销并不是以顾客购买产品之后即终止，顾客的购后评价同样重要。顾客使用产品时产生的满意与不满意是购后评价的主要表现方式。

（1）满意、重复购买、忠诚。美国学者 Robert A. Westbrook 和 Miehael D. Reilly 提出了"消费者感知的价值差异"模型，如图 5-1 所示。他们认为：满意感是顾客对自己感觉中的产品和服务实绩与自己需要的消费价值（需要、欲望、期望）进行比较之后产生的一种情绪反应。产品和服务的实绩越符合顾客需要的消费价值，顾客就越满意；产品和服务的实绩越不符合顾客需要的消费价值，顾客就越不满意。

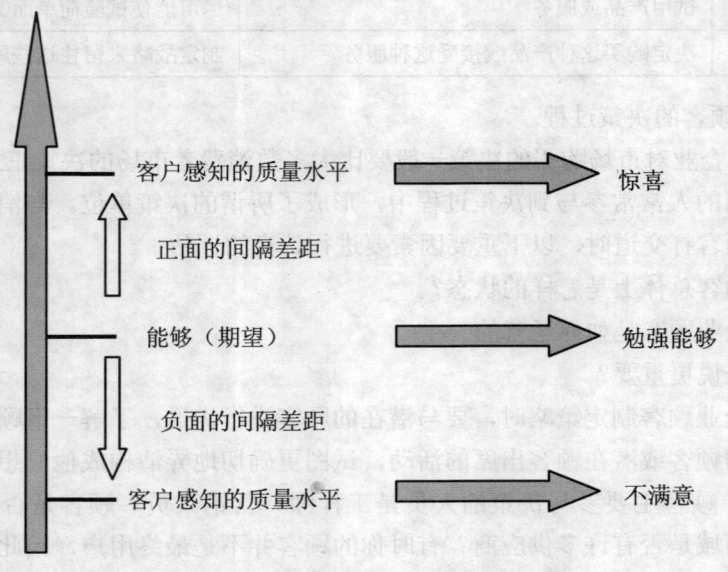

```
客户感知的质量水平    →   惊喜
      ↑
   正面的间隔差距

   能够（期望）        →   勉强能够
      ↓
   负面的间隔差距

客户感知的质量水平    →   不满意
```

图 5-1　期望与满意度之间的关系

关于满意与重复购买意向，一般认为，满意能够通过态度这一中介变量影响购买意向，另一种观点则认为，满意可以直接影响购买意向。关于顾客满意与顾客忠诚的关系，满意水平与品牌忠诚正相关，顾客满意和顾客忠诚不是必然的直接关系，顾客满意需要一定的条件才能转变为顾客忠诚。

（2）不满与抱怨。当出现较严重的问题或顾客抱怨得不到处理时，不满意的顾客更容易抱怨。一般认为，负面的信息比正面的信息更容易被消费者口头传播。

（3）回访是售后服务的开始。交易达成后继续与顾客保持经常的联系，对于重复销售和更大市场的开拓具有重要的意义。销售人员的回访会给顾客带来帮助，所以销售人员的回访极少会受到顾客的抵制，反而会给顾客留下深刻的好印象。在回访过程中，销售人员不但要确认顾客对产品是否满意，还要进一步巩固与顾客的关系。抓住这两点对于发展以后的业务是很关键的。

任务 4　形成潜在顾客开发策略

1. 描述产品特征

无论是单个的消费者还是企业，任何购买行动的最终确定都需要一个决策过程。在决定购买之后，顾客就会进入到选择阶段。选择什么样的产品、特征、功能最能够满足他的需求。在决定购买之后，顾客会按自己的这些需求特征到现场去选择产品，而销售人员的销售表达阶段就是在了解了顾客的需求特征以后，根据顾客这些需求特征来介绍自己产品的用途和性状，来书写、解释建议书。销售人员就要抓住这个阶段，有针对性地向顾客介绍产品，介绍建议书，这时用到的是销售表达技巧。

在这一过程中，需要推销人员在明确顾客存在的问题之后，向顾客解释并生动地描述相关产品的特征和优点。销售人员在描述产品的过程中，比较困难的一项任务是使顾客准确地领会自己的意图。信息的传递和接收者之间的交流沟通很容易误入歧途，接收者不太可能像传递者所希望的那样准确无误地理解信息。因此，在描述产品的过程中，销售人员要与顾客不断地交流，描述要针对顾客的需求，一定要让顾客知道为什么要听你讲、利益是什么以及对他们有什么好处。

步骤一：请列举你所推销的商品或服务的十项（可以更多也可以减少）特征，并且说出这些特征能带给顾客什么样的实际利益。

步骤二：请将这些实际利益牢记在心，以一句话将之浓缩，站在顾客立场说出来，练习到能够顺口成章，自然表达为止。

表 5-7 所示是针对产品诺基亚 6120C 手机的产品特征、消费者购买后的获益并简述为一句话的举例。

表 5-7　诺基亚 6120C 手机产品特征描述

产品特征	购买后的获益	一句话
拥有 Symbian 操作系统 S60 第三版用户界面	商务使用需求	智能新秀
200 万像素摄像头，数字变焦（4 倍）和照相机闪光灯	日常拍照记录	清晰记录美好瞬间

续表

产品特征	购买后的获益	一句话
兼容 MP3/e AAC+/AAC/WMA/MPEG-4/H.263 等格式和音乐/视频播放	空闲时，听音乐与看视频	享受音乐、享受时尚
105×46×15mm	便于携带	纤薄机身
……	……	……

2. 浓缩产品卖点

在描述产品特征以及产品会带给顾客的主要利益之后，推销人员需要找出关键利益，这一利益可以是与竞争对手有鲜明区别的，也可以是顾客急切需要的，并将这一关键利益点浓缩为一个卖点，将产品最大的特色作为"关键按钮"。诺基亚 6120C 手机产品浓缩后的卖点是：智能又小巧。例如，宝洁旗下的海飞丝产品的浓缩卖点是：头屑去无踪，秀发更出众。

3. 潜在顾客分类与策略打包

对潜在顾客进行细分是很必要的。按照现有顾客的消费行为或者是基本统计变量进行细分后，列出每类现有顾客的特征。依据这些特征，将潜在顾客一一进行类别对应。详细如表 5-8 所示。

之后就是依据每类顾客的行为特征进行推销策略打包，因为潜在顾客也已经一一归类，他们的特征是与现有顾客有着共同点的，策略针对性也就更强。

表 5-8 潜在顾客分类与策略打包

对现有顾客细分	顾客特征	潜在顾客归类	对策打包
初步细分	年龄特征	1	突出产品特殊功能
第二层细分	价格敏感性	2	突出产品的安全性
第三层细分	动机特征	3	描述产品的性价比
……	……	……	……

项目三　运用精确营销帮助聚焦顾客

对于大数据库的行业和推销人员，现有的数据库是一笔很好的资源，借助数据库中的顾客行为数据可以找出顾客的行为规律。推销人员不需要关心找出数据关系算法的原理和运算过程，甚至不需要推销人员自己去操作，因为很多行业或者企业有专门的数据分析部门。推销人员所要做的就是，将这些规律应用到推销过程中，提升推销的针对性和有效性。

任务 1　认识精确营销

1. 精确营销的定义

莱斯特·伟门 1999 年提出了精确营销概念，他对精确营销的最初定义是：改变以往的行销渠道及方法，以生产厂商的顾客和销售商为中心，通过电子媒介、电话访问、邮寄、国际互联网等方式建立顾客、销售商数据库；然后通过科学分析，确定可能购买的顾客，从而引导生产厂商改变销售策略，为其制定出一套可操作性强的销售推广方案，同时为生产厂商提供顾客、销售商的追踪服务。

莱斯特·伟门给出了精确营销最为原始的方法，但是精确营销在它以后的发展中，随着行业应用空间的拓展，开始有了更为新鲜而泛化的内涵：精确营销是以科学管理为基础，以顾客洞察为手段，恰当而贴切地对市场进行细分，并采取精耕细作式的营销操作方式，将市场做深做透，进而获得预期效益。

2. 精确营销的基本背景

企业的营销活动与其他活动一样，需要耗费资源。营销所消耗的资源不仅包括我们常说的企业产品资源、人力资源、品牌、技术、销售渠道，还包括来自外部的顾客、媒体、合作伙伴、政府部门、信息资源、社会文化资源、自然资源等。由于资源本身的特性，特别是市场资源，如果不进行有效照管和精心维护，资源就会慢慢枯竭，效益就会递减，就像自然资源的开采一样，一味粗放经营只会加速资源的衰竭，导致富矿逐渐变成贫矿。因此，在企业的运作过程中必须对市场资源进行合理的规划和使用。

随着商品经济的日益发展和成熟，精确营销受到了企业越来越多的重视，并成为企业青睐的营销理念。精确营销意味着营销活动的精确化、深入化、细致化，以及利用有限的资源获取最大的收益。精确营销最早是以邮购、目录销售的形式出现的。有一些厂商，或因产品适合寄送，或因通路建立费时费力，或因竞争压力，或因地域广大，或因产品冷门等，采用了直邮广告，提供邮购，以达成销售。由于受到了邮购行业的刺激，一些没有中间商（批发、零售）的行业，例如出版业和金融业，也开始采用这种方式进行销售工作。

3. 精确营销是对数据库营销的发展

数据库营销是 IT 技术的一种应用，正如其字面含义那样，它利用电子计算机存储量大、成本低的特性以全新方式储存和使用顾客资料。数据库营销还强调建立长期顾客关系的重要意义，这种关系被认为对企业的长期战略营销计划具有重大帮助。数据库营销还可以运用计算机存储的顾客资料支持企业与顾客之间的沟通，从而使顾客和企业均从中获益。

精确营销实际上是对数据库营销的发展，精确营销不像数据库营销那样只看重数据分析，精确营销更重视商业应用。

任务 2　了解精确营销体系与技术

1. 精确营销体系

在因特网快速发展的今天，新形态的经济模式打破了以往的传统经济经营模式，加上网络本身的特性，使得基于顾客行为研究的营销活动变得日益重要。顾客期望获得快速且高质的服务，因此如何与顾客达成良好的相互关系进而提供满意的服务，对于企业提升产业竞争力是一项有重要实践意义的议题。

现代企业一般都拥有庞大的数据资源，如何有效地利用它们进行相关的顾客数据及消费行为分析，把所取得的数据转换成有用的信息，将成为决策者制定营销策略的重要参考依据。而数据挖掘技术可以根据使用者的需求，从庞大数据量的数据库中找出合适的数据，并加以处理、转换、挖掘和评估，从中得到有用的规则和知识。

数据挖掘在精确营销领域的应用主要涉及了顾客行为细分、交叉销售、流失预警及挽留、顾客价值分析、服务营销、整合营销传播等众多方面，并在此基础上构建了精确营销体系；企业营销全过程包括：顾客获取、顾客增值、顾客升级和顾客挽留四个过程，如图5-2所示。

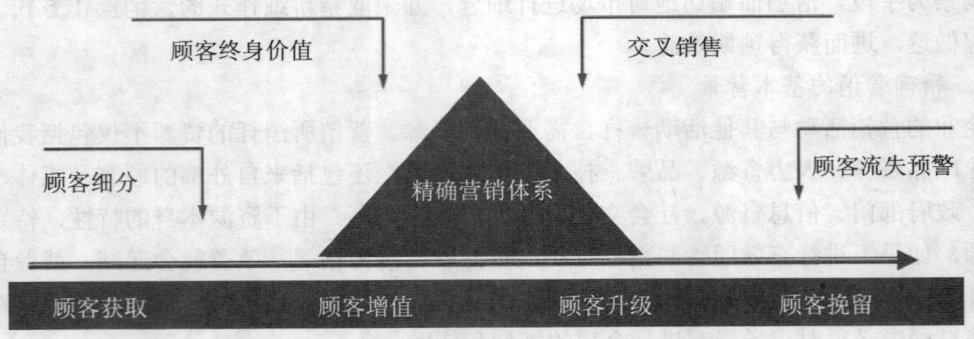

图 5-2 企业营销全过程与精确营销体系构建

2. 精确营销技术——数据挖掘

精确营销的核心技术就是数据挖掘，数据挖掘是指对储存在计算机中的海量数据的分析。例如，食品杂货店通过我们的购买而获取了大量数据。条形码使我们的付款变得非常便利，并且提供给零售公司大量数据。食品杂货店和其他的零售商店能够快速地掌握我们的购买行为，并通过计算机对产品进行精确定价。

若是从统计和运营研究的角度看数据挖掘，数据挖掘方法包括以下几种：聚类分析、各种形式的回归、判别分析、运用操作研究工具——多目标线性规划的线性匹配；从人工智能的角度看数据挖掘，方法有：神经网络、规则推理（决策树）、遗传算法等。

数据挖掘的作用主要有：

- 分类：用测试数据集来识别常被用来分类数据的类别和族群。
- 预测：识别数据的关键特征以找到公式来预测未来事件，回归模型就是这样的。
- 关联：识别决定实体关系的规则。
- 检测：确定不规则属性，对于欺诈检测特别有价值。

推销人员不需要学习这些算法的原理，也不需要关心找出数据关系算法的原理和运算过程，甚至这些操作不需要推销人员自己去操作。因为，很多行业或者企业有专门的数据分析部门。但是推销人员最好能够理解为什么要这么做，这么做有什么好处。推销人员最重要的任务是，将这些规律应用到推销过程中，提升推销的针对性和有效性。

任务 3 利用精确营销帮助聚焦顾客

对潜在顾客的了解必须建立在对现有顾客行为理解的基础上，因为人的消费行为还是存在很多共性和有规律的地方的。因此，对顾客进行分类，首先要了解顾客的消费行为模式。精确营销可以帮助推销人员找出数据中隐含的顾客行为规律。

1. 顾客分类与挖掘新顾客

从理论上讲，所有市场都可以被细分，从而找到企业的目标顾客，提高获利性和经营效率，提高市场地位。有些市场研究人员根据消费者特征细分市场。为此常常使用大量的地理、人口统计和心理特征变量作为划分市场的依据，然后再看这些顾客群体是否对产品有不同的反应，据此选择不同的细分市场，针对不同的细分市场制定不同的销售策略。

选择合适的方法细分市场比细分的技术更加重要。精确营销以顾客行为作为细分的标准，能够从大量庞杂的、破碎的顾客资料中提炼出对公司有价值的信息。而这种基于数据挖掘的精确细分技术，能够对顾客行为模式与顾客价值进行准确判断与分析。因此，精确营销为顾客细分提供了很好的理论与实践依据，同时也有助于推销人员挖掘有价值的新顾客。

2. 升级销售

升级销售也可以理解为追加销售，即向顾客销售某一特定产品或服务的升级品、附加品或者其他用以加强其原有功能或用途的产品或服务。这里的特定产品或服务必须具有可延展性，追加的销售标的与原产品或服务相关甚至相同，有补充或者加强或者升级的作用。

举例来说，你在麦当劳或是肯德基，当你点完你想要的鸡腿汉堡和饮料之后，餐厅的服务员一般都会问您："需要加一份新炸的薯条吗？"其实这就是升级销售的一种典型方式。这里的"薯条"作为升级销售的诱饵，诱使消费者增加购买，从而实现扩大销售的目的。事实上，升级销售的方式不仅仅存在于快餐厅里，在其他的商品市场上也很常见。比如，在你购买化妆品时，本来你只想购买一支口红，但是在售货员的说服下你会再购买一套眼影。

升级销售需要理解和挖掘顾客的需求，而这种理解和挖掘的工具，除了长期的经验积累所产生的洞察力，还可能包括一些分析工具。企业的数据库或数据仓库为企业保留了海量的顾客信息，而精确营销数据挖掘技术强大的分析功能可以将这些数据和信息变成对顾客需求的洞察。可以说，以数据挖掘技术支撑的精确营销是实施升级销售的主要技术。数据挖掘是自动分析大量的数据集来鉴别在数据中我们先前不知道的信息的模式或趋势，这些模式和趋势可以用来帮助我们做出正确的判断。

3. 交叉销售

交叉销售是指企业向原有顾客销售新的产品或服务的过程，从而加强顾客对企业的依赖和提升顾客盈利性。要实现交叉销售，企业必须掌握足够的顾客信息，尤其是以前购买行为的信息，因为其中可能正包含着这个顾客决定他下一次购买行为的信息，甚至是决定因素。例如，一个高尔夫俱乐部会员卡的购买者，可能也是一个轿车购买者，并且是一位健康服务购买者。如果了解这个顾客的消费属性和兴趣爱好，我们就可以有更多的客观参考因素来判断这样一个事实。所有这些参考因素必须要有数据库来进行存储和分类。

对已有的顾客进行交叉销售的前提是企业知道顾客是谁、他购买了什么产品或服务、有哪些具体的消费属性。所以交叉销售的核心是顾客数据库的应用，关键是与特定顾客高效率的沟通。企业借助数据库可以锁定某个特定的顾客，了解顾客消费属性和购买历史，进而采取明智的营销战略和策略来满足顾客需要，赢得竞争优势，提高营销效益。

对于推销人员的交叉销售，精确营销的作用就会体现出来，它可以帮助企业找到这些影响顾客购买行为的关键。推销人员可以通过精确营销找出顾客的交叉购买的可能性与方向，有效促成交叉销售。

单元小结

本单元重点讲述了寻找潜在顾客的途径和方法，以及精确营销在寻找目标顾客方面的应用。

寻找顾客主要指通过网络、广告杂志等渠道和方式来寻找顾客源，用电话或者通过网络、见面会等形式来联络感情，进而了解顾客真正的需求，建立信任，赢得订单的过程。常见的寻找顾客的途径与方式有以下几种：顾客资料整理法、展示会、展开商业联系、广告寻找法、直接拜访法、咨询寻找法和企业各类活动寻找法。

建立顾客档案应该既包括现有顾客的档案，也应该包括记录潜在顾客的档案。现有顾客的档案是让推销人员更好地理解顾客行为，了解顾客购买的规律，同时借助于以往的销售经验形成对每类顾客的相应营销策略。

精确营销实际上是对数据库营销的发展，精确营销不像数据库营销那样只看重数据分析，精确营销更重视商业应用。对于大数据库的行业和推销人员，现有的数据库是一笔很好的资源，借助数据库中的顾客行为数据可以找出顾客的行为规律。

核心概念

潜在需求　　潜在顾客　　最佳顾客
顾客档案　　数据库营销　　精确营销

训练题

1. 如何有效建立和利用顾客档案？
2. 如何有效利用数据库挖掘潜在客户？
3. 精确营销对潜在顾客寻找有什么帮助？
4. 让学生课外去查找、研究潜在顾客寻找的途径和方式，并分析其优点缺点。

综合案例分析

学会选择与放弃

四月份是个收获的时间，也是孕育的季节。企业在这个时间正是对前一阶段的付出取得回报的好时候。对于一些特殊的行业，这个时候才是一年的开始。

接到顾客的电话是情理之中的事情，他们是远道而来的朋友，出于礼貌理应接待，我作为一个职业销售人员，这更是情理之中的事情。

他们来了，早上很早就到了我所在的公司，虽然事先我已经与相关人员打过招呼，但因为是所谓的CBD，有些人员还是晚到了一会儿。说真的，虽然是四月份了，但我的销售业绩还是不如人意，从销售的角度来讲，我是不能有一点马虎的，心里一直在念着只许成功，不许失败。由于是与顾客的第一次接触，在没有了解清楚顾客的需求之前我们是不敢随便出手的，很担心把事情搞砸了，出于这种考虑，我们准备了几种方案来迎接顾客的到来。

接待顾客都是按照常规进行，表面上看一切都是那么自然。经过与顾客的交流，加上这么多年的行业经验，很快就锁定顾客的需求，顺理成章地就抛出我们其中的一个方案，当时的顾客参与人员都有种热血沸腾的感觉，好像终于找到了知音。场面会使双方都很激动，出于职业的考虑，当时我们的判断出现了几种顾虑：

（1）此次参与的顾客级别不够。

（2）顾客的需求并不如想象的明确，只不过是在我们的引导之下迎合了他们的想法。

（3）这个顾客表面上是很大气的公司，在交流中感到是不是很愿意出钱的主。

出于这三点考虑，顾客走后我们并没有急于联系他们，他们回去是要消化一段时间的。过了几天顾客却主动打电话过来联系我们了，这样是可以想象得到的。经过两个来回，我们这边判断的迹象慢慢浮出水面。

在顾客的一再要求之下，我们还是提供了一份简单的方案，我们也知道后面将要发生什么事情，虽然我的销售压力很大，但在顾客第二次催我报价和索要具体方案时，我还是通过一封写了7条的邮件委婉地拒绝了他们的要求，也就是我们放弃这次合作的机会。

问题思考：为什么我们要主动放弃一些顾客呢？

单元六　接近目标顾客

知识点

（1）目标顾客接近。
（2）建立顾客信任。
（3）介绍接近技术。
（4）演示接近技术。
（5）提问接近技术。

技能点

（1）学习如何制定顾客接近计划。
（2）做好顾客接近前的准备工作。
（3）掌握顾客接近的方法和策略。
（4）掌握建立顾客信任的步骤与策略。

[案例导入]

案例 6-1

了解顾客的性格

亚伯特·安塞尔是铅管和暖气材料的推销商，多年以来一直想跟布洛克林的某一位铅管包商做生意。那位铅管包商业务极大，信誉也出奇的好。但是安塞尔一开始就吃足了苦头。那位铅管包商是一位喜欢使人窘迫的人，以粗线条、无情、刻薄而感到骄傲。他坐在办公桌的后面，嘴里衔着雪茄，每次安塞尔打开他办公室的门时，他就咆哮着说："今天什么也不要！不要浪费你我的时间！走开吧！"

然后有一天，安塞尔先生试了另一种方式，而这个方式就建立了生意上的关系，交上了一个朋友，并得到可观的订单。

安塞尔的公司正在商谈，准备在长岛皇后新社区办一间新的公司。那位铅管包商对那个地方很熟悉，并且做了很多生意，因此安塞尔去拜访他时就说，"某先生，我今天不是来推销什么东西的。我是来请你帮忙的。不知道你能不能拨出一点时间和我谈一谈？"

"嗯……好吧，"那位包商说，嘴巴把雪茄转了一个方向。"什么事？快点说。"

"我们的公司想在皇后新社区开一家公司，"安塞尔先生说："你对那个地方了解的程度和住在那里的人一样，因此我来请教你对那里的看法。这是好呢还是不好呢？"

情况有些不同了！多年以来，那位包商向推销商吼叫、命令他们走开，今天这位推销人员进来请教他的意见，一家大公司的推销人员对于他们应该做什么，居然跑来请教他，使他觉得自己很重要。

"请坐请坐，"他说，拉一把椅子。接着用一个多小时，他详细地解说了皇后新社区铅管市场的特性和优点。他不但同意那个分公司的地点，而且还把他的脑筋集中在购买产业、储备材料和开展营业等全盘方案。他从告诉一个批发铅管公司如何去展开业务而得到了一种重要人物的感觉。从那点，他扩展到私人方面，变得非常友善，并把家务的困难和夫妇不和的情形也向安塞尔先生诉苦一番。

"那天晚上当我离开时，"安塞尔先生说，"我不但口袋里装了一大笔初步的装备订单，而且也建立了坚固业务友谊的基础。这位过去常常吼骂我的家伙，现在常和我一块儿打高尔夫球。这个改变，都是因为我请教他帮个小忙，而使他觉得有一种重要人物的感觉。"

案例来源：瞧这网.经典推销案例.http://www.795.com.cn/wz/79396_2.html

项目一　顾客接近的设计

顾客接近是指推销人员正式与顾客进行的前期接触，把推销引入到洽谈的一个活动过程。成功推销的基础在于推销主体成功地接近推销对象，而且很多交易能否达成，往往取决于推销顾客首次面对面接近的几分钟。如果接近是有效的，就有机会过渡到洽谈；如果接近是失败的，将丧失推销陈述的机会，也就等于宣告本次推销访问的终结。对于不同的顾客类型，接近的重要性也可能不同。一般来说，老顾客的接近要比新顾客的接近较为容易，但新顾客的接近意味着推销人员能否将潜在顾客转变为实际顾客。

任务 1　制定顾客接近计划

推销人员在推销之前，应该确定自己的目标并拟出相应的计划。不订计划，拿自己的商品到市场碰运气，卖多少算多少的推销人员是一个鲁莽行事的推销人员，会缺乏高质量地完成任务的动力，难以从时间上、成本上判断现在的推销行为是否合理；还会缺乏明确的目标，处于被动的位置。可以说没有计划就没有推销，有些精于市场销售的推销人员可能从没有写在纸上的计划，他们可能只是在回忆中才认识到他们所干的事的合理性，但是这丝毫不意味着他们就没有做什么计划，只不过他们的计划与传统的计划过程不同。

但是，在现代社会，信息量呈爆炸式增长，竞争越来越激烈，面对风云变幻莫测的市场，没有一点计划和准备是根本行不通的。推销人员还是应该将计划写下来。

1. 确定拜访计划

一次成功的拜访需要有良好的计划。设计拜访计划，可以采用 5F 法。

（1）FIND——找寻及收集事实。第一个 F，在计划步骤中，等于是找寻、收集事实。各种事实如公司的环境、商品销售市场、顾客的购买习惯等，都是找寻及收集的对象。

（2）FILTER——选择收集的资料。进行第二个 F，将收集来的资料加以过滤、选择，只抽取计划中所需的资料。

（3）FIGURE——拟定初步计划。第三个 F，即针对所抽取的资料进行检查、讨论，经过组合，拟出初步的计划方案。

（4）FACE——制定实施行动计划。第四个 F，是将初定的计划草案赋予生命力，使之能够付诸行动,成为一个有实施作用的行动计划,不再只是纸上谈兵。

(5) FOLLOW——计划的实施。第五个 F,是依照计划付诸行动。

2. 明确拜访时机

要把握拜访时机。尽管你如何辛勤地拜访,具有购买决定权的顾客不在或正忙得不可开交时,你的一切努力皆徒劳无功。因此,就必须掌握确定拜访时机的方法。你必须站在顾客的立场上找寻最方便适当的时段进行商谈,才能获得最佳的成果。而商谈的时机,因顾客的行业、部门各有不同,你必须依照顾客的作息时间找出最有效率的商谈时机。

3. 预约顾客

明确拜访时机必须明确预约内容和预约方式。

(1) 预约内容。预约的主要内容包括明确约见对象、约见时间和约见地点。

- 确定拜访对象。要尽可能多地熟悉手头上现有的被访顾客的有关资料和信息,例如约见对象的姓名、性别、性格、兴趣爱好、工作环境、身体状况、家庭情况等,需要补充了解的就及时补充了解,越详细越具体越好,这样才便于做好约见重点和策略的设想,才能在实施约见访问时做到有的放矢,才会与约见对象有更多的沟通和交流,更好地赢得顾客。

- 确定拜访时间。应主要根据顾客的情况确定见面的时间,尽量避免在顾客忙碌的时间前往。比如星期一的上午通常都比较忙,应尽量避开。如果能够选择顾客较为轻松和闲暇的时候约见为最好。至于是上班时约见好还是休息时约见好,不能概而论之,需要良好的事先沟通与商定,或者是建立在对顾客生活规律的了解之上,应因人而异,因情而定。当遇有顾客的时间与我们直销员的时间发生矛盾时,我们应尽量考虑和照顾客户的意图。当与顾客的约定时间敲定以后,我们要立即记录下来,并且要严格按照约定时间准时到达,应坚决避免迟到或约而不到。

- 确定拜访地点。

(2) 预约方式。预约方式有多种选择,可以根据自己的实际情况来进行选择。例如函约、面约、电话约、广告约等。另外,如果能够有引荐人势必会提高预约的成功率。

依据以上准备工作,可以制作成图表,如表 6-1 所示。参照此表,决定拜访次序,就能进行损失最少、效果最好的拜访了。记录和笔记,对提高工作效率是非常有用的。

表 6-1　顾客接近计划表

日期		拜访顾客	拜访时机	拜访内容
第一周	周一			
	周二			
	周三			
	周四			
	周五			
	周六			
第二周	周一			
	……			

任务 2　顾客接近前的准备

一个推销人员对于准顾客的调查，不必考虑太多，也不可犹豫不决，因为机会稍纵即逝，所以必须及时行动。在成为一个优秀的推销人员之前，你必须是一个优秀的调查员。你必须去发现、去追踪、去调查，直到摸清了准顾客的一切，使他几乎成为你的"老友"。

我们知道，每个人的个性、收入、生活方式、兴趣、家庭状况、休闲方式、声音、说话的速度、笑容均不相同。如果你对准顾客的事前调查工作马虎的话，无异于把各色各样不相同的准顾客都归成同一类。这么一来，你要拿什么姿态面对不同的准顾客呢？由于不了解对方，只能不顾对方而以自己一成不变的方式去应对。在此种情况下的交往，双方一定不可能水乳交融、打成一片。

调查准顾客的方式可以因人而异，然而其目的不外乎有以下两项：

（1）在与对方正式碰面之前，掌握对方的各种详细资料，以描绘出对方的形象。

（2）针对准顾客的形象，决定自己的对应姿态。

1. 审验潜在顾客的资格

通过已经掌握的信息资料判断某个线索指向的是否是潜在顾客，但对潜在顾客作进一步了解后，可能会得出完全相反的结论，或许这些线索所指向的顾客已经购买同类产品，或许没有足够的支付能力，或许亲戚朋友已向他们推荐同一类型的产品。因此，推销人员要全面地进行接近准备，弄清所掌握的线索是否是真正的买主。

2. 顾客信息参考

（1）个体潜在顾客信息。

接近个体潜在顾客的准备内容如表 6-2 所示。

表 6-2　接近个体潜在顾客的准备内容

顾客信息类别	具体内容	作用与注意事项
基本情况	姓名	写对、读准。可以缩短推销人员与潜在顾客之间的距离
	年龄	了解潜在顾客的真实年龄，有助于推测潜在顾客的个性心理特征与需要等。女性年龄可以大致估计
	性别	不同性别的潜在顾客在性格、气质、需要和交际等方面都有所差异
	民族	不同民族有不同的风俗习惯与宗教信仰，推销品应该在包装、色彩、商标等方面适合于特定民族的习惯
	教育程度	寻求交流的基点，同时为洽谈方式的选择提供参考依据
	出生地	利用同乡关系谈话，容易被潜在顾客所接受
个体特征信息	职业	潜在顾客靠什么谋生？是雇主还是雇员？从事哪一行业？能力怎样？工作了多久？这些问题的答案都有利于推销人员找到推销洽谈的话题
	住所	依据住所的社区与状况可以推测社会地位等情况
	个人癖好	推销中可以适当投其所好
	消遣、兴趣、爱好	了解潜在顾客工作之外的娱乐项目、兴趣爱好，可以找到更多的谈话话题，使推销接近顺利步入正轨
	最佳访问时间	如果推销人员能在潜在顾客空闲之时去拜访，将会受到友好的接待

续表

顾客信息类别	具体内容	作用与注意事项
与需求和购买相关的信息	需求状况	了解顾客是否确实需要你所推销的产品。如果需要，应该弄清楚潜在顾客对产品熟悉的程度；如果不需要，判断是暂时的还是长期的，以便进行分级管理
	购买能力	了解购买能力，提高推销的针对性
	购买决策权	判断购买决策权到底掌管在家庭成员中的哪一个人手中，并根据购买决策者的特征设计推销接近计划与方法
	家庭状况	很多的购买决策是由于人们想取悦配偶或子女形成的，因此要注意家庭成员在购买决策中的影响作用
	参考群体	了解潜在顾客属于哪一个参考群体？在群体中任何职务？有无权威性？掌握这些信息，有利于利用群体的影响和认同感使之接受推销品
其他推销人员重点关注的信息	……	
	……	

（2）接近组织潜在顾客的准备内容。

所谓组织潜在顾客，是指除个体潜在顾客之外的所有潜在顾客，包括各种企事业单位及其他社会团体组织。由于组织准潜在顾客的购买目的是为了获利或开展正常业务活动（例如学校购买课桌、椅子、粉笔、电脑等是为了组织教学），除具备个人采购的一些特点外，还具有以下特点：购买数量大，订货次数少，供购关系稳定，重视品质，专业人员购买，影响购买决策的人员多，属于理智型购买。采购者只是执行购买决策的人员，通常不是做出购买决策的人，因而向组织购买者推销就是指向购买决策者推销，或向影响购买决策的有关人员施加影响，促使决策者做出购买决策。购买决策的复杂性，必然要求推销人员更加充分做好接近组织潜在顾客的准备工作。

在顾客采购时，顾客需要的是产品的核心功能和附加功能而并非产品本身。在我们发掘顾客需求时，一定要了解清楚在顾客内心深处对产品各功能的排列次序，只有这样我们才能有针对性地讲解产品并做到击中要害，这也就是我们的卖点。

在产品销售中，我们是不是一味地向顾客讲解产品的优点呢？我们是不是一味地把这些优点认为是我们产品的卖点呢？如果这样，你就错了，因为你讲的优点在顾客眼里可能一文不值。只有顾客关注的产品特点才能成为我们产品的卖点。

因此，除应准备个体潜在顾客的一些内容外，还应准备以下内容：

- 组织名称。准确地了解组织潜在顾客的名称，有利于与推销对象取得联系，顺利地开展推销工作。
- 组织性质。掌握组织所属的性质是公司法人还是行政事业法人，是盈利性组织还是非盈利性组织等，有利于制订恰当的推销计划。
- 组织规模。包括资本、员工、生产能力、技术水平等，了解这些方面的资料，可以间接地推测该组织可能接受推销品的数量、支付能力的强弱等。
- 组织所在地。掌握组织总部及其分支机构的所在地、通讯地址、电话号码、传真号码、E-mail、交通运输情况等，才能及时与组织取得联系，并前往组织所在地进行推销。
- 组织的机构设置与人事。包括组织机构的设置、各个部门的负责人分别是谁、总经理又是谁、是否设立了独立的供应部门。
- 组织的采购状况。一般的采购决策由谁做出？重大的采购项目又是由谁决策？影响这些重大购买决策的有哪些人？组织现在的供应商是谁？对现在供应商提供的货物或劳务是否感到满意？现在供应商的产品最大缺陷是什么？我们的产品具备这方面的优势吗？掌握组织潜在顾客采购方面的情况，有利于有针对性地开展推销接近工作。
- 组织的经营状况。包括潜在顾客的生产规模、经营管理水平与能力、盈利能力、市场状况、技术装备水平等。了解这些情况，有助于进一步审查潜在顾客的资格，判断组织购买者购买活动的方向和水平。
- 组织的购买习惯。指潜在顾客购买商品的时间、订购次数、订购的批量、订货方式、订货的要求等。了解组织购买者的购买习惯，有利于推销人员在推销洽谈中适应或迎合顾客的购买习惯。

3. 拟定洽谈计划

洽谈是推销过程的一个关键环节，推销能否成功通常取决于此，因而设计一个行之有效的洽谈计划是非常必要的。通过接近准备，可以了解顾客重视推销品的哪些方面、谈话用什么形式易为顾客所接受等问题，以便有针对性地制订洽谈计划。如果潜在顾客最感兴趣的是减少费用开支，则大谈产品质量的优越而忽视价格方面的分析介绍，推销品不可能为顾客所接受；如果潜在顾客不在乎费用多少，较为关心品质时，推销宣传价格的便宜性，只会引起顾客的反感，不可能做出购买决策；如果潜在顾客追求的是心理、社会地位等附加价值，则宣传商品的成熟性与稳定性往往不可能引起其购买欲望。因而，通过推销人员的前期准备，可以明确推销洽谈中的侧重点，选用适宜的介绍商品的方式，从而达到激励购买欲望，实现最终购买行为的目的。

项目二　顾客的有效接近

接近是推销面谈的前奏，是推销过程的必要环节。成功的接近是成功推销的第一步，接近不了推销对象，便无法开展推销。在接近推销对象的时候，推销人员的主要任务是简要介绍自己和有关企业的背景、概况以及推销产品的特点和利益，引起顾客的注意和兴趣。有一些推销方法和策略可以使用。

任务 1　顾客接近的方法指引

通常推销接近有三大类方式：介绍式、演示式和提问式。

介绍接近技术包括：自我介绍接近法、他人推荐接近法。

演示接近技术包括：产品接近法、表演接近法、馈赠接近法。

提问接近技术包括：询问接近法、利益接近法、好奇接近法、请教接近法、震惊接近法、赞美接近法。

接近过程必须是在做好接近准备、约见顾客的基础上进行的，因而应根据对顾客情况的了解程度，选择最适宜于接近特定买主的方法。

1. 介绍式接近

介绍式接近，是指推销人员直接说明产品给顾客带来的好处，以引起其注意和兴趣，进而转入洽谈的接近技术。推销人员陈述的内容可以是推销品的利益，也可以是推销品使用之后所带来的或感觉到的有形与无形实惠，或直接是某位顾客的评价意见，介绍完后常常提出一个问题以试探买主的反应。

（1）自我介绍接近法。

自我介绍接近法是指推销人员自我介绍接近推销对象的方法。在推销人员推销新产品或初涉推销领域时，对顾客的情况了解不多，更不知道顾客的接近圈内的人，通常采用自我介绍法。例如"李先生，您好。我叫江山，我是教学仪器设备公司的。"

在正式接近顾客时除了进行必要的口头自我介绍之外，也应同时出示能证明推销人员身份的有关证件或信函，如身份证、工作证、介绍信等。为了加深顾客的印象，也便于日后的沟通联络，推销人员在接近过程的适当时机应主动呈送自己的名片。自我介绍接近法是大多数推销人员都常运用的接近方法，但效果甚微，尤其是推销人员所代表的公司声名不显赫时，不易引起顾客的注意和兴趣，因而往往要与其他方法联合使用。

（2）他人推荐接近法。

他人推荐接近法是指利用潜在顾客所尊敬的人的举荐去接近的方法。如"陈先生，我叫张××，是快餐配料公司的。上个星期您哥哥曾跟我谈起您，他要我跟您联系一下，看看是否有你们所要进的配料。"

他人推荐接近法的主要方式是信函介绍、电话介绍、当面介绍等。一般说来，介绍人与顾客之间的关系越密切，介绍的作用就越大，销售人员也就越容易达到接近的目的。因此，销售人员应设法摸清并打进顾客的接近圈，尽量争取有影响力的中心人士的介绍和推荐。

介绍人所起到的作用大小，取决于推销人员与介绍人的关系及介绍人与顾客关系的密切程度。但在实际应用时，切不可勉为其难，欺世盗名，特别是当顾客讨厌用人情关系接近时，不但疏远其介绍人，而且把"祸根"迁怒于推销人员及其推销品，不可能有所作为。推荐接近法可以使顾客与推销人员很快熟悉和亲近起来，较为省力，易于顾客接受，但顾客也可能是出于人情面子而接见推销人员，未必对推销品感兴趣。另外，推荐接近法对特定推销对象只能使用一次，毕竟在你想接近的潜在顾客中，能获得推荐的只是少数。

2. 演示式接近

演示接近技术最显著的特点是能促成顾客的参与，从而能使顾客集中注意力关注所推销的商品。产品接近法相对更为常用，或结合介绍式、提问式方法一同使用。

（1）产品接近法。

产品接近法是指推销人员直接利用推销品的新奇色彩、独一无二或明显改观引起潜在顾客的注意和兴趣，从而使接近顺利转入洽谈的接近方法。由于产品接近法以产品作为接近媒介，因而也把它称为实物接近法。例如，美国德克萨斯仪器公司的推销人员在推销一种大学生用的袖珍计算器时，他们只是把计算器简单地放在购买者的桌上，等待购买者的反应。

产品接近法的优点在于：让产品吸引顾客的注意，给顾客提供了一个亲自摆弄产品的机会，并激发起进一步操作的欲望，勿需推销人员做过多的介绍。因而，产品接近法适合于具有独到特色的产品，容易引起买主的注意和兴趣。

当然，产品接近法并不是完美无瑕的，也有其自身的局限性，选用时要符合以下条件：

- 产品自身必须具有足够吸引力，能够引起顾客的注意和兴趣。这种吸引力不是从企业或推销人员角度来认识，而是设法让买主也实实在在感到这种不可抵挡的"诱惑"。

- 产品自身精美轻巧,便于推销携带,利于顾客参与操作。像服装、玩具等新潮产品易于展示和顾客试用,但像推土机、机床等笨重的产品就不可能用产品接近法。
- 推销品必须是有形的实体产品,能使顾客通过感官引起注意和兴趣。如果是无形产品,推销人员就难以用产品接近法。
- 产品本身质地优良,经得起顾客的摆弄,并从操作中实实在在地感觉到产品的利益。

(2)表演接近法。

表演接近法是指推销人员通过各种戏剧性表演技法引起顾客的注意和兴趣,进而转入洽谈的接近方法。例如,一个推销瓷器的女推销人员,当她把一套餐具中的一个盘子递给顾客时,她故意把它掉到了地上,但盘子却完好无损。当她捡起来后,说到:"这是引导瓷器业革命的新技术成果,你的顾客特别是新婚夫妇肯定会喜欢这样的产品,难道您不这样想吗?"表演接近法可以迎合某些顾客的求新求奇心理,充分调动人们的主观能动性,唤起人们的思想感情,使潜在顾客能够注意并发生兴趣。

(3)馈赠接近法。

馈赠接近法是指推销人员利用馈赠小礼品的方式来引起顾客的注意和兴趣,进而转入正式洽谈的接近方法。赠送的小礼品可以是一束鲜花、一张印制有公司广告的年历卡片、小型台历、一个小钥匙链等,目的在于短期内引起潜在买主的注意,使之有兴趣听取推销人员的介绍。

馈赠接近法来源于人类心理上都有贪图小便宜的心理动机,顾客在接受了赠品后,把其注意力集中到推销人员的接近中,容易发展与顾客的亲密关系,形成融洽的推销氛围,促进最终交易的达成。但在使用此法接近顾客时应注意以下几个问题:

- 慎重选择馈赠礼品。在进行接近准备时应做好调查,摸清情况。首先应确定的是顾客会不会把赠送礼品看成是不正当的行为,会不会把送礼的推销人员看成骗子。其次是了解顾客对礼品的价值观念,以确定送礼的方式。再次是了解顾客的嗜好和需求,尽量送其所爱,送其所用。
- 用来作为接近的礼品只能当作接近顾客的见面礼与媒介,而绝不能当作恩赐顾客的手段。
- 礼品的内容与金额的大小必须符合国家有关规定,不可把馈赠变成贿赂。
- 礼品尽量与所推销的产品有某种联系。

3. 提问式接近

通过提问来接近顾客是最常用的技术,因为提问方式能使推销人员更好地确定潜在顾客的需求,促成顾客的参与。在提问式接近中,问题的确定是至关重要的,应该提出那些业已证明能够收到顾客积极响应的问题。

通过提问去接近顾客的具体方法有很多,这里介绍的几种方法只是给你提供一个基本的认识,随着推销经验的不断积累,应该针对每个具体的潜在顾客来设计所提的问题。

(1)询问接近法。

在许多情况下,使用一系列的问题来开始推销接近,并根据顾客的回答来确定顾客的需求不失为明智之举。询问接近法就是推销人员通过提出多个问题推动顾客参与推销访问活动,以此形成双向沟通的接近技术。提问后仔细地聆听顾客的回答,有助于抓住推销洽谈中所需要向顾客阐明的特色(Features)、优点(Advantages)、利益(Benefits),即 FAB 公式。

提问接近法的一个新技术就是 SPIN,即在某一特定场合同时使用紧密相连的四种提问技术。

- 询问情境。S 是指 Situation questions，即向潜在顾客提出一些与产品有关的一般性问题。为了解潜在顾客的大致情况，可能得首先询问一个情境问题，帮助顾客理解购买需求。情境提问可以使销售人员平稳地过渡到某个特定的领域，当然也可能使潜在顾客感觉不自在和不愿意向推销人员倾诉相关的问题，甚至有可能否认这些问题的存在。因而提出几个预备性问题能够更好地了解和认识潜在顾客的业务状况。
- 揭示问题。P 指 Problem questions，即通过第一阶段的铺垫后，向顾客询问与境况相关的特定问题、困难和不满意之处，在推销接近阶段就让潜在顾客的问题或需求尽早地暴露出来。推销人员的目标就是让顾客认识到：我确实存在某个方面的问题。
- 暗示危害。I 指 Implication questions，在寻问情境、揭示问题后潜在顾客仍未重视存在问题的严重性，则需要向潜在顾客做出某些暗示或说明问题的存在将怎样影响家庭生活或公司经营等。暗示性提问在于帮助潜在顾客认识到问题的性质，因而设计一个能够让顾客全身心地投入，并积极寻求改进目前状况的问题是相当重要的，只有这样才能使潜在顾客唤起满足需求和解决问题的动机。
- 解决问题。N 指 Need-payoff questions，即寻问潜在顾客是否有重大的、清晰的需求。在使用 SPIN 接近法时，潜在顾客的需求是自身确定的。如果潜在顾客对关键性问题积极响应，就能知道这是一个重大需求，其间有必要重复 P-I-N 来充分发掘潜在顾客的重要需求；如果潜在顾客回应是否定的，则这不是一个重要需求，需要重新开始 PIN 的提问来判定顾客的重大需求。

在使用 SPIN 接近时，并没有提及具体的产品，主要目的是在未暴露所确切推销什么产品的情况下有机会去培育顾客的需求。如果一个推销人员一进入购买者的办公室就说：我想跟你谈谈某产品，则遭到回绝的可能性较大，因为购买者还不知道他的需求。所以，SPIN 提问式接近能使你在正式洽谈前更好地分辨顾客的需求。

（2）请教接近法。

请教接近法就是推销人员以虚心向潜在顾客讨教的方式弄清顾客的需求，从而达到接近顾客的方法。当有人就某个你擅长的问题向你请教时，你肯定会向他大肆炫耀。请教接近法正是利用了这种心理，通过提出请教的问题来侦察顾客的需求，从而为推销洽谈搜集信息。如"我是这个方面的新手，我想知道是否你能帮助我？我的同事说'我们的 100 型复印机是同档价位中最畅销的。'您是怎么想的？"请教接近法特别适合于刚刚从事推销工作的人，因为这表现出你尊重购买者的意见，而且也不会对购买者的专家地位构成威胁。

（3）利益接近法。

利益接近法就是推销人员提出问题直接点明推销品能够给潜在顾客带来的某种特别的利益或实惠，以引起顾客的注意和兴趣，从而顺利转入洽谈的接近方法。

利益接近法符合顾客追求实惠的动机，人们总是希望从购买行为中获取一定的利益。例如，通过使用所推销的产品能使收益提高，或使成本大幅度降低，或使工作环境改善、劳动强度降低，或使效率提高等。如果推销品与顾客现在使用的产品之间没有明显的改观，则很难促使消费者弃旧迎新，因为人都有着固有的惯性，对新事物有着天然的抗拒性。例如"吴先生，你知道有几千家像你们这样的公司都将制造成本节省了 10%～20%吗？（不等顾客回答，就继续说道）他们确实做到了，因为安装了我们的计算机装配系统。你对此有兴趣吗？"

利益接近法适合于已经知道潜在顾客的需求，且洽谈时间不多的情形下。为了确保得到顾客的积极响应，在提问后应紧接着陈述，说明这些利益对顾客是相当重要的；即使知道顾客对提出问题的回答是肯定的，也需要通过提问来陈述产品给顾客带来的利益，以此作为全面设计洽谈的参考。

利益接近法使用时应该注意以下几方面的问题：
- 必须实事求是地陈述推销品能够给顾客带来的利益，不可夸大其辞。
- 推销品的独特利益必须有可供证明的依据。任何推销人员都强调推销品所固有的利益，但顾客并不会盲目地认同，必须寻找能够证明其有独特利益的证据，以增强顾客的信任。
- 应该仔细地设想顾客可能的回应，以便采取适当的对策来处理顾客提出的问题。

（4）震惊接近法。

震惊接近法（The shock approach），是指推销人员设计一个问题，使顾客对所推销产品认识到其严重性，或用令人吃惊的数据资料来引起顾客的注意和兴趣，进而转入洽谈的接近方法。例如一个家庭防盗报警系统，推销人员可能会这样开始他的推销洽谈："您知道家庭被盗问题吗？根据公安机关公布的数据，今年家庭被盗率比去年上升了15个百分点。"

震惊接近法是针对于某些顾客对自我的境况没有认识到其严重性，或者自我虽然有所察觉，但却未能引起其足够重视而设计的。运用震惊接近法要求推销人员去收集材料，分析顾客的可能情况，选择恰当的材料去震动顾客，使其认识到危害性，并采取防范措施去杜绝或减小危害。例如，消防器材的推销人员在向企事业单位推销时，就可以用全国每天发生重大火灾的数量、造成的财产损失、人员伤亡等个别或典型例子给顾客心灵上以震撼，从而使其认识消防安全的重要性，最终促成购买消防器材。

在使用震惊接近法时，应注意以下问题：
- 使顾客震惊的数据资料应该与推销品有关。
- 震惊的数据资料确实能够达到震撼人心的效果，引起顾客的重视与警觉。
- 收集的数据资料是建立在真实的基础上，切不可以夸大和过分渲染其恐怖效果。

（5）好奇接近法。

好奇接近法（The curiosity approach），是指推销人员寻问一个问题或做某事来使顾客对产品或服务感到好奇的接近技术。例如，"你知道为什么最近的工人日报把我们的柔性加工单元描述成制造业的革命吗？"（推销人员说着把报纸拿出来，让顾客看了一下标题，还未等顾客索取报纸就把它收好。要是顾客去细看文章的内容，就有可能中断分散顾客的注意力，从而影响推销洽谈的效果。）

再例如，在访问一个爱抽雪茄的男买主时，推销人员把一个雪茄烟盒放在买主的桌上。一阵闲谈之后，买主问到"盒子里是什么？"推销人员把盒子递给这位男士并说到："打开就知道了！"里面正是推销人员想推销的产品。

（6）赞美接近法。

赞美接近法是指推销人员利用求荣心理来引起潜在顾客的注意和兴趣，进而转入洽谈的接近方法。

从心理学角度来分析，每一个人都喜欢受到赞美，同时也希望别人能注意到他的成就，并得到他人的赞许，为他人所认同和尊重。这是一个人奋发进取，努力向上的精神动力之一。推销接近过程中，只要是真诚地夸奖潜在顾客，如称赞顾客的企业所取得的成就，赞许决策者的工作能力、办事效率、对人的态度等，都有助于交易的达成。

使用赞美接近法应注意以下问题：
- 认真进行接近准备，了解顾客值得赞美的成就是什么，避免捧错了人或事，引起顾客的反感。
- 一定要诚心诚意地赞美顾客，尊重事实，把握赞美的分寸，不可冷嘲热讽或阿谀逢迎。
- 了解顾客的个性特征，讲究赞美的方式。有些人喜欢别人赞美，而有些人则对此很反感，推销人员应分清对象，采用不同的策略方式分别接近。

[参考阅读]

接近顾客十法

接近顾客是推销洽谈活动的前奏，是推销人员与顾客正式就交易事件接触见面的过程。推销人员接近顾客的方法多种多样，要注意掌握各种方法并综合运用。

【商品接近法】

指推销人员利用商品的某些特征来引发顾客的兴趣，从而接近顾客的方法。这种方法对商品的要求比较高，商品应具有某些吸引人的突出特点，并最好能便于携带，使推销人员能以有形实体的商品展示给顾客。

【介绍接近法】

指通过推销人员的自我介绍或他人介绍来接近顾客的方法。介绍的内容包括姓名、工作单位、拜访的目的等情况。为获取顾客的信任，一般应递交名片、介绍信等相关证明材料。

【社交接近法】

指通过与顾客开展社会往来接近顾客的方法。采用这种方法一般不开门见山地说明用意，而是尽量先与顾客形成和谐的人际关系。

【馈赠接近法】

指推销人员通过赠送礼物来接近顾客的方法。馈赠礼物比较容易博得顾客的欢心，取得他们的好感，从而拉近推销人员与顾客的关系，而且顾客也比较乐于合作。

【赞美接近法】

指推销人员利用一般顾客的虚荣心，以称赞的语言博得顾客的好感，接近顾客的方法。推销人员要注意观察顾客的仪表，在称赞顾客时要真诚、恰如其分，切忌虚情假意，以免引起顾客的反感。

【反复接近法】

指推销人员在一两次接近不能达成交易的情况下，采用多次进行推销访问来接近顾客的方法。该方法一般在交易较大的重点生意中经常采用。

【服务接近法】

指推销人员通过为顾客提供有效并符合需要的某项服务来博得顾客的好感，赢得顾客的信任来接近顾客的方法。具体的服务内容如维修服务、信息服务、免费试用服务、咨询服务等。

【利益接近法】

指推销人员利用商品或服务能为顾客带来的实际利益来引起顾客的兴趣并接近顾客的方法。采用这种方法时，推销人员应把商品能给顾客带来的利益放在第一位，以引发顾客的兴趣，增强购买信心。例如，一位推销人员在介绍产品时说："我们厂出品的账册、簿记比其他厂的产品便宜三成。"从顾客关心的重点入手，引发顾客对所推销产品的兴趣。

【好奇接近法】

指推销人员通过引发顾客的好奇心来接近顾客的方法。好奇心是人们普遍存在的一种心理。推销人员在采用该方法时，应注意新奇，但不荒诞，并注意在恰当的时机将谈话引入正题。如一位推销办公用品的推销人员对推销对象说："我有办法让你每年花在办公用品上的成本减少30%。"

【求教接近法】

指推销人员通过请顾客帮忙来解答疑难问题，从而接近顾客的方法。例如，推销人员问："赵工程师，你是机电产品方面的专家，你看看与同类老产品相比，我厂研制并生产的产品有哪些优势？"推销人员采用这种方法主要是利用对方好为人师的特点。运用求教接近法时一定要注意问对方擅长的问题，并在求教后及时将话题导入有利于促成交易的谈话之中。

资料来源：李子. 推销人员接近顾客十法. 大河报. 2005年3月25日

任务2 有效接近顾客的策略

除了顾客接近方法之外，还有很多可以应用的顾客接近的策略。比如开场白策略、找到顾客对抗点、控制时间策略、减轻顾客心理压力等。

这些策略可以和顾客接近方法结合使用，以提高接近成功率。

1. 用开场白赢取顾客好感

用开场白赢取顾客好感也就是营销学中的一句话营销。推销人员与准顾客交谈之前，需要适当的开场白。开场白的好坏，几乎可以决定这一次访问的成败，换言之，好的开场白就是推销人员成功的一半。

（1）突出经济利益。

几乎所有的人都对成本感兴趣，省钱和赚钱的方法很容易引起顾客的兴趣。如"张经理，我是来告诉你贵公司节省一半电费的方法的。""王厂长，我们的机器比你目前的机器速度快、耗电少、更精确，能降低你的生产成本。""陈厂长，你愿意每年在毛巾生产上节约5万元吗？"

（2）真诚的赞美。

每个人都喜欢听到好听话，顾客也不例外。因此，赞美就成为接近顾客的好方法。赞美准顾客必须要找出别人可能忽略的特点，而让准顾客知道你的话是真诚的。赞美的话若不真诚，就成为拍马屁，这样效果当然不会好。

例如，"王总，您这房子真漂亮。"这句话听起来像拍马屁。"王总，您这房子的大厅设计得真别致。"这句话就是赞美了。

（3）引用有影响力的第三人。

告诉顾客，是第三人（顾客的亲友）要你来找他的。这是一种迂回策略，因为每个人都有"不看僧面看佛面"的心理，所以大多数人对亲友介绍来的推销员都很客气。

例如"何先生，您的好友张安平先生要我来找您，他认为您可能对我们的印刷机械感兴趣，因为这些产品为他的公司带来很多好处与方便。"为了取信顾客，若能出示引荐人的名片或介绍信，效果会更佳。

还有很多不错的开场白,这需要推销人员的不断积累。

2. 找到顾客的对抗点

在顾客不了解推销人员及其推销产品的时候,顾客可能存在某些方面的抵触,比如认为推销人员是在占用或者是浪费其时间等。所以,如果你找不到顾客的真实对抗点,则很容易被顾客打断或者拒绝。

在接近时,不要轻易打断顾客的话,从顾客的言语中找到顾客最关心的内容,以此为切入点。

3. 控制时间策略

推销人员必须严格遵守时间。善于支配时间的人,才能进行高效率的推销,严守约定时间。要制订一个时间表,这就是你的行动计划。对调查研究的时间、推销的时间、吃饭和休息的时间等,依照一天的行动,合理地加以安排,努力做到能够最大限度地提高工作效率,这就是有效利用时间的要点。

4. 减轻顾客心理压力

如果出现产品价格过高或者顾客没有购买计划时,顾客就会产生相应的心理压力,此时,推销将重点放在提供产品信息上,而不是推销产品,重在建立联系,而不是强调销售产品。

项目三　约见目标顾客

推销人员要想实现销售目标,就必须先对顾客进行邀约,约见顾客是推销人员把潜在顾客培养成顾客的起始步骤。

任务 1　确定推销接近的目标

推销人员进行的接近准备、约见及接近等工作,其最终目标都是为了成交。但不同的顾客由于其熟悉和了解程度不同,不可能使每次接近都能成交。因此,推销接近的目标是逐步推进的,应分别根据顾客的情况达成不同的目标。无论采用何种接近技术,推销接近都包括以下四个层次的目的:

(1) 引起注意。

尽管推销人员已经事先与顾客进行约见,但顾客由于工作很忙碌,不可能专门停下手中的工作恭候你的到来,甚至在推销拜访时,顾客可能还一边工作,一边听推销介绍。根据心理学的基本原理,一个人在同一时间内不可能感知周围的一切事物,只是少数事物处于人注意的焦点,大量发生的事情或周围的事物都处于注意的边缘,而且人有选择性注意的心理特征,即人自身如果有强烈的需要或受到外部感官刺激,则相应的事物就容易受到人的关注,并进一步转换为浓厚的兴趣。因此,要求推销人员在接近过程中,如果发现顾客正忙于其他工作,不可能安下心来听推销介绍,则最好是停止或暂缓其推销工作,即使销售人员做了较为详细的推销介绍,也未必能引起顾客的注意,要是能找到引起顾客注意的强烈刺激手段,例如寻找与顾客有共同兴趣和爱好的话题(昨晚某场精彩足球赛或国内外发生的重大事件等),扭转其注意的指向,也可继续接近工作;另外,推销人员必须善于察言观色,及时掌握顾客的心理状态与特征,尽力维持顾客注意力的持久性。一旦顾客把注意力集中起来,推销品又确实能使顾客获利或帮助顾客解决某个实际问题,则已经步入成功的殿堂。

（2）激发兴趣。

顾客注意到了推销人员的存在，不等于关注推销人员的谈话，他也可能把其注意力分散或转移到其他事物上，最后使推销接近以失败告终。从心理学的角度来看，兴趣是指某一个人积极探究某种事物的认识倾向，这种认识倾向具有鲜明的个性特征，因人而异。因此，推销人员必须善于创造条件使顾客有持续听下去的愿望，保持其注意力的集中性。要达到这样的目的，就得告诉顾客推销品能帮助解决哪些方面的问题，满足什么样的需要，或者能使企业的劳动强度减少多少，或使效率提高多少，或能节省原材料多少，或能直接为企业赚取多少利润等。

（3）步入洽谈。

当对顾客有较多了解后，推销人员就应在简短的接近过程之后，自然而然地步入洽谈的阶段。这里接近与洽谈很难找到一个准确的"界碑"来区别两个不同的推销阶段。推销人员应视具体的推销对象和推销品把握接近过程的"火候"，及时地转入交易洽谈过程。在实际推销中，有些推销人员不管对顾客的熟悉了解怎样，开口第一句话就是：你要不要什么？这种既不清楚顾客的需要也不明白顾客关心焦点的提问方式，不可能使顾客有深谈下去的兴趣，也难以使顾客接受推销品。就像一场戏，总要对戏中的人物有交待的序曲阶段，最后才将观众带入戏剧的高潮，最终目的是使观众的思想、情绪与剧中人共鸣并升华。

推销接近除了达到上述三个目标之外，往往还需要通过提问获取以下信息：

- 揭示潜在顾客的需求或出现的重大问题。
- 判断潜在顾客是否要满足这些需求或解决所面临的问题。
- 设法让顾客自己说出这些需求或问题，了解他们的打算。

（4）建立顾客信任。

步入洽谈并不意味着最终成交的实现。实现交换的一个很重要的前提就是建立顾客信任。洽谈过程也是一个建立顾客信任的过程。作为销售人员，在与第一次打交道的顾客交往时，往往可以发现，顾客往往不会一接触就对你产生信任。在信任产生前，你所说的一切，顾客会抱着半信半疑的态度对待之。在此情况下，我们首先要做的就是：以真诚的态度对待顾客，让顾客感觉到你是一个诚实的人，是取得信任的关键。

任务2 确定约见顾客的方法

约见顾客，或称商业约会，是指推销人员事先征得顾客同意接见的行动过程。约见实际上既是接近准备的延续，又是接近过程的开始。只有通过约见，推销人员才能成功地接近准顾客，顺利开展推销洽谈。通过约见，推销人员还可以根据约见的情况进一步进行推销预测，为制定洽谈计划提供依据。此外，约见还有助于推销人员合理地利用时间，提高推销效率。当然，在某些情况下，约见顾客这个环节有时也是可以省略的，这要视具体情况而定。

常见的约见顾客的方法有以下几种：

（1）电话约见。

电话约见顾客是比较常见的一种预约方法。但如果约见一位新顾客，这种预约方法的成功率并不是很高。因此，使用这种方法推销人员一定要强调不会占用顾客太多的时间，另外尽量做到主题明确。如果能找到介绍人，则成功率会得到较大的提升。

电话预约也是推销人员常用的一种预约方法。与顾客打电话约定洽谈时间，说话要简明扼要。比如"我是小王。我准备到您的办公室拜访您，时间不超过 5 分钟。我准备向您介绍一种有吸引力的产品，我什么时候到您那里比较合适？明天上午 10 点 30 分还是后天上午？"在确定访问顾客时间等信息之后，拜访之前，一定要先打电话联系。早在几天前就在电话里约定好日期、时间，到了那天，再次打电话加以确定，这样就保证一定能见到顾客。对于推销人员来说，有必要进一步、更进一步地有效地利用电话。而且要牢记：电话号码簿是寻找顾客的钥匙。只要善于充分地利用电话，就一定能使销售量成倍增加。

（2）信函约见。

信函约见是一种比电话更有效、更正式的预约方式。一般情况下，信函约见一般包括如下内容：

- 问候
- 寄信的目的
- 拟拜访的时间
- 介绍人的推荐

E-mail 预约是现在比较常用的一种信函约见方式，但要避免收件人将邮件定义为垃圾邮件而删除。一方面要吸引受访顾客的注意力，另一方面最好能有引荐人的帮助，成功率会得到很大的提升。

当顾客对推销人员、推销人员的公司、推销的产品都不了解的情况下，最好的方法是先给顾客写一封情况介绍信，然后再打一个电话。如果推销人员不知道能否在电话里说清楚，或者不能在电话里预约定洽谈时间，则采取书信预约的方法。在书信里，推销人员不能用"我非常高兴，如果您能告诉我什么时候拜访您合适。"这样的话作为信的结尾。比较好的结尾是"我将打电话问你，我什么时候可以拜访您？"或"我下星期三拜访您是否合适？"

如果推销人员担心打电话会遭到顾客的拒绝，在书信的结尾可以这样写："这个星期五下午 3 点 30 分我将冒昧拜访您，时间不会太长。如果时间不合适的话，您可以让您的秘书告诉我，在此，谨表谢意！"

（3）访问约见。

访问约见是最为直接的一种约见方式。但在初次约见时，要明确可能占用顾客的时间，比如向受访顾客表明：能否占用 10 分钟的时间。此外，推销人员应该争取和具有决定权的人预约面谈。

项目四　建立顾客信任

信任研究吸引了众多的学科参与，尽管分歧很大，即使像信任的概念这样一个基本的问题仍然没有达成一个公认的、清晰的定义，但在信任的重要性这方面，不同学科的研究者却达成了高度的一致。

信任理论的出发点是互动。正是互动形成了人们之间的复杂关系，形成了社会。个人之间的互动是所有社会构成形成的起点。社会生活真实的历史起源仍然晦暗不明，但不管怎样，一种系统的发生学分析一定要从这个最简单、最直接的关系出发，即使到了今天，这种关系也仍然是无数新的社会构成形式的源泉。

任务1　了解信任的含义与特征

与信任相关的词汇甚多，如诚信、相信、信赖、信仰等。它们都与信任相关，意义却相差很大。

诚信是一个人的美德，这是对每个个体本身而言的，修德在己而不在人。它是一个人获得他人信任的资本。相信是从认知方面讲的，可以说我相信你说的话是真的、相信明天会是晴天等。这是一般性的、非道德性的，也没有太大的后果性。信赖不但是非常相信，而且表现出很是依赖。信仰则是一个有高度的词，这是就精神依靠而言的，更重于个体的主观体验，有理性的科学信仰，也有非理性的宗教信仰，还有世俗的物质信仰等，而且从心理和行为上都对信仰对象有很高的要求。信仰者对于他的信仰对象是真诚的、虔敬的。

信任虽与信相关，却与前述三者含义不同。

1. 信任是一种人际关系形式

信任涉及信任主体与信任客体两方，是一种由情感、激情或者承诺引起的心理认定。《说文解字》中如是解释："信，诚也。从人，从言，会意。"《论语·阳货》中亦有"信则人任焉"，如此看来，信与任密切相关，而且讲的就是人与人之间的关系。在这种关系发生之时，最有力的交流工具便是语言，"人言"为信，但仅仅是"人言"又不足为信，人言不欺才足以谓信，而后才有人任焉。信任这一概念在众多学科中出现，比如说社会学、伦理学、心理学、经济学中都会涉及。

2. 信任是重要的社会综合力量

信任是社会的产物。处于自然状态中具有自利性的人为了能够和平相处，在多次的反复较量、反复猜测与不断地冒险中产生了信任，从而开始了合作，而合作的过程又增强了彼此的信任，如此反复循环之。

学者西美尔在其《货币哲学》一书中如此表述："离开了人们之间的一般性信任，社会自身将变成一盘散沙"。在《社会学》一书中，"信赖是在社会之内的最重要的综合力量之一"。对个体行动者来讲，信任的功能是"提供一种可靠的假设，这种假设足以作为保障把实际的行为建立在此之上。"无论是在社会层面，还是在个体层面，信任都显示出它的重要性。

3. 信任是一种心理偏见

一个人面对不确定的环境时，预期对方是善意的，而不惜使自己身陷被骗的危险，仍采取合作行为。所以没有不确定性的合作就不是信任的表现，比如严格的合约在执法如山的环境里，不需要信任也可以交易，又比如明确的制度与流程加上重赏重罚的激励措施，会使员工的行为符合公司预期，但不会使之信任公司。信任理论更指出权力与信任是相互矛盾的，权力可以使人行为符合要求，完全不会有不确定的危险，但权力不但不会增强信任，反而会伤害信任。

4. 信任是有风险的

人们无法消除交往过程中的或多或少的风险。但是我们依然肯定这种必要的交往是可能继续的，因为我们在初次冒险而且这种大胆的赌注为我们带来现实利益时，彼此的可靠度具体地表现了出来，双方就会产生好感，这种交往次数越来越多，彼此的信任感也在逐渐地增强，我们的信任是在逐渐的了解与合作中产生的。

5. 信任包括人格信任和系统信任

学者卢曼从系统理论和符号功能主义视角，对信任的类型做出了明确的区分：人格信任和系统信任。同时，卢曼对交换媒介进行了深入的研究，在1979年发表的《信任与权力》中提出了三种主要的交换媒介：货币、真理、权力。卢曼认为这三种交换媒介在信任情形中有着非常重要的地位。学者吉登斯对信任的类型也做出了新的概括，他认为信任的种类包括：人格信任、符号系统和专家系统。

任务2 体会信任的社会价值

学者西美尔认为，现代社会中占支配地位的互动形式或社会关系是交换。他认为交换不仅存在于有货币参与的经济领域，这一点在资本主义时期表现得尤为突出，而且社会交往本身也是一种交换，每一次互动都可以被看做是一个交换，只不过是交换的评价标准不同而已。在经济领域中，我们用货币来评价交换双方的付出和收获，所以我们对交换的评价标准是交换价值。马克思认为商品的价值是凝结在商品中的抽象的无差别的人类劳动。但交换的作用是明显的，交换教会我们的不仅是事物的相对价值，而且教会我们互惠。

在前资本主义时期，货币经济尚不发达，主要的交换形式是物物交换，互惠就表现得更加明显，否则交换就无法进行。虽然在货币经济高度发达的现代社会，不再是物物交换，而是以货币为中介进行交换，互惠的性质仍然没有改变，因此互惠是所有人类关系中的一个构成因素。

现代社会中，交换是创造一个社会的人们之间的内在联系和有机团结的前提条件之一。不仅如此，交换创造了人与人之间内在联系的功能之一——社会，只不过替代了单纯的个体集合而已。当然，无论从历史上还是逻辑上都不能说交换创造了社会。在现代社会，随着社会分工的充分发达，交换更加普遍，社会关系的形式更加丰富，交换使人们有了更多的接触和联系，也就为发展新的更多的个人关系和其他形式的社会关系提供了可能，开辟了新的空间，现代社会的良性运转离不开交换的正常进行。

因此，交换机制的前提条件同样也是构成社会的持续性的前提条件。交换的一个最重要的条件是信任。如果人们彼此没有一个一般的信任，社会自身将会解体，因为很少关系可以完全建立在关于他人的确定的认知之上。如果信任不像理性的证据和个人经验那样强或者更强，也很少有什么关系可以持续下来。现代经济是货币经济，占主导地位的交换形式是货币交换，货币是交换的媒介。西美尔认为现金交易离开了公众的信任是无法进行的。不仅如此，人们还必须相信被接受的货币不会贬值或者至少不会大大贬值，而且可以再次消费掉。这种形式的信任似乎是对作为物的货币的信任，但西美尔强调信任必须是对赋予货币有效性的人或者政府的信任。社会的运行离不开信任。

任务3 分析影响顾客信任的因素

信任对任何关系都相当重要。有几个因素在帮助销售顾问赢得顾客的信任中非常重要，例如专业知识、正直、顾客导向、相容性这四大方面是基石。

常听的一句话："做书即做人"。其实对于推销人员也是一样，做事即做人。工作态度反映了人生态度，对待别人是什么样的态度，别人自然也会对我们是什么样的态度。作为我自己与顾客打交道的经验，要成为一个成功的技术人员或者是销售人员，其实都是有一些共通的东西的，要掌握好一些原则。

1. 诚信

作为销售人员,在与第一次打交道的顾客交往时,往往可以发现,顾客往往不会一接触就对你产生信任。在信任产生前,你所说的一切,顾客会抱着半信半疑的态度对待之。在此情况下,我们首先要做的就是:诚实。真诚待己,真诚待人是对我们最基本的要求。要开诚布公地与顾客交谈,不要令对方对你谈话的真实含义有所怀疑。同时,真实的展现软件各部分的各种功能,不能有半点虚假和欺骗。决不能夸大其词,承诺一定要兑现。以真诚的态度对待顾客,让顾客感觉到你是一个诚实的人,是取得信任的关键。

个人道德规范和行为准则为决定特定情况下,什么是对、什么是错,提供了基础。职业道德标准是建立在社会标准之上的,而且大多数行业形成了与社会标准一致的行为准则。各行业都将他们得到的公众尊敬归功于行业组织制订的行为标准。销售顾问经常被卷入道德问题中:销售经理用增加交际费代替加薪来激励他的销售顾问;销售顾问将顾客不需要的产品或服务卖给顾客;销售顾问夸大产品的益处来达成买卖。这类事情还可以列出很多。回想一下,销售专业化要求真实的顾客导向方法。顾客对非专业的、不道德的行为越来越不能容忍。道德规范与信任密切相关。销售顾问只要试过一次欺骗行为、非法活动或非顾客导向行为,顾客就会失去对他的信任。

2. 专业知识

无论是技术人员还是销售人员,要取得顾客的信任,就应该拥有足够的专业素养。没有人喜欢和什么都不懂的人谈话。特别是对于销售人员,和顾客打交道的时候,更应该表现出自己的专业性来。这里不仅仅指的是对自己产品的了解,而且应该对行业、业务流程、顾客的实际情况了如指掌。每个人都会只对自己有用的信息感兴趣。顾客关心的是我们能够给他们带来什么样的好处,给他们带来什么样的利益。而这些,只有我们对顾客的业务有了深入的了解,才能有的放矢。

销售培训是为了让销售顾问获得关于公司产品和计划、行业、竞争和总体市场情况的知识。年轻销售顾问可以从经验丰富的销售顾问那经常学习怎样才能成功,他们也必须向顾客证明他们的服务热情。例如,在房产行业顾客询问"销控"术语,如果你不清楚,你的培训就没有太大的效果,从而顾客对你的信任感就下降了。

另一点值得考虑的是,近来许多组织的规模都缩小了,因此大大削减了采购部门,包括人员和其他采购支持部门。所以,顾客必须用更少的资源做事情,并因此渴望专业知识,无论是对他们的自有业务、财务状况、行业发展趋势的即时洞察力,还是有效地识别业务中出现的成本削减和收入机会的策略技巧。当然,针对那些技术型的、注意细节的或对产品或行业没有充分了解的顾客时,专业知识更加关键。销售顾问应该努力帮助他们的顾客达到目标。例如,个人或商务经营者能从网上和交易中获得专业知识,但是,如果他们认为其他人知识更丰富而且能带来专业知识,那么他们就会利用这些来源。当今的顾客都积极地回应对他们努力达到底线目标有所帮助的任何活动,无论是收入增加、赢利能力,还是财务或战略目标。因此,"专业知识"在顾客对卖方信誉的评价中扮演更加重要的角色。对某些顾客来说,尤其是那些负有经济或财务责任的顾客,销售代表为底线贡献的能力决定了顾客对卖方信誉的评价。

3. 顾客导向

在市场日益激烈的竞争之下,顾客选择越来越多,需求变化也越来越趋于复杂;销售人员也必须发生改变,在销售流程中,以前是以产品为中心,不需要建立太多的关系,顾客就会买产品,然而,今天时代不同了,销售人员就必须要花时间来发现关系,建立信任,从而实现销售才有可能。以顾客为导向就是换位思考,以顾客为中心来分析问题,帮助顾客来解决问题。所以,销售顾问需要花较多的时间与顾客之间建立信任,并且了解顾客的需求,只有以顾客为主才能更好地建立信任感。

如果你能给顾客带来效益,顾客就会敞开大门来欢迎你。帮助顾客成功,也就会让我们自己成功。不用多谈什么大道理,用实际的例子来说话。真心实意对待顾客,顾客自然也会真心实意来对待你。要站在顾客的角度考虑问题,善于把握顾客心理,做到换位思考。

4. 与顾客的相容性

与顾客在电话中沟通,请保持良好的坐姿,面带微笑,语气柔和而坚定,最好是想象顾客就坐在你对面在和你谈话。不要以为顾客在电话那一边看不到,你的姿势和面容,顾客可以"听"出来。如果是和顾客面谈,要注意同顾客的目光接触,注意语气、语调和语速。需要特别提出的是,一定要注意掌握谈话中的停顿,这不但有利于你组织语言,还可帮助你让对方参与到你的谈话当中。人都是感情动物,会受到感情和情绪的影响,通过与顾客建立感情来施加影响,无疑比一般的说教更为有效。在拉近与顾客的距离方面,握手也是不错的一种方法,与顾客产生身体上的接触,无疑更能让顾客放松下来。

讨人喜欢,顾客一般乐于与他们所了解、喜欢,以及他们感到有必要联系的销售顾问打交道。有些销售顾问过于急功近利,低估了与顾客建立和睦关系的重要性。事实上,如今的顾客不再像 10~15 年前一样,容易花时间在销售访问中谈论个人问题。

为了与顾客建立和睦关系,销售顾问必须更有创造力和更加机智。制药业销售顾问与医生办公室的所有雇员共进午餐是很寻常的事情。这些午餐有时多达 20~40 人,销售顾问这时就有时间与在座的医生谈论他的产品。销售顾问必须清楚他们的顾客很忙,很难挤出时间来应付工作以外的事务。但是,记住一点,顾客是人,也有相容性,只不过有些人多些,有些人少些。相容性和讨人喜欢对与关键人员建立关系很重要。第一印象很重要,销售顾问寻找与这些人的共性的能力对在采购组织内获得需要的盟友有很大的帮助。讨人喜欢被认为是一个很难准确把握的情感因素,但在某些买卖双方关系上又是一个强有力的因素。如果销售顾问很好地证明了自己具有建立信任的其他品质,那么相容性能促进信任的建立。顾客并非一定信任他们喜欢的每个人,但更难信任他们不喜欢的人。

任务 4　掌握建立顾客信任的步骤

顾客信任的建立要以推销人员的可信赖行为为基础。

什么是可信赖行为?管理学者弥薛(Mishira)分可信赖性为四个构面,这是这类研究一个较广为接受的理论,四个构面分别是诚实与公开、能力与果效、公平与一致、互惠与忠诚。展现可信赖性,四类行为缺一不可,不诚实又一肚子秘密的人当然不值得信任,但诚实的人如果事情老是做不好,我们会欣赏他/她的老实,却不放心把事情托付给他/她。诚实又有能力的人,如果个性不成熟,也不行。爱做事时就做事,不想做事就怠工,则是不成熟的表现。在中国社会,互惠与忠诚或许是一个例外,有时只要有此特质就能得到效忠对象的信任,即使能力及品格上有瑕疵,也不减其信任,这个是人情社会中的特殊现象。

另一个可信赖性的特质是,信任要经长时间孕酿出来,但破坏信任却十分容易。只要展现不可信赖行为一两次,别人就会不再信任,而且重建信任要比初建信任还困难。所以可信赖行为要持之以恒,并时时警觉,换言之,就是养成习惯展现这类行为,否则一个偷懒或一个疏忽,就可能露出"本性",而前功尽弃。

推销工作的关键是与顾客建立信赖感,因此,在销售过程中,推销人员必须花费至少一半的时间去与顾客建立信赖感,那么,推销人员如何与顾客建立信赖感?可信赖行为的7个步骤(如表6-3所示)如下:

表6-3 建立信任的步骤

步骤	主要内容
倾听与提问	1. 2. 3. ……
赞美与认同顾客	
模仿顾客	
产品的专业知识	
着装	
彻底地了解顾客的背景	
已有顾客的见证	

(1)倾听与提问。

这一步主要是为了更好地理解顾客的需求以及顾客不同需求的重要性排序。最顶尖的销售人员在一开始都是不断地发问,"你有哪些兴趣?""你为什么购买你现在的车子?""你为什么从事你目前的工作?"来打开话题,让顾客开始讲话。每一个人都需要被了解,需要被认同,然而被认同最好的方式就是有人很仔细地听他讲话。

因为在现代的生活中很少人愿意听别人讲话,大家都急于发表自己的意见。所以假设你一开始就能把听的工作做得很好,你跟他的信赖感已经开始建立了。

(2)赞美与认同顾客。

比如说,"你今天看起来真是美极了、帅呆了!"而且是出自真诚的赞美,不是敷衍。记住,赞美会建立信赖感。顾客讲的不一定是对的,可是只要他是对的,你就要开始认同他。

(3)模仿顾客。

我们都知道人讲话有快有慢,像我个人讲话是比较快的,所以通常我比较可以沟通的顾客是讲话速度比较快的,而我对讲话比较慢的顾客就会失去很大的信赖感和影响力。所以当我每次销售的时候,我会不断地调整我讲话的速度来符合对方说话的速度。

(4)产品的专业知识。

假如你没有完整的产品知识,顾客一问三不知,这样马上会让顾客失去信赖感。

(5)着装。

通常一个人不了解一本书之前,他都是看书的封面来判断书的好坏。一个人不了解另一个人之前,都是看他的穿着。所以穿着对一个业务员来讲是非常重要的。记住,永远要为成功而穿着，为胜利而打扮。

案例6-1

重要的第一印象

2002年12月，我们去拜访石家庄当地最大的食品添加剂经销商，在谈起双方合作的历程时，经销商兴致勃勃地给我们讲起A公司销售人员拜访他的故事。

A公司是我们公司在国内最大的竞争对手，他们的产品质量优秀，进入食品添加剂已有一年，销售业绩不错。

经销商说："那是2001年12月的一天，我的秘书电话告诉我A公司的销售人员约见我。我一听A公司的，听顾客讲他们的产品质量不错，我也一直没时间和他们联系。既然他们主动上门，我就告诉秘书让他下午2点到我的办公室来。"

"2点10分我听见有人敲门，就说请进。门开了，进来一个人。穿一套旧的皱皱巴巴的浅色西装，他走到我的办公桌前说自己是A公司的销售员。"

"我继续打量着他，羊毛衫，打一条领带。领带飘在羊毛衫的外面，有些脏，好像有油污。黑色皮鞋，没有擦，看得见灰土。"

"有好大一会儿，我都在打量他，心里在开小差，脑中一片空白。我听不清他在说什么，只隐约看见他的嘴巴在动，还不停地放些资料在我面前。"

"他介绍完了，没有说话，安静了。我一下子回过神来，我马上对他说把资料放在这里，我看一看，你回去吧！"

经销商继续说："就这样我把他打发走了。在我思考的那段时间里，我的心理没有接受他，本能地想拒绝他。我当时就想我不能与A公司合作。后来，2002年初，你们的张经理来找我，一看，与他们天壤之别，精明能干、有礼有节，是干实事的，我们就合作了。"

……

听了这个故事，我们陷入深思，深深地感受到"第一印象的重要"以及"推销就是先把自己卖出去"的真谛。与顾客的第一次见面在一笔交易中显得尤为重要，"好的开始等于成功了一半！"

资料来源：http://www.k167.com/article/1199067.html

（6）彻底地了解顾客的背景。

推销前一定要做彻底的准备，准备得很详细。最好能在拜访顾客之前，彻底地了解顾客的背景，这样顾客对你会更有信赖感。

（7）已有顾客的见证。

你必须使用顾客的见证。因为顾客常常会说："OK，假如你讲的都是对的，那你证明给我看！"所以见证很重要。

最后一个建立信赖感的方式就是，你必须要有一些大顾客的名单。记得在美国推广训练课程的时候，有人说："我为什么要听你的？你觉得这个训练可以帮助我们公司吗？"这时候我就会show（展示）出我们曾经帮助IBM、帮过惠普、帮过施乐的记录。顾客看到我们有这种能力，反过来会要求听你的产品介绍。可是如果你没有这些大顾客的见证，顾客可能连听都不听，因为你在浪费他的时间。

建立信赖感后,接下来请把你的顾客名单先列出来,列出来之后以 0~10 分衡量一下你跟他的信赖感,你认为是几分。从这个小小的过程当中你可以知道,这个顾客 10 分,他百分之百地相信我。这个顾客可能只有 5 分,他还半信半疑。这个是 7 分、8 分……

假如你很明确地知道你跟顾客的关系,你就可以运用上面的方法把这些顾客的信赖感重新建立起来,这样其他的后续推销工作就会顺利很多。还有一点很重要,就是你必须列出有哪些顾客对你有负面的意见或印象。销售工作非常困难,不可能每一个人对你都很满意。在销售过程当中,成交或是没有成交的顾客中,多少有一些对你有不好印象的。请你把这些人列出来,同时想出解决方案。

单元小结

本单元从顾客接近设计、顾客接近计划开始,重点描述了顾客接近计划、顾客接近方法与策略、约见顾客等方面的内容,最后强调了建立顾客信任在顾客接近中的重要性与步骤。

顾客接近是指推销人员正式与顾客所进行的前期接触,把推销引入到洽谈的一个活动过程。通常推销接近有三大类方式:介绍式、演示式和提问式。介绍接近法包括:自我介绍接近法、他人推荐接近法;演示接近技术包括:产品接近法、表演接近法、馈赠接近法;提问接近技术包括:询问接近法、利益接近法、好奇接近法、请教接近法、震惊接近法、赞美接近法。

约见顾客,或称商业约会,是指推销人员事先征得顾客同意接见的行动过程。约见实际上既是接近准备的延续,又是接近过程的开始。主要有电话约见、信函约见和访问约见。推销工作的关键是与顾客建立信赖感,可信赖行为的 7 个步骤:倾听与提问、赞美与认同顾客、模仿顾客、产品的专业知识、着装、彻底地了解顾客的背景和已有顾客的见证。

核心概念

目标顾客   顾客接近   顾客信任   约见顾客

训练题

1. 顾客接近的途径和方式有哪些?
2. 顾客接近前应做好哪些准备工作?
3. 哪些因素影响建立顾客信任?
4. 组织召开一个座谈会,讨论"信任的价值"。
5. 通过一个企业案例剖析企业如何建立顾客信任?

综合案例分析

借助已有顾客信息建立信任

涂料推销人员在向一位公司采购部经理进行推销活动。

顾客:"你们公司生产的外墙涂料日晒雨淋后会出现褪色的情况吗?"

推销人员："经理您请放心，我们公司的产品质量是一流的，中国平安保险公司给我们担保。另外，您是否注意到东方大厦，它采用的就是本公司的产品，已经过去10年了，还是那么光彩依旧。"

顾客："东方大厦啊，我知道，不过听说你们公司交货不是很及时，如果真是这样的话，我们不能购买你们公司的产品，它会影响我们的工作。"

推销人员："经理先生，这是我们公司的产品说明书、国际质检标准复印件、产品价目表，这些是我们曾经合作过的企业以及他们对我们公司、产品的评价。下面我将给您介绍一下我们的企业以及我们的产品情况……"

问题讨论：你认为建立顾客信任的最核心要素是什么？为什么？

单元七　推销业务洽谈

知识点

（1）推销洽谈。
（2）推销提示法。
（3）推销演示法。
（4）推销试用法。

技能点

（1）了解推销洽谈的内容。
（2）熟悉推销洽谈的步骤。
（3）掌握推销洽谈的方法。
（4）领会推销洽谈的策略。

[案例导入]

案例 7-1

与顾客洽谈不能自以为是

书店里，一对年轻夫妇想给孩子买一些百科读物，推销人员过来与他们交谈。以下是当时的谈话摘录。

顾客：这套百科全书有些什么特点？

推销人员：你看这套书的装帧是一流的，整套都是这种真皮套封烫金字的装帧，摆在您的书架上，非常好看。

顾客：里面有些什么内容？

推销人员：本书内容编排按字母顺序，这样便于资料查找。每幅图片都很漂亮逼真，比如这幅，多美。

顾客：我看得出，不过我想知道的是……

推销人员：我知道您想说什么！本书内容包罗万象，有了这套书您就如同有了一套地图集，而且还是附有详尽地形图的地图集。这对你们一定会有用处。

顾客：我是为孩子买的，让他从现在开始学习一些东西。

推销人员：哦，原来是这样。这个书很适合小孩。它有带锁的玻璃门书箱，这样您的孩子就不会将它弄脏，小书箱是随书送的。我可以给你开单了吗？

（推销人员作势要将书打包，给顾客开单出货。）

顾客：哦，我考虑考虑。你能不能留下其中的某部分比如文学部分，我们可以了解一下其中的内容？

推销人员：本周内有一次特别的优惠抽奖活动，现在买说不定能中奖。

顾客：我恐怕不需要了。

这位推销人员的失误之处在哪儿？非常显而易见：不明白顾客购买此书的动机；没有掌握一些产品介绍；自始至终以自己为主，忽略顾客的感受。

资料来源：http://www.k167.com/article/1199067.html

项目一　了解推销洽谈的内容

推销洽谈是指推销人员运用各种方式、方法和手段，向顾客传递推销信息，并设法说服顾客购买商品和服务的协商过程。在古代，"推销人员"主要依靠一双"铁腿"和一张"巧嘴"，行万里路，登万户门，说万次话，讨万回价，当面商议，各得其所。因此，古人所称的推销洽谈基本上属于当面洽谈。

在现代推销环境里，新的推销方法、推销技术和推销手段的不断涌现，使得推销洽谈的方式和方法也在不断变化。现代推销洽谈可以利用人类所能利用的一切信息沟通工具，除面对面的直接洽谈外，还有电话、书信、电子邮件等推销洽谈方式。

任务 1　了解推销洽谈的特点

推销洽谈是买卖双方为达成交易，以维护各自的利益、满足各自的需要，就共同关心的问题进行沟通与磋商的活动。现代推销洽谈既可以是当面洽谈，也可以利用现代通讯工具跨越时空的阻隔进行磋商。

推销洽谈具有以下 3 个突出的特点：

（1）以经济利益为中心。

在推销洽谈中双方主要围绕着各自的经济利益展开洽谈。推销洽谈是商业谈判的一种类型，是围绕着销售产品而进行的洽谈。作为卖方，希望以较高的价格出售而使己方得到较多的利润；而作为买方，则希望以较低的价格购买而使己方降低成本。

因此，谈判的中心是各自的经济利益，而价格在推销洽谈中作为调节和分配经济利益的主要杠杆就成为洽谈的焦点。当然，推销洽谈中经济利益中心性并不意味着就不考虑其他利益，而是说相对于其他利益来说，经济利益是首要的，是起支配作用的。

（2）合作与冲突并存。

所有的推销洽谈都是建立在双方利益基础之上的，双方既有共同利益点也有截然相反的利益点。冲突表明双方存在利益分歧的一面，但合作并不仅仅是双方利益的共同点，推销洽谈的作用之一就是将双方的分歧点转化为共同点，尽可能加强双方的合作性，减少双方的冲突性。这是因为合作与冲突是可以互相转化的，如果合作性的比例加大，冲突性的比例减少，双方洽谈成功的可能性就大；反之，如果冲突的一面通过洽谈没有能够得到解决或减少，那么，洽谈就有可能失败。

推销人员可以在洽谈之前或者过程中，将双方意见的共同点和分歧点分别列出，并按照其在洽谈中的重要性分别给予不同的权值和分数，根据共同点方面的分值与分歧点方面的分值比较来预测洽谈成功的概率，并决定如何消除彼此的分歧。

（3）原则与调整并存。

洽谈中的原则是指洽谈双方在洽谈中的最后退让的界线，调整是指双方为了弥合分歧在基本原则不被打破的基础上彼此做出的一些让步。洽谈双方对重大原则问题通常是不会轻易让步的，退让是有一定限度的。但如果推销洽谈的双方在所有的方面都坚持彼此的立场，那么洽谈就可能没有结果，双方的共同利益也就无从实现。

绝大多数的谈判都有潜在的共同利益，共同利益就意味着商业机会，并且谈判双方还有可能存在兼容利益。洽谈参与人员应分析双方原则立场之间的差距大小，以及经沟通协调缩小这种差距的可能性，充分发挥想象力，扩大方案的选择范围，或准备多个备选方案，努力实现双赢的结果。如不能达成全面共识的，可以就某些问题和合同条款达成不同的协议；如不能达成永久协议，可以达成临时协议；不能达成无条件的，可以达成有条件的等。同时，也要做好洽谈失败的应变措施。

任务 2　熟悉推销洽谈的内容

推销洽谈涉及面很广，内容丰富。不同商品的推销，有其不同的洽谈内容，但基本内容是大致相同的，主要有以下几个方面：

（1）产品。

商品品质是商品内在质量和外观形态的综合，是顾客购买商品的主要依据之一，也是影响价格的主要因素。所以，商品品质是推销洽谈的主要内容之一，推销人员必须全面地向顾客介绍推销品的质量、功能和外观特点，让顾客对推销品有一个全面的了解，也可以把商品获得的品质标准（如国际标准、国家标准、部颁标准，通过了 ISO9001、ISO9002、ISO1400 国际认证等）介绍给顾客。

一般来说，产品条件洽谈的内容包括：产品品种、型号、规格、数量、商标、外型、款式、色彩、质量标准、包装等。如果购买者是个人消费者，则购买的产品数量少、品种单一，洽谈会比较简单；如果购买者是中间商和集团用户，购买的产品数量多，品种型号也多，洽谈也就较为复杂。

商品的数量是指按照一定的度量衡来表示商品的质量、个数、长度、面积、容积等的量。成交商品数量的多少直接关系到交易规模和交易价格。在推销洽谈中，买卖双方应协商采用一致的计量单位、计量方法，通常情况下是将数量与价格挂钩的。成交数量大时，通常商品的价格都会有一定的优惠。

（2）价格。

价格条件洽谈是推销洽谈的中心内容，是洽谈双方最为关心的问题。成交价格的高低，直接影响交易双方的经济利益，所以价格是推销洽谈中最重要的内容，也是洽谈中极为敏感的问题。买卖双方能否成交，关键在于价格是否适宜。在洽谈中，买卖双方要考虑与价格相关的成本、付款条件、通货膨胀状况、彼此信任与合作程度等有关因素，商定一个双方都满意的价格。

通常，双方会进行反复的讨价还价，最后才能敲定成交价格。价格条件洽谈也包括数量折扣、退货损失、市场价格波动风险、商品保险费用、售后服务费用、技术培训费用、安装费用等条件的洽谈。在商品交易中，货款的支付也是一个关系到双方利益的重要内容。在洽谈中，双方应确定货款结算方式、结算使用的货币、结算的时间等具体事项。

（3）服务。

销售服务是顾客极为关心的内容之一。所涉及的服务项目有：①按时交货是顾客的基本要求，推销人员能否按时交货，则受生产和经营能力、运输能力、供应能力等因素制约，顾客提出一定交货时间后，推销人员要汇集各种综合因素，加以考虑；②送货、运输方式、地点等方面的服务；③推销人员应该提供售后维修、养护、保管等方面的服务；④推销人员提供在技术指导、操作使用、消费需求等方面的服务；⑤提供零配件、工具、供应等方面的服务。

在推销洽谈过程中，推销人员和企业应尽量满足顾客的正当要求，并竭力解除顾客的后顾之忧。

任务 3　制订推销洽谈的目标

从现代推销学理论上讲，洽谈的目标既取决于顾客购买活动的一般心理过程，又取决于推销活动的发展过程。因此，我们认为现代推销洽谈的目标在于向顾客传递推销信息，诱发顾客的购买动机，激发顾客的购买欲望，说服顾客，达成交易。

为了实现推销洽谈的目的，推销人员需要在推销洽谈中完成以下几方面的任务：

（1）向顾客传递信息。

向顾客传递信息、介绍情况是为了说服顾客达成交易，推销人员必须向顾客全面介绍推销品的情况以及生产企业的情况，包括生产企业、品牌、产品功能、质量、价格、服务、市场份额、市场地位等情况。只有在顾客对相关各方面信息有了一定了解的情况下，才能做出购买决策。

在洽谈之初，推销人员要将自己所掌握的产品、技术、服务等有关信息迅速传递给顾客，以帮助顾客尽快认识和了解推销品的特性及其所能带来的利益，增强顾客对推销品以及生产企业的好感，诱发顾客的购买兴趣，为顾客进行购买决策提供信息依据。同时，推销人员在向顾客传递信息时要做到客观、恰当、实事求是。

（2）展示推销产品。

消费者行为学中强调，只有在发现或者是激发人们的购买需求和动机时，才可以去预测和引导人们的购买行为。购买动机支配购买行为，而动机又源于人的需要。为此，推销人员在洽谈开始之前就应该对顾客的需要做一下总结，在洽谈的时候可以将顾客需要进行归类，从而可以投其所好地开展推销洽谈。

同时，在推销洽谈中针对顾客的需要展示产品相对应的功能，向顾客证明产品可以充分地满足顾客需求。只有在顾客真正认识到推销人员的产品可以更好地满足其需要的时候，预期到产品所带来的满足感的时候，才会产生购买动机。

一种产品往往具有多种功能或者说是顾客利益，但不同的顾客对同一产品往往有不同的需求。例如，电脑是一种 IT 工具，但不同的顾客，由于性格、职业、经济情况、年龄、性别等方面的不同，决定了顾客对电脑的需求不同，有顾客是办公使用，但也有更侧重娱乐的顾客。

推销人员要善于发现顾客的真实需求，并紧紧围绕着这个需求来展示推销品的功能和利益。否则，推销人员向顾客传递的信息面面俱到，而顾客想要了解的功能却一带而过，就不能起到诱发顾客购买动机，刺激顾客购买需求的作用。因此，只有在推销人员传递推销产品的信息、展示推销产品为顾客带来的利益时对应了顾客的需求，顾客的购买欲望才能真正地得到激发，并最终促成交易达成。

（3）恰当处理顾客异议。

在推销洽谈中，顾客异议很常见，推销人员要能把握住顾客异议中的有价值信息。顾客接收到推销人员传递的产品相关信息后，会进行考虑并提出一系列自己的看法和意见，这就是顾客异议。但顾客异议并不一定是真实的，推销人员要学会把握真实的顾客异议。有些顾客可能会提出自己并不是真正关心的异议，其目的是为了能够让推销人员在另一方面进行让步，比如价格。但不论怎样，如果顾客异议处理不好或不能够排除，就会引发顾客的不满，甚至直接导致洽谈失败，这样就很难再说服顾客达成交易。所以，处理顾客异议是推销洽谈的关键任务之一。

产生顾客异议的根源有两个方面：一是推销人员对产品的信息认识不全面，顾客因信息不清晰和不全面从而提出异议；二是由于顾客产品知识的欠缺导致的异议。因此，一个优秀的推销人员必须掌握尽可能多的与推销品相关的知识。例如，手机推销人员必须要熟悉手机参数和性能的，最好是能够了解手机生产技术和使用技术的技术人员。只有这样，才能准确地、完整地解释顾客提出的各种问题，恰当妥善地处理顾客异议，从而加深顾客对推销产品的认识，取得顾客信任。

（4）促使顾客做出购买决定。

推销人员寻找、接近并说服顾客的最终目的是促成交易。顾客购买活动的心理过程，在需要认识阶段之后，还要经过情绪变化和意志决定两个阶段。在需要认识明确、动机诱发充分之后，顾客会产生相应的情绪反应和意志行为，甚至会产生错综复杂的心理冲突。经过一番激烈的内冲突之后，顾客就会做出购买或不购买的决策。

因此，推销人员在洽谈过程中，要准确把握顾客购买决策形成前的情绪变化和心理冲突，利用理智的和情感的手段去激励顾客的购买欲望。推销人员可以充分强调顾客购买推销品所能得到的利益，能够满足的顾客的特殊要求，适当给予顾客一定优惠，同时提供优质的服务，强化顾客的购买欲望，努力促使顾客能够最终做出购买决定。

总之，推销洽谈的目标在于沟通推销信息，向顾客展示产品，诱发顾客购买动机，并促成顾客采取购买行为。

项目二　熟悉推销洽谈的步骤

推销洽谈是整个推销活动的中心环节。在洽谈过程中，推销人员要运用各种推销方法和技巧，以说服顾客购买企业的产品，那么推销人员通过洽谈促使购买达成的流程是怎样的？

现代推销实践中，洽谈过程是推销人员掌握顾客购买心理变化、诱导顾客采取购买行为的一个过程。营销学者将顾客购买的心理过程分为5个阶段：注意、兴趣、欲望、记忆、行动。推销人员的洽谈步骤可以说是顺应顾客心理变化的一个过程。但并不是说推销人员就没有能动性，推销人员可以主动去遵循顾客心理的发展过程。即首先要争取引起顾客对商品的注意，然后使其对商品产生兴趣，并进一步使顾客了解和熟悉商品；再启发顾客对商品的需求，进而激发顾客的购买欲望；最后，再采取说服的方法促使顾客做出购买决定。

可以将推销洽谈的步骤详细划分为开场、介绍并示范、合理报价、实质磋商和达成交易5个步骤。

任务1 营造良好的开场气氛

双方洽谈人员从见面入座到洽谈的实质内容之前，为摸底阶段。旨在建立推销洽谈气氛、交换意见、开场陈述。

1. 轻松愉快的洽谈气氛

努力建立合作、诚挚、轻松愉快的洽谈气氛。为此，要把洽谈场地布置得赏心悦目，要使推销洽谈者的举止行为给人留下热情、诚挚、轻松、美好的印象。

开场白的最终目的是为了和顾客就拜访中将谈及和达成的事项取得协议，良好的开场白对交易的达成至关重要。并不是拜访或者接近所有的顾客都需要开场白，但基本的问好和寒暄是必不可少的。因为第一印象已决定了一半，而且你无法重来。经营一个成功的开场白应注意以下事项：

（1）准备开场白。完成顾客背景资料调查，所谓"知己知彼，百战不殆"。问自己：顾客和我会面，他想达成什么目的？我和顾客会面，想达成什么目的？

（2）引出开场白。如闲聊一下店内的装修、今天的天气等；谈论共同认识的人或互相感兴趣的话题等以先建立融洽的关系。当双方都准备好谈生意时，将话题转回业务和会面的目的。

2. 向对方陈述洽谈计划

要及时交换意见和看法，就推销目的、计划、人员情况等方面取得一致意见，即使双方早已联系，也应在正式洽谈中重新明确一下。为了进一步了解对方的洽谈原则、态度等情况，推销人员可以从主要问题、期望目标、主要原则、变通措施等方面开始陈述或者是提出建议。

任务2 介绍并示范公司产品

制定洽谈计划时，对产品的性质、类别、功能、特色以及它能为顾客带来什么好处等都要明确。这样才能把顾客的需要与所推销的产品联系起来，促使顾客接受。随着我国市场经济的不断发展，各个行业竞争的逐步放开，产品之间的差异越来越难以建立。当很多的同类产品和服务相互竞争时，顾客就会由于选择太多而感到困惑。推销人员要能够帮助顾客解决问题，协助他们得到其想要的产品和服务，也只有这样才能赢得顾客的信赖，并顺利达成交易、实现交换。

推销人员应尽可能随身携带一些推销产品，因为在推销过程中直接向顾客展示产品有助于激发顾客的购买动机。在推销产品难以携带的情况下，推销人员可以利用产品模型或者是图文材料来替代。尽量让顾客亲自试用产品，这样能够刺激顾客的购买欲望，增强顾客购买信心。

推销人员在推销过程中不能单纯靠说话，还需要利用各种推销工具。

1. 文字资料

推销人员应携带一些文字资料，包括产品种类介绍及说明书、产品价目表、企业简介等。利用文字资料辅助推销，一是成本低廉，简便易行；二是它对推销品的介绍要比语言详尽、全面、系统，有较强的说服力。但是，文字资料难以做到因人而异地介绍产品，故应配合其他推销工具一起进行推销。

2. 图片资料

图片资料主要有图表、图形、照片等。在推销品或推销模型难以携带的情况下，生动、形象的图片资料能对顾客产生较强的说服力和感染力，使顾客通过视觉加深印象，直接引发顾客的购买欲望。

3. 证明资料

在推销洽谈之前，推销人员应尽量收集和准备各种有说服力的推销证明资料，可以增加产品的可靠性，有利于顾客在心理上产生安全感。

4. 其他必备材料

必备材料包括推销人员的名片、介绍信、订购单、合同书、笔记用具等。

任务 3　合理报价并陈述交易条件

开盘报价是洽谈过程中十分重要的阶段。报价，亦称发盘。在推销洽谈中，不论谁先报价，真正进入报价与讨价还价的阶段意味顾客具有购买动机。价格条件的洽谈是推销洽谈的中心内容，它涉及交易双方的利益，是买卖双方最为关心的敏感问题之一。推销人员可按企业所定的上下限价幅度适当报价，但一般报价高于最终的成交价格。报价时力求报价果断、明确、清楚、无保留、不犹豫。不用解释和详细说明报价理由，在对方讨价还价的过程中表明定价的原因，尽量留有充分双方磋商的余地，也便于对方表述自己的价格。除了报价之外，其他的关键交易条件，比如交货、质保等，也需要在报价的同时提出，可能需要在报价之前就向顾客表明。

与顾客迈向一个互利的决定是推销人员拜访顾客的目的。推销人员要询问是否接受交易条件，当顾客故作拖延时，推销人员要进一步询问并找出真正的原因加以针对性的解决，比如可以给出一个恰当的对方关心事项的承诺。即使顾客说不，也要谢谢顾客花时间面谈。当然如果可以进一步商谈，尽量让顾客给出继续的时间和对方关心的事项。

报价和提出交易条件后，可能会发生以下 3 种情况：

（1）关键销售条件顾客接受。

交易分歧很小，即可跨越到磋商阶段，直接转入签字成交阶段，以减少不必要的讨价还价，缩短洽谈时间，提高推销洽谈的效率。推销人员不应过分表现急于求成的心理状态，以免顾客采取拖延战术。这种情况较少，一般情况下，对方会提出相应的异议，当然在顾客急于实现交易时，也可能会出现直接进入成交阶段的情况。

（2）销售条件顾客部分接受。

销售条件顾客可能接受，部分存在异议，还需要磋商。这时，推销人员可以对洽谈中所涉及的关键问题进行全面细致的分析，考虑在哪些方面存在做出坚持还是让步的可能。在推销洽谈中，推销人员一定要对顾客存在分歧最大的事项认真分析，尽量确定一个可以实现的范围，例如最理想情况是怎样的、可接受的情况是怎样的、可接受的最低限度目标是怎样的。即使分歧意见在可接受的一般目标左右，也可以考虑去努力争取达成协议。

（3）无法预见销售交易的可能性。

当买卖双方分歧意见很大、差距悬殊时，特别是在买方表示困难时，推销人员则很难按照原定计划成交。此时可能存在以下 3 种情况或者说是选择：

1）终止推销洽谈。这是最坏的结果，意味着前期投入的浪费，因此即使采取这个对策，也要充分慎重考虑。但是也存在一种情况，即以退为进时，才可以考虑基于这个目标时去主动终止洽谈。具体地说，只有在市场对推销人员有利，推销人员处于强有力地位，推销人员的退出反而会刺激顾客要求重新洽谈时，才去主动提出终止洽谈。

2）继续洽谈。在按原计划无法达到销售交易时，推销人员可以继续与顾客就一些次要的问题进行磋商，并与主管部门联系，寻求进一步修改既定交易条件的支持，力求能够从局部进行突破。

3）请求顾客改变计划。很多的时候，顾客提出的成交条件也是有很大的变动余地的，因此可以请求顾客相应地改变其原定的洽谈计划，这也是第二轮洽谈的开始。

任务 4　把握实质性磋商阶段

实质磋商，是指对可能达成的交易，在不断调整意见中，从分歧较大到协调一致，最终成交的过程。实质磋商是交易成败的关键时刻，只有善于运用磋商诀窍，才能获得成效。

1. 分析分歧原因

推销洽谈难免会有分歧，这是正常现象。分析分歧的原因，弄清楚原委。总结起来不外乎有以下几个原因：

（1）想象中存在的分歧，是因为没有很好地理解对方意图所致，或者是因缺乏沟通而发生的误解。

（2）人为的分歧，是洽谈人员故意制造障碍所致。

（3）真正的分歧，即由双方经济利益得失而引起的分歧。

2. 正确施加压力，善于抵御压力

在洽谈过程中，推销人员可以对顾客恰当地施加压力，以保持对交易的控制优势。适当施加压力还有助于制造与顾客之间竞争的事实和气氛，逐步降低顾客的期望水平。常见的方法就是暂时中断推销洽谈，但是在实施过程中也需要把握分寸，防止感情冲动和心理外露，造成适得其反的不好作用。

同时，如果顾客给予推销人员以压力时，一方面，推销人员可以采取先发制人策略，在对方可能提出问题时先提出该问题，同时尽可能提出解决方案，但这需要推销人员做足功课；另一方面，也可以采用耐心等待策略，以寻找对方可能存在的漏洞，并抓住时机将顾客的问题解决掉。必要的时候也可以请第三方适当干预。

3. 提出要求和适当让步

推销人员提出要求的目的是为了让对方愿意将洽谈继续下去，同时也是为了能够提出更高的目标而铺平道路，因此，适当时候提出要求是合理的，其目的也是在于吸引对方。

另外主动提出某些让步也是为了吸引对方。但是，让步要有原则。不能无限地、轻易地做出让步。只有在认为需要并在恰当时才能做出让步。另外尽量不要做出单方面的让步，而是要以自己的让步来换取对方的一定让步。此外，让步幅度要适中、速度不能太快，并尽量在较小的问题上做出让步，在重要的问题上尽量不先让步。

另外，如果双方分歧较大，并且都不愿意主动退让时，推销人员要避免出现无法继续洽谈的僵局，推销人员可以将问题分开处理，避开次要矛盾，找到主要矛盾进行协商，当然可以通过次要矛盾来分散顾客对主要矛盾的关注。在实在无法打破僵局的时候，也可以考虑先暂停洽谈。

任务5　伺机达成业务交易

这是推销洽谈的最后阶段。经过上述几个阶段的洽谈，情况逐渐明朗，洽谈已经接近尾声。这时推销人员务必善终，正确处理有关问题。

1. 要向对方发出正确成交信号

推销人员要阐明立场，就对方所提出的条件，表明肯定态度；或以特定的方式表明成交意愿，或告诉对方洽谈时间已到，可以结束了。

2. 要及时进行总结

明确交易内容是否谈妥，是否有遗留问题，如有遗留问题要提出处理意见。明确推销洽谈结果是否达到原先期望的交易目标，明确最后让步事项及让步幅度，着手安排交易记录事宜。

3. 确定最后报价

在交易达成阶段，双方都要做最后一次报价。推销人员应该选择好提出最后报价的时间。最后报价一般应该分成两步，尽量不要一步到位，从而使自己可能处于较被动局面。让步幅度应因人因具体情况而异，并将此报价成为双方最后成交的标志。

4. 整理洽谈记录，起草书面协议

对于组织购买来说，双方谈妥后还需要签订合同。因此，在最后阶段，推销人员应将整理出的洽谈记录检查一遍，在双方都确定无误后，可以将记录内容作为书面协议的依据。对敏感性事项，尽量做到非常细致，比如价格问题、合同完成问题、规格要求问题、索赔处理问题等。

[参考阅读]

商业谈判的原则

不要把对方当成"敌人"、"对手"，要把冲突当作相互了解和成长的机会；不要认为妥协比胜利更重要，要寻求满足谈判各方需求的途径，达成双赢的局面；知己知彼：考虑自己可以妥协的部分、对方的立场和目标，了解对方的真实意图；让别人认识到你的立场、理由、观点；需要和欲求的区分：必须坚守的和可以放弃的，及其变通办法；建立好的谈判气氛；说出你现在和将来想要的，对双方都是有利的；求同存异，一个问题一个问题地解决，让谈判继续下去，不要破坏谈判。

资料来源：慧聪网. http://info.biz.hc360.com/2010/08/ 270832100889.shtml.2010.8

项目三　掌握推销洽谈的方法

推销人员在实际推销活动中，总是要面对各种各样、形形色色的顾客。很多推销人员坚持自己的推销方法，而不愿意针对不同的顾客做出修改。推销理念与态度是可以坚持的，但为了推销的成功，推销人员使用的推销方法、方式也要因人而异，不能千篇一律。这就要求推销人员在推销洽谈前，认真准备有关推销洽谈的各种资料和知识，针对不同的顾客，拟订具体的推销洽谈计划，制定解决顾客异议的方案。只有这样，推销人员才能将不同的推销洽谈的内容分清主次，突出重点，采用不同的方式、方法，有的放矢地进行洽谈。

推销洽谈的方法有多种，主要有提示法、演示法和试用法3类。

任务1　领会提示法

提示法是指推销人员向顾客指出顾客可能的需要，引导和激发顾客的购买动机，然后促进顾客下定购买决策的方法。因此，推销人员要不断地深入市场去了解顾客需求变化，利用提示的方法去让顾客发现已经存在或者潜在的需要。

1. 直接提示法

直接提示法是指推销人员直接劝说顾客购买产品的洽谈方法。这种方法的优点是能够适应现代快速的生活节奏，同时可以提高推销效率，很明显这是一种简单、快速的推销方法。但缺点是可能引起顾客的反感，推销人员的直入主题会使得有突然感。因此，推销人员接近顾客后，首先要凭借主观判断能力去判断顾客是否正在搜索该类产品，然后直接向顾客介绍产品，陈述产品的优点与特征。

在应用直接提示法时，一定要注意应该抓住推销重点，直接提示顾客可能存在的主要需求与困难，并依据产品提出解决的途径与方法。结合产品的主要优点与特征，向顾客提示其购买动机与购买利益。另外，提示内容要易于被顾客所了解，产品的优点与特征也应该阐述得简单明了，并围绕产品的核心特点展开。还有就是要应尊重顾客的个性，不同的顾客有不同的需求、不同的购买动机与购买行为，直接提示避免侵犯顾客某方面的特征，并避免冒犯顾客。

2. 积极提示法

积极提示法是指推销人员肯定顾客购买，赞扬顾客选择的一种使用积极的语言或其他积极的方式劝说顾客购买产品的洽谈方法。推销人员主要是通过肯定提示、正面提示、赞美提示等都能产生积极正面作用的提示。也可以先采用与顾客讨论的方式，然后再逐步根据顾客的意见和想法给予其正面的、肯定的答复，从而产生积极的正效应提示。如"风度尽显金利来"、"出手不凡钻石表"等，正面提示了"风度尽显"、"出手不凡"的特点，使顾客产生愉快的联想和积极的心理效应。使用这一方法也应该注意到，推销人员的真实可信也是很重要的，切勿被顾客看做是溜须拍马或者盲目顺从。

3. 暗示提示法

暗示提示法指推销人员利用各种提示刺激物来引起顾客自我暗示，从而导致其购买行动的洽谈方法。根据营销学中的相关原理，顾客购买的一个很重要的影响因素即自我暗示，暗示往往比直接说明更具说服力和感染力，更容易引起顾客的购买欲望。例如白加黑、黑又亮鞋油、百灵乐器等品牌名称对顾客存在有关产品效用的暗示，容易使顾客产生联想。

使用暗示提示法时应该注意：选择的刺激物应是可信的、适宜的、有足够冲击力的。例如，某人寿保险推销人员对一中年男子推销对象说："据官方最近公布的人口统计资料，目前有一件值得人们关切的事实，大约有90%以上的夫妇都是丈夫先妻子而逝。作为家庭的顶梁柱，是否应该就这一事实早作适当安排呢？"这段说辞有真实数据，用于已婚中年男子，足以引起推销对象的关注。此时，推销人员抓住顾客对自己的联想，提出解决方案，应当会收到良好的效果。

4. 反向提示法

反向提示法，是指推销人员利用反暗示原理来说服顾客购买推销品的洽谈方法。反暗示是一种相反的心理暗示，可以引起顾客做出与暗示内容相反的反应。正所谓"请将不如激将"就是这个道理。例如"IBM 电脑是价格最高的，我看您可以选一台稍微便宜一点的。"其本意是反暗示顾客要买最贵的，也是质量最好的。使用这一方法应该注意，要针对顾客的主要购买动机用反暗示增强提示震撼力，但切忌不能冒犯顾客，语言失当没有使顾客产生相反的行为，而与自己的初衷相悖。

5. 理性提示法

理性提示法是指推销人员利用理性的逻辑推理劝说顾客购买推销品的洽谈方法。理性提示法顾名思义，是让推销人员帮助顾客理智地思考，选择产品，这也是建立顾客信任的一种方法。通过逻辑思维的方式，使顾客进行理智的思考，从而明确顾客购买该产品的利益与好处。

例如"所有企业都希望降低生产成本，这种材料可以帮助贵厂降低生产成本，提高经济效益。所以，贵厂应该采用这种新型材料。"这是一个比较典型的三段论述推理模式，包含大前提、小前提和结论 3 个命题。使用这一方法应该注意：要选择具有理智购买动机的顾客；要了解产品所依据的科学原理，再加以严密的逻辑推理，做到以理服人；根据逻辑推理原理总结出简单可行的说理方式，如"如果……那么"法、对比法、概括选择法等；要做到情理并重。对顾客既晓之以理，又动之以情，才能使顾客的购买行为合理化。

6. 鼓动提示法

鼓动提示法是指推销人员建议顾客立即采取购买行为的洽谈方法。鼓动提示法可以直接刺激顾客的购买欲望，并适时地鼓动顾客立即采取购买行动。在这里请注意，适时鼓动是很重要的，鼓动一般是发生在顾客犹豫不决的时候，只有提示的合理、及时，才能收到良好的效果。例如当看到某位顾客犹豫是否购买时，可以尝试"今天是公司活动日，购买可以享受最高的折扣"、"今天是优惠期的最后一天，明天来就不是这个价了。"

除了适时之外，推销人员还要有针对性地鼓动顾客。鼓动的语言要简练明确、能打动顾客。因此，该方法可能带给顾客以负面作用，应考虑不同顾客个性，选择采用。

7. 明星提示法

明星提示法是指推销人员借助一些有名望的人或者大公司来说服与动员顾客购买推销品的洽谈方法。这种方法迎合了顾客求名、求荣等情感购买动机，也提高了顾客购买产品的信心，使推销人员与推销品在顾客心目中产生明星效应，有力地促进顾客的购买欲望。如金碟管理软件找大顾客为其做广告，还有"伊利牛奶，中国航天员专用牛奶"等。使用这一方法应该注意：提示中的明星应是顾客熟知的并崇拜的对象，应与推销品有必然的内在联系，所提及的事实是真实的。当然，也存在顾客不喜欢某些明星的情况，但及时转换方法完全可以不产生明显的负面效应。

任务 2 掌握演示法

在现代推销环境里，推销品种类越来越多，信息越来越复杂，越来越难以引起顾客的认知和记忆。推销人员如果完全利用口头语言来传递全部推销信息，则很难被顾客所完全理解，倒不如借助一些展示工具来加深消费者的理解和认知。

1. 产品演示法

产品演示法是指通过展示推销品来劝说顾客购买的方法。这种方式是一种最常用的演示法，根据顾客的性质和特点选择理想的产品演示方式、内容和地点。展览会等活动提供了很好的产品演示平台。要善于控制洽谈气氛，抓住适当时机，开展产品演示。当顾客对推销品发生兴趣时，就是产品演示的最佳时机。当顾客还完全不了解推销品，还一点不感兴趣的时候，不要急于演示产品；要注意演示的步骤与艺术效果，最好边演示边讲解。渲染演示的气氛与情景效应，做到生动形象有趣、干净利落；要请顾客参与演示活动，使顾客能亲身体验到推销品的优点，从而产生认同感和占有欲望，提高了推销洽谈的成功率。

例如，在德国举办的工程机械宝马展，我国的三一重工和中联重科等企业都参与了展览，并对其顶级产品进行了产品演示，在现场与众多顾客取得了良好的洽谈效果。

2. 文案演示法

文案演示法又被称为文字、图片演示法，是指推销人员通过演示有关推销品的文字、图片资料来劝说顾客购买推销品的洽谈方法。特别适用于用语言不便简要说明或难以说明的产品相关信息，如一些产品的设计原理、工作原理、统计数据、价目表等，都可以制作成彩页，甚至是 PPT 文件，通过电脑和 PPT 投影设备向顾客说明产品信息。

采用文字、图片演示法最大的优点在于生动形象，既准确可靠又方便省力，还可以使推销对象理解容易、印象深刻。使用这一方法应该注意：

（1）文案的准确性与及时性。要使用具有系统性、准确性、权威性较高的相关资料，文案材料的及时性和准确性要求推销人员保证资料的可靠性、真实性和新颖性，随时修正、补充、更新有关的演示资料。

（2）文案设计与推销主题一致。文案的制作和设计创作上要力求与推销主题思想一致，还要精美能吸引顾客注意；文案要能充分展示推销品的特点，给顾客以强烈的刺激，如文字的放大特写、图片的色调结构，做到大反差衬托的效果。

（3）文案要依据不同顾客的特征而有变化。文案的设计要注意目标市场顾客的特点和不同的洽谈环境，从而选择准备不同的演示资料。

3. 证明演示法

证明演示法是指推销人员通过演示有关物证资料劝说顾客购买推销品的方法。为了有效地说服顾客，推销人员必须出示有关的证明材料，这是现代推销洽谈中经常使用的方法。生产许可证、质量鉴定书、营业执照、身份证、购销合同书等都是可以令顾客信服的资料。

例如"这个价格已经是成本价，不能再降，你看这是我们的进货发票。"推销人员针对顾客的从众心理，及时演示推销证明，增强推销的说服力，具有良好的推销效果。使用这一方法应该注意：证明材料要真实可靠，具有权威性和针对性；同时，注意演示技巧，意在证明而非炫耀，令顾客心悦诚服。

4. 音像演示法

音像演示法是指推销人员通过录音、录像、电影、音响等现代声像工具，生动形象地传递大量的推销信息，制造真实可信的推销气氛，充分调动顾客的情感，增强推销说服力和感染力的方法。在许多生产资料推销、批发推销和国际贸易中，已经广泛采用这些先进的音像演示方法，进行贸易洽谈。它具有很强的说服力和感染力，是一种新颖而有效的演示方法。

例如泰国的旅游、珠宝业就制作了介绍旅游景点和项目、宝石采集与加工等的电影短片。使用这一方法应该注意：要根据推销洽谈的实际需要，搜集、制作、整理有关的影视资料；要掌握有关音像设备的操作和维修保养技术，能熟练地演示推销资料；要辅之以广告宣传等促销手段，实施综合性的推销策略。

任务3　体验试用法

产品本身就是一位沉默的推销人员，是一个最准确可靠的购买信息源，是一个最有效的刺激物，可以制造一种真实可信的推销情景。无论是工业用户还是单个个体用户都可以去试用产品，对于工业用户，可以组织工业用户到生产企业所在地参观考察并试用产品；对于个体用户，可以派发试用装的产品。鼓励试用是最好的推销洽谈方法之一。

例如："吉列锋速三剃须刀"在上海的上海交通大学和复旦大学两所校园内派送试用品，消费者只需要在吉列网站输入手机号码，就可以免费获得一个试用代码，凭借该代码和学生证可以在校园内指定地点获取试用的剃须刀。两周后，只需用手机拍下一张自己试用锋速三剃须的照片，凭该手机照片和学生证可获得一瓶吉列剃须泡沫。

案例7-1　佰草集试用报告——将水润进行到底！

第一次收到佰草集的试用，开心啊！虽然比别人晚到半个月。

佰草集的宣传页很美："蕴天地之润，生肌肤之津"，一枝开放娇艳的金钗石斛、毛笔的滴水效果，非常切合佰草新玉润保湿这个主题，给人一种既有深厚的中国风又很有新意的感觉，古典与创意的结合，想到这是我们的国产，不禁特别地骄傲！

佰草集，一直以来给我的印象是：绿色环保、质地温和、安全无刺激，这次试用更加深了对它的印象，一如它的宣传语"美自根源，养有方"，完全符合现代人的养生之道。

每次看到佰草集总会特别喜欢它的包装，无论是宣传画上的精美小图，还是包装盒上的镂空图案，都令我着迷，它们很有中国的味道，白底绿字的搭配，给人一种简洁、大方、古典的感觉，有如金庸笔下的小龙女，清新脱俗不食人间烟火。

它的封口设计很不错，很喜欢呢，轻轻松松就可以撕开使用了，有的试用装小样不是封口处设计太小，就是不容易找，还要麻烦找剪刀。

新玉润保湿化妆水：清香，它的香气我很喜欢，不喜欢太过浓烈的味道；透明色的液体，我觉得比一般的水水略为浓一些，轻轻涂到脸上凉凉的，感觉稍有些黏，特别容易吸收，保湿效果特别好，脸部皮肤特别水嫩、滑滑的。

新玉润保湿菁华露：淡淡的香气，整个新玉润系列的化妆品全是这一个香气，很喜欢，不似其他品牌，有些香气不一致。白色半透明色，质地特别轻薄和细腻，比一般的乳液略为浓厚一些，极易推开，菁华露涂在皮肤上特别柔滑、细腻，吸收特别好，保湿效果很不错。

新玉润保湿菁华霜：植物清香，质地略为比菁华露要淳厚一些，特别适合秋冬季节天气干燥时使用，易推开，涂在皮肤上特别水润，而且能够长效锁水，让皮肤一直停留在水润的状态。

菁华霜和菁华露保湿效果都不错，只不过一个质地淳厚，一个质地轻薄，我觉得菁华霜适合秋冬季节，由于天气过于干燥，这种质地淳厚的霜刚刚好；而菁华露适合春夏季使用，因为它的质地轻薄，涂在脸上会特别清爽。

极力推荐给需要保湿、敏感性皮肤的 MM，因为佰草集除了保湿效果显著之外，安全无刺激，特别适合敏感性皮肤的 MM 使用哦！

资料来源：网络日志.http://hufuping001.blog.163.com/blog/static/169095813201071345856306/

项目四　领会推销洽谈的策略

推销洽谈是一种技术，很讲究艺术。它需要推销人员在推销洽谈中针对不同的推销品、不同的顾客，灵活地采用不同的策略。因此，推销洽谈之前，推销人员必须准备好洽谈的策略。

不同的顾客有不同的兴趣与爱好，他们的需求也就不同。但大量研究表明，顾客的反应要比人们想象的有规律得多，而且大部分是可以预料的。

在同顾客接触的过程中，推销人员们一次又一次遇到同样的抵触、同样的反对意见、同样的怀疑、同样的态度和同样的动机。顾客对某些问题的看法是那样的雷同，诸如"价格太贵了"、"市场上出售的其他同类产品比这更便宜"、"我们晚些时候再购买吧"、"总的来说不错，不过对我们不太适合"、"这不是我的决定"、"我们对现在的供应商感到满意"、"如果我们现在就购买的话，那我们的计划就会被打乱了"、我们到时候再找推销人员吧"等。这些问题是推销人员经常遇到的，通过调查会发现：不管在什么地方，顾客的回答基本上没有多大区别。这就是顾客千差万别需求中的规律性的东西。

任务1　学会与顾客共同销售

与顾客共同销售，用业绩赢取顾客充分的信赖，推销人员可以将顾客的激情充分地调动起来，与顾客共同开发与管理市场，获取良好的市场业绩，最终使自己成为顾客的合作伙伴。

1. 帮助顾客重新调研、分析与规划市场

推销人员通过全面的市场调研与数据分析，评估顾客的机会、威胁、优势与劣势，制定顾客现在与未来的市场发展规划，包括经营定位、发展区域、网点布局与选择标准、经营产品定位与策略、价格策略、促销政策等。

2. 与顾客共同开发与培育网点

推销人员动员顾客亲自或者与其业务员一起前往市场一线，根据顾客发展的总体规划与要求，搜索、物色、开发和培育新的网点，不断壮大顾客的分销网络。

3. 与顾客共同管理市场

推销人员主动帮助顾客管理市场，包括区域市场的渠道冲突控制、价格维护与控制、下线网点的管理、竞争策略的制定与调整等。推销人员除了业务上帮助顾客提升外，还应成为顾客的经营管理顾问，通过培训、现场指导、传、帮、带等方式帮助顾客提高其财务管理水平、销售管理水平、人力资源管理水平。

任务2　善于揣度顾客心理

顾客需要什么？顾客在工作方面和个人生活方面有哪些奋斗目标？哪些因素有利于顾客在工作和个人奋斗方面获得成功？顾客在公司起什么作用？顾客对推销人员的态度如何？顾客是怎么样的一个人：是心胸开阔的，小心谨慎的，还是慷慨的？是墨守成规的，不守信用的，还是胆大妄为的？

古人云："他人之心，予寸度之"。推销人员把自己的思路和注意力都集中在顾客身上，认真揣摩一下顾客的情况。做到心中有数，有准备地与顾客进行洽谈。

1. 观察顾客

如果推销人员只是固执地按事先制定好的计划行事（计划是很重要的），但不去关注顾客的特征和反应，推销洽谈就有可能会遇到障碍。因为，客观情况在变化，而计划不变就会造成难以适应计划的情况出现，如果用不变的计划去适应变化难免会产生偏差。推销人员在洽谈时，要密切观察顾客的体态语言，根据顾客的反应来调整自己的推销方案，小心谨慎地进行洽谈。

2. 同情顾客

如果推销人员能设身处地地为顾客着想，即完全理解顾客，知道顾客心里在想些什么，就可以对症下药，使推销洽谈富有成效。推销人员是否真正理解别人，特别是当顾客表现反常或出人意料的时候？推销人员能够想象出顾客在想什么吗？这就是所说的设身处地为别人着想。在推销洽谈的过程中，推销人员要尽量多使用"您"字，尽量少使用"我"字。这样既是尊敬对方，也是设身处地地为顾客着想。

3. 自我发难

自我发难策略是指在洽谈中针对对方可能提出的问题，先自行摆出这些问题，再加以详细解释，并阐明立场的洽谈策略。举例来说，己方的报价比其他企业同类产品高20%，估计对方一定会对这一问题心存疑惑，并且会怀疑己方洽谈的诚意，进而影响到他们对洽谈的态度和信心。因此，在洽谈的一开始就予以介绍：与同类产品的报价相比，本企业的价格要高20%，看起来似乎价格过高，但是实际并不高。第一，企业采用的是进口优质原料，其成本高，质量绝对可靠，而其他企业产品则采用的是国产原料。第二，本企业的产品合格率比其他同类产品高30%，并且采用的是国际ISO9000标准，产品获得国家专利，有独特的性能。第三，在一年之内，对不合格的产品一律给予退换。第四，本企业是该行业最大的供应商，货源充足，能够保证长期稳定的供应。通过这种自我发难，解释疑难，能使对方认为己方是以诚相见，从而解除疑虑，使洽谈达到目的。但是，这种策略必须建立在深入调查、知己知彼的基础上，问题必须选得恰当，理由必须令人信服。否则，不但达不到预定的目的，还会使自己处于被动的局面。

4. 肯定答复

请考虑下面的两句话："杯子一半是满的"和"杯子一半是空的"。从逻辑上来说，这两句话的意思是一样的。但从心理学的角度来看，这两句话之间就存在着很大的区别。否定论点显然没有肯定论点的效力大。所以，当顾客向推销人员提出某种要求，而且推销人员只能满足顾客的部分要求时，最好把精力集中在力所能及的方面。例如应该说："这是我明天早晨要办的第一件事"，而最好不要说："这件事今天办不了啦"。

如果顾客同意推销人员的观点，首先必须用提问式的方法开始洽谈，而不应当采用陈述的方法。其次，要很好地组织自己所涉及的问题，可以重复几遍，用这种方法创造一个机会，促使顾客自然地作出肯定回答。

151

如果顾客首先承认推销人员在一个次要问题上是正确的，那么他会承认推销人员在第二个问题上也是正确的。然后，他就会在一系列小的方面作出某些让步，小的让步又必然导致大的让步。在这个过程中，反问式提问就特别有效。例如"您保证您的生意兴隆，是吗？""您想阻止您的竞争对手突然跑在您的前面，对吧？""您需要挖掘老产品的潜力，是不是？""您已经想过使用价格比较便宜的材料，对不对？"

任务3 掌握说服顾客的策略

要想使推销洽谈成功，仅仅了解顾客是远远不够的，还必须能够影响他，使他产生购买欲望。推销人员自己的信心、想说服顾客的愿望、流利的语言、事业成功的雄心大志、鲜明的个性特征、向顾客推销产品是为顾客提供某种服务的信念等，所有这一切都是通过推销人员的说服力具体表现出来的。

只有上述一切都被顾客所理解，都被顾客所接受，才说明推销人员的说服工作做到了家，才有可能使顾客产生购买欲望。

1. 寻找共同点

顾客需要买什么？我需要什么？怎样才能把这两种需要结合在一起呢？推销人员首先应向自己提出这些问题，然后自己回答，这样推销人员才能更好地制定出推销计划。只有定出计划，推销人员才能一步一个脚印，有秩序地进行业务洽谈。

在业务洽谈前，如果推销人员经过深思熟虑做好充分的准备，推销人员就可以控制洽谈的进度，因势利导，使洽谈按推销人员的设想进行，而不会被顾客的提问缠住，处于被动状态。

2. 次要目标

次要目标就是目标既不过低也并不十分理想，能使洽谈不完全落空，并且是推销人员能够实现的目标。在实践中，许多推销人员常把精力和注意力全部集中在主要目标上，而这些主要目标又常常不为顾客所接受。这种情况一经出现，推销人员就会觉得失去奋斗目标，不知所措了。随之就会做出一些令人遗憾的妥协，或者一无所获，把整个交易葬送。因此，推销人员在进行业务洽谈准备工作时，有必要采取一些措施。例如，在推销洽谈开始之前，可以自问自答以下问题：如果达不成自己制定的目标，自己该怎么办？还有哪些解决办法？我能想象出哪些可供选择的解决办法并把它们列入推销计划向顾客提出来呢？还有没有次要奋斗目标？针对上述问题，推销人员可以有所准备，确定自己的次要目标，以备应急时使用。次要目标的具体形式多种多样，例如约定好与顾客的下一会谈日期、了解该类顾客的心理活动特点、对顾客产生吸引力等。

3. 扬长避短

指在洽谈中尽量突出己方优点和长处，避免谈及不足的策略。这种策略的目的是要以俊遮丑，弥补在洽谈中所处的不利地位。例如，本企业产品在合格率及技术先进性方面落后于同类产品，但是价格便宜、大量供应、提供不合格产品的退换、提供零配件供应和厂家售后维修的支持等是己方的长处。因此，就可以在这些方面下功夫，突出推销品的优势，说服对方，签订合约。但扬长避短绝不意味着弄虚作假，欺骗对方，而是突出优势，弥补不足。在某些条件上己方不如别人，但在另外一些条件上己方占有一定的优势，甚至是绝对的优势，在综合考虑下，己方并不比别人差。

4. 曲线求利

在洽谈中双方都必须做出一些让步，这是正常的情况。因此，为己方谋取满意的利益必须从整体的角度考虑，而不能只是在某些条件上面坚持己见，钻牛角尖。曲线求利策略就是这一策略的出发点，在某些条件上己方向对方作了让步，损失了部分利益，我们可以通过在其他方面提出要求使对方让步来弥补这部分利益的损失。例如，由于产品降价的损失，可以通过提高技术转让费和易损零配件的价格等来弥补；卖方坚持产品不降价，则可以要求对方提供免费人员培训、免费运货和安装等来弥补。

5. 先发制人

先发制人策略指在洽谈中由己方先提出有关条件和合同草本的策略。例如，预先提出了产品价格、供应数量、各种规格产品的构成比例、付款方式等的一个洽谈框架。在这种情况下对方很难另起炉灶，再提出自己的一个方案，只能在已提出的这一方案基础上提出自己的意见。先发制人要求知己知彼，熟悉行情及双方的力量对比，提出的条件要适度，过高容易吓跑对方，过低则失去一定的利润。这种策略在卖方来说，多用在大企业对小买主的情况；在买方来说，多用在供过于求，许多卖主对一个或少数几个买主的情况。先发制人并不意味着就是一口说死、不可改变，所以提出方案的一方还要准备应变方案，即哪些条件是可以让步的？哪些条件是不能让步的？让步可以让到什么程度等。如果对方采取这种策略，己方不应为其所动，不能被对方牵着鼻子走，应该坚信，任何条件都是可以通过洽谈改变的，所以要按照己方原定的洽谈方针进行洽谈，不能被对方束缚住自己的手脚而不敢提出自己的方案或条件。

6. 折衷调和

在洽谈处于僵持局面时，由一方提出折衷调和方案，即双方都做出一些让步以达成协议的策略。例如，我同意降价 10%，但你也得同意将订货数量增加 30%；我愿意以优惠价供应给你这条生产线，但你必须再订购 1000 套散件等。折衷调和貌似公平，但实际上并不一定，所以对付这种策略必须权衡得失，要经过仔细的计算，用数字说明问题。而不能认为对方让步一半，我方也让步一半，这是对等的，谁也不吃亏。这种想法有时会使己方受到较大的损失，而对方得到利益。折衷调和本身就意味着双方都有让步的余地，所以坚持自己的原则立场，在关键问题上不作让步，有时是可以使对方妥协并达成交易的。

单元小结

本单元重点讨论了推销洽谈的内容、步骤、方法和策略 4 个方面的内容。

推销洽谈是指推销人员运用各种方式、方法和手段，向顾客传递推销信息，并设法说服顾客购买商品和服务的协商过程。推销洽谈是整个推销活动的中心环节。可以将推销洽谈的步骤详细划分为开场、介绍并示范、合理报价、实质磋商和达成交易 5 个步骤。

推销洽谈的方法有多种，主要有提示法、演示法和试用法 3 类。推销洽谈的方法是一门技术，更是一门艺术。它需要推销人员在推销洽谈中针对不同的推销品、不同的顾客，灵活地采用不同的策略。推销洽谈策略包括与顾客共同销售策略、揣度顾客心理策略和说服顾客策略。

核心概念

推销洽谈　　提示法　　演示法　　试用法

训练题

1. 找一段关于推销洽谈的视频，看完以后引导学生讨论。
2. 推销洽谈的流程包括哪几步？哪一步最重要？
3. 你认为哪一种推销洽谈的方法最实用？为什么？
4. 在推销洽谈过程中，哪些策略最为有效？为什么？

综合案例分析

顾客这样说，我还应该跟下去吗？

网友分享：

10月7号接到一个顾客的电话，让我把安防产品的报价单发过去，报价单发过去了几天，我看顾客都没有打电话过来，于是我打了个电话过去问他对我们公司的安防产品有什么意见，他说没时间看。我打几个电话过去他都回复我说没时间看，最后顾客回复我："我看了就给你打电话"。我知道电话打多了顾客会很烦。但我该跟下去，还是……

网友点评1：

小猪，给你讲小妹的故事。

记得小妹第二个顾客：一开始对小妹挺好，说好要来看看，后来一直没有来看，小妹就开始电话隔三差五地联系下，后来顾客好像很烦，小妹心里也很难受，跟还是不跟，跟吧，他觉得小妹总是问，不跟吧，又不想失去机会。

后来小妹就想，为什么不跟，跟，大不了他会觉得我烦。可是不跟呢？这个机会，我还得重新找去，岂不是很可惜，跟了，人家不做也罢，这样我也就死心了。就因为这份执着，也许是有点可爱，顾客最后竟然都不来考察，直接下单。小妹在想，既然机会来了，咱们就不要放弃，虽说可能会失败，可是至少做到问心无愧，而且这样，小猪会成长许多，了解顾客的脾气，平时沟通，这都是经验。

还有，咱们可能经常要充当别人的计算机，可是或许就因为这份真诚，会感化到顾客。

所以小猪，小妹觉得你还是要跟下去，至于怎么跟，小猪可以不完全和顾客谈产品，下了班，可以和顾客聊聊天，多多沟通，顾客会对你产生依赖的，他往往被好多的报价充晕头脑，这时候需要你的积极给他照亮方向，那么，你就赢了。

网友点评2：

估计你的报价应该是不会太高，但顾客正有几份在做对比呢，像这样的顾客其实会有几种可能，一是那个采购想要从中得到部分回扣，所以在吊业务的胃口，等你自己去进一步跟他谈。所以你可以在公司允许的范围内给出一定的回扣吧。当然，这个谈话的方式就不能挑得太明了。

　　第二种就可能有点奇怪了，毕竟是他让你报价的，所以不可能说不去看你的报价单。没时间看只是借口，或许是他并不着急要这批货，所以正在等别的顾客的报价来做对比。如果是这样的话就应该跟得稍紧一些，最好是能约到他来面谈，并且再带上份报价单过去，这样可以促成业务的成功。当然，在此之前就必须要尽可能地从各个渠道里找出问题是什么了。如果货急而等别的报价来对比，那么你可以跟得紧些。而如果说是货不急在等报价的话，那就只能尽可能地给顾客留下好印象，能见到面是最好的，但不能让顾客觉得你烦。

　　以上是个人做业务的一点经验，希望能帮到你，毕竟都是在学习中……

　　资料来源：朱艺，顾客这样说我还该跟下去吗？www.top-sales.com.cn

　　问题讨论：如果是你，你会怎样做？

单元八　顾客异议处理

知识点

（1）顾客异议。
（2）价格异议。
（3）产品异议。
（4）服务异议。
（5）支付异议。

技能点

（1）区分顾客异议的类型及性质。
（2）正确理解顾客异议的价值。
（3）学会如何有效处理顾客异议。
（4）掌握砍价谈判的策略和技巧。

[案例导入]

案例 8-1　一次冰箱展销会上，一位打算购买冰箱的顾客指着不远处一台冰箱对身旁的推销员说："那种 AE 牌的冰箱和你们的这种冰箱同一类型、同一规格、同一星级，可是它的制冷速度要比你们的快，噪音也要小一些，而且冷冻室比你们的大 12 升。看来你们的冰箱不如 AE 牌的呀！"推销员回答："是的，你说的不错。我们冰箱噪音是大点，但仍然在国家标准允许的范围以内，不会影响你家人的生活与健康。我们的冰箱制冷速度慢，可耗电量却比 AE 牌冰箱少得多。我们冰箱的冷冻室小但冷藏室很大，能储藏更多的食物。你一家三口人，每天能有多少东西需要冰冻呢？再说吧，我们的冰箱在价格上要比 AE 牌冰箱便宜 300 元，保修期也要长 6 年，我们还可以上门维修。"顾客听后，脸上露出欣然之色。

资料来源：倪政兴编著．如何成为推销高手．成都：西南财经大学出版社，2008 年

项目一　弄清顾客异议的类型及成因

推销人员在与顾客接触的过程中，总是会不可避免地遇到顾客关于产品或者其他方面的各种各样的异议，如何及时并有效地处理好顾客的异议是推销人员必须掌握的基本技能。这涉及到是否了解了顾客的心理、是否知晓顾客的真实需求以及如何与顾客建立进一步联系等

方面的问题，顾客异议一般会影响到顾客和推销人员的直接利益。据统计，美国百科全书销售员每达成一笔生意要受到 179 次拒绝。顾客拒绝会给推销人员的销售蒙上阴影，如果无法消除异议，势必导致销售的失败。因此，理解顾客异议的类型、成因，正确面对顾客的异议，推销人员必须正确对待和恰当处理顾客异议。

[参考阅读]

奥美原则：服务顾客至上

这个理论是由美国奥美广告公司提出的，意思是在顾客对产品或服务产生异议时，要以维护顾客的利益为原则，利润可以暂时不考虑。奥美原则告诉我们，重视顾客是至关重要的，那么如何做到这一点呢？第一，重视任何一位顾客。有忠实的顾客群，是一家公司成功的必要因素。对任何顾客都应重视，为其提供满意的服务，这样不但可以留住原有的顾客，也可以发展潜在的顾客。第二，热情和友好的态度。好的沟通和与顾客建立互相信任的关系是提供良好的顾客服务的关键。我们要设身处地为顾客着想，体会顾客的感受，在沟通当中要始终保持冷静和热情友好的服务态度。第三，端正服务态度，以服务为目的。作为销售人员，我们工作的本质就是为顾客服务。当我们无法满足顾客的要求时，要注意服务技巧，如可以委婉地建议顾客选择其他产品，尽量不要直接对顾客说"不"。

资料来源：陈守友编著．每天一堂销售课．北京：人民邮电出版社，2009 年 8 月

任务 1　明晰顾客异议的界定

顾客异议是指推销人员在销售过程中，顾客对推销人员的不赞同、提出质疑或拒绝。多数推销人员，都认为异议是让其头痛的一件事情，因此而抱有负面看法，从而对太多的异议感到挫折与恐惧。但实际上，顾客异议包含着大量有价值的信息，对于一位有经验的销售人员而言，可以从另外一个角度来体会异议，揭露出异议背后的含义。

因此，对顾客的异议要有正确的理解，不可掉以轻心，也不可过于畏惧。对于顾客异议，推销人员的正确态度应该是：

- 异议是宣泄顾客内心想法的最好指标。
- 异议经由处理能缩短订单的距离，经由争论会扩大订单的距离。
- 没有异议的顾客才是最难处理的顾客。
- 异议表示您给他的利益目前仍然不能满足他的需求。
- 注意聆听顾客说的话，区分真的异议、假的异议及隐藏的异议。
- 不可用夸大不实的话来处理异议，当您不知道顾客问题的答案时，坦诚地告诉顾客您不知道；告诉他，您会尽快找出答案，并确实做到。
- 将异议视为顾客希望获得更多的信息。
- 异议表示顾客仍有求于您。

任务 2　讨论顾客异议的价值

事实上，真正没有异议的顾客才是最难对付的顾客。

许多现代销售专家认为，推销是被拒绝之后才真正开始的。道理非常简单，在销售人员与顾客进行洽谈时，顾客看上去似乎很平静，其实内心却在买与不买之间徘徊不已，难以做出选择。这时，顾客就会借助于各种理由拒绝和反对销售人员，推销人员要了解顾客真正犹豫的原因，对症下药才能取得良好的推销效果。

顾客"异议"的这层意义是"销售是从顾客的拒绝开始"的最好印证。顾客异议具有以下价值：

（1）顾客异议使你能够判断顾客需要。

从顾客提出的异议，让你能判断顾客是否有需要。异议是宣泄顾客内心想法的最好指标，异议表示你给他的利益目前仍然不能满足他的需求。推销人员要善于从顾客异议中寻找顾客的真实需求，从而有针对性地解决异议。

（2）顾客异议可以使你判断顾客接受程度。

从顾客提出的异议，让你能了解顾客对你接受的程度，从而能让你迅速地修正销售战术。尽量不要用夸大不实的话来处理异议，当你不知道顾客问题的答案时，坦诚地告诉顾客你不知道；告诉他，你会尽快找出答案，并确实做到。

（3）顾客异议中包含大量信息。

从顾客提出的异议，你能获得更多的信息。这些信息除了顾客需求之外，还包括顾客对价格、产品功能等方面的要求或想法。从这些信息中，可以找出最佳的解决方法去达到交易达成的目的

任务3　分析顾客异议的成因

顾客对推销品、推销条件或推销行为的异议不仅仅是一个购买态度的问题，往往有着深层次的原因。推销追求的是促成顾客的购买，但是顾客处于自身有限的支付能力与无限的消费欲望的矛盾之中，任何一次购买都是有成本的，还有顾客在购买时必然还要评价并考虑由此将承受的风险。从这个意义上讲，顾客生来就是推销异议的持有者。

顾客异议的成因主要来自两个方面：一方面是来自顾客自身的原因，另一方面是来自销售人员方面的原因。

1. 顾客方面的成因

顾客方面的原因，大致有以下5种：

（1）拒绝改变或者未发现需求。

大多数的人对改变都会产生抵抗，销售人员的工作具有带给顾客改变的含义。顾客的生活环境和长期的消费习惯会形成对某些产品的抵触和对某些产品的"情有独钟"。这种消费偏见和习惯很可能带有片面性，但又难以消除。

现代科技飞速发展，新产品层出不穷，对有些新产品，尤其是技术含量高的产品，顾客尚未认识到它能给自己带来的利益。顾客的意愿没有被激发出来，没有能引起他的注意及兴趣。特别是对于某些新产品的需求，都需要通过宣传介绍去唤起。

（2）市场预算不足。

顾客预算不足会产生价格上的异议。顾客没有钱或者不愿意花费顾客自认为的较高价格进行购买，但许多顾客常常以无支付能力来拒绝推销，这还需要推销人员区别对待、认真分析，不要放过有支付能力的潜在顾客。

（3）希望得到更好的销售条件。

有些顾客在希望得到更好的销售条件时，是以改善销售条件为目的出现的。例如"如果你满足了我的要求，我就买。"或者"你降价10%，我立即下订单。"

（4）顾客已有适合的选择。

当顾客已经有了满意的选择的时候，很容易对你的推销产生异议。如果你不能证明你的产品优于其他产品时，洽谈很难进行。即使你能够证明你推销的产品的优势，顾客也很难直接转向，可能会带给顾客犹豫，至少这样还有机会，但消耗成本较高。

工业品市场中，顾客在长期的生产经营活动中，往往与某些推销人员及其所代表的企业形成比较固定的购销关系。当新接触的推销人员不能令顾客相信他会带来更多的利益与更可靠的合作时，不敢冒险丢掉老关系。这时就比较容易产生异议。

（5）其他偶然因素。

在推销过程中，会遇到一些来自顾客无法预知的偶然因素造成的顾客异议。如顾客情绪处于低潮：当顾客情绪正处于低潮时，没有心情进行商谈，容易提出异议；另外可能是不想花时间进行洽谈，或者是顾客抱有隐藏的异议：顾客抱有隐藏异议时，会提出各式各样的异议。

2. 销售人员方面的成因

销售人员的原因，也大致分以下5种：

（1）销售人员自身形象的原因。

销售人员的举止态度让顾客产生反感，销售人员就很难赢得顾客的好感。比如形象欠佳。推销人员仪表形象不佳，会给顾客一个不好的印象。例如，衣冠不整、举止不当、出言不逊等，顾客会从人员的形象推延到产品和企业的形象，甚至提出异议并且希望尽快结束推销过程。

或者是推销人员姿态过高，处处让顾客词穷：销售人员处处说赢顾客，让顾客感觉不愉快，而提出许多主观的异议。例如不喜欢这种颜色、不喜欢这个式样。现在很多汽车顾客抱怨4S店推销人员的姿态过高。

（2）推销人员夸大事实或不正确描述。

做了夸大不实的陈述：销售人员为了说服顾客，往往以不实的说辞哄骗顾客，推销人员有些推销语言不能自圆其说，在平时的交往中有时夸夸其谈、虎头蛇尾等，结果带来更多的异议。

事实调查不正确：销售人员引用不正确的调查资料，引起顾客的异议；或者是在以往的推销活动中没有严格履行合同，在交货时间上以及在货物的数量、质量、品种、规格等方面，没有很好地满足顾客的需求，都会极大地损害商业信誉，再推销时便会产生信用异议。

由于推销人员夸大事实或者不正确地描述，会使得顾客对推销人员不信任，带来很多难以处理的顾客异议。

（3）推销人员使用过多的专业术语。

使用过多的专门术语：销售人员说明产品时，若使用过于高深的专门知识，会让顾客觉得自己无法胜任使用，而提出异议。

（4）没有找到顾客的真实需求。

在没有了解顾客的真实需求时，容易带来以下3个方面的问题：一是不当的沟通，说得太多或听得太少都无法确实把握住顾客的问题点，从而产生许多异议；二是展示失败：展示失败会立刻遭到顾客的质疑；三是信息传递不充分，有时潜在顾客似乎是提出异议，实际上是请求给予更多的信息。

潜在顾客可能已被激起购买兴趣，他们想要产品，但不相信你的产品最好，或者不相信你是最好的供货商。一种情况是信息量不够，顾客没有获得充分的信息，仍然不能做出购买决策；另一种情况是，信息质量不够好，有时推销人员已经向顾客提供了较多的信息，但是由于信息的质量不高，不能令顾客信服，顾客仍然会提出异议。

（5）推销品不能满足需要。

无论是产品的核心部分、形体部分还是附加利益部分，只要有一个方面令顾客不满意，或者推销品不能比竞争品更能令顾客满意，而推销员又不能在较短的时间内让顾客相信推销品正是顾客所需要的，就可能导致顾客异议。产品方面的异议主要表现在：一是产品的用途与顾客需要不相符；二是产品质量、功能、品种、价格不适当等，推销品有待改进。从这个意义上来看，推销品性能上的落后对推销员来说永远是"难啃的骨头"。

案例 8-2　黄小姐到某百货商场去购买 * 品牌的眼部修复霜，到了那个商场，导购说那一款今天卖完了，便推荐同一品牌的另外一款眼霜，可到了家中，黄小姐仔细阅读后才知道这一款是用于改善眼角鱼尾纹的，不是自己需要的那一款。便拿到该商场要求退货，导购一听是退货，脸色马上拉了下来，跟先前推销时判若两人，说："化妆品只要产品质量没有问题，消费者皮肤适用，是不予退货的"。黄小姐一听也火了，"当初自己就不想要这一款的，你说什么一样的，非要推荐这个给我……"导购听了黄小姐的抱怨，心不在焉地听着，满脸不屑一顾，这下可把黄小姐给激怒了，严格要求要见商场部门经理要严惩这个导购。

任务 4　划分顾客异议的类别

顾客异议的类型可以从以下角度来划分：

（1）按照顾客异议的真实性可以将顾客异议分为真实异议、假象异议和隐藏异议。

1）真实异议。

顾客表达目前没有需要或对您的产品不满意或对您的产品抱有成见。面对真实的异议，您必须视状况采取立刻处理或延后处理的策略。

立刻处理的状况有 3 种：当顾客提出的异议是属于他关心的重要事项时，如价格或质量性能；您必须处理后才能继续进行销售的说明时，如代理权限；当您处理异议后，能立刻要求订单时，如价格折扣。

延后处理的状况有 3 种：对您权限外或您不确定的事情，您要承认您无法立刻回答，但您保证您会迅速找到答案告诉他；当顾客在还没有完全了解产品的特性及利益前，提出价格问题时，您最好将这个异议延后处理；当顾客提出的一些异议，在后面能够更清楚地证明时。

2）假象异议。

指顾客用借口、敷衍的方式应付销售人员，目的是不想诚意地和销售人员会谈，不想真心介入销售的活动。对于假象的异议应分析产生的原因并尽快结束推销。

3）隐藏异议。

隐藏的异议指顾客并不把真正的异议提出，而是提出各种真的异议或假的异议，目的是要借此假象达成隐藏异议解决的有利环境。例如顾客希望降价，但却提出其他如品质、外观、颜色等异议，以降低产品的价值，而达成降价的目的。

（2）按照顾客异议的原因可以将异议分为价格异议、产品异议、支付异议和服务异议。

1）价格异议。

价格异议是顾客异议中最常见的异议，是顾客在对商品价格水平与其品质比较后提出的异议。价格过高的商品顾客会觉得不划算，而对价格过低的商品也会产生质量是否可靠的怀疑。

2）产品异议。

产品异议是顾客出自与其他产品的比较，或是以往采用的经历，对推销品的内在质量、花色品种、功能、配件、包装情况等提出的异议。甚至顾客会对推销品来自哪个地区、何种品牌、什么厂家提出异议。对货源的异议可分为两种情况：一种是顾客对货源来路的真实性提出疑问；另一种是顾客表示不愿意接受信不过的厂家或品牌的推销品。

3）服务异议。

顾客可能会对推销品交易附带承诺的售前、售中、售后服务的异议。这些异议包括了对服务方式方法、服务延续时间、服务范围大小、服务延伸度、服务实现的保证程度等多方面产生的问题。

还有就是顾客对推销人员提出异议，顾客有可能会由于某种原因拒绝接待某一特定销售人员和他所推销的商品。顾客的人员异议往往使推销人员感到尴尬。在许多情况下，潜在顾客提出异议的起因可能来自于推销人员本人，如顾客可能认为销售人员没有经验或是推销员工作的过失引起了顾客的反感，就可能存在这方面的异议。

4）支付异议。

支付异议也是顾客异议中常见的一种异议。在商业信用和消费信用不断发展的情况下，顾客对推销者所提出的货款支付方式、方法的异议。诸如提出分期付款、先提货后付款、先试用再付款、使用信用卡购物等要求。

项目二　怎样进行顾客异议的有效处理

在销售过程中，顾客对推销人员所发出的信息持怀疑或不合作的态度时，就形成了顾客异议。因而，顾客异议是准顾客对推销员所传递信息或提出的成交请求的反对或阻挠。一般情况下，顾客对推销品、推销人员、推销方式和交易条件不提任何问题或异议的情况是很少见的，几乎所有的交易都包含着产生顾客异议的可能。

当推销人员与潜在顾客直接接触时，双方既是交易伙伴，同时也使得各自的选择自由受到限制，潜在买主与卖主之间越来越要求对方接受自己提出的交易条件。顾客异议便是买方为争取有利的交易条件所作的努力。如果对推销活动缺乏全面的认识，一旦遇到顾客异议，就误以为对方对销售品不感兴趣了，推销员便会失去信心，束手无策。其实，顾客发出异议，正是表明推销品和推销活动已引起推销对象的注意。若是顾客无动于衷，完全不感兴趣，连看都不愿多看一眼，又何须多费口舌提出异议呢？

任务 1　把握顾客异议处理的原则

1. 端正心态原则

优秀的推销员对顾客异议要能正确对待，不紧张，不回避，也不感到意外，而是热情欢迎顾客提出异议，冷静分析异议的焦点与原因所在，并创造良好的气氛，让顾客畅所欲言。从心理学意义上来讲，叫做"排除不满"或"感情净化"；从推销学来讲，异议所指出的问题有利于改进营销组合与推销工作。反之，未能表达出来的异议，往往危害更大。因为异议反映的是产品与推销缺陷，毕竟仅是实际存在缺陷的一部分，如果连这一点意见也听不进去，就难以优化营销组合，也不可能有成功的推销。

2. 坚持证实的原则

（1）"证实"是化解异议的关键。在处理异议的过程中，推销员需要向顾客证实的是：顾客确实存在着需求，而推销品也确实能满足顾客的需求，推销介绍中所讲的、所提示的、所演示的都是真实的，推销员确实是在为顾客着想。实践证明，化解顾客异议的关键是向顾客"证实"，并且使顾客相信所证实的内容。有时推销员对顾客异议进行反复处理后，顾客仍然会存在异议，尤其是存在着对来自推销方面的异议，这说明推销员向顾客所做的"证实"还不够。

（2）注意收集证据信息。只有推销员才能够准确地了解各种证据的用途，因此应该亲自进行证据的收集工作。推销员应在洽谈和处理顾客异议时，对需要收集的证据在什么时候、什么背景下展示什么做到心中有数。

（3）实话实说。在推销过程中，推销人员应该坚持向顾客传递真实的信息，坚持讲真话的原则。这些真实的信息内容包括市场供求的真实状况、产品的真实功能作用、产品的真实材料构成等。在推销及处理异议过程中，有的内容推销员可以不谈，但不能讲假话。现代推销讲究的是"双赢"，只要对双方有利的事情都是可以讲的，推销方获取正常的盈利是完全可以得到顾客理解的。因此。讲真话，是推销人员良好的职业道德。

3. 坚持倾听原则

在顾客发表异议时，推销员应该耐心倾听，认真地分析。除了表示欢迎外，更重要的是在倾听与观察的过程中分析判断出顾客异议的真实原因，以便区别对待。

倾听顾客异议，正是为了避免另一种更可怕的异议。有时候，顾客虽不向推销者发出异议，却把不愉快的经历和感受向其他人倾诉，既不能让推销人员澄清问题，又起到了"反宣传"的负效应。事实上，在频繁、众多的顾客异议中，有相当一部分是客观的合理的意见，其特点是针对交易条件、商品质量、价格、售后服务等问题提出的意见，带有明显的"讨价还价"的性质，反映了顾客有求购的愿望。对此，推销人员一定要有充分的思想准备，利用自己所掌握的资料，耐心地说明、说服，做好"转化"工作，争取达成交易。

4. 及时反应原则

一般情况下，对于顾客的异议，推销人员应该及时回馈，因为顾客提出异议总是希望得到推销员的反应。此时，如果反应过于迟钝，顾客就会产生很多不好的联想，如认为推销员无法答复或是不重视顾客异议等。

但对于有些异议没有办法及时回馈，此时应该采取较为缓和的方法回答异议。例如，推销员即使是打算对顾客异议采取不理睬的方法进行处理，此时可以采用如"你刚才讲的意思是不是……""你的意思我理解"，然后再选择时机和方法处理。这也是一种及时做出反应的表现。

5. 避免争辩原则

在推销洽谈和处理顾客异议过程中，应始终坚持与顾客和睦相处、平等协商。不管顾客如何批评我们，销售人员永远不要与顾客争辩，因为争辩不是说服顾客的好方法，正如一位哲人所说："您无法凭争辩去说服一个人喜欢啤酒。"与顾客争辩，失败的永远是销售人员。一句销售行话是："占争论的便宜越多，吃销售的亏越大"。

在推销洽谈过程中由于各种原因产生的顾客异议，有时是毫无道理的。但无论出现什么情况，推销人员都应该坚持不与顾客争辩，坚持尊重对方人格，和气开导，增加信息传递数量和质量，以推销人员的人格魅力、知识魅力、风度魅力和策略与技巧感化顾客，使推销洽谈顺利进行。

任务2　领会顾客异议处理的策略

1. 正确看待顾客异议

有经验的推销员，把顾客异议当作达成交易的起点，认为顾客异议是对推销品产生兴趣的标志，顾客在争取有利的交易条件，无疑孕育着成交的机会。同时，顾客发出疑问、抱怨或否定意见，总是有一定原因的。要么是商品性能、质量还不尽如人意，要么是商品价格还不够合理，要么是交易条件过于苛刻，退而言之，即便是顾客对物美价廉的商品和优惠的交易条件缺乏了解，也正好说明推销活动还存在不足之处。

2. 事前做好准备

"不打无准备之仗"是销售人员战胜顾客异议应遵循的一个基本原则。销售人员在走出公司大门之前就要将顾客可能会提出的各种拒绝列出来，然后考虑一个完善的答复。面对顾客的拒绝事前有准备就可以心中有数，从而从容应付；事前无准备，就可能不知所措或是不能给顾客一个圆满的答复，说服顾客。

3. 给顾客一切机会来表达他们的感受

当顾客存在异议时，要鼓励顾客将心中的疑虑表达出来，大顾客表述异议的时候，推销人员不要去打断顾客，也不要自我辩解。顾客表述异议完毕之后，尽量再引导顾客能够多表述一些，以充分了解顾客需求。

4. 顾客认为问题存在时问题就真的存在

销售人员要尊重顾客的异议，有些时候，推销人员认为顾客异议是完全没有必要的，但推销人员要记住，顾客认为问题存在时问题就真的存在，一定要打消顾客异议才行。顾客的异议无论是对是错、是深刻还是幼稚，销售人员都不能表现出轻视的样子，如不耐烦、轻蔑、走神、东张西望、绷着脸、耷拉着头等。销售人员要双眼正视顾客，面部略带微笑，表现出全神贯注的样子。并且，销售人员不能语气生硬地对顾客说："您错了"、"连这您也不懂"；也不能显得比顾客知道得更多："让我给您解释一下……"、"您没搞懂我说的意思，我是说……"。这些说法明显地抬高了自己，贬低了顾客，会挫伤顾客的自尊心。

案例8-3　顾客："你的产品是不错，不过，现在我还不想买。"推销人员："经理先生，既然产品很好，您为什么现在不买呢？"顾客："产品虽然不错，可它不值5万（元）一件啊！"推销人员："那您说说这样的产品应该卖什么价格？"顾客："反正太贵了，我们买不起。"推销人员："经理先生，看您说的！如果连您都买不起，还有什么人买得起？您给还个价。"

分析提示：在上面的案例中，推销人员对待顾客异议没有马上讲事实摆道理，而是向顾客提出问题，引导顾客自己否定自己，最终达成交易。这种方法在实际推销过程中常常被推销人员所采用，并能取得成效。

5. 适当让步，正确解答

在顾客异议尚未提出时解答：防患于未然，是消除顾客异议的最好方法。销售人员觉察到顾客会提出某种异议，最好在顾客提出之前就主动提出来并给予解释，这样可使销售人员争取主动，先发制人，从而避免因纠正顾客看法或反驳顾客的意见而引起的不快。

有些顾客异议提出后推销人员可以立即回答，绝大多数异议都需要推销人员立即回答。这样，既可以促使顾客购买，又是对顾客的尊重。

有些异议可以过一段时间再回答，但要及时告诉顾客你很重视顾客的异议，会尽快答复。以下异议需要销售人员暂时保持沉默：异议显得模棱两可、含糊其词、让人费解；异议显然站不住脚、不攻自破；异议不是三言两语可以辩解得了的；异议超过了销售人员的议论和能力水平；异议涉及到较深的专业知识，解释不易为顾客马上理解等。

有些异议推销人员可以不回答：许多异议推销人员不需要回答，例如无法回答的奇谈怪论、容易造成争论的话题、废话、可一笑置之的戏言、异议具有不可辩驳的正确性、明知故问的发难等。销售人员不回答时可采取以下技巧：沉默；装作没听见，按自己的思路说下去；答非所问，悄悄扭转对方的话题。

项目三　掌握顾客异议处理的有效方法

处理顾客异议的方法有很多种，要结合具体的环境采用不同的方法，当一种方法不太合适时，要尽快地更换另一种方法。

任务 1　学习直接驳正法

直接驳正法是指顾客一提出异议，销售人员就直截了当地予以否定和纠正。一般情况下，直接驳斥顾客的做法是最不明智的，往往会让顾客感到遭受了不恭敬地对待，而使面谈恶化为无谓的争辩或使顾客拂袖而去。但在有些情况下使用直接驳正法却很奏效，当顾客对企业的服务、诚信有所怀疑时，当顾客引用的资料不正确时，推销人员必须直接反驳。

因为顾客若对您企业的服务、诚信有所怀疑，您拿到订单的机会几乎可以说是零。例如，如果顾客引用的资料不正确，推销人员如果能以正确的资料佐证自身的说法，顾客不仅不会不接受，反而会对推销人员更信任。

使用直接反驳技巧时，在遣词用语方面要特别地留意，态度要诚恳、对事不对人，切勿伤害了顾客的自尊心，要让顾客感受到您的专业与敬业。

应用直接驳正法时，销售员必须注意以下几点：

- 态度委婉。由于要直接驳斥顾客的意见，为了避免触怒或引起不快，销售员要真诚，语气要诚恳，面容要微笑，切勿怒颜责备顾客。
- 针对问话。在顾客的异议以问话表示时，应用此法最为有效，因为它给予对方一种肯定自信的感觉。
- 勿伤自尊。处理顾客异议时，最忌伤害顾客的自尊。对固执己见、气量狭小的顾客最好不用这种方法，因为这类顾客会认为销售人员不尊重自己，从而产生争执。

任务2 领会先扬后抑法

先扬后抑法又被称为间接否定法和迂回否定法，是指销售人员听完顾客的异议后，先肯定对方的异议，然后再述说自己的观点。这种方法的应用情景最多，使用的机会也比其他方法多，不论何种异议，几乎都可以采用。尤其是在澄清顾客错误的想法、鼓励顾客问话方面，效果显著。销售人员应用这种方法时，要以诚挚之心，先接纳顾客异议，然后在以事实或实例婉言否认或驳正。这样既能消除异议，同时也不伤害顾客的自尊心。

使用间接否定法，需要注意这种方法特别适用于自以为对产品了解许多，并有独到见解的顾客。这些人生性主观自负，常常自以为是，所以只能顺其性而智取，不能直接反驳。这种方法的基本表达句型是"先肯定后否定"，即对于顾客异议用"是……但……""是的……如果……"等答辩。

正面反驳顾客会引起顾客的反感，因此，销售人员最好不要开门见山地直接提出反对的意见。在表达不同意见时，尽量利用"是的……如果……"的句法，软化不同意见的口语。用"是的"同意顾客部分的意见，在"如果"表达另外一种状况是否这样比较好。

任务3 学会转化处理法

转化处理法即销售人员利用顾客异议作为说服顾客购买的理由，是推销人员直接利用顾客异议中有利于推销成功的因素，并对此作加工处理，转化为自己观点的一部分去消除顾客异议，说服其接受推销。换句话说，顾客异议一经销售人员的巧妙转化，可以变成反击顾客的武器，使顾客作茧自缚，陷入自设陷阱之中，被销售人员说服。

转化处理法的优点是，能够使推销介绍一针见血，有很强的针对性，等于用顾客之矛攻顾客之盾，使顾客在关键问题上转换看法，进而转变态度，而且无法再提出新的异议。同时，还会使顾客感到异议受到重视，推销员不是闪烁其辞，而是正视现实的、诚恳的，这有利于建立良好的人际关系和推销气氛。利用转化处理法也有一定的局限性，运用不当可能引起顾客的反感和抵触情绪，从而重新考虑购买决策。

例如，顾客："抱歉，我资金有限，现在买不了"。销售员："孙先生，您千万别这么说，现在价格涨得这么快，赶早不赶晚呀！"。

采用转化法的销售人员，本身必须经验丰富、精于销售技巧，因为只有有经验的、精通技巧的人才能察言观色，当机立断，将顾客异议转化为有利于成交的理由。销售人员在应用这种方法时，必须心平气和，即使顾客的异议缺乏事实依据，也不能当面反驳，而应旁敲侧击，去疏导、启发和暗示。这种方法应用后，顾客情绪反映强烈，若转化不当，反而弄巧成拙，使顾客生气，增加销售阻力。

任务4 掌握截长补短法

截长补短法又被称为补偿处理法，是指利用顾客异议之外的其他优点来补正异议之缺点，将不能成交变为可能成交。人们有追求十全十美的愿望，但世界上没有十全十美的事物。有时顾客只看到购买的缺陷，而对其优点注意不够。

例如顾客提出"产品异议"，顾客认为产品的某些方面比如说设计不够理想，推销人员可以以价格低廉、售后有保障或者是服务良好为由，给予一定补偿。这样进行以优补拙、以良救劣，可以使顾客因异议降低到最小而取得缓解顾客心理不平衡的状况。

同时要记住，要给顾客一些补偿，让他取得心理的平衡，也就是让他产生两种感觉：
- 产品价值与售价相一致。
- 产品具备的优点对顾客是重要的，产品的缺点还有其他优点可抵消。

世界上没有十全十美，自然对于顾客的不同需求来说也没有十全十美的产品，当然产品的优点越多越好，但真正影响顾客购买与否的产品的关键点并不是很多，补偿法能有效地弥补产品本身的弱点。补偿法的运用范围非常广泛，效果也很不错。

任务5　体会反问处理法

反问处理法是销售人员化解顾客真实异议时的制胜要素，适时对顾客发问，能引导顾客思考，化解其异议。销售员在应用这种技巧时，先将异议转化为发问，用来启发顾客的自省能力，如果顾客有所领悟，便能自己说服自己；销售人员能听到顾客真实的反对原因，他也能有较多的时间思考如何处理顾客的反对意见。透过询问，直接化解顾客的反对意见。

顾客异议复杂多样，真假难辨，推销人员搞不清顾客的真实意图时，无法使用前述的几种方法，可以先用反问法找出真实有效的主要问题，再配合其他方法进行处理。反问的目的是将顾客的隐含异议和敷衍异议转变成真实的异议（有效异议或无效异议），或者把一般性顾客异议转换成具体的顾客异议。询问法有助于把握住顾客真正的异议点，从而直接化解异议。

为了尽己所能把问题弄清楚，可以考虑使用如下技巧：
- 发出询问，"您这么说一定是有道理的，我可以问问是什么理由吗？"即使引出的是另一种虚设异议，你仍然可以按照同样的方式询问，提出："如果解决了这个问题，你就买这种产品吗？"顾客要么同意购买，要么把真实的反对意见告诉推销人员。
- "怎么才能让你信服呢？"
- "你心目中理想的东西是什么样子呢？"可使一般性异议转化为具体异议。

正确地使用反问处理法，可以得到更多的反馈信息，找出顾客异议的真实根源，为进一步推销创造条件；带有请教意思的询问能让顾客感觉受到尊重，可以保持良好的人际关系和推销气氛，比直接否定顾客异议更为有利；还可以使推销人员从被动地听顾客申诉异议变为主动地提出问题，并能与顾客进行探讨，从而使顾客说明异议的真正根源，有利于推销人员有的放矢地化解异议。

任务6　尝试忽视处理法

忽视处理法又被称为装聋作哑处理法、沉默处理法、糊涂处理法，是指当顾客提出一些反对意见，并不是真的想要获得解决或讨论时，这些意见和眼前的交易扯不上直接的关系，您只要面带笑容地同意就好。对顾客异议不予急于正面解答或理睬，采取一带而过，表面糊涂，心理明白。在推销活动中，对于那些无效的、无关的、虚假的异议，推销人员就可以采取不理不睬法，故意忽视、回避或转移话题，以保持良好的洽谈气氛，避免与顾客发生冲突。

在一般情况下，推销人员应该重视顾客异议，明确处理顾客异议。但是，有些顾客的异议与购买无关，有些异议幼稚可笑，还有些异议属于发牢骚。对这些异议或装聋作哑，或简单回答，更能有效地消除异议。

例如，顾客说："这种吸尘器为什么叫春花牌的，不叫夏花牌？"这是一种无关异议，推销人员可以说："您看，这种吸尘器造型多漂亮！"即转移话题。又如，顾客说："你们厂子那个地方交通真不方便！"推销人员："只是离汽车站稍远一点。请您看这是我们厂的新产品。"即一带而过。

对于一些"为反对而反对"或"只是想表现自己的看法高人一等"的顾客意见，若是您认真地处理，不但费时，尚有旁生支节的可能，因此您只要让顾客满足了表达的欲望，就可采用忽视法，迅速地引开话题。

以上介绍了 6 种主要的处理顾客异议的技巧和方法，在实践中，销售员可根据具体情况进行选择，巧妙应用。这里应该注意的是：任何销售上的技巧和方法，妙在能相互换用，才有效果。实际上处理顾客异议的方法还有很多，这需要推销人员在工作中不断地总结经验，但有一点是永久不变的，了解顾客需求才能更有效地解决顾客异议。

项目四　顾客价格异议的应对策略

终端销售过程中最难解决的问题是什么？随意问 10 个业务员或导购员，有 9 个会告诉你：处理顾客的价格异议最难！价格，是决定顾客购买的一个关键性因素，因为绝大部分顾客都是价格敏感者。如何处理好价格异议，实现交易，涉及到很多的方法与策略。

案例 8-4　9 月 7 号，上午 10 点钟，我接到一个电话询盘，是四川宜宾的何小姐，说是网上找到我的，问我公司生产不生产 PUR 螺旋电缆，有没有 RVU-3*2.5 的，工作长度要求 13 米长，有没有现货等。她还说，她对螺旋电缆这种产品不了解，要我介绍一下螺旋电缆有哪些特性，还说她的顾客要她找的，顾客要的很急，是否有现货。

我就一一给顾客讲，PUR 螺旋电缆是我公司的主打产品，找我们是找对了，RVU-3*2.5 是我们的常规电缆，有现货，并可以款到发货。随后我核算了一下价格，并报了一个适当的含税含运费价格。她说要和她的顾客确认一下，其实像这样的询盘我每天都能接到几个，但都不当一回事的。

其实，在询盘的过程中还有一段小插曲。在那两天当中，我接到宜宾的询盘有四五家，都是要同样规格型号的 PUR 螺旋电缆。我当时就和她说，您是中间商，你报给终端顾客在我报的价格上加三成，不能加得太多，加多了，生意就有可能黄了，因为要做这笔生意的人太多了，不管谁和我做，我的出厂价是不变的，只有谁报给终端顾客价格低，谁就是赢家，就这样我们结束了电话。

下午，我刚一上班，就接到何小姐的电话，她说，听了我的建议，她报了一个适当的价格给顾客，顾客价格确认了，要我立即做合同传过去，过了一会儿，就把款打过来了。

随后，我打电话和询盘的人一一交流，并问他们怎么报价的，问他们单子为何没有成交，有的人说，加价百分之一百，有的加价八成，有的加五成，我总结出，做任何生意不能违反价值规律，不要漫天要价；否则，他将被顾客抛弃。

资料来源：W 螺旋电缆的空间．上上帝，请你报双赢价格．http://hi.baidu.com/w 螺旋电缆/blog/item/8f310b9a0ec22b066e068c8f.html

任务 1　建立双赢的理念基础

推销在满足顾客需求的同时，我们也应该理所当然地获得我们的利益，这就是向对方索要承诺并在一定时间内兑现。价格谈判需要以双赢理论为基础，才能达到较好的效果。

经常发生的是：满足需求与索取承诺交互发生。因为在顾客的需求没有得到满足时顾客是不会承诺的，而我们又很难把握什么时候顾客的需求得到了完全的满足。所以，我们只有在适当的时候从索取承诺中修正自身的不足，以进一步满足其需求。这可能是一个不断重复的过程，在开始阶段由于对顾客需求把握不全或不准导致索取不到想要的承诺，此时我们会调整策略以进一步满足其要求，然后继续索取承诺直到成功。

价格异议不是顾客异议的全部，也不是谈判的全部，但毫无疑问，有关价格的讨论依然是顾客异议的主要组成部分，在任何一次商务谈判中价格的协商通常会占据70%以上的时间，很多没有结局的谈判也是因为双方价格上的分歧而最终导致不欢而散。

简单地说，作为卖方希望以较高的价格成交，而作为买方则期盼以较低的价格合作，这是一个普遍规律，它存在于任何领域的谈判中。虽然听起来很容易，但在实际的谈判中做到双方都满意，最终达到双赢的局面却是一件不简单的事情，这需要你的谈判技巧和胆略。

任务 2　掌握灵活的报价策略

好的开始是成功的一半，在你第一次向顾客报价时的确需要花费一些时间来进行全盘思考。开价高可能导致一场不成功的交易，开价低对方也不会因此停止价格还盘，因为他们并不知道你的价格底线，也猜不出你的谈判策略，所以依然会认定你是在漫天要价，一定会在价格上与你针锋相对，直到接近或者低于你的价格底线为止，这当然是一次不折不扣失败的谈判，很遗憾，此类谈判还在不断地发生。

价格谈判由以下4个主要因素组成：
- 你的报价
- 对方的还价
- 你的底线
- 对方的底线

报价和还价随着谈判的深入会逐渐清晰，而整个协商过程中双方都会揣摩、推测、试探对方的底牌，是心理、智慧、技巧的综合较量。所以在任何情况下都尽量避免亮出你的底价。所以，掌握灵活的报价技巧是其中重要的环节。

1. 开价一定要高于想要的价格

那么究竟要如何掌握好第一次开价呢？一条黄金法则是：开价一定要高于实际想要的价格，特别是对于工业品销售。在价格异议处理过程中，双方都会试图不断地扩大自己的价格商谈空间，报价越高意味着你的谈判空间越大，也会有更多的回报。谈判是一项妥协的艺术，成功的谈判是在你让步的过程中得到你所需要的。一个较高的报价会使你在价格让步中保持较大的回旋余地。

低价格一定是低价值吗？肯定不是。商品的定价是由生产成本、人力成本、企业战略、销售渠道等诸多因素决定的，价格低的商品同样可以成为名牌，产品质量和售后服务也不会逊色。当你选购商品时会花费大量的时间和精力去分析该企业的生产成本、人力成本吗？恐怕大多数人都不会，判断产品价值的第一指标恐怕还是售价。高价会给人一种产品更好的第一感觉，人们会相信高价一定会有高价的理由，正所谓国人崇尚的"一分钱一分货。"

通过运用开价一定要高于实际价格的原则，在谈判的开局可以起到压缩对方谈判空间的作用。当然，报价一定要维持在合理的范围之内，要想将一台普通电脑以十万元的价格销售出去，只有等待奇迹的出现了。另外，较高的报价同时需要有令人信服的理由，比如增加产品的附加价值。

2. 不要让报价将顾客吓跑

同时，报价越高并不是最优的方法，当价格远超过顾客的心理预期时，过高的报价不但不会带来更大的商谈空间，反而会使得商谈终止。建议在报价的言语上暗示一些伸缩性，但一定要强调回报，比如"如果你能够现款提货，我可以在价格上给予5%的优惠。""如果你提供特殊陈列面，并免费提供促销场地，我会在价格上有所考虑。"

3. 报价并不是一成不变的

报价并不是一成不变的，可以根据不同的顾客或渠道采取不同的报价。能够以较高的报价成交并不是没有可能，你并不是了解每一位顾客的接受能力。在我得知一家国际性的销售终端向每一个供货商收取销售额的20%作为交易条件，我毫不犹豫地在我原有报价的基础上提高了25%，对方在谈判前也调查了我的价格体系，当然对报价提出了异议，经过了艰难的协商，我做出了5%的让步，并且提供了一套大型促销方案支持我的报价，最终成交。对方收取的和我提高的比例相同，我没有受到任何损失，至于那套大型促销方案，假如我不提高报价也一样会做。

任务3　尽量让对方感觉赢得了谈判

无论以何种条件成交，最重要的是要让对方感觉自己赢得了谈判。一些企业管理者比较急功近利，订单量是绩效考核的唯一指标，导致销售代表谈判初期就把价格降至最低，只顾数量而不顾质量，忘记了企业最终目的是赢利而不是报表上的数字。

其实谈判的过程同结果一样重要。对方只有通过自己的努力把价格谈下来，才会相信这是你能承受的最低价格，否则即使你有三寸不烂之舌，对方也不会相信。只有在对方心理平衡的前提下，你才会有下次交易的机会，倘若你寸土不让，这次也许可以成交，但下次就会十分困难了。请记住，当对方完全猜不到你的底牌，而你又不能让价时，你很有可能错失下一次的交易机会。

单元小结

本单元以顾客异议为主题，重点讲述了顾客异议的成因、作用和类型，并描述了处理顾客异议的方法以及价格谈判中的异议处理。

顾客异议的成因主要来自两个方面：一方面是来自顾客自身的原因，另一方面是来自销售人员方面的原因。按照顾客异议的真实性可以将顾客异议分为真实异议、假象异议和隐藏异议；按照顾客发出异议的原因可以将异议分为价格异议、产品异议、支付异议和服务异议。

处理顾客异议的方法有很多种，要结合具体的环境采用不同的方法。主要方法有直接驳正法、先扬后抑法、转化处理法、截长补短法、反向处理法、忽视处理法。

核心概念

顾客异议　　价格异议　　产品异议　　服务异议　　支付异议　　双赢

训练题

1. 顾客异议的种类有哪些？
2. 顾客为什么会存在异议？
3. 处理顾客异议的原则有哪些？
4. 处理顾客异议的策略和方法有哪些？
5. 描述双赢对于处理顾客价格异议方面的作用。

综合案例分析

变废为宝：妥善处理顾客抱怨

研究表明：当顾客对一家商店不满时，4%的顾客会说出来，96%的顾客会选择默然离去，其中90%的顾客永远也不会再光顾此家商店，而这些不满的顾客又会分别把他们的不满至少传递给8～12人听，向他宣传此家商店的商品质量和服务质量是如何的糟糕。这8～12人中有20%还会转述给他们的朋友听。如果商店能及时处理而又能让顾客满意的话，有82%～95%的顾客还会到这里来购物。从中我们可以看出处理好顾客抱怨是多么的重要，那么我们在实际工作中该如何处理这些抱怨呢？

1. 学会耐心倾听顾客的抱怨，不要与其争辩

导购在消除顾客不满时，第一步就是要学会倾听，即聆听顾客的不满。聆听顾客不满时，必须遵循多听少说的原则。导购代表一定要冷静地让顾客把他心里想说的牢骚话都说完，同时用"是"、"的确如此"等语言及点头的方式表示同情，并尽量去了解其中的缘由，这样一来就不会发生冲突，甚至是吵架。

2. 发现顾客需求，采用迂回战术

当顾客抱怨时导购需要冷静倾听，当顾客不满缓解时，导购可趁机推介产品，再次与顾客沟通。举例：

"先生，你不用对我吼……"（错误）

"这是公司的规定……"（错误）

"我懂，我了解……，先生，你看……很不错的，适合你的……"（正确）

3. 迅速处理顾客抱怨

处理顾客抱怨时切忌拖延，因为时间拖得越久越会激发顾客的愤怒，而他的想法也将变得顽固而不易解决。所以，导购代表在处理顾客抱怨时，不能找借口说今天忙明天再说，到了明天又说负责人不在拖到后天，正确的做法是应该立即处理，而且处理顾客抱怨的行动也应该让顾客明显地觉察到。如导购代表可以用焦急、紧张的神情感染顾客，或者隔一段时间就告之顾客事情处理得怎样、到了什么程度等，以平抚顾客的情绪，求得顾客对事情的理解。举例：

"这是公司的规定，我也没办法啊，……"（错误）

"今天我们有点忙，再说领导也不在，我看你还是明天再来……"（错误）

"你先别急，我忙完了，等一下再给你处理……"（错误）

"先生，稍等，我马上给你处理……"（正确）

"我们的技术人员正在给你检测……我在给你看大约什么时候可以好"（正确）

4. 巧妙应对情绪激动者——撤换当事人、改变场所、换个时间

当顾客对某个导购代表的服务与解释感到强烈的不满时，便会产生一种排斥的心理，假如该导购继续按照自己主观的想法向顾客解释，顾客的不满与愤怒就会更加加剧，所以在此情况下，最好的方法是请该导购员暂时回避，另请一位导购去协调。

同样顾客在情绪特别激动的情况下，往往采用大嗓门，想用高声压倒对方来证明自己有理，这时最好换个环境（或时间）跟顾客进行沟通，这时处理顾客的不满会更有效些。举例：

"先生，你不要在这吵了……"（错误）

"我认为……你又不信……"（错误）

"那随你……我是说……"（错误）

"先生。对不起，我刚才那位同事……"（正确）

"你好，我们换个地方说……"（正确）

5. 站在顾客的立场，诚信解决问题

导购代表在道歉时要有诚意，决不能口是心非、皮笑肉不笑，或只是任由顾客发泄，自己站在一旁傻笑，让顾客感到这个导购在愚弄自己。因此导购代表在处理抱怨时应该是发自内心的，不论顾客的抱怨合不合理，都应该向顾客表示歉意。举例：

"先生/小姐，实在抱歉，你看给你带来了不少麻烦……"（正确）

"不好意思，这是我们的疏忽……"（正确）

"给你带来不便，我们表示非常抱歉……"（正确）

6. 化顾客的异议为产品的卖点

化顾客异议为卖点是一种积极的技巧，导购需要明确，与顾客进行胜负辩论毫无意义，即使导购最终在辩论中获胜，但后果却是失去顾客。导购与顾客之间的关系如同镜子反射原理，导购以何种态度对待顾客，顾客也会以相应的态度对待导购。因此，导购需要以积极的心态处理顾客异议是关键。导购在销售中与顾客沟通的基本原则是：生意不成仁义在，与顾客做朋友。举例：

"先生/小姐，这是今年流行的款式，这个做工……"（正确）

"先生/小姐，你说的这个地方，那可是这款衣服的特色……"（正确）

"……这是……料子做的，……你再看一下……"（正确）

资料来源：http://www.chinavalue.net/Blog/439149.aspx

问题讨论：（1）你怎样看待顾客的抱怨？

（2）通过这个案例你获得了哪些启示？

单元九　促成业务交易

知识点

（1）成交信号。
（2）假设成交法。
（3）多选式成交。
（4）优惠成交法。
（5）体验成交法。

技能点

（1）学会捕捉顾客成交的信号。
（2）领会促成顾客成交的策略。
（3）掌握促进顾客成交的方法。

[案例导入]

案例9-1 有时，顾客会以反对意见的形式表达他们的成交意向，比如他们对产品的性能提出质疑、对产品的销售量提出反对意见、对产品的某些细微问题表达不满等。当然，顾客有时候提出的某些反对意见可能是他们真的在某些方面存在不满和疑虑，销售人员需要准确识别成交信号和真实反对意见之间的区别，如果一时无法准确识别，那么不妨在及时应对顾客反对意见的同时，对顾客进行一些试探性的询问以确定顾客的真实意图。例如：

情景一：

很多顾客都会问到这个问题："做了百度之后，有人恶意点击怎么办？"

这时候我们的回答应该非常干脆，不能犹豫："这是肯定不会的。第一，百度是家大公司，是一家在美国纳斯达克上市的公司，而且是全球最大的中文网站，覆盖95%的中国网民。第二，百度有几十万甚至上百万续费顾客的存在。如果你今天做了百度，明天钱就花完了，也没人给你打电话，你还会续费吗？这时候十个有十一个都会说那肯定不会。对呀，所以这些百度老顾客愿意继续续费就是最好的证明。第三，百度有经过中科院中国软件评测中心的专业报告，你可以看一下，然后把报告递给顾客。"这些都结束后，大部分顾客都不会有太多异议了。这时候就可以把合同递上去了。

情景二：

我有个顾客叫三晖信息，我那次下午在他们那谈了两三个小时，在上网查关键词价格的时候，他们做的CE认证这个词被点击一次最高多少钱，大家猜一下？19块多，他们魏总就问："百度点一次怎么这么贵，要19块钱？"

听到这句话的时候,我们千万不能慌。一般我们听到四五块就很高了。19块,确实很高啊。可能都不知所措了。我是这么说的,那真是太好了,恭喜你呀,魏总。价格贵说明效果特别好啊。笑着问,魏总,你们这个行业是不是做一笔单子利润挺高的啊。当时魏总也笑了。他们做一笔单子几万到几十万不等,毛利润在30%。呵呵,这时候价格就不是问题了。

资料来源:站长网．准确识别顾客发出的成交信号．http://www.admin5.com/article/20081227/123243.shtml

项目一 有效捕捉成交的信号

成交信号(Closing Signals)是指顾客在推销洽谈过程中所表现出的各种成交意图。成交信号的表现形式十分复杂,顾客有意无意中流露出的种种言行举止都可能是明显的成交信号。成交活动是一种明示行为,而成交信号则是一种行为暗示,成交信号是顾客暗示成交意图的行为。

任务1 明确推销成交的界定

推销成交是指推销员帮助购买者做出使买卖双方都受益的购买决策的行动过程。任何一个成功的推销员都十分清楚,在推销成交活动中,压根就没有神奇无比的推销诀窍,也没有感染力巨大的语言技巧。推销成交是洽谈所取得的最终成果,是洽谈的延续。如果在推销洽谈中就解决了所有的问题,则达成交易是顺理成章的事,它只不过是整个推销过程中的一个步骤而已。

推销成交包含以下几层含义:

(1)成交是准顾客对推销员及其推销建议和推销品的积极响应。

在推销过程中,推销员及其推销提示必须引起顾客的积极反应,这是推销洽谈的基本目的。积极的反应,必将促进推销活动迈向成交,订单只是履行例行手续而已;如果顾客的反应是消极的,那么推销洽谈就是失败的,更谈不上什么成交了,这时,需要推销员找到问题的症结所在,清除顾客对推销品及推销建议的疑虑,并审视自己的推销洽谈设计是否合理,在此基础上重新对推销品进行介绍或展示。因此,在推销洽谈过程中,推销人员应该设法引起顾客的注意和兴趣,引起顾客的积极反应,从而促成交易。

(2)成交是顾客接受推销员推销建议的渐进过程。

成交是一个双向互动过程,除推销员向顾客做需求分析、受益说明、帮助顾客做出购买决策外,同时也是顾客进行心理斗争,由排斥推销员、推销建议和推销品到信服并最终做出购买决策的活动过程。这就要求推销员在洽谈中要善于察颜观色,摸清顾客心理,消除顾客疑虑,抓住时机及时促成交易。

(3)成交是顾客接受推销建议并立即购买推销品的行为。

成交是一个行动过程,只有顾客立即购买推销品,才算最后达成交易。在推销洽谈中,如果推销员不善于捕捉成交信号,抓住成交良机,可能会使谈好的最终交易条件发生变故,进而导致顾客猜疑,改变主意,甚至最终使洽谈破裂。因此,推销员对顾客的反应不应熟视无睹，不要消极等待顾客向推销员"示爱"，而要积极发挥主导作用，促使顾客立即采取购买行动，请求签订买卖合同。

任务 2　捕捉成交的有利信号

在实际推销洽谈中，顾客往往不会首先提出成交，更不愿主动明确提示成交。通常，顾客为确保自己提出的交易条件，或者为了杀价，即便心里很想成交，一般不会轻易表示，似乎先提出成交者一定会吃亏。用心理学理论分析，顾客的这种心理状态不利于成交，是成交的障碍。不过，好在"爱"是藏不住的，成交的意图总会以各种方式表现出来，为了有效促成交易，推销员必须善于观察顾客的言行举止，捕捉各种成交信号，及时成交。既然成交信号是一种行为暗示，这就要求推销员认真分析研究顾客的心理和行为，及时准确地做出判断。在实际推销活动中，一定的成交信号取决于一定的推销环境和推销氛围，还取决于顾客的购买动机和个性。为从顾客的言行举止看出他的成交意图，有必要掌握和了解以下几种常见的成交信号：

（1）提出问题。

例如，"价格是多少？""我最早能够在什么时候得到商品？""你们提供哪些售后服务？有没有退货政策？"等，与此同时推销员可以反问方式（如表 9-1 所示）作为回应，这有助于探测准顾客的需求和想法。如果你的问题得到了积极的回答，就表明准顾客有极高的购买兴趣，你正在迈向成交。

表 9-1　以反问方式回答准顾客提出的购买信号方面的问题

准顾客的提问	推销人员的回答
价格是多少？	您要买多少？
你提供哪些交易条件？	您想要哪种交易条件？
你什么时候能交货？	您想要什么时候交货？
我应该买多大型号呢？	您需要什么型号？
我现在和下月分两次订购能否得到这个特殊价格？	您愿意分两次装运吗？
你们有 8、12、36 及 54 英寸的管子吗？	你们常用这么大小的管子吗？
我要订购多少才能获得优惠呢？	您有意买多少？
有 6400 型号的现货吗？	那是你们最喜欢的一种型号吗？

（2）征求别人的意见。

向周围的人问："你们看如何？""怎么样，还可以吧？"，丈夫转向妻子问道："您认为怎样？"这是在寻找认同，很明显，他的心中已经认同了。

例如，工业品推销时，总经理打电话给某人说："赶紧来我这里，有件事想问问您。"

（3）神态轻松，态度友好。

一旦准顾客决定了要购买产品，洽谈中的那种紧张感就被解除，先前焦虑的神态就变得轻松自然，因为新顾客已经充分地信任你，觉得您是他的朋友。

（4）拿起订货单。
　　正如你所希望的那样，你的准顾客拿起订货单，这就是迈向成交的时刻了。
　　（5）仔细检查商品。
　　当某个准顾客仔细检查推销品或表现出打算购买的意图时，这可能就是请求成交的间接提示。发现顾客的这些成交暗示后，推销员可试探性地提出成交："您认为……"，如果您的问题得到了顾客的积极响应，就离成交不远了。
　　从上述种种成交信号可见，在推销洽谈中推销员不能埋头只顾对商品的引荐介绍，对准顾客所表现出来的种种成交信号视而不见，这可能会葬送最佳的成交时机。实际上，顾客的一言一行、一举一动都在告诉你：他或她正在想什么，此时此地，就看你是否善于捕捉成交的"蛛丝马迹"了。

案例 9-2
从顾客的表情信息中有效识别成交信号

　　顾客的面部表情同样可以透露其内心的成交欲望，销售人员在关注顾客的语言信号和行为信号的同时，也要认真观察顾客的表情以准确辨别购买意向。比如，当顾客的眼神比较集中于你的说明或产品本身时，当顾客的嘴角微翘、眼睛发亮显出十分兴奋的表情时，或者当顾客渐渐舒展眉头时等，这些表情上的反映都可能是顾客发出的成交信号，销售人员需要随时关注这些信号，一旦顾客通过自己的表情语言透露出成交信号之后，销售人员就要及时做出恰当的回应。
　　例如，在一次与顾客进行销售谈判的过程中，刚开始我发现那位顾客一直紧锁着眉头，而且还时不时地针对产品的质量和服务提出一些反对意见。对顾客提出的问题我都一一给予了耐心、细致的回答，同时我还针对市场上同类产品的一些不足比如 Google、Yahoo、通用网址等强调我们公司百度竞价排名的竞争优势，尤其是针对顾客比较关心的售后服务方面强调了我们公司的百度客服上一季度还获得了全国所有百度代理商前三名的优异成绩。在我向顾客一一说明这些情况的时候，我发现顾客对我的推荐不再是一副漠不关心的模样，他的眼睛似乎在闪闪发亮，我知道我的介绍说到了他的心坎儿上，于是我便乘机递上了合同，走到旁边，看着他的书橱，心里对这个单也就十有七八了。
　　对大家的几点提醒：
　　（1）随时做好准备接受顾客发出的成交信号，千万不要在顾客已经做好成交准备的时候你却对顾客发出的信号无动于衷。
　　（2）要准确识别顾客发出的成交信号，无论是识别错误还是忽视这些信号对我们来说都是一种损失，对顾客来说也是一种时间和精力上的浪费。
　　（3）顾客很可能会通过某些语言上的交流流露出一定的成交兴趣，我们要随时注意顾客的这些语言信号。
　　（4）有经验的销售人员可以从顾客的某些行为和举动方面的变化有效地识别成交信号，如果我们能够做到多观察、多努力、多询问，那我们也会获得这种宝贵的经验。
　　（5）在把握顾客发出的成交信号时，你要坚持"宁可信其有，不可信其无"的基本原则，即在无法确信顾客的某些表现是否表明有意成交时，你也要抓住这样的信号不断深究，而不要轻易地将其忽略过去。

资料来源：http://www.admin5.com/article/20081227/123243.shtml

任务 3　学会正确对待成交

1. 显示高度自信

推销员在推销成交的过程中，如果想让顾客在合同上签字，就必须显示高度的自信，坚信自己推销的产品及交易条件完全符合顾客的要求。美国十大推销高手之一谢飞洛说："自信具有传染性，业务员有信心，会使顾客自己也觉得有信心。顾客有了信心，自然能迅速做出买的决策。如果业务员就没有信心，会使顾客产生疑虑，犹豫不决：我现在买合适吗？"推销员在试探成交时，即使顾客的回答是否定的，推销员也不应一筹莫展，而应通过讨论的方式、语调的变化、姿势和外表的动作向顾客显示出一定成交的决心和信心。推销员要尽量避免向顾客提出一些有损于个人身份和人格的请求。例如"帮帮我的忙吧！""想一想我们多年的交易呀！""因为你的决定对我关系重大。"这类的语言等于乞求、哄骗。尤其在成交的关键时刻，有些推销员就很容易陷入这种乞求的境地。这种没有自信的乞求只会降低推销员的身份和人格，通过这种方式得到的订单，推销员迟早会付出双倍的代价。顾客以后可能会说："上次我帮了你的忙，现在我有理由希望……。"

如果推销员已发现成交信号，确信顾客很快会做出购买决定，这时一定要稳住阵脚，不可操之过急。在成交的关键阶段，推销员流露出任何慌张的迹象，顾客会下意识受到情绪的影响；或者产生怀疑，认为推销员之所以那样，完全是为了获得订单。在这关键时刻，推销员一定要控制自己说话的声音，吐字要清楚，说话要有说服力，要若无其事，表现轻松。忧虑和紧张的神态会使顾客有意无意地推迟购买决定。

总之，在推销成交的关键时刻，推销员的态度十分重要，推销员对自己推销的产品有信心，顾客才会对你和你的产品有信心。只要推销员自信、积极、主动和乐观，且成交的策略方法应用得当，顾客是一定会做出对双方有利的购买决定的。

2. 攻克签约难点

推销品不可能十全十美，在某一方面或某几方面都存在薄弱之处。在推销成交中，顾客会因为推销品有缺点而拒绝签约。因此，推销员在准备达成交易之前，应力争制订出一个双赢的方法来攻克签约难点。成交是推销过程中具有决定意义的阶段，是推销工作的最终目标。在推销成交中，推销员不仅要继续接近和说服顾客，而且还要找到双赢的解决方法，攻克签约难关，鼓动顾客，促使顾客立即采取购买行动，完成成交手续。

例如日本凌志汽车以及瑞士手表，它们的薄弱环节就是价格，与竞争产品相比，它们都显得太贵了。推销员在成交之前就应想方设法建立该产品的价值，将解决方法与顾客得到的好处相联系。这样，难点会不攻自破。

3. 关心潜在顾客

绝大多数顾客都希望自己能主动参与推销活动，如果他们能就影响自己生活中的事情发表一下意见，他们会感到特别开心。推销员要圆满成交，千万不要忘记这一点，即推销过程中不要冷落了潜在顾客。在推销成交过程中，推销员要尽可能邀请顾客参加一些销售活动，在给顾客讲解一些细节时，可以让他们提建议。例如，一位地毯推销员在给顾客看样品时，让顾客自己挑选自己喜爱的颜色。推销员还可以通过提问让顾客参与进来，还可以用一些严密而简单的反问来小结推销员和顾客双方都同意的问题，例如"张先生，您似乎很喜欢外观好看又耐用的这一款，是吗？"。推销员还可以通过以下类型的问题来总结产品的特点："您最喜欢我们产品的哪些东西？""您以为我们顾客服务计划书哪些最有吸引力？"

项目二　领会促进成交的技巧

在业务谈判过程中，推销人员都希望销售能够成交，那么怎么样才能使销售成交呢？我们这里列举一些成交的销售技巧，事实上，可以采用的技巧种类远不止下述的这些。推销人员可以不断总结、相互交流。

方法是技巧，方法是捷径，但使用方法的人必须做到熟能生巧。这就要求推销人员在日常推销过程中有意识地利用这些成交技巧，进行现场操练，达到"条件反射"的效果。

任务 1　要适当保留余地

在面对任何时候、任何情境下都可能对你的推销提出反对意见的顾客时，你更要为自己留有适当的余地，这样你才能保证自己在销售过程中居于主动地位。不要把你的筹码一次性用完。在向顾客介绍产品的竞争优势时，一些销售人员认为，对公司产品所具有的各种竞争优势介绍得越全面、越彻底就越有助于促进成交。

其实，在实际销售过程中，不见得你只要开门见山地把产品的所有竞争优势全部向顾客说明就会对成交起到积极的促进作用，有时，销售人员过早地把自己所能做到的所有有利条件全部透露给顾客，反而不利于成交的顺利实现，因为你很可能会因为手中没有任何筹码而在之后的关键时刻没有任何回转空间，这是根据顾客在购买过程中的实际心理反应做出的结论。

在顾客认同大部分条件，但是仍然有所犹豫时，同样可以巧妙地利用这种方法；有时，在成交实现以后，也可以运用这种方法来免除顾客的后顾之忧，或者进一步坚定顾客对你的认可。具体在这些时机如何运用这种方法，下面举一个例子。

情景如下：

顾客："产品的质量和性能大多数公司都能做到，而我更关心的是外部包装，因为这毕竟是当作礼品送出去的……"

销售人员："我知道您的意思了，您看这样好不好，我们愿意为您提供免费的特殊包装，现在咱们先商量一下包装问题，然后把咱们协商的结果写到合同上，到时候……"。

任务 2　可恰当忽视异议

在某种场合下，"忽视"某些顾客意见往往可以起到积极引导顾客实现成交的作用。虽然我们一直都在关注顾客的需求、重视顾客的反应，可是很多时候，顾客提出的诸多反对意见常常让我们无法一一给予圆满的答复，甚至有些时候，顾客提出反对意见的行为本身只是出于一种倾诉和表达的欲望，他们也没指望销售人员能给予所谓合理或满意的答案。所以，在很多具体情形之下，销售人员可以对顾客提出的意见进行适当的忽视，或者故意避开顾客提出的某些异议，这种主动避开或忽视顾客某些反对意见的方式有时所起到的效果反而要胜于其他方法。

这样一方面可以让顾客感到自己的意见很"高明"，另一方面也可以使他们充分感受到你对他（她）的尊重。所以，在使用"忽视"成交法的时候，销售人员不妨对顾客提出的意见先予以赞赏，然后再想办法越过这一话题，例如顾客："你们在设计产品外观时应该参照一下国外新拍的电影 XXX，那里面有许多新奇、古怪的样式……"销售人员："真是高见！可惜在对这一产品进行外观设计时我们的设计人员还没看到这部新电影，以后您如果在这方面有什么高见的话可以及时与我们联系，也好帮我们设计出最时尚的产品外观。不过现在……"。

任务 3　需要突出特定功效

推销洽谈中，推销员有时可用突出推销品特点功效的技巧促使顾客成交。推销品的特定功效要能满足顾客的特定要求，因此推销员在推销洽谈中，一定要认识和了解顾客的特殊要求。在这种情况下，推销品的特殊功效正好满足了顾客的特殊要求，这样顾客会更加关注推销品，增加购买的可能性。例如，在推销洽谈中，顾客说："我不喜欢你的产品表层的处理方法，乍看上去不结实。"推销员可回答："如果我们改进产品表层，使之增加防腐能力，你会感到满意吗？""那当然好了，不过，半年才交货，时间太长了吧？""如果我们能把时间压缩为 3 个月，你能马上做出采购决定吗？如果可以，我们马上安排生产。"

推销品有特定功效，又能满足顾客特殊需要，推销员应果断加以利用，这样可以马上得到订单，结束推销活动。

任务 4　特别强调最后机会

指推销员直接向顾客提示最后成交机会从而促使顾客立即购买推销品的一种成交技术。在推销面谈中，推销员直接向顾客提示成交机会，限制顾客的成交条件，向顾客施加一定的成交机会压力，促进机会成交或无选择成交。推销员针对顾客害怕错过购买机会的心理，促使顾客立即购买推销品的例子很多，如"本店优惠展销出口转内销的金龟牌纯羊毛衫，时间仅今天一天，请勿错过机会！""本店三日后拆迁，所有皮鞋一律 50 元一双！"只因推销员限制成交和强调最后机会，才产生一种机会成交效应，促使顾客及时成交，使推销品成为畅销货，甚至供不应求。

为有效促成交易，在用强调最后机会促销技巧时，推销员应该注意以下问题：

（1）推销员必须认真选择成交机会，诱发顾客的购买机会心理动机。

（2）推销员应结合企业的其他促销活动，造成一定的机会成交气氛。

（3）推销员应直接提示成交机会，开展重点推销。

（4）推销员必须适当限制顾客成交内容和成交条件，施加一定的机会成交压力，促使顾客立即做出购买决定。

（5）推销员应讲究推销伦理，合理利用成交机会，促成机会成交，提高推销信誉，开展文明推销。

（6）推销员不要频繁使用此法，一年四季都是"不惜血本大甩卖"和"跳楼价"，这只会让顾客识破商家的诡计，结果只能是自欺欺人。

任务 5　可满足特殊要求

满足特殊要求成交法是推销员通过满足顾客的特殊要求，促使其做出购买推销品的成交方法。有的时候，顾客可能会采用提出希望或反对意见的方式来表达他们的特殊要求。在这种情况下，如果推销员建议设计和生产部门改动推销品的某些设计、功能，使之更能满足顾客的特殊要求，那么厂商就应当尽可能把推销品作适当的变动。这样，顾客会更关注推销品，提高成交的可能性。

采用满足特殊要求成交法时，推销员用提问的方法要比肯定的说法效果好。例如，"我们完全可以在3个月内交货"，这种说法不仅对顾客没有任何约束，倒会在顾客做出成交决定以前，使推销员处于必须让步的地位。

为了满足对方的特殊需要，主动向顾客提出改变产品的外观、功能或者支出方式，会促使顾客尽快做出购买决定。如果确有这样的成交机会，推销员应果断加以利用，这样才能很快得到订单。尽管这样做会给企业带来一些工作和费用问题，但只要利益大于成本，这也是值得的。

任务6　可提供多种选择

提供多种选择是推销员在推销洽谈中促使顾客成交的一种极好的方法。推销员向顾客提供多种选择，使其在多种选择中择其一，而不是让其什么也不买。例如，一家饮料厂的推销员向经销商说："你们现在需要五车汽水还是七车汽水？"其实，这名推销员估计对方可能只订购3车，但他发现运用这种办法往往会多售出一些。另外，这种促进成交的技巧也比其他形式的问话更好一些，如"我们给你送5车，好吗？"

提供多种选择成交技巧的特点是：不让顾客过多地考虑"我应不应该购买？"这样的问题，而是把对方的思路引导到另一个问题上："我应该选择A呢？还是选择B或C呢？"，以减少遭到顾客拒绝的危险。

不管什么性质推销品的推销活动，都可以采用这种技巧去促使顾客做出购买决定。推销员可以向顾客提供选择的方面很多，如数量、质量、型号、颜色、等级、交付条件和精细加工等。推销员要动脑筋为顾客提供多种选择，即使各种选择之间只有微小的区别，也不妨采用此方法一试。

运用这种促进成交的技巧时，可遵循以下的简单步骤：

（1）准备好几套产品配置方案。

（2）当顾客似乎已看过足够多的方案时，停止介绍其他方案。过多的选择方案会使顾客感到迷惑和犹豫。

（3）跳过那些顾客不感兴趣的产品或方案，把重点放在顾客感兴趣的方案上。

任务7　要力争大额订单

推销员在推销洽谈中如果想让顾客下大额订单，一方面必须有一种信念：我的产品及交易条件正符合对方的要求，且已与顾客建立了合作伙伴关系；另一方面，还可以采用推荐的方式建议顾客大批量购买，并告诉顾客，大批量采购中，顾客可以从多方面受益。经济实惠是最大的好处之一。

很多企业对大宗订单都是有额外折扣的，这就是数量折扣。如一个推销员告诉顾客一次购买10件，给每件99元的优惠价格，如果一次买50件，每件将会便宜9元。有时候，一笔大宗订单是防止提价的好方法。如果销售员确信价格要上涨，可向顾客建议下大额订单是避免今后价格上涨导致采购成本增加的一种理想采购方式。此外还可以告诉顾客大量采购会给他带来便利，避免在急需时产品脱销带来的不便和利益的损失。当然，推销员在顾客下大额订单的同时，也为自己争取到了大宗交易。

项目三　掌握促成交易的方法

没有所谓完美无缺的成交方法，推销人员最好能准备好多种成交方法，依据具体的情景来使用合适的成交方法。下面是推销人员必须掌握的几种推销方法。

任务1　应用假设成交法

假设成交法是指推销员假定顾客已经接受推销建议而直接要求顾客购买推销品的成交办法。这种成交方法常常在有计划性的陈述接近尾声时出现。你已经了解顾客的真实需求，顾客也将会购买，而且也一定会购买；通过接近准备也了解到顾客确实有购买欲望，也有购买能力；要对自己及其推销品有坚定的信心；既然是对买卖双方都受益的事情，顾客没有理由放弃这次机会。

这时，你可以就一些次要的细节问几个问题。例如，既然我们的订单系统已经向您提供了您所要求的订单执行的灵活性和便捷性，那我们可以继续进行下去并签订单吗？

此外，推销员不仅要有这样的信念，而且应通过言谈举止、神态表情显示出来，注意购买信号，主动提出成交的假设，如果顾客不表示反对，买卖便做成了。

假设成交法，特别适用于对老顾客的推销。有时候，推销员对顾客拜访若干次后，在对顾客比较了解的情形下，可直接填好订单，递给顾客说："这是将发给你们的货物"或"这是本月你们所需要的货物"。在获得顾客一定程度的信赖后，大多数推销员都采用假设成交法直接为顾客订货。

任务2　尝试试成交法

试成交是指为了鼓励顾客说出准备购买或者是没有购买意愿而在某一时机做出的一种成交的尝试。比如"我们安排10月份进行配送，您觉得合适吗？""您是准备在5月份开始还是在6月份开始这一计划？"

推销人员在确定潜在顾客的关注重点之后，就比较适合采用试成交法。

任务3　采用请求式成交法

请求式成交法是指推销员在推销活动中直接劝说顾客购买推销品的推销方法。很多推销员在成功进行了推销洽谈后，一直被动地等着顾客提出成交建议，或者根本就未曾考虑应主动提出成交的请求，坐失一次又一次的成交良机。犹如一对相爱很久的恋人，彼此都认为对方是自己的意中人，按传统习惯，男方应主动向女方表达爱慕之情，如果男方迟迟不表达爱意，可能会引起女方猜疑，最后由于男方缺乏勇气和信心使得双方不欢而散，抱憾终身。推销洽谈何尝不是如此，如果推销员不及时提出成交请求，顾客又"羞"于启齿，订单往往会擦肩而过。

因此，推销员应善于识别顾客的购买信号，把胆怯抛到九霄云外，对自己和推销的产品深信不疑，主动促使交易成功。针对某些理智型的顾客，直接提示法也许是最好的方法。这种成交方法具有简洁的优势。

当然，这种方法不宜用得太早，而应该在潜在顾客明确表现出对产品或者是服务的兴趣之后采用。

任务4　考虑多选式成交法

多选式成交允许顾客考虑多个不同的成交方案，推销人员积极向顾客说明不同成交方案的区别，当你认为成交时机比较成熟之后，可以主动帮助顾客放弃一些成交方案。在很多销售情境下，向顾客针对售后服务、价格等方面提出多个选择方案是明智的。

许多准顾客即使有意购买，也不喜欢迅速签下订单，他总要东挑西拣，在产品颜色、规格、式样、交货日期上不停地打转。这时，聪明的推销员就要改变策略，暂时不谈订单的问题，转而热情地帮对方挑选颜色、规格、式样、交货日期等，一旦上述问题解决，你的订单也就落实了。

案例 9-2

趁热打铁促成交易

在介绍产品、服务的过程中，客服人员可以一直采用试探性问题可以使自己处于有利地位，从而使交易的达成顺理成章，成为一件有计划、有步骤的事，引导顾客做出成交决定。客服人员在与顾客初步接触时，除了寒暄问候，进行自我介绍，就是不断对产品、服务的物质、优点、领先的技术进行介绍宣传，并不断通过提问了解顾客当时的状态：他（她）真的听到你的介绍了吗？他（她）目前最关心的是什么。价格？产品的技术？产品外观？售后还是品牌？这时，客服人员触及的是顾客的购买清单，而之后所做出的所有陈述也是与之紧密相关的。

客服人员：请问您喜欢哪种颜色呢？

顾客：黑色。

客服人员：那么平常您是用什么型号的呢？

顾客：加大码。

客服人员：这是我们加大码的黑色商品，您先试一下好吗？（顾客试用，表示满意）

客服人员：我现在去仓库给您拿来一个新的，您稍等片刻。当然，为帮助您节省时间，您也可以先到收银处交款。

采用封闭式的问题来试探顾客，让顾客从 a 或 b 中选择一个成交的答案，例如"您是想通过银行划账呢？还是想付现金？"顾客自然会沿着你的思路往下想，我是通过银行划账还是付现金？

资料来源：http://www.boraid.com/darticle3/list.asp?ID=123593&page=1

任务5　体会体验成交法

体验成交法，是指推销员在推销洽谈中应用与顾客交流的感官刺激、信息和情感促成交易的一种成交方法。任何体验的核心都是利用产品本身，而每种产品的用途都包含着体验的成分。例如，汽车制造商为他们生产的某新式豪华车设计了一种人性化功能，能够记住开车者独特的自我偏好，因此不管汽车的座椅、镜子和轮子处于何种情况，只要按一下按钮，它

181

们就会恢复到开车者偏好的状态。当推销员推销该型号的汽车时，可让顾客上车亲自试试该车的这种特性。顾客的体验激发了他的兴趣，促使顾客认识产品，偏爱产品，让顾客增强下订单的决心。

推销的微观环境也是给顾客的一种全面体验。洁净、友好、有趣的外部环境，礼仪周到、业务娴熟的推销员会让顾客不仅对推销品感到满意，而且会对购买行为感到满意。顾客希望推销员带给他们惊喜和快乐，能培育和建立感情。当推销员一旦建立了这样的友谊和信任，顾客不但对购买的产品而且对购买的过程均感到满意，长期买卖也就有了坚实的基础。

任务6 运用从众成交法

从众成交法，就是推销人员利用从众心理来促成准顾客购买推销品的成交方法。例如计算机的推销人员说："这是今年最流行的机型，我们一天就卖100多台，请问先生什么时候要货？"

利用"怕买不到"的心理，人们常对越是得不到、买不到的东西，就越想得到它、买到它。推销员可利用这种"怕买不到"的心理来促成订单。例如，推销员可对准顾客说："这种产品只剩最后一个了，短期内不再进货，你不买就没有了。"或者说："今天是优惠价的截止日，请把握良机，明天你就买不到这种折扣价了。"

在日常生活中，人们或多或少都有一定的从众心理，从众心理必然导致社会趋同的从众行为。作为人们的购买行为，当然受到自身性格、价值观念、兴趣爱好等因素的影响，同时又受到家庭、参考群体、社会等环境因素的影响。因而顾客在购买商品时，不仅要依据自身的需求、爱好、价值观选购商品，而且也要考虑全社会的行为规范和审美观念，甚至在某些时候不得不屈从于社会的压力而放弃自身的爱好，以符合大多数人的消费行为。例如，一名在校大学生，尽管对足球一点不感兴趣，但为了表明自己不是"异类"，有时也不得不违心地跟着同一宿舍或同班的同学顶着烈日去"享受"足球的乐趣。

从众成交法正是抓住了人的这一心理特点，力争创造一种时尚或流行来鼓动人们随大流，促成交易的成功。从众成交法主要适合于推销具有一定时尚程度的商品，且要求推销对象有从众心理。如果商品流行性差，号召力不强，又遇到自我意识强的顾客，采用此法必然会失败。

从众成交法在具体运用时应注意把握以下要点：

（1）采用从众成交法推销产品时，可长期发动广告攻势，利用名人宣传名牌，造成从众声势。

（2）寻找具有影响力的核心顾客，把推销重点放在说服核心顾客上，在争取到核心顾客的合作后，利用他们的影响和声望带动和号召大量具有从众心理的顾客购买。

任务7 选用优惠成交法

优惠成交法，就是推销人员利用优惠的交易条件来促成顾客立即购买推销品的成交方法。人们普遍都有"求利"的购买动机，优惠成交法正是利用了这一心理特点，抓住准顾客可能存在的对价格、运费、折扣、让价、赠品等交易条件方面种种好处的渴求，诱使顾客做出购买决策。例如某太阳能热水器公司的推销员对房地产开发商经理说："每安装10套热水器，我们就免费为顾客安装1套，别的公司可没有这么优厚的条件哦。"

优惠成交法与最后机会成交法结合起来运用，更能增强对准顾客的刺激强度，诱导性更强烈。优惠的机会"千载难逢"，特别是当未来预期对准顾客不利时，谁都希望搭上最后的"末班车"，这对达成交易将更为有利。如商场里的电视机厂家营销员对顾客说："您看我们公司从今年6月份起大屏幕彩电价格下调了30%，而且国家又出台了征收利息所得税的政策，物价可能会上涨，千万不要犹豫了，趁此大好机会赶紧选购。"

任务 8　探索平衡表式成交

平衡表式成交对那些即使被给予大量信息也很难作决定的顾客比较具有吸引力。推销人员可以画出一个表格，对买与不买的原因进行列举，如表9-2所示。

表9-2　平衡表

买的原因	不买的原因
1……	1……
2……	2……
3……	3……
4……	4……

总之，推销成功之处在于在推销活动中采取了关系营销的理念和方法，帮助顾客解决问题，为顾客着想，做好售后服务，同时挖掘顾客的潜能，创造出与顾客互惠互动的关系。从市场营销活动的发展历程看，随着社会经济的发展，良好的人际关系对推销活动起到越来越大的作用。推销员只有正确处理与顾客的关系，了解顾客的需求，满足顾客的需求，并保证顾客满意和营造顾客忠诚，把成交看做推销的开始，才能实现推销的持续成功。

单元小结

许多销售谈判最终失败的结果并不是因为你没能有效地说服顾客进行购买造成的，很多时候，顾客已经做好了购买的决定，可是你却没能及时发现他们发出的这些成交信号，结果大好的成交机会就这样被你轻易错过了。

本单元重点讨论了有关成交信号、成交方法、成交技巧3个方面的内容。

几种常见的成交信号是：提出问题；征求别人的意见；神态轻松，态度友好；拿起订货单；仔细检查商品。

有一些成交技巧需要推销人员掌握：适当保留余地、恰当忽视异议、突出特定功效、强调最后机会、满足特殊要求、提供多种选择、争取大额订单。

推销人员必须掌握的成交方法：假设成交法、试成交法、请求式成交法、多选式成交、体验成交法、从众成交法、优惠成交法、平衡表式成交法。

核心概念

推销成交　　成交信号　　成交方法　　成交技巧

训练题

1. 何为成交信号，如何发现成交信号？
2. 有哪些常用的成交方法？你认为哪一种最有效？
3. 有哪些常用的成交技巧？你认为哪一项最有用？
4. 推销成交以后都要注意些什么问题？为什么？

综合案例分析

掌握永恒不变的成交法则

销售是一种以结果论英雄的游戏，销售最终就是要成交。没有成交，再好的销售过程也只能是风花雪月。在销售员的心中，除了成交，别无选择。但是顾客总是那么"不够朋友"，经常"卖关子"，销售员唯有解开顾客的"心中结"，才能实现成交。在这个过程中方法很重要，下面介绍排除顾客疑义的几种促进成交法。

1. 顾客说：我要考虑一下

对策：时间就是金钱。机不可失，失不再来。

（1）询问法。

通常在这种情况下，顾客对产品感兴趣，但可能是还没有弄清楚你的介绍（如某一细节），或者有难言之隐（如没有钱、没有决策权），不敢决策，再就是推脱之词。所以要利用询问法将原因弄清楚，再对症下药，药到病除。例如，先生，我刚才到底是哪里没有解释清楚，所以您说您要考虑一下？

（2）假设法。

假设马上成交，顾客可以得到什么好处（或快乐），如果不马上成交，有可能会失去一些到手的利益（将痛苦），利用人的虚伪性迅速促成交易。例如，某某先生，一定是对我们的产品确实很感兴趣。假设您现在购买，可以获得××（外加礼品）。我们一个月才来一次（或才有一次促销活动），现在有许多人都想购买这种产品，如果您不及时决定，会……

（3）直接法。

通过判断顾客的情况，直截了当地向顾客提出疑问，尤其是对男士购买者存在钱的问题时，直接法可以激将他、迫使他付账。例如，××先生，说真的，会不会是钱的问题呢？或您是在推脱吧，想要躲开我吧。

2. 顾客说：太贵了

对策：一分钱一分货，其实一点也不贵。

（1）比较法。

与同类产品进行比较。如市场××牌子的××钱，这个产品比××牌子便宜多啦，质量还比××牌子的好。

与同价值的其他物品进行比较。如××钱现在可以买a、b、c、d等几样东西，而这种产品是您目前最需要的，现在买一点儿都不贵。

（2）拆散法。

将产品的几个组成部件拆开来,一部分一部分来解说,每一部分都不贵,合起来就更加便宜了。

（3）平均法。

将产品价格分摊到每月、每周、每天,尤其对一些高档服装销售最有效。买一般服装只能穿多少天,而买名牌可以穿多少天,平均到每一天的比较,买贵的名牌显然划算。例如,这个产品你可以用多少年呢?按××年计算,××月××星期,实际每天的投资是多少,你每花××钱,就可获得这个产品,值!

（4）赞美法。

通过赞美让顾客不得不为面子而掏腰包。例如,先生,一看您,就知道平时很注重××（如仪表、生活品位等）的啦,不会舍不得买这种产品或服务的。

3. 顾客说：能不能便宜一些

对策：价格是价值的体现,便宜无好货。

（1）得失法。

交易就是一种投资,有得必有失。单纯以价格来进行购买决策是不全面的,光看价格,会忽略品质、服务、产品附加值等,这对购买者本身是个遗憾。如您认为某一项产品投资过多吗?但是投资过少也有他的问题所在,投资太少,使所付出的就更多了,因为您购买的产品无法达到预期的满足(无法享受产品的一些附加功能)。

（2）底牌法。

这个价位是产品目前在全国最低的价位,已经到了底儿,您要想再低一些,我们实在办不到。通过亮出底牌(其实并不是底牌,离底牌还有十万八千里),让顾客觉得这种价格在情理之中,买得不亏。

（3）诚实法。

在这个世界上很少有机会花很少钱买到最高品质的产品,这是一个真理,告诉顾客不要存有这种侥幸心理。例如,如果您确实需要低价格的,我们这里没有,据我们了解其他地方也没有,但有稍贵一些的××产品,您可以看一下。

4. 顾客说：别的地方更便宜

对策：服务有价,况且现在假货泛滥。

（1）分析法。

大部分的人在做购买决策的时候,通常会了解三方面的事：第一个是产品的品质,第二个是产品的价格,第三个是产品的售后服务。在这三个方面轮换着进行分析,打消顾客心中的顾虑与疑问,让它"单恋一枝花"。例如,××先生,那可能是真的,毕竟每个人都想以最少的钱买最高品质的商品。但我们这里的服务好,可以帮忙进行××,可以提供××,您在别的地方购买,没有这么多服务项目,您还得自己花钱请人来做××,这样又耽误您的时间,又没有节省钱,还是我们这里比较恰当。

（2）转向法。

不说自己的优势,转向客观公正地说别的地方的弱势,并反复不停地说,摧毁顾客心理防线。例如,我从未发现：那家公司(别的地方的)可以以最低的价格提供最高品质的产品,又提供最优的售后服务。我 ××(亲戚或朋友)上周在他们那里买了××,没用几天就坏了,又没有人进行维修,找过去态度不好……

（3）提醒法。

提醒顾客现在假货泛滥，不要贪图便宜而得不偿失。例如，为了您的幸福，优品质高服务与价格两方面您会选哪一项呢?你愿意牺牲产品的品质只求便宜吗?如果买了假货怎么办?你愿意不要我们公司良好的售后服务吗?××先生，有时候我们多投资一点来获得我们真正要的产品，这也是蛮值得的，您说对吗？

5. **顾客讲：没有预算（没有钱）**

对策：制度是死的，人是活的。没有条件可以创造条件嘛!

（1）前瞻法。

将产品可以带来的利益讲解给顾客听，催促顾客进行预算，促成购买。例如，××先生，我知道一个完善管理的事业需要仔细地编预算。预算是帮助公司达成目标的重要工具，但是工具本身必须具备灵活性，您说对吗?产品能帮助您公司提升业绩并增加利润，你还是根据实际情况来调整预算吧!

（2）攻心法。

分析产品不仅可以给购买者本身带来好处，而且还可以给周围的人带来好处。购买产品可以得到上司、家人的喜欢与赞赏，如果不购买，将失去一次表现的机会，这个机会对购买者又非常重要，失去了，痛苦!尤其对一些公司的采购部门，可以告诉他们竞争对手在使用，已产生什么效益，不购买将由领先变得落后。

6. **顾客讲：它真的值那么多钱吗**

对策：怀疑是奸细，怀疑的背后就是肯定。

（1）投资法。

做购买决策就是一种投资决策，普通人是很难对投资预期效果作出正确评估的，都是在使用或运用过程中逐渐体会、感受到产品或服务给自己带来的利益。既然是投资，就要多看看以后会怎样，现在也许只有一小部分作用，但对未来的作用很大，所以它值!

（2）反驳法。

利用反驳，让顾客坚定自己的购买决策是正确的。例如，您是位眼光独到的人，您现在难道怀疑自己了？您的决定是英明的，您不信任我没有关系，您也不相信自己吗?

（3）肯定法。

值!再来分析给顾客听，以打消顾客的顾虑。可以对比分析，可以拆散分析，还可以举例佐证。

7. **顾客讲：不，我不要……**

对策：我的字典里没有了"不"字。

（1）吹牛法。

吹牛是讲大话，推销过程中的吹牛不是让销售员说没有事实根据的话，讲假话，而是通过吹牛表明销售员销售的决心，同时让顾客对自己有更多的了解，让顾客认为您在某方面有优势、是专家。信赖达成交易。

（2）比心法。

其实销售员向别人推销产品，遭到拒绝，可以将自己的真实处境和感受讲出来与顾客分享，以博得顾客的同情，产生怜悯心，促成购买。例如，假如有一项产品，你的顾客很喜欢，而且非常想要拥有它，你会不会因为一点小小的问题而让顾客对你说不呢?所以××先生今天我也不会让你对我说不。

（3）死磨法。

我们说坚持就是胜利，在推销的过程中，没有你一问顾客，顾客就说要什么产品的。顾客总是下意识地提防与拒绝别人，所以销售员要坚持不懈、持续地向顾客进行推销。同时如果顾客一旦拒绝，销售员就撤退，顾客对销售员也不会留下什么印象。

分析提示：

方法是技巧，方法是捷径，但使用方法的人必须做到熟能生巧。这就要求销售员在日常推销过程中有意识地利用这些方法，进行现场操练，达到"条件反射"的效果。当顾客出现什么情况的疑义时，大脑不需要思考，应对方法就出口成章。到那时，在顾客的心中才真正是"除了成交，别无选择"了！

资料来源：成功博客．教你与顾客成交技巧．http://blog.china.alibaba.com/blog/dgxljx/article/b0-i7116619.html

问题讨论：在上述情况下，顾客除了成交还有别的选择吗？

单元十 开展电话推销

知识点

（1）电话推销流程。
（2）电话推销礼仪。
（3）电话沟通技巧。
（4）SPIN 销售方法。

技能点

（1）电话推销流程和步骤设计。
（2）强化推销人员的声音训练。
（3）熟悉电话推销的礼仪用语。
（4）掌握越过前台的沟通技巧。
（5）掌握适当赞美的沟通技巧。

[案例导入]

案例 10-1

小吴：先生，您好，吉达公司，有什么可以帮助您的？
客户：我想买个那个 370 打印机的墨盒啊，耗材。
小吴：这是彩打，对吧，您要买墨盒还是彩打啊？
客户：啊，应该是……墨量提醒好像是黑的，黑的不够了。
小吴：黑的不够了是吧？
客户：是的。
小吴：我们有单卖黑的，有单卖彩的，但是也有整包成套的。
客户：我就买黑的吧！
小吴：啊。黑色有零买的，也有双包装的，双包的价格会便宜一些！
客户：啊，没听明白，您再说一遍！
小吴：就是说两个黑的算一套，一个包，双包装，双包装会更便宜些！
客户：双包装便宜？
小吴：黑的一个是 219 元，219.
客户：219？
小吴：双包装的话，就是说买两个的话是 408 元！
客户：哦，那就更便宜一点是吧？

小吴：对，一个便宜15块，两个便宜30块！

客户：啊。

小吴：那彩色的您有需要吗？

客户：目前没有。

小吴：您平时经常用彩打吗？

客户：有时也用。

小吴：一般来说，如果经常用的话，黑墨盒用完了，彩色的很可能很快也会用完的。这样我给您介绍一个4盒装的，两个黑色的，两个彩色的，一共是1000元。比黑的和彩的双包装加一起还要便宜40元。

客户：彩色双包装是多少？

小吴：632元，单买一个彩的墨盒是350元。

客户：632元。嗯……（陷入思考中）

小吴：就是回来都可以单拆开！

项目一 了解电话推销

上述案例是我们日常生活中非常熟悉的一个电话推销的片段。在全球信息化的今天，电话沟通已经成为企业推销人员从事推销活动、与客户保持联系的重要工作方式，电话在销售人员的推销工作中发挥着越来越重要的作用，一些企业利用电话推销提升销售业绩。

任务1 了解电话推销及其发展

1. 电话推销的概念

电话推销是推销人员通过电话向潜在客户展示产品或服务，以达到获取订单、成功销售的目的。电话推销的目标在于能以一种经济有效的方式满足客户需要，为客户提供产品或服务。电话推销的对象是公司现有或潜在的目标市场顾客，通过与他们的沟通，不仅可以维持与客户之间良好的关系，还可以为企业树立良好的形象。

从功能上来看，电话销售也可以分为两种：

（1）完全意义上的电话销售，100%的订单都是通过电话来完成的。

（2）电话销售只起到挖掘销售线索、处理订单、跟进客户、服务等的作用，他们有外部销售人员来配合，共同完成订单。

一般来说，采用何种电话推销模式进行推销是根据所推销的产品进行选择的。例如，如果所推销的产品技术含量较低，产品质量标准比较统一，消费者对产品比较熟悉，各品牌的性能质量没有太大差异的产品，消费者通过电话比较容易接受，如日用品、通信产品等，大多采取全程电话推销的模式；如果所推销的产品技术含量较高，各品牌的质量标准差异较大，消费者不太熟悉的产品，仅仅采用电话推销的方式往往难以取得消费者的信任，因此要配合其他的推销模式，例如面谈等，达到最终的推销目的。

2. 电话推销的产生与发展

电话推销模式从20世纪70年代开始高速发展，这得益于美国总统大选。美国大选被称为世界上最大的推销活动，参加竞选的候选人无不利用各种资源宣传自己的观点，以期获得民众的支持。1972年的美国总统大选，尼克松的竞选团队使用大量的助选人员逐户拨打电话，宣传尼克松的理念，为尼克松最终获胜起到了巨大的作用。以此为契机，电话推销开始进入商业领域，越来越多的行业开始运用电话进行销售工作。

在中国，几年前，电话推销还是一个新鲜事物，但经过数年的发展，电话推销已经成为非常普及的销售手段，并呈现较快的发展势头。使用电话推销的行业也从最开始的保险、电信业扩展到金融、医药、食品、服装、教育、物流、IT和商业服务等众多领域，市场上也出现了专门的"电话推销公司"，为人们提供了大量的就业机会。

任务2　辨析电话推销的优势与劣势

1. 电话推销的优势

电话推销是随着现代通信技术的发展而发展，随着消费者需求的多样化和个性化而逐步演进的，与其他营销方式相比它具有以下优点：

（1）效率高。

在拥有众多可以自由选择交流工具的前提下，很多不必要当面进行的商务沟通完全可以选择其他途径来解决，可以说，电话是世界上最快的"交通"工具，它能够让你迅速与客户取得联系并了解客户的需求，与面谈比，其单个客户沟通成本低，一方面节约了因面谈而增加的成本，另一方面，大大减少因面谈而花费在路途上的时间。尤其对于交通拥堵状况比较突出的大中型城市来说，利用电话进行沟通可以大大减少花费在路途上的时间成本和人力成本。电话和手机的普及，为电话推销提供了有利的条件。

（2）成本低。

推销人员积极主动地给顾客打电话可以更加方便快捷地与客户保持良好关系并获得更多的订单。电话推销使得推销人员花费在出差旅途上的时间、住宿与交通等上费用大大降低。此外，不论是推销人员打电话向顾客介绍产品还是顾客打电话向推销人员投诉，企业都能及时把握顾客的需求，更迅速地为顾客提供产品和服务。例如，面对最原始的潜在客户资料，要想判定该客户是否是我们的有价值的潜在客户，如果采用打电话的方式，直接成本可能只有几毛钱甚至几分钱，但是如果采用面对面的沟通方式，成本就会高出很多。若再考虑路途的远近，以及由此而产生的交通费用和机会成本等，电话推销的成本优势就更加明显。

案例10-2　陕西省某县有一个规模较小的乡镇企业，是专门进行帆布加工的工厂，该厂俞厂长为了早日打开本厂产品的销路，整天东奔西走地推销产品，有时到某个城市一住就是十几天，但收效甚微，常常是既花费了大量差旅费，又花费了很多时间。有一天，俞厂长接到了住在西安的以为亲戚的电话，告诉说某勘探队急需一批钻井塔的覆盖帆布。这一信息的接收及其接收的方式，使俞厂长深受启发，于是俞厂长也采用打电话的方式向该勘探队推销本厂产品，并取得了成功。后来，俞厂长在本厂及部分城市建立一支推销员队伍，主要通过电话通讯方式来进行推销，从此他不需要东奔西跑四处推销，而只要坐在办公室里就能随时掌握各地的行情，使本厂的产品扩大了市场销路。

（3）不受空间限制，可以随时随地沟通。

由于移动电话的发展，即时通话成为现实。瞬间可与受信人通话联系，就速度而言，没有其他沟通工具可以比拟。

（4）消除某些顾客见面的紧张感、拘束感和缺乏安全感。

当今社会，人们越来越重视个人生活的独立性与私隐性，不愿意轻易接受陌生人的邀约，这给传统意义的面谈推销造成巨大障碍。电话推销可以消除顾客与推销人员见面的紧张感和缺乏安全感，使推销沟通得以进行。

（5）实现一对一沟通和互动，使定制化营销成为可能。

电话推销方便快捷的特点使推销人员可以迅速把握客户的需求动态，并就客户的需求迅速地调整出有针对性的、个性化的推销方案，从而满足客户的需求，使定制化营销成为可能。

2. 电话推销的劣势

任何事务都有两面性，电话营销的缺点主要有：

（1）电话推销只靠声音传递信息。

推销是有声语言与身体语言综合作用的结果，语言上的匮乏往往可以通过有效的肢体语言得到支撑，同时推销人员可以通过观察客户的表情举止判断客户的消费心理。但是电话推销人员只能靠听去判断客户的反应，并判断推销方向是否正确。同样，客户在电话中，也无法看到电话销售人员的肢体语言、面部表情，而只能借助声音及传递的信息来判断自己是否可以信赖这个人，并决定是否继续该次通话。

（2）信任度低。

中国有句古话，"眼见为实，耳听为虚。"人们获取信息，听到的占20%，看到的占50%，余下的30%靠逻辑推理。所以，人们更愿意相信眼睛能够看到的东西。客户看不见推销人员，也看不见产品，看不到所介绍产品的外形和特点，很多客户认为电话推销影响到了自己的正常生活，所以客户对于电话推销的信任度整体上是比较低的，电话推销被拒绝的频率也就非常高。

（3）在电话中客户更易说"不"。

俗话说："抬手不打笑脸人"，面对面的推销中，客户鉴于维护推销人员的面子，很多拒绝的话难以一下子说出口，或者采取更委婉的方式拒绝，例如"我不需要，谢谢！"但电话推销中，由于彼此并不见面，客户没有更多的顾虑，客户在拒绝的时候除了说句"我不需要"，还可能加上一句"别再打电话给我了"。

项目二　熟悉电话推销的一般流程

任务1　电话推销前的准备

电话推销是一项需要周密策划、灵活应对的工作，完整的电话推销遵循一定的操作流程，掌握明晰的电话推销流程可以帮助推销人员有条不紊地开展工作。

电话推销的特点决定电话推销中客户对推销人员的信任度低，客户对推销人员的错误容忍度也因之降低。电话推销中，推销人员的每一个细小的错误或者并不精彩吸引人的开场白，都可能导致客户直接挂掉电话，所以对于电话推销人员来说，拨打电话之前的准备工作尤其重要。

1. 客户资料准备阶段

客户资料的质量对电话推销的成功与否起到关键的作用。电话推销之前，推销人员手头的客户资料一般是通过各种途径得到的，这些资料的真实性、及时性、有效性难以得到保障，如果不能对这些信息进行有效的甄选，将大大降低电话推销的效率与成功率，过高的拒绝率也会严重影响到推销人员的工作热情，所以电话推销之前，推销人员首先应该对客户资料进行精心准备。客户资料准备工作的核心目标是确定目标顾客。

（1）对所有客户资料进行分析和筛选。

事先对客户进行科学的分析和筛选，能够帮助电话推销人员更加迅速有效地完成推销工作。对客户进行分析与筛选的重点在于核对客户资料的真实性与有效性，并依据现有信息对客户进行顾客资格认定，确定哪些客户是重点客户，哪些客户则不值得倾注太多的精力。

（2）锁定客户。

对客户进行资料分析与筛选后，开始对关键客户给予额外关注。再次核对客户资料的正确性，并对锁定客户开始进一步的调查，了解客户最新的背景资料、需求现状、历史交易记录等，为电话沟通做好准备。

案例 10-3 某牌电脑公司的王经理将《今日晨报》社这家客户交给小李负责，《今日晨报》是华东地区最有影响力的报社之一，对公司来讲是一家新客户，为了确保赢得这家客户，小李首先登录到《今日晨报》的网页上，了解报社的组织结构、经营理念、通信地址和电话，然后把这些资料记录到客户资料中，接着又给另一家报社信息中心的主任打了个电话，了解了《今日晨报》的计算机、编辑排版和记者采编等系统，然后向行业界的朋友打听了关于《今日晨报》的其他相关资料，并了解到该报社信息中心的何彩丽主任负责此次电脑的采购。

2. 物品准备

做电话推销之前，为了更好地完成电话推销，应该进行一些物品的准备。

（1）铅笔与便笺。

电话推销人员一定要养成边打电话边记录的良好习惯，否则电话结束后，好多有用的信息都将随之消失。用铅笔做日常记录的好处在于，它可以随时更新客户的信息。

便笺纸可用于记录客户的姓名、单位、谈话内容等相关信息，以便电话结束后将信息进行整理和分析。

（2）电子计算器。

计算器可以即时给客户报出准确的价格，既方便又省时，在提高电话推销人员的工作效率的同时，也为客户节省了时间。

（3）时钟或手表。

电话推销人员要有强烈的时间观念，例如问候电话不超过 1 分钟、预约拜访不超过 3 分钟，时钟或手表可以时刻督促推销人员做好时间管理。

（4）电话记事本。

电话记事本是电话推销人员日常的电话记录汇总，有利于电话推销人员事后查阅客户相关信息和公司对销售工作的管理情况。

（5）相关客户资料。

详细的客户资料可以帮助推销人员快速有效地跟客户交流。只有了解客户的确切需求，电话推销人员才能准确地服务客户。

（6）茶水或饮料、润喉糖。

电话推销人员每日的工作量很大，茶水或饮料不仅可以补充体力，更重要的是滋润喉咙，让自己的声音保持洪亮。

（7）镜子。

尽管电话推销人员与客户并不见面，但是微笑着打电话往往能够感染到客户，所以电话推销人员一定要时刻提醒自己，即使看不到对方，也要当对方就在眼前。通过一面镜子，让自己始终保持良好的仪表与面部表情，让自己在电话中展现最佳状态。

（8）绿色植物。

电话推销人员在自己的办公桌上放一盆自己喜欢的盆景。在自己遭遇挫折的时候，看一眼眼前的绿色植物，可以起到缓解压力，舒缓心情的效果。

3. 知识准备

电话推销人员熟悉本公司的产品及相关知识是开展电话推销的前提和基础。

（1）了解产品的质量和价格。

电话推销人员不仅要熟悉本公司产品的质量和价格，还要熟悉市场上同类竞争产品的质量和价格，找出彼此的优势与劣势，便于应对客户的各种疑问。

（2）熟悉产品的用途及操作方法。

推销人员必须非常熟悉所推销产品的性能用途和操作方法，给客户一种非常专业的印象，才能提升客户对推销人员的信任度。

（3）明确产品的卖点。

销售员必须熟悉自己的产品，找准产品卖点。无论在什么时候，我们的销售员都要记住：打电话的目的是卖产品，而不是为了打电话而打电话。所以在熟悉产品的过程中，要学会问自己问题：如果我是客户，我会对产品的哪些卖点感兴趣？怎样介绍产品能打动客户？

4. 心态准备

（1）自信。

相信自己，相信自己会成功，这一点对电话推销人员非常重要。电话推销人员每天拨打的电话被拒绝的频率是非常高的，而且由于电话推销的特殊性，经常会碰到态度比较恶劣的客人，这对推销人员的自信心是一种极大的考验。电话推销人员必须时刻保持超强的自信心，坚定自己的工作目标，相信自己的工作能力。

（2）热情。

电话推销是一项需要极大工作热情支撑的工作，而单调的工作内容和较高的被拒绝率很容易消磨推销人员的工作热情。所以，电话推销人员必须善于调整自己的情绪和心态，始终以饱满的工作热情投入工作，这不仅有利于自己的身心健康，同时积极热情的工作态度可以传染电话对面的客户，提高推销的工作效率。

（3）真诚。

只有真诚的工作态度才能让客户接受你的电话，才能愿意倾听你的介绍，才能愿意接受你的推销方案。真诚的态度是推销成功的基础，而对于当前消费者赋予诚信度较低的电话推销行业来说，推销人员真诚的态度就表现得更为重要。

上述内容是从宏观方面分析开展电话推销工作之前应该进行的准备工作，具体到每一次电话推销工作之前，推销人员应该将电话推销过程中可能遇到的细节问题进行详尽的准备工作，主要包括以下几方面：

（1）明确给客户打电话的目的：一定要清楚自己打电话给客户的目的。你的目的是想成功地销售产品还是想与客户建立一种长久的合作关系？一定要明确。这样才有利于实现打电话的目的。

（2）明确打电话的目标：目标是什么呢？目标是电话结束以后的效果。目的和目标是有关联的，一定要清楚打电话的目的和目标。

（3）为了达到目标所必须提问的问题：为了达到目标，需要得到哪些信息、提问哪些问题，这些在打电话之前必须要明确。电话销售开始时就是为了获得更多的信息和了解客户的需求，如果不提出问题，显然是无法得到客户的信息和需求的。所以电话销售中提问的技巧非常重要，应该把需要提问的问题在打电话前就写在纸上。

（4）设想客户可能会提到的问题并做好准备。你打电话过去时，客户也会向你提问一些问题。所以你要明确客户可能提问一些什么问题，而且应该事先就知道怎么去回答。

（5）设想电话中可能出现的事情并做好准备：100个电话中通常可能只有80个电话是打通的，80个电话中又往往可能只有50个电话能找到相关的人，每次打电话都可能有不同的情况出现，作为电话销售人员一定清楚在电话销售中随时可能出现什么情况，对于不同的情况准备相应的应对措施。

提示：推销员应掌握的顾客资料：顾客的姓名、职务、公司的名称、电话号码、地址和邮编、通话的合适时间、E-Mail、顾客的业务类型、顾客的需求、强调事项与特征、特殊的语言和喜好的语速、决策者顾客的喜好。

任务2 做好电话沟通的步骤

做好电话推销的准备工作之后，整个推销流程进入客户沟通阶段。这一阶段的主要工作目标是与客户进行沟通洽谈，建立相互信任的关系，为促成合作打好基础。

1. 确定关键人物

与关键人物直接对话是电话推销成功的开始，这里所指的关键人物是指在本次购买过程中起到决定作用的人物，只有找到关键人物或决策者，跟他们进行对话沟通才是有效而且关键的。当然，并不是说除了关键人物，其他人我们都不与之接触，与前台接机小姐、公司普通人员的沟通都是为了寻找确定谁是拥有决策权的关键人物。

2. 二次客户资料调查

为了更好地与决策者有效沟通，电话推销人员应该根据首次沟通中所暴露出的问题和不足对客户进行二次调查，着重了解客户的近期信息，例如近期采购状况、近期需求、合作单位等，以便更加深入有效地与客户进行下一次沟通。

3. 询问鉴别

询问鉴别是电话推销中非常重要的推销技巧。询问鉴别的过程就是客户需求分析的过程。电话推销中询问鉴别的目的主要包括以下内容：一是分析客户的类型，包括客户的性格类型、需求类型等，这样才能有针对性地对客人进行介绍；二是挖掘客户的潜在需求，即把客户自己没有意识到的需求通过提问的形式让客户思考，让客户自己意识到自己的需求。

任务 3　促成电话交易的关键

电话推销人员在全面了解客户的需求之后，就要迅速提出满足客户需求的完整可行方案，促成交易。这个阶段是电话推销的关键时期，前面所有的准备工作都是为了最终的促成交易。

1. 提供方案

通过询问鉴别之后，电话推销人员了解了客户的真实需求，同时也了解了客户类型，推销人员就要有针对性地向客户推销产品了，一方面要推荐适合客户需求的产品，另一方面还要注意如何针对客户类型和需求情况来说服客户接受方案。

2. 促成交易

提供可行方案之后，电话推销人员应该迅速跟进、追踪客户的动态信息，采用各种销售技巧，最终达成促成交易的目的。

3. 签订销售合同

与客户达成合作意向之后，电话推销人员应立即与客户签署具有法律效力的协议，保证双方利益，避免发生纠纷。

4. 订单执行

推销人员促成订单之后，并不是一切万事大吉，即使公司有完善的发货、物流等流程，推销人员也要尽可能地对售后情况进行跟踪，及时与客户联系，确保客户及时收货，收货后正常使用。

项目三　电话推销人员素质修炼

任务 1　学会遵守电话礼仪

电话推销的特点决定推销人员与客户大多时间互不见面，推销人员缺乏更多的展现自己的个人魅力和产品特点的机会，难以让客户通过电话对自己产生信任。而电话礼仪可以将客户通过电话无法感触的东西有形化，通过电话礼仪，客户可以感受到推销人员的真诚、专业、自信与热情，慢慢确立对推销人员的好感、信任和尊重。掌握电话礼仪并灵活运用电话礼仪可以缩短推销人员与客户的距离感，帮助电话推销人员赢得客户信赖。电话礼仪是电话推销人员与客户交往的润滑剂，是成功交易的催化剂。

1. 电话推销礼仪用语

电话推销是语言的推销，礼仪用语在电话推销中非常重要。日常推销中的礼仪用语对电话推销同样适用，但电话推销毕竟与面对面的推销有所差异，客户更加注重电话推销人员语言的专业性、礼貌性，合理地使用这些语言，可以有效树立电话推销人员的良好形象，让客户对电话推销人员产生信任和好感，因此电话推销应该严格遵循电话礼仪用语。

[参考阅读]

初次打电话给客户："您好！我是**公司的销售人员***。"

联系长久没有联系的客户时:"张先生,你好!我是**公司的业务代表**,好久没有联系了,真是久违了。"

接听电话时:"你好,这里是**公司,非常高兴接到您的电话,请问有什么可以帮助您?"

向客户表示祝贺时(声音要诚恳):"这确实是一件让人高兴的事情,恭喜您!"

在某些冒昧的场合给客户打电话时要说:"张先生,您好。打扰您了,非常抱歉……"

查询客户所需信息时:"请您稍等……"

请客户指教时:"请教。"

请求客户指点时:"请赐教。"

称赞客户见解时:"的确是高见。"

寻求客户的帮助时:"劳驾了,费心了。"

得到客户的帮助时:"非常感谢您。"

与客户告别时:"再见,希望经常联系。"

资料来源:陈守则. 现代推销学教程. 北京:机械工业出版社,2010 年 4 月

2. 电话推销行为礼仪

(1)端正姿势,面带笑容。

推销人员接打电话时,应该端正姿势,双腿并拢,保持上身直立。打电话过程中绝对不能吸烟、喝茶、吃零食,即使是懒散的姿势对方也能够"听"得出来。如果你打电话的时候,弯着腰躺在椅子上,对方听你的声音就是懒散的、无精打采的;若坐姿端正,身体挺直,所发出的声音也会亲切悦耳、充满活力。因此打电话时,即使看不见对方,也要当作对方就在眼前,尽可能注意自己的姿势。笑容不只表示情绪很好,那种电话亲切明朗的快乐会感染身旁的每一个人。电话推销人员如果微笑着接听电话,轻松愉快的情绪会传递给客户,交流的气氛会变得轻松很多,跟客户的沟通也就更容易。

(2)善于倾听。

善于倾听是一个人的优秀品质,也是电话推销人员的沟通技巧,要善于从客户的诉说中寻找有价值的信息。在倾听的时候,应不时简单地用"哦""嗯""是的""好的"等词语作为回应,让对方知道你确实在认真听。

(3)掌握接听电话的时机。

一般在电话铃声响起二三声时接电话较合适,接得太慢,会耽误客户的时间,并给客户留下负面印象;但接得太快,会给客户太突然的感觉。

(4)挂断电话礼仪。

挂断电话时应向客户礼貌道别,并询问客户是否还有其他要求,并请客户先挂电话。挂电话动作简洁迅速,不要让电话发出杂音或者其他刺耳的声音。

(5)转接电话要告知。

如有其他重要电话打入时,应该告知当前客户,让客户稍等,并向客户致歉,每 30 秒钟都要回到线路上,通知他你在处理其他情况时的进展程度,并且尽快结束另一方通话而回到当前客户的通话中,一定不能让客户等待太久。

(6)把握通话时间。

选好打电话的时间,避开电话高峰和对方忙碌的时间。一般上午十时以后和下午都较为

有利。在打电话的过程中,应该合理把握每个流程所占用的时间,不要浪费在客户不喜欢或者无意纠缠的环节上,整个过程不宜太长,客户没有耐心听那些乏味而且冗长的解释;也不宜过短,不要让客户产生仓促或者你对他不够重视的想法。

(7)下一次通话前的准备。

通话结束时,仍然保持正确的坐姿,比较便于接听下一客户的电话,使得电话推销人员在接起电话时不会显得过于慌张和听上去毫无准备。

案例 10-4 日本有一位非常顶尖的讲师打电话的态度值得我们深思。

有一天晚上,夜已经很深了,他突然从床上爬起来。

爱人问他:"半夜三更的,你起来干什么?"

他说:"我还有一个重要的电话要打,我起来去打电话。"

爱人说:"床头柜上不是有电话吗?你起来干什么?"

他说:"不,我不能这样打。"

说完,他走到衣柜旁,穿好衬衫,打上领带,又把西服套装穿好,一个一个系上扣子,然后很认真地照镜子,自己调整了一番,他把放在衣兜里的兜盖掏了出来,很正规地放好;又拉拉前襟,使前襟平展了一些。当他觉得一切都很满意了,才走到电话旁,把站立的姿势摆好以后,才开始拨打电话。

电话打完以后,他脱西装,解领带,脱衬衫,然后才回到床上睡觉。

他爱人把这一切都看在眼里,对他说:"你的朋友根本看不见你这身很正规的打扮,打一个电话,何必多此一举呢?"

他很严肃地说:"我的朋友是看不见,但是我看得见。我看见自己躺在床上那样很随意地打电话,我自己就会在心里产生一种不尊敬他的感觉。我心里对他喜欢和爱的那种感觉就打了折扣,这是不能允许的。我不在乎别人的感觉,我很在乎我自己的这份感觉。我不能让自己的这种感觉受到丝毫的破坏。"

资料来源:刘景澜. 电话行销——超级说服力. 2006 年

任务 2 强化声音训练

电话推销的挑战之一就是无法看到对方的面部表情和肢体语言,给客户留下的印象主要取决于电话中的声音。国外学者的调查表明,人际沟通中各种因素所起的作用分别是:在面对面沟通中,身体语言 55%、声音 38%、用语 7%;在电话沟通中,声音 82%、用语 18%。所以说声音是电话推销人员的名片。通常来说,客户更喜欢那些声音有感染力的推销人员,如声音甜美、有磁性、清晰、沉稳、热情等。

1. 语调要富于节奏变化

语调能反映出一个人说话时的内心世界,表露你的情感和态度。当你生气、惊愕、怀疑、激动时,你表现出的语调也一定不自然。从你的语调中,客户可以判断你是否足够真诚,是否尊重自己,是否值得信赖等。平铺直叙,没有高低起伏的语调会使整个电话沟通变得单调乏味、缺乏激情,难以让客户产生共鸣。所以,电话推销人员要尽量使自己的语言抑扬顿挫,注意发音的轻重缓急,富有节奏变化。例如,对于一句话中的重点内容应该给予重点提示,"您是喜欢红色还是蓝色呢?"这句话中的"红色"和"蓝色"应该用重音强调。

197

2. 控制适当的说话速度，尽量与客户的语速同步

在语言交流中，讲话的快慢将不同程度地影响你向他人传递信息。速度太快如同音调过高一样，给人以紧张和焦虑之感。如果你说话太快，以至于某些词语模糊不清，他人就无法听懂你所说的内容。另一方面，如果速度太慢，则表明你领会迟钝、过于谨慎。正确的做法是：有意识地根据客户的语速调整自己的语速，尽量跟上客户的反应速度。

3. 保持适当的音量

电话推销过程中，要注意保持适当的音量，音量过高过低都不合适。过于低沉的声音会让客户感到压抑、不清晰，但过高过大的声音会使人感到不舒服、刺耳。在日常工作中，电话推销人员应该有意识地对自己的音量进行把握，以客户能够听得舒服、不费力为宗旨，同时要养成良好的通话习惯，保持嘴与话筒的适当距离，注意对话筒、音量的控制，改善音质。

4. 措辞简明扼要

电话推销的时间是以分秒计算的，因此，电话推销语言重在重点清晰、简明扼要，在最短的时间内将最能打动客户的内容表述清楚，为自己和客户赢得时间，并在客户心目中留下专业、干练的印象。电话中尽量不要谈论与业务无关的事情，虽然有时候为了与客户建立良好的关系，适当地谈论一点私人话题也是十分必要的，但一定要把握好分寸，不能占用太长时间，否则容易引起客户的反感。

5. 尽量使用专业术语

声音是电话推销人员的名片，也是传递企业与自我形象的方式，通过语言，客户可以判断推销人员的专业素质和能力，所以电话沟通中，应该尽量使用专业词汇，增加客户对企业及推销人员的信赖。试着比较以下说法的差异：

（1）专业表达："我是佳乐快餐公司的，专门为大中型企业提供健康配餐。"

非专业表达："我是佳乐快餐的，可以给你们送盒饭。"

（2）专业表达："我们是金源信息支持公司的，专业为企业提供公共设备支持和保障。"

非专业表达："我们是金源信息支持公司的，主要是卖墨盒、办公用品和耗材的。"

6. 语气不卑不亢

电话推销人员与客户通电话时，语气要做到不卑不亢。既不要让客户感觉到你是在哀求他，也不要让客户感觉到盛气凌人。有些专家建议，在与客户沟通时，尽量不要直接否定客户，变化一下语气，会产生不同的效果。试着比较以下说法的差异：

（1）习惯用语：你错了，不是那样的！

专业表达：对不起，我没说清楚，我想它运转的方式有些不同。

（2）习惯用语：你没有弄明白，应该是这样的……

专业表达：也许我说得不够清楚，请允许我再解释一遍……

7. 善于停顿

善于运用停顿是个非常重要的说话艺术。很多销售人员非常害怕与客户沟通出现冷场，双方都没有话说时，很尴尬，所以有的销售人员就会下意识不停地说。电话推销中，我们看不到客户的表情，如果推销人员讲了很久，而客户并没有什么反应，那么你根本无法判断客户是否在听，也不知道客户对你的介绍有什么样的反应。尤其当我们与客户的观点有分歧的时候，当我们尝试说服客户的时候，更需要停下来了解客户是否认同我们的观点。

适当的停顿可以有效吸引客户的注意力。如果电话中只有推销员在不停地说下去，一般

客户很难长时间地认真听下去，很容易走神，适当地停下来，如果客户示意继续说下去，就表示他是在认真听，或者有兴趣知道更多信息。适当的停顿，也为客户提出异议、表达观点提供机会，这也是尊重客户的表现。

那么怎样的停顿才是适当的呢？一般的原则是推销员在表达了一个完整的意思之后就需要停下来，让顾客表态，例如介绍完公司的概况就该停顿一下再继续产品介绍。如果表达一个事物的时间较长，例如超过1分钟，中间就应该进行短暂停顿，只有对方给予"嗯""啊"的表示之后，我们才可以继续讲。

8. 尽量不要用否定字眼

在电话销售中，一些用语相当重要，尽量避免用一些否定的字眼去应付顾客的疑问。例如，有一些电话销售人员在接到顾客咨询电话的时候，会用"不知道"、"不明白"、"这个人走开了"等字眼来搪塞，这些话会让客户感觉到你很不专业，不但会让顾客没有购买产品的欲望，还会损害公司的形象。即使真的"不知道"、"不明白"，也要采取委婉的说法。例如"这个问题我需要重新核实一下，很快跟您复电，好吗？"当然不可以搪塞客户，过后一定要将问题核实清楚后给客户复电。

案例 10-5

客户：你们是卖诺基亚手机的吧？

推销员：是啊。

客户：N799这款手机还有吧？

推销员：N799当然啊，卖得特火。您还真是有眼力啊，这款手机很不错的，屏幕是2.6英寸的，1600万色的QVGA,分辨率可以达到320*240。咱们电脑的显示器640*480就挺清楚了，您看那么小的屏幕上就达到320*240得多细腻。这款手机的摄像头是200万像素的，出去不用带相机了，录像机也不用带了，因为存储卡可以用SD存储卡扩展，最多能到8GB,可以录很多东西。这款手机上网也非常方便，采用的是Symbian操作系统，您可以下载很多软件和游戏。这款手机采用键盘和手写两种功能，操作速度会比以往手机速度有所进步。这款手机是去年年底上市的……

客户：我上个月已经买了，但是两根手写笔被小孩弄坏了，我是想问问你们这能配手写笔吗？

推销员：你不是……

资料来源：崔小屹. 电话销售成交技巧实训（第一版）. 2010年2月

项目四　电话推销方法技巧训练

任务1　掌握越过前台的技巧

电话推销中的关键步骤之一是寻找决策者，电话推销人员所拥有的客户原始资料往往是公司的办公电话，所以要找到公司决策者，公司前台是推销人员不可回避的一关。很多时候推销人员将电话打到前台时就被拒绝了，根本无法进行后续的推销工作，所以如何越过公司前台/秘书是电话推销人员必须掌握的技能。

1. 对公司前台工作的认识

要想轻松越过公司前台，首先要对公司前台的工作拥有充分的认识。传统公司前台的工作职责包括：接听电话、记录电话、接待客户、信息传递、文件处理、琐碎杂务。现在公司前台的工作除了上述内容之外，又增加了一条内容，即筛选电话，将与公司正常工作无关的电话，包括明显的推销电话拦截下来，从另一方面看，这也恰恰表现出当前电话推销工作在商务工作中已经得到普及。所以推销人员对于前台小姐的工作要有正确的认识，拒绝你的电话是她的工作职责之一，要给予充分的理解，不能因为前台的拒绝而对前台态度不佳，心生怨恨，应该在理解的基础上，礼貌地对待前台，并采取适当的技巧，让公司前台小姐合情合理地接受你的电话，乃至转给你所要找的人。

2. 一般越过前台的语言技巧

（1）原由引见法。

给出一个以前曾经和老总有过接触的事情作为借口。

举例：您好！帮我接一下你们老总！我昨天有一份传真给他，确认一下他是否收到了。

（2）单刀直入法。

话语简洁明了，直接说出你要找的客户的全名或部门，让前台直接转过去，让前台觉得你跟公司或领导很熟悉。

举例：你好，我是智禹的张路，请帮我找技术总监李明，我是他朋友。

（3）事件严重法。

说明事件本身的重要性，如果失去时机，后果很严重。

举例：你好，前几天张总和我公司达成合作协议的事情，很需要和张总重新商定，不能耽搁，请你立即转到他的办公室，谢了！

（4）间接转接法。

我们可以通过销售部、广告部、人事部等转到老板那里，因为这些部门平时相对受打扰较少，对外来电话抵触不是那么明显。

举例：你好，我是中山国际人才网的××，就贵公司招聘的有关事宜，请你转下人事部。

（5）假借法。

假借各种名义：以老板亲戚朋友、政府相关部门、某区域采购商或代理商、银行金融部门、邮政服务部门、外商等名义套取电话或者转向老板。

举例：你好，我是中国人民银行 VIP 客户部的，关于上次银行贷款的问题需要和李总核实一下。

（6）夸大法。

夸大各种身份：夸大自己身份地位，夸大公司形象，夸大服务内容，让前台感到事情的重要性。

举例：你好，我是百度中国会议委员会的××，特此通知张总参加××会议的，请把电话转给他！

（7）假扮相识法。

假扮认识老板，或者有过交往，因为手机丢了没有了电话号码。

举例：你好，黄总是我的老乡，我前几天手机丢了，麻烦你给我一下他的电话号码，好吗？

任务2　掌握开场白的技巧

开场白即电话接通后30秒内推销人员的讲话内容,开场白的目的是通过相关介绍引起客户兴趣,让话题延续下去。开场白是电话推销流程中非常重要的组成部分,是电话推销人员与客户的初次"接触",开场白的好坏决定了整个电话能否顺利地延续下去,直接影响到整个电话的质量。

1. 成功开场白的要素

那么怎样的开场白才是成功的?请看下面的例子。

"您好!我是××公司的段先生。您的朋友吴小姐介绍我给您打的这个电话。不知道您以前有没有接触过××公司。××是全球最大的中文网络营销平台。我打电话给您,主要是考虑到您作为公司的负责人,肯定很关注那些可以使您的潜在客户找上门来的方法。所以,我想与您通过电话简单交流一下。您现在打电话方便吗?我想请教您几个问题,您现在的网络推广是如何开展的呢?"

这是个比较成功的开场白,通过分析,我们可以发现成功的开场白一般包括以下要素:

(1) 自我介绍。

自我介绍贵在简洁明了。自我介绍包括推销员自己和公司两部分。介绍自己一般一句话带过"我是某某公司的,某某",可以报出自己的全名,也可以只讲姓氏。介绍公司时要突出公司与同行业的差异之处,引起客户的注意。例如,如果公司在国内同行业内规模最大,可以强调公司的规模;如果公司的业务专注于某个领域,就强调公司在这方面的专业性。介绍的同时切记不能长篇大论,用一两句话足已。总之自我介绍时要重点突出、简洁明了,给客户一种精明干练、自信的印象。

(2) 确认对方时间的可行性。

进行主动外呼电话时,推销员往往不能确定对方客户此时此刻是否方便接听电话,例如或者在开会,或者在开车,或者在接待客人等,此时接到推销员的电话,客户第一反应一般是不悦的,如果推销员还不识趣地滔滔不绝地开始推销,此时的推销肯定是徒劳的,而且往往会引起客户的反感,所以在进行自我介绍之后,不妨加上一句话"打扰您两分钟,不知道您现在是否方便接听电话……"这样的一句话体现出推销人员对客户的尊重,被打扰的客户不悦的心情一般都会稍稍得到平复,有些客户还会建议你在其他合适的时间打过来,这样就为下次打电话争取到了一个非常难得的理由。

(3) 相关人物的说明。

在推销过程中,有中间人的介绍是最难能可贵的,客户对熟人或者朋友的推荐电话会更容易接受。虽然公司对外宣称"谢绝推销",但实际上公司的日常正常运转离不开推销,只不过现实中推销的情况太多,鱼龙混杂,不能一一鉴别,有了熟人的介绍,公司对推销人员平添几分信任,推销就会进行得比较顺利,所以如果有能够牵扯上关系的人物,一定要向客户报出,拉近跟客户的关系。

(4) 介绍打电话的目的,突出为公司带来的价值。

开场白的30秒钟内,最能引起客户兴趣,吸引客户听下去的就是"此次电话能够给我带来怎样的价值?"因为客户接到推销电话的第一反应是"我为什么要接这个电话?对我有什么好处?"因此,开场白中一定要说明打电话的目的,而目的中一定要强调"此次电话可以为客户带来的价值"。上述案例中，推销员首先强调"如何让潜在客户找上门来"，这就是此次电话能够为客户带来的价值。

（5）推进销售。

开场白中引起客户兴趣不是我们的最终目的，最终目的是进行推销，所以在引起客户的兴趣之后，要迅速转入推销阶段。上述案例中，推销员在激起客户的兴趣之后，通过一句话将谈话转入正式推销——"我想请教您几个问题，您现在的网络推广是如何开展的呢？"。当然，推进销售是一个双方交流的过程，是一个时间较长且复杂的过程，一般不可能期望一次电话完成，需要电话多次沟通多次交流最终达成交易。

2. 几种常见的开场白模式

成功的开场白一般都包括上述 5 个要素，但并不是千篇一律的模式。电话推销员要想吸引客户，让自己的电话在众多的推销电话中脱颖而出，必须做到使自己的开场白新颖有创意，容易引起客户的兴趣。

（1）他人引荐开场法。

销售员：朱小姐/先生，您好，我是某公司的医学顾问李明，您的好友王华是我们公司的忠实用户，是他介绍我打电话给您的，他认为我们的产品也比较符合您的需求。

（2）故作熟悉开场法。

销售员：朱小姐/先生，您好，我是某公司的医学顾问李明，最近可好？

顾客朱：还好，您是？

销售员：不会吧，朱小姐/先生，您贵人多忘事啊，我李明啊，工作压力大还是要注意身体的。对了，您使用了我们的美容产品，感觉效果还好吧，最近我们刚推出一种联合服务套餐活动，不知您可感兴趣？

顾客朱：你可能打错了，我并没有使用你们的产品。

销售员：不会是我搞错顾客回访档案了吧。朱小姐/先生，那真不好意思！我能否为您介绍一下我们的产品，来提供一些服务呢？

顾客朱：看你们对用户挺关心的，你介绍一下吧。

（3）追踪资料法。

电话销售人员：您好，请问是李经理吗？

客户：是的，什么事？

电话销售人员：您好，李经理，上次打电话过来，您让我把我们公司产品的资料先寄过来，这次电话想了解一下资料收到没有，对我们的产品感觉如何？

客户：哦，资料太多了，不记得了，请问你们是什么公司啊？

电话销售人员：我们是……

（4）从众心理开场法。

销售员：您好，朱小姐/先生，我是某公司的医学顾问李明，我们公司是专业从事××抗衰美容产品销售的，我打电话给您的原因是因为目前我们产品成功帮助了许多人，快速达到延缓衰老的效果（如张曼玉、林青霞、木村拓哉等），我想请教一下你在抗衰美容产品方面使用的是哪个牌子的产品？……

顾客朱：是吗？我目前使用的是××品牌的美容产品。

（5）制造忧虑开场法。

销售员：您好，请问是朱小姐/先生吗？

顾客朱：是的，什么事？

销售员：我是某公司的医学顾问李明，我打电话给您的原因主要是不少顾客都反映现在的美容产品多是治标不治本，一旦停止使用，马上就会反弹，想请教一下您对这种问题的看法。

顾客朱：是的……

——顾客也可能这么回答：不好意思，我不清楚。

销售员要赶快接口：那请问朱小姐/先生目前使用的是什么品牌的产品？

案例 10-6 分析以下两种开场白有何不妥？

（1）"您好，是××公司××总吗？我们是做竞价排名服务的，您公司需要吗？"

（2）"您好，陈先生，我是××公司商务部的段生，我们是专业提供网络推广服务的，请问您现在有没有时间？我有几个问题想问下你您"

任务 3　掌握询问鉴别的技巧

推销的实质是满足客户的需求，不了解客户需求的推销注定是不成功的。询问鉴别即通过沟通交流，了解客户的真正需求，分析客户的类型，有针对性地对客户进行推销。询问鉴别的另一个作用是挖掘客户的潜在需求，把客户自己没有意识到的需求通过提问的形式让客户自己思考，让客户意识到自己的需求。

1. 识别客户的性格

通过电话识别客户的性格难以做到非常准确，但是通过声音和讲话的风格以及客户回答问题的方式，可以将客户分成以下 4 种类型：

（1）驱动型，也被称为老虎型、主导型。这种类型的特点是强势，控制话题，在沟通中喜欢处于心理优势地位。高层多是这种类型。

（2）分析型。这种类型的人喜欢细节和数据，非常自负，喜欢自己做出判断。技术、财务等专业性强的知识分子，以及类似经历出身的老板具有这种性格的比较多。

（3）表达型。此种类型是非常"江湖"的一种，非常愿意交朋友，与人为善，声音爽朗，易于交往，非常重视对方的感受，但是往往善变。

（4）跟从型，也叫亲切型。这种类型的特点是没有主见，思路容易被人引导，也会顾及对方的感受，有的话语少，偏内向，也有的话虽然多，但比较啰嗦。

控制

	分析型	驱动型	
内向	声音小、语速较慢，话较少，不友好，对数据和技术细节敏感、犹豫，有主见	声音大，语速快，不友好，坚持自己的观点，喜欢打断	外向
	跟从型	表达型	
	声音小，话较少，比较友好，犹豫，善于倾听	声音大，语速快，友好、热情，稍有抢话，爱出风头，喜欢炫耀	

和谐

2. SPIN 销售法

要想了解客户的真正需求，电话推销一定要让客户开口说话，一旦客户愿意和你说话了，那你就成功一半了。让别人说话最好的办法是问他问题，通过循序渐进的提问，在客户回答问题的过程中，推销人员对于客户的基本需求状况就会有大体的了解。

SPIN 销售方法是由著名美国营销大师尼尔·雷克汉姆（Neil Rackham）创立的，是在 IBM 和施乐等公司的赞助下通过对众多营销高手的跟踪调查提炼总结而成的。SPIN 销售方法是通过一系列问题来推动客户的过程，非常适用电话推销。

SPIN 分别代表该销售模式的四类问题：情境性（Situation）、探究性（Problem）、暗示性（Implication）和解决性（Need-payoff）。SPIN 销售法就是在推销过程中运用实情探寻、问题诊断、启发引导和需求认同四大类提问技巧来发掘、明确和引导客户的需求与期望，从而不断推进推销过程。

（1）情境性问题是了解客户现在的实际情况，如你们现在是跟哪家公司合作的？是否满意？

（2）探究性问题是用来挖掘客户的隐性需求，让客户思考自己面临的问题、不足以及潜在的风险，继而引发自己需要产品和服务的想法。例如你们的合作单位服务质量怎么样？反应速度是否够快？

（3）暗示性问题是继续强化探究性问题的结果的深层次影响，使客户感受到其潜在需求的重要性与急迫性，自发产生对产品的需求欲望。例如，服务不到位会对您的公司产生怎样的影响呢？

（4）解决性问题是在客户产生明确的需求意向之后，提出解决方案。例如如果有一家公司能够保证随叫随到，高效快捷地为您服务，您是否愿意接受呢？

上述问题并不是一成不变的，电话推销人员应该根据具体情况灵活调整提问的方式，或者调整顺序，或者对问题进行删减。例如如果客户本身已经意识到现在问题的严重性，我们就可以直接提出暗示性问题，而不需要通过探究性提问了。

任务 4 掌握落实订单的技巧

推销过程中，促成交易是整个推销工作的最终目的，其他阶段都只是为促成交易的手段。这也是很多推销员认为比较难以操作的阶段。体现在电话推销中，电话推销员难以开口向客户请求订单，很多即将成功的交易由于推销员的徘徊犹豫而失败，其中原因与面谈推销基本相似，在其他单元已经论述，在此不再重复。

1. 请求订单的注意事项

在电话推销过程中，推销员请求订单时应做到以下几点：

（1）调整正确的心态。

很多推销员在请求订单时难以启齿，认为有点为难客户的感觉，这其实是一种不正确的推销心态。推销员应该怀着帮助客户、为客户服务的心态向客户请求订单。你所推销的产品是最适合客户的，能够为客户提供一定的价值，在合适的时间应该大胆地向客户请求订单。

（2）采用积极的词汇吸引客户下单。

例如，"您马上就可以拥有这款最新的手机了。祝贺您啊！""有了您的支持，我们一定可以把售后工作做好。"

（3）尽量不用"合同"、"销售"等字眼。

有些客户前面沟通得很好，但一提到合同就变得很敏感、很谨慎，"销售"一词让客户感觉很功利，所以我们可以用"协议"、"认同"等字眼代替"合同"，用"服务"代替销售，消除客户的紧张心理。例如，"您现在可以签一下协议了吧？""只要您一认同，我们马上就发货。""我们服务的准则是……"

2. 电话推销请求订单的方法

（1）自然过渡法。

在推销产品和异议处理之后，推销人员要主动开始介绍商务流程、付款方式、交货方式等内容，使整个沟通过程自然过渡到请求订单阶段。如果我们把商务流程、付款方式和交货方式等都介绍完之后，客户没有很强烈的异议，我们就可以大胆请求客户下订单。

（2）主动确认法。

主动确认，即采取主动提问或试探的方式，确认客户的态度。根据与客户的熟悉程度，可以分为直接确认和间接确认的方式。

如果跟客户关系融洽，客户性格比较随和，可以大胆采用直接确认的方式。

例如，"张总，咱们这个事情，可就说定了啊！""张总，您的意思是您马上就会付款了吧。"

如果与客户关系一般，尽量采用间接的方式进行确认。例如，"张总，那我就把价格申请递给我们老板了。""我这边就通知物流部门开始备货了，款一到我们马上就发货！"

任务5 掌握赞美的技巧

真诚的赞美，是拉近与客户距离的最好方式。对于电话推销来说，推销员与客户仅凭声音沟通，不易产生亲近感和信任感，而真诚的赞美往往是打破这种僵局的最好方式。

1. 赞美的原则

（1）赞美要注意尺度。赞美要适度，过度的赞美会让人感到虚伪。

（2）赞美要发自内心。推销人员要从内心认可对方，真诚地赞美对方。

（3）赞美要及时。针对客户的优点及时地赞美可以起到催化剂的作用，充分调动客户的情绪，不要等到客户的话讲完，错过时机再赞美，这样容易让客户产生虚假的感觉。

（4）赞美不能"泛滥"。真诚的赞美一句足够打动客户，相反频率过高的赞美会让客户心生厌烦，产生不自在，不信任。

2. 赞美的内容

（1）赞美客户的声音。声音是可以赞美客户的第一切入点，在与客户的交流中，只要销售人员细心聆听，实际上可以通过声音掌握到客户很多方面的信息，例如年龄、教育程度、做事情的态度等。而销售人员正好利用这些获取到的信息适当地赞美对方，就可以很好地营造谈话的氛围并能很快地改变顾客的态度。

例如，"听您的声音，您应该只有30岁左右吧？""听您的声音，肯定受过良好的高等教育吧？""听您的声音，就知道您做事特别果断。"

（2）赞美客户所在的公司。

通过对对方公司进行详细的了解，找出值得称赞的地方，让对方感觉到自己公司在行业的知名度,并体现出推销人员认真的工作态度,给客户留下较好的印象。

例如,"贵公司在业内可是知名度很高啊,能在那里工作真的很不简单啊!""您这么大的公司,一直以来都是我们想竭力建立好关系的大客户,这次能够跟您合作真的太荣幸了!"

(3)赞美客户的履历和能力。

详细了解对方客户的个人基本资料,包括求学经历、工作履历、工作业绩等,找出闪光点,以求知学习的态度对客户进行间接赞美,这样的方式客户往往更容易接受。

例如,"我知道您是这方面的专家,所以想请教一个问题,不知道可不可以。""张总,您这么年轻就做到了总监的位置,真的很了不起啊,有机会要好好请教您一下啊!"

不过,赞美虽然是打开客户心扉的一把钥匙,但是赞美一定要把握适当的时机、适当的分寸,太露骨虚假的赞美反而会适得其反,因此"真诚"二字尤为重要。

案例 10-7

电话销售人员:中午好,和总,现在方便吗?

客户:方便,哪位?

电话销售人员:我是东方人才的小张,有件事情想和您讲,又怕您怪我,不过我还是鼓起勇气,给您打这个电话!

客户:什么事情?

电话销售人员:和总,昨天我偷了您的一件东西!

客户:嗯?!你偷了我什么东西?

电话销售人员:我偷走了您的智慧!

客户:是吗?我们之前又没有见过,你怎么偷走我的智慧?

电话销售人员:昨天我在报纸上面看到对您的专访,您说了您之所以成功的三大秘诀,真是听君一席话,胜读十年书,我起码可以少走五年的弯路!

客户:谢谢,小女孩还挺会说话的!过奖了!

电话销售人员:不过您讲的三点中间,有一点我前思后想,都想不明白,我可以再请教一下您吗?

(自己的崇拜者不了解自己的伟大思想,作为偶像怎么样也要尽力帮忙。)

客户:哪一点不明白?

电话销售人员:您说成功的关键在于组建一个优秀的团队……

资料来源:http://book.manaren.com/book/story.php?id=8417

任务 6 电话推销存在的问题及解决

电话推销作为一种成本低、效率高的营销方式受到商业企业界的欢迎,并得到广泛推广和使用。电话推销自 20 世纪 70 年代在美国发展开始,至今已走过 40 年的路程,电话推销模式得到长足发展的同时,也出现了许多问题,电话推销进入误区,使得很多原本接受电话推销的消费者开始抗拒电话推销,甚至美国出现了由美国前总统布什代言的联邦贸易委员会推出的"别打我电话"项目，使美国的电话推销模式受到重创。

我国的电话推销还处于起步发展阶段，对于电话推销中存在问题的认识和分析，有利于我们更好地规划与发展电话推销。

1. 缺乏详实的客户目标而盲目拨打

很多客户反感电话推销的一个原因是，自己接到的电话推销常常是一些与自己毫不相关的产品推销。很多电话推销人员在拨打电话之前，心中是盲目的，一味地追求电话拨打的数量，不求质量，往往本着"地毯式轰炸"的原则，能够碰上一个算一个，并没有对客户进行一定的针对性分析。"电话推销绝不等于随机地打出大量电话，靠碰运气推销出几样产品"，电话推销应该是有计划、有组织的，能够高效率地扩大顾客群，并提高顾客满意度。

有效的做法是通过数据库，对客户的兴趣爱好进行分类，有针对性地对客户进行产品推介，真正实现推销人员与客户的互动，实现"一对一"式推销。很多企业不愿意花时间和精力积累客户信息，剑走偏锋，购买数据库，且购买之后并不对数据库进行分析研究，直接使用。有些推销员做法过于简单，比如得到一些用户的银行卡信息，就去推断这个用户是否需要买房、买车等，这样拨打的电话势必缺乏一定的针对性、有效性，降低了电话推销的成功率，同时容易使客户对电话推销形成负面的印象。

2. 采用极端的销售方式引起客户反感

电话推销的高达 90%的拒绝率证明了电话推销的不易，所以有些电话推销员为了提高电话推销的成功率，采取一些极端的销售方式。例如为了成功逃过前台，有些推销员冒充国家部委工作人员让前台小姐为其转接，有的谎称客户朋友介绍，各种怪招或许能够为一次推销提供便利，但这种方式一旦被客户识破便会给客户留下不诚信的印象。

健康持久的业务关系建立在诚信的基础之上，为了达到一时的推销便利所采取的任何不诚信的做法不仅不利于电话推销业务的开展，对整个电话推销模式的健康发展也将带来负面的影响。

例如有些电话推销人员喜欢采用下面的方式绕过前台：

（1）前台："你好，请问有什么可以帮到你？"

销售："我是国家发改委的，有一个重要的会议要通知你们老总，请帮我转过去！"

（2）前台："你好，请问有什么可以帮到你？"

销售："我是你们老总的亲戚，找他有事，请帮我转过去。"

这些方式一次或许能够获取前台的信任，但做过一定时间的前台小姐一般都能够识破这样的骗局，所以这种方式一般不但很难有所成效，反而很容易惹怒前台，将你的电话列为黑名单。

3. 电话推销从业人员素质参差不齐

我国电话推销处于发展初期，电话推销从业人员不需要太高的技术要求，只要能够进行普通的沟通交流即可，所以就业门槛不高，从业人员的素质参差不齐，相当一部分从业人员的素质较低。较低的素质体现在与客户沟通交流时缺乏沟通技巧，致使电话推销的成功率较低，有的为了追求利润，采取极端的乃至非法的方式进行销售。有电话专家对此很有感触："很多人对电话营销反感，不是对模式反感，而是对拨打电话的人反感，同样一个公司的电话销售，不同的坐席拨出可能有截然不同的效果。"

电话营销模式较发达的日本的做法可以给我们提供些许启示。在日本，从事电话推销的人一般素质较高，而且从业时间较长、年龄较长，他们一般采取顾问式的推销方式。他们在与客户交流的过程中，成熟稳重，拥有丰富的产品知识、成熟的沟通交流技巧。他们是作为顾客购买的咨询者与客户进行沟通，为客户提供详实的购买建议和方案。这种咨询者的角色受到大多数客户的欢迎。

单元小结

电话推销是推销人员通过电话向潜在客户展示产品或服务，以达到获取订单、成功销售的目的。电话推销的目标在于能以一种经济有效的方式满足客户需要，为客户提供便捷的产品或服务。

电话推销始于20世纪70年代的美国，在中国，电话推销已经成为非常普及的销售手段，并呈现较快的发展势头，专门的"电话推销公司"业已出现。

电话推销的优势包括：①效率高；②成本低；③不受空间限制；④可以消除某些顾客见面的紧张感、拘束感和缺乏安全感；⑤实现一对一沟通和互动，使定制化营销成为可能。电话推销的劣势包括：①电话推销只靠声音传递信息；②信任度低；③在电话中客户更容易说"不"。

电话推销的一般流程包括：①电话推销的准备阶段；②客户沟通阶段；③促成交易阶段。

电话推销人员应该做好两方面的素质修炼：一是掌握电话推销的行为礼仪；二是做好强化声音训练。

电话推销人员应该掌握以下推销技巧：一是越过前台的技巧；二是开场白的技巧；三是询问鉴别的技巧；四是请求订单的技巧；五是赞美的技巧。

当前，我国电话推销存在以下问题：①电话推销缺乏详实的客户目标，盲目拨打；②采用极端的销售方式引起客户反感；③电话推销从业人员素质参差不齐；④电话推销诈骗时有发生。

核心概念

电话推销　电话推销流程　电话推销礼仪　电话沟通技巧　SPIN销售方法

训练题

1. 电话推销与面对面推销有哪些异同？
2. 电话推销作为一个行业未来前景如何？
3. 什么样的产品适合通过电话进行推销？
4. 如何应对当前电话推销存在的问题？

5. 在课堂上模拟某产品的电话推销，学生轮流表演，老师指导点评。

综合案例分析

案例一

销售员："您好，请问，李峰先生在吗？"

李峰："我就是，您是哪位？"

销售员："我是××公司打印机客户服务部章程，就是公司章程的章程，我这里有您的资料记录，你们公司去年购买的××公司打印机，对吗？"

李峰："哦，是，对呀！"

章程："保修期已经过去了7个月，不知道现在打印机使用的情况如何？"

李峰："好像你们来维修过一次，后来就没有问题了。"

章程："太好了。我给您打电话的目的是，这个型号的机器已经不再生产了，以后的配件也比较昂贵，提醒您在使用时要尽量按照操作规程，您在使用时阅读过使用手册吗？"

李峰："没有呀，不会这样复杂吧？还要阅读使用手册？"

章程："其实，还是有必要的，实在不阅读也是可以的，但寿命就会降低。"

李峰："我们也没有指望用一辈子，不过，最近业务还是比较多，如果坏了怎么办呢？"

章程："没有关系，我们还是会上门维修的，虽然收取一定的费用，但比购买一台全新的还是便宜的。"

李峰："对了，现在再买一台全新的打印机什么价格？"

章程："要看您要什么型号的，您现在使用的是××公司的 3330，后续的升级产品是 4100，不过完全要看一个月大约打印多少正常的A4纸张。"

李峰："最近的量开始大起来了，有的时候超过10000张了。"

章程："要是这样，我还真要建议您考虑4100了，4100的建议使用量是15000张一个月的A4正常纸张，而3330的建议月纸张是10000张，如果超过了会严重影响打印机的寿命。"

李峰："你能否给我留一个电话号码，年底我可能考虑再买一台，也许就是后续产品。"

章程："我的电话号码是888XXXX转999。我查看一下，对了，你是老客户，年底还有一些特殊的照顾，不知道你何时可以确定要购买，也许我可以将一些好的政策给你保留一下。"

李峰："什么照顾？"

章程："4100型号的，渠道销售价格是12150，如果作为3330的使用者，购买的话，可以按照8折来处理或者赠送一些您需要的外设，主要看您的具体需要。这样吧，您考虑一下，然后再联系我。"

李峰："等一下，这样我要计算一下，我在另外一个地方的办公室添加一台打印机会方便营销部的人，这样吧，基本上就确定了，是你送货还是我们来取？"

章程："都可以，如果您不方便，还是我们过来吧，以前也来过，容易找的。看送到哪里，什么时间好？"

案例二

接线员:"您好,××酒店,很高兴为您服务!"

推销员:"怎么回事啊,我房间怎么又上不了网了啊!……"

接线员:"先生,不好意思,请问您是几号房!"

推销员:"跟你说是白说,你们有没有管电脑的啊……什么服务嘛!真是###¥¥¥……"

接线员:"先生,对不起,我马上帮您转过去,您找下小 A。"

客户:""喂,您好!电脑部!"

推销员:"喂,你好,请帮我找一下 A 工。"

客户:"您好,我就是,请问有什么可以帮到您!"

推销员:"哦,A 工,很高兴认识您,我是前天有在你们酒店住过的,并在你们那边上了会儿网,感觉还不错。"

客户:"哦,谢谢您的夸奖,请问您有什么事呢?"

推销员:"哦,是这样,我这边呢是三人行公司,专门做电脑、网络的,希望以后有机会能跟 A 工您有个合作!……"

客户:"哦,不好意思,暂时没有,以后有机会再说吧!"

推销员:"A 工,是这样,其实呢大家合作讲究个双赢,以后我这边什么都很方便,随时一个电话,什么要求基本没什么问题。虽说咱们没见过面,我说话算数!"

沉默……

客户:"那你那边有什么产品,有什么优势?"

推销员:"是这样,我们是 IBM 的××代理,HP 的××经销商,联想的××伙伴,价格不说深圳最低,但我跟你保证绝对是同等价格中质量最好、服务最好的!……"

客户:"哦,……"

推销员:"请问 A 工这里的服务器是用什么牌子的啊?"

客户:"哦,我这是 IBM 的。"

推销员:"哦,是 X225 的吗?"

客户:"不是,是 X205 的,低端机。"

推销员:"哦,应该是 XEON1.6 的 CPU 吧,好像这个机子是前年出的,现在已经停产了!"

客户:"是啊,破机子,当时好像还挺不错的,现在不行了。"

推销员:"也是,像您这边这么大的酒店,这么多间房,还有那么多数据,这台服务器任务是太重了点。"

客户:"是啊,有时候还死机呢!"

推销员:"就是就是,就像高速公路上的拖拉机了。"

客户:"呵呵,是,是。"

推销员:"这样吧,A 工,我回头整理个详细资料供您参考下,针对性地对您这边的情况做个升级,优化一下,也让您轻松点,好吗?"

客户:"好啊,不过我还要上报老总才行!"

推销员："那行，我先整理出来，到时候实际考察下，再和您一起去跟老总谈谈咯。"
客户："好啊！"
推销员："好吧，那咱们先这么着，祝您工作顺利，也预祝我们合作愉快！"
资料来源：安宁．销售人员五项基本技能训练．北京：北京大学出版社，2004年4月
问题讨论：案例一和案例二都是成功的电话推销案例，但两个推销人员的推销技巧存在一定的差异，试分析两个推销员各使用了哪些电话推销技巧？在哪些方面的做法值得借鉴？

单元十一 推销售后服务

知识点

（1）推销服务与顾客满意。
（2）客情关怀与顾客投诉。
（3）二八原则与大客户管理。
（4）客户忠诚度与客户关系管理。

技能点

（1）掌握推销服务的流程和方法。
（2）学会正确认识和处理顾客投诉。
（3）把握大客户管理的原则及策略。
（4）学会利用数据库挖掘客户价值。
（5）学会利用 CRM 提升客户忠诚度。

[案例导入]

案例 11-1 乔·吉拉德是世界知名的推销大王。乔·吉拉德在销售成功之后，需要做的事情就是，将那位客户及其与买车子有关的一切情报全部都记进卡片里面；另外，他对买过车子的人寄出一张感谢卡。他认为这是理所当然的事，但是很多推销员并没有这样做，而乔·吉拉德特别注重寄小感谢卡，买主对感谢卡感到十分新奇，以至于印象特别深刻。不仅如此，乔·吉拉德在成交后依然站在客户的一边，他说："一旦新车子出了严重的问题，客户找上门来要求修理，有关修理部门的工作人员如果知道这辆车子是我卖的，那么他们就应该立刻通知我。我会马上赶到，设法安抚客户，让他先消消气，我会告诉他，我一定让人把修理工作做好，他一定会对车子的每一个小地方都觉得特别的满意，这也是我的工作。没有成功的维修服务，也就没有成功的销售。如果客户仍觉得有严重的问题，我的责任就是要和客户站在一边，确保他的车子能够正常运行。我会帮助客户要求进一步的维护和修理，我会同他共同战斗，一起去对付那些汽车修理技工，一起去对付汽车经销商，一起去对付汽车制造商。无论何时何地，我总是要和我的客户站在一起，与他们同呼吸、共命运。"所以，乔·吉拉德手中有一本书那么厚的客户名单与每年固定的几百份客户订单，这些都是由与他成交的客户提供的。

资料来源：陆兴华．卓有成效的推销员．北京：中国经济出版社，2009年9月，第218页

项目一　了解推销服务的内涵

任务1　认识服务与推销服务

服务是指以无形的方式在顾客与推销员、服务系统之间发生的，可以解决客户问题、满足客户需要的一种或一系列经营行为。服务可以分为两大类：一类指的是服务产品，它是用于交换、满足顾客核心需求的无形产品，如咨询公司提供的咨询服务、教育培训机构提供的知识服务、快递公司提供的货物快速递送等；另一类指的是客户服务，或者叫做售后服务，它是企业为促进其核心产品交换（销售）而提供的支持活动，属于附加产品。

推销服务即属于客户服务，它是指由推销员向顾客提供的额外的利益或帮助，目的是促进推销的成功、客户的维系或销售业绩的持续增长。

1. 为什么要开展推销服务

推销的目的是让客户放心和乐意地使用我们的产品，达到企业的销售目标。但推销工作不能是"一锤子买卖"，企业需要想办法让顾客在购买和使用过程中感到满意，然后持续购买、持续消费，成为忠诚顾客，这才是企业最好的推销目标。要达到这个目标，只有在推销服务环节下功夫，努力增加顾客的附加价值，才能培养顾客忠诚。所以，在各行各业竞争激烈的今天，企业通过生产技术或工艺制造获得的差异性越来越少，越来越多的企业通过提供独特、优质的服务获取竞争优势，推销服务对于企业销售业绩的提升也显示出越来越重要的意义，并且成为企业推销成功的关键。

（1）推销服务能够帮助实现顾客满意。

推销服务的目标是使目标顾客的需要和欲望得到很好的满足，达到顾客满意和顾客忠诚的效果。其中，顾客满意是指顾客购买产品以后一种很满足的心理状态。顾客是否满意取决于两个要素：一是期望值，一是产品价值。如果顾客购买产品以后感觉获得的产品价值超过期望值，就会感到满意；反之，则不满意。顾客忠诚是指顾客对该产品产生依赖并重复购买的消费行为。企业只有努力提高产品价值，才可能让更多的顾客满意，培养顾客忠诚，而提高产品价值的主要方式就是提高推销服务的质量和水平。

（2）推销服务有助于提高企业销售业绩。

良好的服务不仅能有效地创造差异化优势，提高顾客的满意度，使成交率提高，还可以赢得顾客的信任，从而建立长期的互信互助关系。一个得到满意服务的顾客，更容易成为你的忠诚顾客，不仅会再次向你购买，而且他还能做你的义务宣传员，帮助你拓展潜在顾客群，可以大大节省你的推销成本，还可能使你的业绩得到稳步提升。

（3）推销服务有利于树立企业良好形象。

现代市场竞争激烈，消费者的要求也越来越高，能打动顾客的不再只是产品本身，在很大程度上是推销员所表现出来的服务热情和能提供的服务内容与服务质量水平。在销售过程中，推销员代表着公司的形象，推销员对客户关怀备至的服务代表了公司的服务精神、服务

气质。这种精神能在顾客心中留下深刻的印象，可使企业在社会大众中形成良好的口碑，从而为拓展市场、扩大销售带来机会。

（4）推销服务有助于提升市场竞争能力。

由于信息技术的发展，社会经济、技术的交流变得便捷、频繁，全球越来越成为"地球村"了，表现在企业竞争中，就是企业在产品技术、工艺方面的改进很难形成持续的竞争优势，技术的壁垒变得越来越脆弱，因此，很多企业转向通过提供高质量、高水平、差异化的服务来打造竞争优势，形成竞争力。在我国企业中，海尔就是其中一个，海尔率先通过提供"五星级服务"赢得了市场先机。所以，企业是可以通过推销服务提升竞争力的。

2．推销服务的基本原则

推销服务是为满足顾客需求和期望而开展的一系列经营活动，它包括售前、售中、售后的服务，主要是售后的跟进、关怀和投诉处理、客户关系管理等。但要做好推销服务也不是一件容易的事情，推销员应该遵循以下一些基本原则：

（1）顾客导向原则。

营销的目标是满足消费者的需求，所以推销首先要坚持顾客导向的原则，即要求推销员处处以顾客为中心，以顾客需求为依据，尽力了解客户的需要，一切按照顾客希望的时间、地点、方式、内容和要求提供优质的服务，反对违背顾客意志的强行推销行为。

（2）及时有效原则。

现代生活节奏加快，对于顾客而言，时间就是金钱，所以时间也是推销员要考虑的成本因素。及时有效原则要求推销员能够与客户进行及时有效的沟通，及早发现顾客的各项需求并迅速做出回应，帮助顾客及时解决问题，不浪费顾客时间，要急顾客之所急。

（3）个性差异原则。

服务具有易变性和异质性特点，不同客户对服务的感知和要求是不同的，这就要求推销员具有较强的灵活性，能够根据不同顾客的需求特点，根据顾客的服务偏好量身定制不同的服务方案。为顾客提供独特性、差异化的服务，有助于留住老顾客和吸引更多的新顾客。

（4）换位思考原则。

推销是一种站在厂家的立场说服顾客购买的销售行为，从本质上讲，推销是企业导向的。但推销也是一种人际销售行为，讲究感情的交流和平等利益。现代推销要求要兼顾客户利益，不妨站在顾客的角度考虑，为客户设计切实有效的购买方案，实现双赢。

（5）长期坚持原则。

推销是一项长期的工作，需要业务员真情投入。在推销服务过程中，推销员需要通过服务打动顾客，对顾客体贴入微，而且需要始终如一、长期坚持。企业要把服务作为一种经营战略来抓，通过长期细微周到的服务树立服务品牌形象，才能赢得忠诚的顾客。

3．推销服务评价的标准

服务是无形的，顾客对服务质量的感知不仅包括推销员在服务过程中所得到的东西，而且还要考虑他们是如何得到这些东西的，是主观感受和客观效果的结合。经服务营销专家研究，顾客对服务质量的评价按相对重要性由高到低主要从以下五个方面进行判断：

（1）可靠性。

可靠性是指可靠地、准确地履行服务承诺的能力，是客户寻求的基本利益。它通常包括三个方面的内容：一是信息的真实可靠性，在正常情况下，客户会认为他们与推销员关系接近，期望这样的关系给他们带来真实可信的信息；二是服务的准确无误性，顾客期望服务能以相同的方式、无差错地准时完成，增加价值；三是人的可靠性，顾客期望与一个真诚、可信赖的推销员打交道。

（2）响应性。

响应性也就是及时性，是指帮助顾客并迅速提供服务的愿望，这需要推销员具有很强的责任感。服务效率是客户一向提出的问题，客户希望能够便捷地并在合理的时间内与推销员取得联系、达成结果，推销员能迅速及时地解决客户遇到的问题。

（3）保证性。

保证性是指推销员所具有的知识、礼节以及表达出的自信与可信的能力，能够保证为顾客提供高质量的产品、正确而优质的服务。保证性包括如下特征：完成服务的能力、对顾客的礼貌和尊敬、将顾客最关心的事放在心上的态度、与顾客有效的沟通能力等。

（4）移情性。

移情性是指推销员能够设身处地地为顾客着想和对顾客给予特别的关注与照顾的特点。移情性有以下表征：具有与顾客接近的热情、能够用顾客喜欢和听得懂的语言向顾客传达信息、具有情感敏感性、能有效地理解顾客的各种需求并及时做出回应等。

（5）有形性。

有形性是指服务提供者通过有形的人员形象和沟通材料等达成服务提供的目的。无形的服务经常是需要有形的东西来帮助展现的，比如推销员个人得体的仪表、着装、产品样品的展示、精美的推销资料都能给客户留下良好的印象，有助于推销的达成。

任务2　了解推销服务的内容

很多推销员都认为成交是销售的终端，以为成交了就等于划上了一个圆满的句号，就万事大吉了，这是一个认识误区。其实不然，世界知名的推销员都不把成交看成是销售的终点站。乔·吉拉德有句名言："成交之后才是销售的开始。"没有售后服务的推销，在客户的眼里，是没有信用的推销；没有售后服务的商品，是一种最没有保障的商品；而不能提供售后服务的推销员，也不可能是优秀的推销员。所以，售后服务是推销的一部分，是推销工作的延续，也是新的推销的开始。因为推销服务不但可以增强顾客满意，还可以发现、挖掘新的顾客需求，有远见的推销员，对于商品的售后服务都不会掉以轻心。

推销服务应该包括顾客购买商品过程中的售前、售中、售后服务。其中售前、售中的服务内容已经融合在之前各章当中，这里重点讨论商品的售后服务内容。

1. 商品售后服务

售后服务是指企业和推销员在商品到达客户手里后所继续提供的各项服务内容。开展售后服务是企业参与市场竞争的利器，对于推销人员而言，良好的售后服务不仅可以巩固已开拓的老客户，促使他们更好地消费和继续购买，还可以通过这些老客户的宣传争取到更多的新客户，开拓新的市场。可以说，售后服务也是一种有效的销售手段。

商品售后服务一般包括：

(1) 包装服务。根据客户的要求，推销员为其提供各种形式的打包，以满足客户的需要。

(2) 送货服务。对购买大件商品、大批量的商品，顾客自行运输不便，需要提供送货，尤其是有特殊困难的客户，更要提供送货上门服务。

(3) 安装服务。有些商品由推销员上门提供免费安装，有些商品更是需要专业技术人员上门免费安装和指导，当场调试，保证客户放心，它是售后服务的一项主要内容。

(4) 维护服务。它是指对售出商品的售后维护、保养等环节。有的产品需要维护，如空调、机器设备等，维护服务方便客户，让顾客使用过程中放心，有利于树立企业的声誉。

(5) 技术培训。有的产品具有较高的技术要求或者需要掌握比较复杂的操作程序，如电脑、机械设备等，这就需要企业派专门技术人员进行技术操作培训，帮助顾客更好地使用。

(6) 信用支持。有的大件商品或昂贵的商品，顾客在购买时不能一次付清货款，或需要保险等其他金融方面的帮助时，企业应该为客户提供信用等金融支持。

售后服务的形式、内容还有很多，在此不一一列举。要注意的是，售后服务是企业的销售工作，并不都是由推销员个人来完成的，是需要企业各个部门协同才能做好的。但推销员有责任也有义务不断向企业提供客户对售后服务的反映和要求，同时需要加倍努力帮助客户获得各种售后服务的满足。

有人说，售后服务是产品的一面镜子，它可以反射出优点和不足。也就是说这里面会反映出很多产品的问题，可以通过售后服务发现产品存在的问题，为企业产品的改进与创新提供信息依据，同时，售后服务还能折射出企业的形象以及推销员本身的能力，为企业形象的改进和推销员能力的提升提供参考。

案例 11-2 一位推销员为某鞋厂开发新产品提供各种信息服务，为该厂派人到其他工厂参观学习生产工艺流程牵线搭桥，还将该厂在原材料提价后企业内部消化的经验写成报道，登在某报上。站在客户的立场上，他为客户做了大量的工作，就赢得了客户的信赖，这家工厂就成为这位推销员的长期客户。对推销员而言，为顾客提供有价值的信息是最有效的服务方式，它密切了推销员与顾客间的关系。

2. 其他后续服务

推销服务除了一般商品售后服务内容外，还包括与所销售商品有连带关系且有益于购买者的其他服务，称为商品的推销后续服务，包括商品信誉的维护和商品资料的提供等。

(1) 推销商品的经营信誉维护。

售后服务最主要的目的是通过提供服务价值让顾客满意以维护商品的经营信誉。一件品质优良的商品，在销售时总是强调售后服务的，在类似或相同商品推销的竞争条件中，售后服务也常常成为客户取舍的重要因素。因此，商品的售后服务的好坏也就代表着企业的信誉。一般商品信誉的维护工作包括：

1) 保证商品品质。推销员在出售商品之后，为了使客户充分获得购买产品的"核心利益"，他必须常常做些跟进保障产品品质的售后服务工作，这不只是对客户道义上的责任，也是维护本身商誉的必要行动。例如电信器材推销员出售了一部电话交换机，为了使这部交换机发挥应有的功能，就应该定期进行检查保养的工作，以使机器正常运行。

2) 履行服务承诺。任何推销员在说服客户购买时，都会做出一些与商品有关的服务承诺，这些服务的承诺，对交易能否成交是极其重要的因素，而如何确实地履行推销员所做承诺则更为重要。有些推销员往往在推销洽谈中随意地向客户做出某种服务承诺，结果后来却忽略了，由此很容易与客户发生误会或不愉快，如果这样，就会导致客户的不满，甚至放弃，可能以前的努力都因此白费了！如有的推销员，在与客户进行推销洽谈时，提出不少的优惠条件，承诺到：买了推销产品以后，就可以成为该产品客户联谊会的永久会员，可以享受一些永久性的特别服务，但实际情况却不尽其然。如此的生意只能是"一锤子买卖"，而且还会留个招摇撞骗的恶名。这种做法，不仅损坏了推销员个人的信誉，而且也损坏了公司形象。

（2）推销商品的相关资料提供。

让客户了解商品的最新变动情况，是推销员的一种义务。在说服一位客户以前，推销员通常需要将有关商品的简介、使用说明及各项文件资料递交给客户参考，而在客户购买之后，却常疏于提供最新资料，这样是不妥的。推销员必须认识到：发展一位新客户远不如维持一位老客户核算，前者的投入成本远远大于后者，而且后者带来的收益远远大于前者。发展新客户在功能上属于"治标"，维持老客户才算"治本"。维持老客户的方法，除了通过建立客情关系使客户对推销员以及公司商品产生信赖之外，推销员能继续提供客户有关公司商品的最新资料也是一种有效的服务方式，顾客会感觉受重视，增强信任感。

相关商品的资料包括以下两种：

1）商品商情报道资料。有的商品销售资料常以媒体报道性的文件记载，推销员用它作为赠送客户、联络感情的工具是最好不过的了。例如销售钢琴的企业，每个月有一份音乐及乐器简讯，按时寄给客户，一方面可以给客户参考，一方面借以报道商情。这样的做法，可以使客户对商品产生持续的好感，在连续商品资料的影响下，由于间接宣传的效果，老客户又往往会引导更多的新客户购买。如"宜家"家居、DHC化妆品都是这么做的。

2）有关推销商品的资料。当推销商品销售出去以后，客户基于某些需要，常常希望了解商品本身的动态资料。例如，药品的推销，当推销员将同样企业生产的抗生素送交至西药房后，如果在成分、规格、等级有任何变动时，这些资料都应该立刻提供给西药房，特别是有新产品推出信息时，更应该及时提供。

（3）制定推销商品的赔偿制度。

商品在销售过程中，不仅要发生"商流"、"资金流"，还要发生"物流"，即商品的转移。商品在转移过程中发生损坏是难以避免的，但由于生产者与消费者之间的利益矛盾以及产品质量和物流过程等方面的原因，必然会产生退货现象，对此，企业应该建立合理的理赔认定和赔偿制度，推销员也要积极妥善处理退赔与不良品处理，以帮助顾客树立消费信心。

3. 服务跟踪与维系

前面讲过，推销员与顾客签约成交后，并不意味着销售活动的结束。成交后，推销员必须及时履行成交协议中规定的各项义务及承诺，及时处理各种问题，搜集客户的反馈意见等，这就意味着，成交后推销员还需要与客户保持紧密的联系，时刻关注顾客的满意程度、需求的变化趋势以及新需求的产生，这就是成交后的客户跟踪维系阶段。

（1）服务跟踪。

服务跟踪是现代销售理论的一个新发展，要求主动跟踪。客户跟踪的内容虽然包括售后服务但也不全是售后服务，而应该是售后服务的延伸、发展，就是与客户保持良好的关系与建立持久的联系。推销员在将商品销售出去后，还必须继续保持与客户的联系，以利于做好成交善后工作，提高企业的信誉，增进客情，同时结识更多的新客户。对于推销员而言，重要的是对于每一位客户都应保持一份详尽的记录，以保持同他们的联系，以便加深感情。销售成交后，能否有效跟进并保持和客户的关系，是销售活动能否持续的关键。

1）我们要明白与客户保持联系的益处。推销员是企业与客户之间联系的纽带，销售成交后，还经常保持与客户联系有如下好处：

- 有利于做好成交后的善后处理工作。做好销售的善后处理工作，可以使客户感觉到推销员及其所代表的企业为他们提供服务的诚意。和客户达成交易，不可能都是很完美的，成交后常常会出现客户对商品的抱怨、对推销员及企业的批评，以及出现退货索赔等情况。保持与客户的联系，便于解决这些问题，从而提高推销员及其企业的经营信誉。
- 有利于在激烈的竞争中维系老客户和发展新客户。成交以后还经常访问客户，了解产品的使用情况，为顾客提供售后服务，与之建立并保持良好的关系，可以使客户连续地、更多地购买和消费公司产品，可以防止竞争者介入抢走老客户。同时，通过老客户还可能介绍和发展更多新客户，这种方式值得信赖而有效。有些推销员致力于新客户的开发，却忽视与老客户的联络，这是一个错误。

2）我们要知道与客户保持关系的方法。明白与做是两码事，因为真正价值是在实现上，我们更应该知道怎样与客户保持良好的关系。

- 登门拜访。推销员可以借助各种理由去访问正在使用其推销产品的客户，可以了解产品使用情况或客户意见等。面对面的访问可以实现充分交流，有利于增进客情，建立私人的感情关系。推销员可以制定一个专门的访问计划，保持与客户的见面频率。
- 电话联系。由于业务繁忙，不能亲自登门拜访老客户时，可以采用电话联系的方式。节假日打个电话问候，或者闲时电话咨询或通报一些信息。打电话先向客户致谢，然后询问产品的使用情况，最后请客户多提意见，并表达经常保持联系的愿望。
- 信息联系。有些客户居住地较远，登门拜访有困难，推销员可采用写信或信息的方式，加强与客户的联系。发送信息时可借助节日向客户寄一张贺卡或祝福卡，或发一条祝福信息，或在客户收到货物后写一封感谢信，或征求客户的意见等。
- 电子邮件。随着网络的日益普及和很多网上销售的开展，很多企业都实行了网上下单与网上售后服务，尤其是信息化的产品与服务。所以，您最好有一个简单而又明了的网站或邮件用户名，因为电子邮箱中垃圾邮件过多，您的问候也许会被直接删除，电子信息联系可以大量、快捷地传送，在网络时代，这种方式也许会成为第一选择的联系方式。
- 赠送小礼品。推销员在某些有意义的时间送给客户一些小礼物，价格不高，但有纪念意义，可以起到联络感情的作用。如印有本企业名称的挂历或精美的宣传册等。
- 提供上门服务。有些大类商品，需要定期维护，或者出现故障以后需要上门维修，业务员要充分利用这些机会与顾客沟通交流，抓住机会加强与客户的联系，变被动为主动。

总之，现代销售活动中，服务跟踪不仅有着丰富的内容，更有着广泛的未被开发的领域。推销员以及他所代表的企业，都在以前所未有的热情和精力探索成交后跟踪的新内容。在未来的销售活动中，服务跟踪会显示出它独特的魅力。

（2）客情维系。

客情维系，就是指推销人员通过一定的途径与其顾客之间建立并保持良好的关系。客情维系包括双方利益关系的维系和感情关系的维系，它是售后服务追求的目标。推销员开展售后服务工作，本质上就是为了维系良好的客情，稳定客户。售后服务是否圆满，客情关系的维系是关键。推销员要能够维系良好的客情关系，可以从以下几方面入手：

1）重视客情关怀。

客情关怀指的是销售人员从生活上、感情上对客户的关心和爱护。做生意首先是做人的生意，人与人之间感情上的交流最重要，所以客情关怀是销售工作不可忽视的方面。由交易而产生的人际关系是一种很自然而融洽的关系，售后服务的大部分工作实际上就是联络客户的感情。人常常因为买东西而与卖方交上朋友，推销员及其推销机构同样因为与客户的交易促成了深厚的友谊，于是客户不但成为商品的购买者、使用者，而且也变成企业、品牌的拥护者，成为推销员的好朋友。

对客户的客情关怀是通过一点一滴的事情来做到的。比如，不时去拜访一下客户，询问一下产品使用情况，有没有什么问题，聊聊天，让客户觉得推销员关心他，也愿意对所推销的商品负责；遇到节日的问候发个信息、打个电话或者发一个邮件，表示一下问候，都会让客户感觉很温暖；企业或行业有什么信息及时告诉客户，有什么活动或聚会通知客户参加；平时有什么礼品别忘了给客户送上，有什么新产品计划请客户参与讨论，听听他们的意见，客户家里遇到什么困难主动出面帮助解决等，都可以增进客情。

2）妥善处理顾客投诉。

顾客投诉往往是因为产品本身有什么问题或某个服务环节内容不能让顾客满意所引起的。顾客不满意有两种处理方式：一种是不满但不投诉，心里不高兴，下次不再购买，还会把不满告诉亲戚朋友；另一种是不满立即投诉，要求企业给个说法甚至索赔。客观来讲，前者更可怕，企业顾客流失了还不知道怎么回事，而后者对于企业反而是好事，让企业知道问题出在哪里，好进行改进。因此，我们要善待顾客投诉，妥善处理顾客投诉。

顾客投诉的处理有两个结果：一是如果处理不好，顾客更加不满意，相当于雪上加霜，结果更可怕；另一种情况是处理得很恰当，顾客谅解了，甚至被企业的诚意所感动，反过来对企业更信任、更认可了。可见，对顾客投诉的处理结果如何，关系到客情维系的成败。这里，妥善处理顾客投诉，并不是一味满足顾客的要求，我们应该站在客观公正的立场摆事实、讲道理，如果是我们的问题，决不推卸，要诚意地给顾客赔不是，弥补损失，还要表明改进的决心。要学会换位思考，站在对方角度考虑问题，为顾客排忧解难，赢得客户尊重，就算是客户误解了也要保留客户的面子，不要与客户争吵，更不要指责客户。

所以，推销人员一定要注意倾听客户的声音，学会妥善处理销售过程中的投诉，维护企业声誉的同时，尽量弥补和挽回给顾客带来的损失，以真诚赢得客户的信赖，为不断巩固老客户、吸引新顾客而努力。总之，"你如何对待别人，别人也就会怎样对待你"。

3）实施客户关系管理。

客户关系管理（Customer Relationship Management，CRM）首先是一种技术解决方案，它是通过一系列的过程和系统来支持企业的总体战略，以建立与特定客户之间长期的、有利可图的关系；CRM还是一种管理理念、营销理念，其核心思想是将企业的客户作为最重要的企业资源，通过全面的客户认识、完善的客户服务和深入的客户分析来满足客户需要，培养客户忠诚，实现客户价值的最大化。客户关系管理以客户数据库为基础进行。

售后服务的另一目的是搜集情报和进行数据挖掘，以便于决策。推销员可以利用各种售后服务增加与客户接触的机会，实现情报搜集的目的。推销员应该把握任何一次售后服务的时机，尽量去发掘有价值的客户，搜集任何有益于商品推销的情报。在与客户联系感情时，无论何种场合，不论是在拜访之中、电话洽谈之中、客户的办公室里，还是在其他场合，推销员都可以巧妙地通过询问和观察了解客户的背景情况，包括客户的家庭、职业、教育程度、经济收入、宗教信仰、个人偏好等。对客户的背景了解越多，就越能把握客户，挖掘客户。因此，推销员应该花力气去整理、研究客户的背景资料，建立客户数据库，进行客户关系管理，以提高销售业绩。

4）开展交叉销售。

交叉销售（Cross Selling）是借助 CRM，以发现现有顾客的多种需求，并为满足其需求而销售多种产品或服务的一种新兴营销方式，可以增加顾客使用同一公司产品或服务的数量。交叉销售不仅是一种营销方式，更是一种营销哲学，即充分利用一切可能的资源来开展营销、服务市场、赢得顾客、与合作伙伴共享市场。

推销员可以开展交叉销售，因为一位以真诚、热情打动客户的推销员，碰见一些热心助人的客户，许多事情的沟通都会很顺利地进行。老客户可以成为推销员的义务"通信员"，推销员可以请客户连锁介绍更多的目标客户，也可以促使老客户购买更多的公司产品。但企业在实施交叉销售时应该意识到，交叉销售的核心在于数据库的应用和良好的客情关系，关键是与特定顾客高效率的沟通，其最终目的则是为企业创造更多的销售和利润。

项目二 正确认识和处理顾客投诉

任何企业的产品都不是十全十美的，任何企业的服务都不可能完美无缺，所以希望没有顾客投诉那是不可能的，常言道："智者千虑，必有一失"啊！既然出现顾客投诉是正常的事情，那关键就在于如何看待顾客投诉，如何正确处理顾客投诉。

任务 1 正确认识顾客投诉

一个成功的企业必然会以积极的心态看待顾客投诉问题，尊重顾客意见，帮助顾客解决问题，尽量减少顾客的不满，甚至通过处理顾客投诉赢得顾客信任。

1. 有顾客投诉是企业的幸运

当顾客向你投诉时，不要把它看成是问题，而应把它当看做是市场信息来源，看做是企业改进的机会。当那些顾客抽出宝贵的时间，带着他们的抱怨与你接触的同时，也是免费向你提供了应当如何改进业务的信息。虽然顾客投诉的语言往往难听，投诉的态度似乎让人难以接受，但你一定要加以理解和坚持，因为他们会确切地告诉你如何来满足他们现在和将来的需求，这对企业来讲是件好事。因为很多顾客产生不满会默默地离你而去，顾客来投诉是企业的幸运，企业可以因此找到问题之所在，知道了未来需要改进的方向。如果顾客有不满但不投诉，那么企业就"瞎了"。所以，我们应该感谢来投诉的顾客。

2. 把顾客投诉当作信息的来源

顾客投诉是企业澄清顾客的真正需求、尽可能消除差异、贴近市场的机会。将顾客当作朋友对待，那些肯花费时间去投诉的顾客才是你真正的支持者。因为他们对你的产品和服务的期望值甚高，足够信任你，所以才会坦言对你们的失望。倾听他们的抱怨，询问更多的信息，必要时甚至祈求他们的宝贵意见，直到你确信真正找到了顾客想要的东西，然后再把他们真正想要的东西提供给他们。

同时，一切新产品的开发、新服务的举措，无一不是对消费者需求的一种满足，而这些潜在的需求往往表现在顾客的购买意愿和消费感觉上，企业要通过对顾客的牢骚、投诉、退货等不满意举动的分析来发现新的需求，并以此为源头，开发新产品。

处理顾客投诉是顾客管理的重要内容，若处理不好，将直接影响推销员的销售业绩和企业的利润。所以我们要加强与顾客的联系，倾听他们的不满，挽回给顾客带来的损失，维护企业声誉，提高产品形象，不断巩固老顾客，吸引新顾客。

3. 挖掘顾客投诉的服务价值

投诉可以表明企业的缺点，顾客投诉为企业与顾客的沟通提供了机会，投诉也是提供企业继续为顾客服务的机会，投诉可以加强顾客成为公司的忠诚顾客，投诉可以使公司产品更好地改进，投诉可以提高投诉处理人员的工作能力。顾客投诉不仅给企业带来了无限商机、产品创新，还有服务的进一步完善。对于现在竞争激烈的市场而言，不论顾客投诉有多么"无理"，而能够满足这种"无理"已成为企业竞相争夺顾客的"长胜法宝"，通过投诉管理挖掘顾客投诉价值。

4. 变消极的投诉为积极的引导

顾客的抱怨就是顾客不满意的一种表现，妥善处理顾客投诉可以消除顾客的不满意，甚至可以转化为顾客满意，因为积极地处理顾客投诉是企业负责任的表现。其实，顾客关系的维护是最重要的一个环节，其中最主要的表现就是企业对顾客投诉的重视，只有这样才能使顾客满意，才能为企业创造更多的顾客价值贡献。顾客是企业生存之本、利润之源，他们表现出不满给了企业与顾客深入沟通、建立顾客关系的机会。

经调查发现：服务不能令顾客满意，会造成90%的顾客离去，顾客问题得不到解决会造成89%的顾客流失，而一个不满意的顾客往往至少会向12个人叙述不愉快的购物经历。可见，处理好顾客投诉是多么重要，而顾客投诉处理好了，不但能够消除顾客的不满，还能够带来顾客满意，有助于形成正向口碑，有助于形成顾客忠诚。

任务2　区分顾客投诉的性质和种类

1. 顾客投诉的性质

对于来自顾客的投诉，企业既要重视，但又决不是茫然"听之任之"，要针对顾客投诉，迅速找出引起顾客投诉的真正原因，以辨识善意的投诉与恶意的投诉，并根据实际情况进行妥善处理。如果是善意的投诉，必须迅速给予回复，给顾客一个满意的答案；如果是恶意的投诉，必须加以说服和引导，必要时拿起法律武器维护公司的权益。

（1）善意的投诉。一般来讲，大多数顾客投诉都是没有恶意的，当企业产品的规格、质量等要素不符合协议要求，或企业在向顾客提供服务的过程中某些环节没有完全履行承诺时，顾客感到不满意时才会投诉。企业在接受诸如此类的投诉时，应该首先从自身找原因，若能态度诚恳，处理方式积极，对顾客加以及时安抚，比如给予一定的补偿或赠送礼物等，那么就可以及时消除不满，化解危机；反之，则会影响顾客与企业的关系，甚至影响企业形象。

（2）恶意的投诉。林子大了什么鸟都有。面对竞争激烈的市场，有些企业不顾商业道德，恶意投诉竞争对手，或者可能会利用顾客投诉事件夸大事实，借助媒体传播，致使竞争对手陷于"困境"，从而一举战胜竞争对手。还有小部分顾客以投诉为名，为金钱利益驱使而恶意欺诈企业，要求企业赔偿。企业在面对顾客的恶意投诉时，一定要缩小扩散面，拿出可行应对措施，在注意维护本企业形象的同时，有必要求助于法律维权。

案例 11-3 某海鲜批发市场张老板和李老板都主要面向餐饮行业批发海产品，由于下游市场基本一样，在经营中产生了利益冲突，逐渐产生了矛盾。为了在该市场取得主导地位，张老板动了歪脑筋，准备搞垮李老板，于是买通了军区采购周经理，周经理某日到李老板那里订了一大批海鲜产品，产品拉回去后和张老板一起做了一些手脚，很快又拉回市场投诉，说产品有问题要求李老板退货，李老板不从，于是周经理带一个班的士兵到市场大吵大闹，甚至把李老板的档口砸了，李老板迫于压力不得不退货扔掉，损失惨重，在该市场名声也坏了，不得不走人。

2. 顾客投诉的种类

在销售中出现的顾客投诉多种多样，但主要表现在以下几个方面：

（1）产品及其质量方面的投诉。顾客对产品质量的投诉，主要包括产品在质量上有缺陷，如产品规格不符、产品技术规格超过误差标准、产品故障、产品品牌不符、产品式样差异、花色品种不对、产品包装不符、产品假冒伪劣等内容。

（2）买卖合同方面的投诉。买卖合同投诉主要包括购买产品在数量、等级、产品规格、交货时间、交货地点、交易条件、结算方式、价格等与原买卖合同的有关条款不符等。

（3）货物运输方面的投诉。货物运输的投诉主要包括产品在运输过程中发生超规定的损坏、丢失和变质或因包装、装卸不当而造成的损失以及时间延误等。

（4）服务方面的投诉。销售服务有着丰富的内容，既有业务技术方面的服务，也有满足顾客心理需要的服务，顾客在这些服务项目上都可能产生认知偏离，进而产生不满而投诉。对销售服务的投诉具体包括对质量保证的投诉，对安装、调试及检修等现场服务的投诉，对产品供应服务的投诉，对技术培训服务的投诉，以及对售后维护的投诉等。

任务 3　熟悉处理顾客投诉的方法流程

"商场如战场"，在今天企业竞争激烈的环境下，企业面临着各种各样的生存危机，对顾客投诉的处理是一个挑战，也是企业顾客关系管理的核心内容。通过对顾客投诉的妥善处理，可以为公司节约成本，留住老顾客；通过对顾客投诉的分析挖掘，寻找商机，开发创新，增加服务价值，使投诉成为企业利润的"引擎"。所以，企业如何预防投诉、受理投诉、处理投诉，都必须遵循一定的方法流程（如图 11-1 所示），目的是形成顾客投诉处理的科学解决方案。

1. 认真倾听顾客的抱怨

妥善处理顾客投诉的首要技术是学会倾听。当顾客对企业产生抱怨或投诉时，情绪一般都比较激动或态度恶劣，这时接待人员一定要冷静，一定要很好地控制自己的情绪，不要有任何不满的情绪表露出来。要认真地倾听顾客的不满，先不要作任何的解释，要让顾客将抱怨彻底地发泄出来，使顾客的心情平静下来，然后再询问具体细节问题，确认问题的原因。在倾听时，要善于运用一些肢体语言以表达自己对顾客的关注与同情，比如目光平视顾客、表情严肃地点头等,千万不要就其中的问题与对方争论。不要任意打断,因为打断顾客的陈述是不礼貌的表现,可能会激起顾客的反感。专注倾听,仔细分析,正确理解顾客投诉的意图,避免投诉受理与处理的偏误。

```
① 认真倾听顾客的抱怨
        ↓
② 对顾客的遭遇表示同情
        ↓
③ 主动从自身找原因
        ↓
④ 真诚地向顾客道歉
        ↓
⑤ 诚恳表达改进的意愿
        ↓
⑥ 提出可行的解决方案
        ↓
⑦ 严格执行解决方案
        ↓
⑧ 及时进行反省和检讨
```

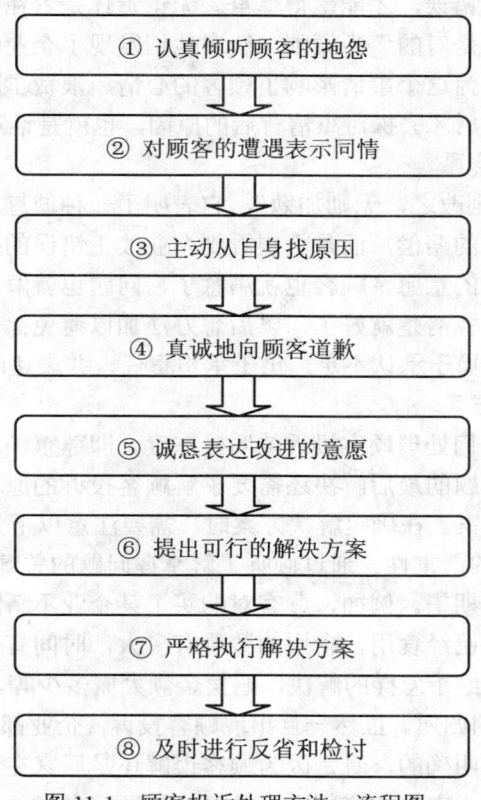

图 11-1　顾客投诉处理方法、流程图

2. 对顾客的遭遇表示同情

顾客进行投诉,本身就是因为所购买的产品或服务与其期待价值具有一定的差距;顾客遇到不顺意,特别需要得到心理的认同和关怀。在认真倾听了顾客的抱怨以后,要学会站在顾客的立场来看待、处理问题,设身处地地表达对此情况的理解和同情,让顾客感受到被重视、被关心,逐渐把自己看做同路人。尽量争取时间,缓和气氛,安抚顾客情绪,使顾客意识到推销人员或企业非常重视自己,企业管理层将全力以赴来解决问题。对有关原因的了解,语言要尽量婉转和客观,不要带有先入为主的意见,不要使顾客产生被审问、被怀疑的感觉,否则不利于问题解决。比如"非常抱歉,我对事情的整个过程不了解,您能详细说一下吗?""对不起,有一个细节我想问一下"等。

3. 主动从自身找原因

当发生顾客投诉时,主动从自身找原因是企业敢于负责任的表现。推销人员应该坚持从顾客的角度来考虑问题,一定要相信顾客和尊重顾客,相信"无风不起浪",在思维方式和具体做法上首先应该从自身找原因,看是不是我们的产品的确存在什么缺陷,看我们的服务环节是不是哪里不周全,要承认我们也可能犯错误,不能盲目自大,千万不能简单推卸责任,不能敷衍搪塞，更不能动不动就责怪顾客。企业推销人员如果勇于承认自身的不足，反而有利于化解纠纷和平息抱怨。

4. 真诚地向顾客道歉

出现错误了敢于承认错误，才能赢得尊重。无论责任是否在企业，一旦发生投诉，管理人员都应该以"顾客永远是对的"为原则，感谢他们发现了企业经营中存在的不足，要真诚地向顾客表示歉意，对因为这个事情影响了顾客的心情、浪费了顾客的时间而表示歉意，以平息顾客心里的怒气，然后才去探讨事情背后的原因，也就是谁对谁错的问题。

5. 诚恳表达改进的意愿

中国有句古话："有则改之，无则加勉"，它表明了一种诚恳和谦虚的态度。顾客的投诉有时并不是希望得到多少的赔偿，而是希望看到企业改正错误的态度，有时坦率地承认自身的不足，诚恳地表达改进的意愿，顾客也就满意了，问题也就解决了。当然，如果顾客的投诉是因为顾客的误解，解释清楚就好了，以后想办法加以避免；如果顾客的投诉的确是因为企业方面的原因，一定要勇于承认不足，勇于承担责任，并表达改进意愿。

6. 提出可行的解决方案

前面所讲都表明了我们处理顾客投诉的明确态度，即尊重顾客，维护顾客利益，想顾客所想，急顾客所急，但问题的最后解决还需要了解顾客投诉的原委，洞察顾客抱怨与投诉的动机，提出可行的解决方案。在确定解决方案时，需要注意以下几点：

（1）分析投诉问题的严重性。通过倾听了解掌握问题的关键所在，判断问题的严重性，并了解顾客对企业的处理期望。例如，顾客对购买了某企业不新鲜或变质的食品所导致的投诉，就必须了解顾客是否已经食用，食用的数量有多大，时间有多久，给顾客造成的危害程度多大等，顾客希望企业给予怎样的解决，赔偿金额大概多少等。

（2）确定问题责任的归属。虽然一旦出现顾客投诉，企业都要主动向顾客表示歉意，但问题的真正责任还是需要明确的，看是因为顾客误解还是厂家在产品或服务方面的问题。有时造成顾客投诉的责任不一定在生产厂家，也可能是顾客自己的缘故。例如，顾客没有看清楚包装上的说明而将产品生食，造成肠胃不适，误以为是产品有质量问题等。如果责任在厂家，销售人员要积极解决，应该在合理的范围内给顾客一个满意的答复；如果责任在顾客，企业要有使顾客信服的解释，以澄清误解。

（3）按照企业既定的政策处理。在产品销售过程中，发生顾客投诉与抱怨的情况是难免的，企业一般都会提前制定相关危机处理的办法与尺度。事件发生后，对于常规性的抱怨，可以遵照既定的办法处理，如退换产品、慰问、适当赔偿等；如有例外事件发生，则在遵照既定原则的情况下，根据一定的弹性法则处理，使双方都能够满意，严防例外事件使负面影响增大，严防危机事件被媒体曝光。

（4）明确划分处理权限。企业内部要视顾客投诉或抱怨的影响程度（或危害程度）来划分处理的权限，如产品退换，推销人员就可以办理；对顾客的赔偿问题则必须由销售管理人员或其他管理人员来处理落实。顾客投诉和抱怨一旦发生，应根据其影响程度的大小来确定相关的处理责任人，目的是使投诉问题得到迅速而妥善的解决，赢得主动。

（5）与顾客协商处理方案。在通常情况下，发生顾客投诉时顾客情绪都比较激动，顾客的要求与企业的原则及承受能力之间往往会有一定的差距，这时厂家一相情愿的一些想法或处理方案都可能火上浇油，不利于问题解决，这就需要对顾客做耐心的说服工作，使顾客能

7. 严格执行解决方案

解决方案一经双方协商同意，就要尽快严格执行，否则会影响顾客满意。比如，首先要拟订有关协议，企业与顾客各1份，必要时中间人1份。顾客方面的签字者必须是当事人，或者是当事人委托的代表；企业方面的签字人必须是法人代表，或者是法人代表委托的有关责任人员。协议一旦签订，就具有法律效力，受法律保护。责任方必须积极有效地落实解决方案，任何的拖延或懈怠都会令顾客不满，给企业形象造成损失。

8. 及时进行反省和检讨

前面讲过，顾客的投诉是市场信息的重要来源，是企业进行产品革新和服务改进的动力源泉，所以企业应该珍惜顾客的投诉，应该从顾客投诉的反省和检讨中吸取营养，获得进步。具体来讲，对顾客的每一次投诉，企业都应该指派专人登记备案，并分析、检查产生问题的原因，对典型的投诉应该在一定范围内展开讨论，引以为戒。如果责任在产品推销人员，应追究其责任，并制定有关规定，杜绝此类事件的再度发生；如果是意外事件，应制定和完善危机处理的原则和方案，以便以后有章可循。

案例11-4 据2009年《南方都市报》报道，日本丰田汽车在北美地区销售很好，但有一些顾客投诉，其中某款汽车的刹车系统在冰雪天气有点问题，容易出现刹车不灵。丰田汽车公司得知这一情况后，马上派出技术人员前往检查、测试，的确有隐患，于是丰田公司决定，全部召回全球所有该款式汽车，公司进行技术攻关，全部免费实现刹车系统的升级替换，召回期间给车主提供临时用车，丰田公司总裁分别到北美、欧洲、中国等地与车主会面，召开新闻发布会表示道歉，并提出解决方案，承诺以更优异的服务回报消费者的厚爱。丰田公司的诚意和责任感得到了消费者的认可，丰田的品牌在这次危机事件中没有受到损害。所以说，好的危机处理可以变消极的投诉为积极的推动，如果顾客投诉处理恰当而且被新闻媒体正面报道，还可以扩大企业的知名度和提升企业形象，使消费者更为信赖。

总之，整个顾客投诉处理，都要以"投诉"带动企业管理的完善，只有正确处理顾客投诉，才能减少企业危机问题的发生，维护企业形象；只有正确处理顾客投诉，才能为企业留住老顾客，降低经营成本，同时又吸引更多新顾客；只有正确处理顾客投诉，才能变消极的顾客投诉为积极的顾客推动，从而提高企业的顾客吸引力。

任务4　与不满的顾客结成伙伴关系

我们知道，不满的顾客总会将他们的糟糕经历告诉其他人。一个不满意的顾客常常会向8~10人讲述他的遭遇。当顾客停止购买我们的产品，并劝说其他人也不要购买时，我们就会遭受双重损失。一旦出现顾客抱怨或投诉，我们应该把它视为一次加强合作建立伙伴关系的机会。我们也知道，顾客的不满往往不都是以口头或者书面的方式来表达的，这意味着顾客投诉问题可能不会引起销售人员或公司内其他人员的注意。其实，真正投诉的顾客是企业的好顾客，可以理解为是对企业比较关心的顾客，因此，我们需要尊重他们，甚至还要争取他们的认同，与他们建立伙伴关系，这是顾客投诉管理的未来方向。

为了实现这个目标，可以遵循以下建议：

（1）给顾客一切机会表达他们的感受。

很多以卓越的顾客服务闻名的公司，很大程度上依赖于他们的电话系统，如用免费"热线电话"确保与顾客便捷地联系。很多中外知名企业都有经过特别培训的客服人员，负责接听电话，并为顾客提供帮助。当顾客通过电话或者亲自来抱怨时，鼓励他们说出心中的全部愤怒和不满，不要打断他们，也不要自我辩解。在你听完顾客所经历的所有事情之前，不要作任何评论。如果顾客不再说了，试着让他再多说一些。

（2）以体谅的心态对待顾客的投诉。

顾客来投诉，一定是我们与顾客之间产生了什么误解，一定是我们的产品出现了什么问题或服务有什么不周，总之，投诉是需要勇气的，我们要体谅顾客的投诉，因为绝大多数的投诉都是善意的。当顾客说话时，要认真仔细倾听，避免主观情绪。必要时简要重复一下他的话，以表明你一直在认真倾听，表示理解和尊重。记住，不论抱怨、投诉的是真实情况，还是顾客的个人感觉，这些并不是问题的关键。如果顾客不开心，我们应该很有礼貌并体谅他们。不要试图说："这事实上没什么问题"、"这实际上不是我们的事"，记住，当顾客感觉问题存在时，它就存在，顾客的心理疙瘩需要解开。

（3）不要与顾客争论，也不要辩解。

销售人员一定要控制自己的情绪，千万不要生气，在顾客投诉的时候要采用"冷处理"的策略，千万不要卷入到任何争论之中，更不能推卸责任和辩解，因为任何的争论都不利于解决问题，只能是火上浇油，任何的辩解只能让顾客更生气，增加顾客的不信任。特别要避免试图把责任推给运输部门、安装部门或者任何其他相关人员，永远不要拆你所工作的公司的台。问题出在你的身上，你就应该主动承担处理它的责任。"踢皮球"只会让顾客感到无助，只会增加顾客的不满意。特别提醒：当你处理重要的或者较小的顾客服务问题并需要道歉时，不要采用电子邮件。当出现较小的问题时，亲自给顾客打电话。不要把这个任务让你组织内的其他人代为履行。如果你需要为一个发生的重要问题道歉，尽快安排会面的日期，最好亲自会见顾客。

总之，顾客投诉处理要掌握两个原则：一是不要人为地给客户下判断，客户是因为信赖你，觉得你可以为他解决问题才向你求助的；二是换位思考，学会站在客户的立场上看问题。顾客抱怨的价值也体现在两个方面：第一，抱怨可以成为一种重要信息的来源，这些信息通过其他方式很难获得；第二，顾客抱怨为公司提供了与顾客沟通的机会，提供了改进他们服务承诺的机会。如果我们很好地解决了顾客的问题，就会减少顾客的不满，增加顾客满意，并有助于与顾客建立伙伴关系，培育顾客忠诚。

项目三　了解大客户的管理策略

当前，"大客户管理"对我们已不再是个陌生的名词了，越来越多的企业开始谈论大客户管理，并且开始尝试推行大客户管理。根据经济学的 80/20 法则，对于一个销售公司，往往 20%的客户为公司贡献 80%的销量，其中 20%的生意又为公司带来 80%的利润，所以管理好这 20%的客户和生意对于公司的生存和发展就显得至关重要，这就是本节关于大客户管理的根本目的。我们将讨论什么是大客户、大客户管理的优缺点、影响大客户管理的关键因素、如何甄别和选择大客户、探讨大客户管理的方法策略等。

[参考阅读]

80/20 原则：锁定最能创造价值的重要客户

意大利著名经济学家维尔弗雷多·帕累托指出：80%的社会财富集中在 20%的人手里，而 80%的人只拥有社会财富的 20%，这就是 80/20 法则。80/20 法则反应了一种不平衡性，但它却在社会、经济及生活中无处不在。在销售过程中，销售人员若能遵循 80/20 法则，往往能够达到事半功倍之效。80/20 法则告诉我们，80%的产品销量往往来自 20%的客户。这就意味着销售人员必须关注大客户与长期客户。所以，在工作中，销售人员要分配更多的时间和精力用于重点客户、长期客户的维护，因为这些客户创造的利润最高。

资料来源：陈守友编著．每天一堂销售课．北京：人民邮电出版社，2009 年 8 月

任务 1　大客户认知

1. 什么是大客户

所谓大客户，也称重点客户、关键客户，或称 KA（Key Account）、VIP（Very Important Person），一般是指市场上卖方认为对自己很重要或具有战略意义的客户。大客户一般规模大或者实力强，在行业里、在目标市场具有很强的影响力，对于卖方企业具有举足轻重的地位，它或者能够给卖方带来巨大的销量，或者能够给卖方带来可观的利润，或者能够帮助企业提高品牌知名度和影响力。企业的大客户可能是大零售商，可能是大经销商，可能是某个大的集团客户，也可能是某个大供应商。比如，对于一个家电制造商而言，苏宁、国美无疑是他的大客户，某重要地区的经销商也是大客户，某部队某医院用户也可能是大客户。

大客户是公司销量和利润的主要来源。大客户管理是卖方采用的一种有效的分类管理方法，目的是通过持续地为大客户量身定做产品或服务满足大客户的特定需要，从而赢得重要生意，并培养出忠诚的大客户，为企业生意的持续发展提供保障。大客户管理体现了管理学"重点管理"的原则，体现了"牵牛要牵牛鼻子"的管理思想。实践证明，这种分类管理的思想能够帮助企业大大提高管理效率和效益，因此为许多企业所采用。现代很多大企业、成功企业都纷纷成立"大客户服务部"或 KA 管理部，对公司的重点客户进行"一对一"的重点经营，中国移动是实施大客户管理的典范。

案例 11-5　中国移动公司按照 ABC 分类法进行客户管理。他们把公司全部客户按购买金额的多少划分为 A、B、C 三类。其中 A 类为大客户，购买金额大，客户数量少；C 类为小客户，购买金额少，客户数量多；B 类为一般客户，介于 A、C 两类之间。公司管理的指导思想重点是抓好 A 类客户，照顾 B 类客户，对 C 类客户顺其自然。其中对公司客户中占总数 10%、其通信费合计占运营商通话费总收入 38%的高端客户群实施优先服务、优质服务。另外，中国联通公司分别给连续六个月通信费大于 300 元、500 元、800 元的客户颁发三星、四星、五星级服务通行卡，星级会员享受所有与其会籍相匹配的通信优惠，同时还可以享受到其他如全国范围内的免费预订房等许多通信外的优惠服务项目。

2. 大客户的甄别

企业客户很多，我们一般可将公司客户分为大客户、小客户与一般客户。那么什么是大客户？什么是一般客户？什么是小客户？以什么标准来划分呢？大客户主要是指对企业而言

产品销量、客户利润贡献高、忠诚度较高的核心客户；小客户则指那些产品销量、客户利润贡献低甚至可能为负利润的客户；一般客户则是情况介于两者之间的客户。对于企业而言，往往80%的利润来源于20%的大客户——关键客户、重要客户，这些大客户在一定意义上来讲支撑着企业的运营，代表着企业的未来，而另外80%的客户可能带给企业的只是20%的销量或利润，所以管理理应向20%的大客户、重点客户倾斜，如图11-2所示。

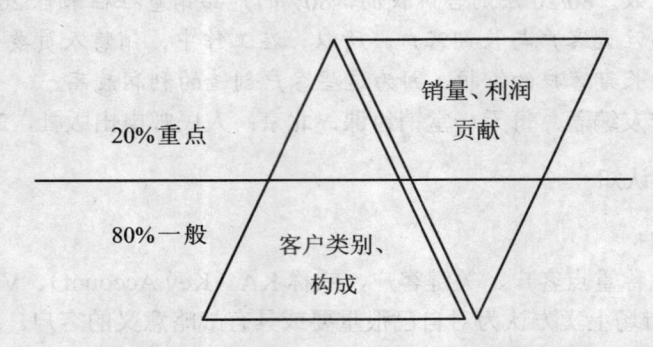

图 11-2　客户类别、构成与其销量、利润贡献关系图

我们之所以要将客户进行甄别并进行分类管理，是因为企业在人力物力有限的情况下采取差异化的客户管理政策，抓住主要客户的主要业务，突出重点，"抓大放小"，以保证企业的经营业绩和经营利润。但值得注意的是，事情不是一成不变的，无论是大客户，还是小客户，他们又可能会相互转化，要以动态的、发展的眼光看问题；而且客户的甄别同时也是帮助企业节约成本，帮助企业识别客户与筛选好客户，达到节省费用提高效率的目的。

在甄别客户的过程中，要注意不能仅以一次的消费量大小来作为衡量其"大"、"小"或"好"、"坏"的标准，要考虑客户的持续性、发展性，考虑其能为企业带来高销量、高利润和大影响的贡献能力。一句话，甄别客户要有前瞻性，要考虑其成长性。对于企业而言，确认大客户是需要严肃、认真认定的，因为大客户意味着公司的发展期望，意味着享受公司的特殊政策和公司更大的投入。确定大客户应考虑的是：需求量大且重复消费的客户，能够帮助企业降低成本，与企业合作过程中能够带来高销量、高利润的回报。

3. 大客户选择的标准

对于企业来说，大客户的甄别与选择是一件重要的事情，它是大客户管理的基础。传统意义上的"大客户"一般是指具有大宗购买能力和大量销售能力的客户，如果一个分销机构向其供应商（厂家）一次购买或多次购买相当数量的产品，它就会因为贡献了较大的销量或利润享受到供应商的特殊待遇，供应商会自发提供额外的资源，帮助该分销机构发展生意。为此，大客户的选择必须建立一套可行的标准，才能使我们的客户分类管理落到实处。总的来讲，客户的规模、销售贡献、利润贡献、影响力都是选择大客户的主要指标，具体来说体现在以下多个方面：

（1）凭借其在现有市场突出的销售业绩和市场份额而具有良好成长前景的客户。

（2）凭借其在小的或中等规模的扩张性市场占据主导地位而具有良好成长的客户。

（3）凭借其在现有市场的销售业绩和利润率而帮助企业取得良好经营效益的客户。

（4）通过与供应商共同开发新产品而成为市场创新伙伴的顾客，以及允许并配合供应商在其市场试销、推广新产品的客户。

（5）属于企业新产品的早期采用者并帮助企业的系列产品在市场上实现扩散的客户。

（6）帮助实现有效信息收集、市场开发和渠道管理并与企业建立良好关系的客户。

（7）帮助提升供应商的形象和声誉，在当地分销渠道中享有很高声誉的客户。

（8）对于企业竞争至关重要的、直接竞争对手所服务的客户也属于争取对象。

任务 2 大客户管理

1. 什么是大客户管理

大客户管理（Key Account Management）就是供应商（厂家）瞄准并满足潜在重要客户在市场营销、管理和服务等各方面综合性需求并侧重满足他们的需求的策略。按照地理上分布的广泛程度可以将大客户分为全球性的大客户（IKA）、全国性的大客户（NKA）、某地区（城市）的大客户（CKA）。

大客户的第一个特点是规模效应，要想获得大客户身份，客户必须有很高的销售潜力。大客户的第二个特点是采购和销售行为的多样性，他们不但采购大量各种各样的商品，而且通过复杂多样的渠道和方式将商品销售出去。所以，大客户身份更多会给那些需要维持长期联盟或合作关系以求共同发展的客户。这种客户关系一旦确立，购买方就可以获得来自供应商的包括稳定供应、优惠价格、信用支持、问题快速处理、更好的沟通和更到位的服务等诸多方面的收益。

大客户管理具有以下三个特征：

（1）差异性。大客户管理包括对重要客户的特殊待遇，而其他客户不会享有，这可能包括在产品供应、价格、服务、分销和信息共享等方面的特惠待遇，可能以产品定制化、特殊价格、特殊服务的提供、服务定制化、分销和操作流程的倾力协调、信息共享和商业项目的联合开发以及新产品优先销售等形式体现出来。

（2）专门化。大的企业（供应商）在企业内部专门设置大客户管理机构，他们以专门服务一些大客户为特征。他们可能被安置在供应商的总部、大客户所在地区的当地销售机构，主要职责是帮助大客户发展生意、管理市场。

（3）协同性。大客户管理要求多个职能部门的协同努力才能完成，其中除了销售部门以外，制造、营销、财务、人力资源、信息技术、研发和物流等部门也要通力合作。

大客户管理需要供应商提供一些超出常规销售队伍所能提供的特别的政策和关注。大客户经理的主要职责在于规划发展与大客户公司内部各种人员的关系，并动员公司内部的人、物力及各种关系帮助大客户发展，协调并激励公司销售队伍快速响应大客户公司不同部门、不同市场及相关人员的各种需求，帮助大客户发展生意的同时也发展自己企业的生意。有专家研究提出，要保证大客户管理的成功，必须做好以下几个方面的工作：

- 高层管理者对大客户有充分的理解和认识。
- 把大客户管理作为公司整体销售管理的重点。
- 建立对大客户进行清晰的定义和识别的标准。
- 确立内部外部明确的销售目标和管理任务。
- 构建销售服务机构之间有效的信息沟通方式。
- 建立销售管理和销售队伍之间工作关系和谐。

- 建立供应商与重要客户之间客情关系的融洽。

但这里需要说明的是，推销管理向 20%的重点客户倾斜并不意味着我们可以忽视另外 80%的一般客户、中小客户。根据"长尾理论"的观点，现阶段由于产品的丰富化、多样化，企业产品链条中，重点的品类越来越少，企业客户结构中，绝对大的客户也越来越少，而更多的小品类产品和更多的中小客户在企业业务活动中扮演着重要的角色，产品或客户的"长尾"不可忽视。我们在重视大产品、大客户的同时，也应该兼顾小产品、小客户。

2. 大客户管理的利弊

大客户管理对于供应商的有利之处：

（1）优化厂商沟通和协作关系。大客户知道有一名专门的厂家（供应商）销售人员或者专门的销售队伍是为其服务的，因此在业务过程中可以方便联系，提高效率。

（2）实现更紧密地与客户合作。销售人员通过大客户管理能够了解客户决策者是谁、使用者是谁，以及在决策过程中对销售决策者有影响的是些什么人，以便有针对性地进行沟通和交流，促进业务开展和良好合作。

（3）实现更高的销售额。大多数采用大客户管理模式的企业实践都表明，对大客户量身订做销售政策，提供一对一的销售服务和营销策划，其销售额都会明显上升。

（4）提供更好的销售跟进和服务。一项关键销售任务完成以后，投入到大客户的额外的资源就意味着有更多的时间跟进并提供服务，使服务更到位，增进顾客满意。

（5）更深入接触客户决策机构。厂家（供应商）销售人员可以有更多的时间与大客户决策机构建立联系。销售人员可以从用户、决策者、影响者和购买者入手影响销售决策，而不是硬性地推动销售进程。

（6）对于公司销售人员而言更有利于其职业生涯的发展。在销售队伍的分级系统中，大客户推销管理处在顶层，这就为希望在销售队伍内晋升的销售人员提供了升迁机会，通过大客户管理又能够提高销售人员的管理水平。

（7）通过推行大客户管理可以优化生产、交货日程和需求预测等联合协定降低成本。

（8）可以实现在新产品研发上的合作和联合，可以通过联合促销提高渠道管理效益。

然而，大客户管理对于供应商也有不利之处：

（1）当公司资源倾向少数大客户时，供应商要冒着过于依赖相对少数客户的风险。

（2）如果企业滥用大客户政策，有可能得罪更多一般的客户而面临客户减少的危险。

（3）大客户一旦了解到其处于优势地位，就会不断提高对高水平服务及关注的要求。

（4）过分关注大客户会导致对一些较小客户的忽略，不利于培养具有潜力的小客户。

（5）对大客户服务的团队管理要求可能与团队中某些精英的个人奋斗方式相矛盾，因为赢得大订单时的团队成就需要与他人共享，因此在招募大客户销售人员时需要注意。

任务3　大客户管理的关键要素

大客户管理对于企业（供应商）来讲是一项重要的工作，也是一项复杂的工作，它需要销售人员具有出色的管理能力，更需要企业各个部门之间的通力合作。根据成功企业的管理经验，大客户管理要能够取得成功，必须注重以下几个方面的关键要素：

- 大客户管理者的称职程度。
- 对大客户经营状况的深入了解。

- 对合作关系的有效承诺。
- 建立相互信任。
- 传递服务价值。
- 正确地理解和执行大客户管理计划。
- 建立和维护与大客户的伙伴关系。

其中，与大客户管理者是否称职相关的重要因素包括管理者的正直程度、人际关系能力、个性特征、综合素质和与大客户企业文化、经营理念一致的能力。对大客户经营状况的全面深入的了解被确定为第二个关键要素，因为只有"知己知彼"才能"百战不殆"，而深入了解客户最根本的目的是为了预测他们未来的需求，以便更好地满足客户的需求。第三个要素是对大客户发展计划的承诺，这包括给予充分的时间和资源来建立关系、为大客户管理者提供必要的培训，以及在销售政策、市场推广方面的支持等。

相互信任也是一个关键要素，彼此信任需要通过长期信守承诺的合作关系而建立。供应商将信任看成是伙伴间机密信息的共享，而大客户认为信任意味着任何一方都不违背协议。另外，供应商也应该建立一个有效的系统，评估大客户计划的核心能力，并通过向顾客提供优质服务和传递服务价值的方式让顾客满意。为了达到这个目的，供应商需要认真细致地了解大客户的服务需求，建立跨职能项目团队有助于双方在贡献和价值传递上达成共识。

正确地了解和执行大客户管理计划被认为也是一个关键要素。执行不仅要求大客户管理者而且要求其他部门人员对该客户业务有全面深入的了解，诸如运营、物流、采购和营销这类职能人员需要了解大客户管理计划的制定的缘由和意义。除此之外，需要对大客户进行关于大客户管理计划的培训，特别是大客户应当了解供应商通过制定一个大客户管理计划而期望达成的目标，以便更好地配合，达成理解和执行的一致性。

其中，建立和维护与大客户的伙伴关系非常重要，它关系到供应商生意的持续发展，其主要措施包括：

（1）建立个人信任——目的在于建立信任，使顾客放心，方法有：
- 保证承诺一定要兑现。
- 对疑问、问题及抱怨要快速回应。
- 与大客户保持密切的沟通。
- 安排访问工厂、工地并座谈。
- 对于可能出现的问题和风险给予提示。
- 支持参加客户举行的各种社会活动等。

（2）提供技术支持——目的在于为大客户提供新技术并提高生产力，方法有：
- 开展专业技术培训指导。
- 开展合作研究、开发。
- 提供售前、售后服务。
- 提供销售队伍的培训。
- 供应商主动帮助大客户推销等。

（3）提供资源支持——目的在于减少大客户的财务负担，降低风险，方法有：
- 提供信用、赊销政策。
- 提供低息贷款。

- 提供渠道费用补贴。
- 共同促销以降低成本。
- 支持大客户开展对销贸易等。

（4）帮助提高服务水平——目的在于帮助大客户改善服务，提高业绩，方法有：
- 可靠的产品质量。
- 快速、及时、准确地交货。
- 安装计算机信息系统。
- 快速、准确地报价。
- 减少交易过程的错误等。

（5）帮助降低经营风险——目的在于降低大客户的产品和服务的不确定性，方法有：
- 开展免费展销。
- 免费、低成本试用期。
- 产品保证。
- 交货保证。
- 预防性维护合约。
- 优先的售后跟进等。

任务4　掌握大客户管理的方法

大客户是企业的重要客户、关键客户，大客户管理的成功与否对企业的经营业绩及利润具有决定性的作用。大客户管理是一项复杂的系统工程，它有着非常严密的工作流程，涉及企业的许多部门的合作与协调，目的是满足大客户的特殊需求。大客户管理需要调动企业的一切资源，深入细致地做好管理工作，紧抓大客户，扩大市场占有率，增强市场竞争力。因此，大客户的管理需要掌握特定的策略与方法。在进行大客户管理时，推销人员可以从以下几个方面做好对大客户的工作：

（1）充分调动大客户的销售力量。

调动大客户中一切与销售相关的力量，帮助提高大客户的销售能力。许多推销人员往往认为，只要处理好与客户中、上层的关系，就意味着处理好了与客户的关系，产品销售就畅通无阻了。客户的中、上层主管掌握着产品的进货与否、货款的支付等大权，处理好与他们的关系固然重要，但产品是否能够顺利销售到消费者的手中，却与基层工作人员的工作积极性和效率有关，如业务员、营业员、仓库保管员等，特别是一些技术性强、使用复杂的大件商品的销售，更加依靠基层业务人员的努力，因此不能忽视他们。

（2）优先保证向大客户供货。

大客户的采购量大，对公司的销量贡献大，因此优先满足大客户对产品数量及系列化的要求是大客户管理的首要任务。尤其是在销售上存在淡旺季的产品，大客户管理要随时了解大客户的销售与库存情况，及时与大客户就市场发展趋势、合理的库存量及客户在销售旺季的需货量进行磋商，在销售旺季到来之前，协调好生产及运输等部门关系，保证大客户的货源需求，做好备货工作，避免因货源断档导致客户不满的情况。

（3）向大客户及时提供新产品。

大客户在对一个产品有了良好的销售业绩之后，在其所在地区市场对该品牌产品的销售也就有了较强的渠道影响力，新产品的试销理当以大客户为先导。而新产品在大客户中进行试销，对于收集客户及消费者对新产品的意见和建议具有较强的代表性和良好的时效性。同时，新产品又具有较好的利润空间，当然不能忘了大客户。大客户管理部门应该提前做好与大客户的前期协调与准备工作，以保证新产品的试销能够在大客户所在的市场能顺利进行，并给大客户带来更大的市场影响和经营利润。

（4）充分关注大客户的社会活动。

关注大客户的一切经营活动和社会活动是搞好与大客户的客情关系的重要工作，其中包括大客户的社会公关活动、促销活动、渠道开拓、商业动态等。供应商应及时给予大客户以经济支援或精神的支持，协助大客户开展相关的商业社会活动，以提升其渠道影响力和市场销售力。总之，其一举一动都应给予密切关注，力所能及地进行支持协助，利用一切机会加强与大客户之间的感情交流，如参加大客户的开业庆典、项目签字等。

（5）经常征求大客户对销售工作的意见。

销售人员是企业的代表，其工作的好坏是决定企业与客户关系的一个至关重要的因素。要保证渠道畅通，需要经常征求大客户对销售工作的意见，以获得大客户的帮助和支持。大客户管理部门对负责处理与大客户关系的销售人员的工作，不仅要协助，而且要监督和考核。对于工作不力的人员要上报上级主管，以便及时安排合适人选。

（6）与大客户一起设计营销管理方案。

每个客户因区域、经营策略等不同，所呈现出的经营环境也就具有差异性。销售人员应该根据各个大客户的不同情况，与大客户共商市场开拓与管理的大计，一起设计营销管理方案，提高管理的有效性并增进客情。大客户管理部门应该协调营销人员及相关部门与客户共同设计营销解决方案，使客户感到他被高度重视，他是企业营销渠道的重要分子。

（7）保证与大客户的信息传递及时、准确。

大客户的销售状况事实上是公司产品在目标市场营销的"晴雨表"，大客户管理很重要的一项工作就是将销售状况及时、准确地统计、汇总、分析，上报上级主管部门，以便针对市场变化及时调整生产和营销计划。同时，企业也有责任及时将行业信息、公司产品信息和经营信息及时传达给大客户，以增强信息透明度，促进沟通的有效性。

（8）对大客户制定适当的优先奖励政策。

既然大客户是企业的重要客户、关键客户，在企业的市场份额及经营利润方面起到举足轻重的作用，就应该享受优于其他一般客户的优惠政策，体现大客户的价值，发挥他们的主导作用。所以，供应商应该对大客户采取适当的优先激励措施，如优惠折扣、销售竞赛、梯级返利、市场推广支持、渠道费用支持、优先信用政策等，可以有效地刺激大客户的销售积极性和主动性，激发他们的市场潜力。

（9）安排高层主管对大客户的拜访。

高层主管对大客户的访问是企业重视大客户的一种表现，也显示出对大客户的尊重。一个有着良好营销业绩的公司的营销主管每年大约有三分之一的时间是在拜访客户中度过的，而大客户正是他们拜访的主要对象。大客户管理部门的一个重要任务就是为营销主管提供准确的信息，协助安排访问日程，以使营销主管有目的、有计划地拜访大客户，给客户以"面子"，从精神的层面激励大客户。

（10）组织每年一度的大客户与企业之间的座谈或联谊会。

每年组织一次企业高层主管与大客户之间的座谈会或联谊会，听取客户对企业在生产、服务、营销、产品研发等方面的意见和建议，是企业客户关系管理的有效举措。通过座谈交流总结经验，吸取教训，对企业的新产品计划和下一步市场推广计划进行研讨，对未来市场发展趋势进行预测，以共同制定企业未来的发展规划。这样的会议，是对大客户的一种参与性激励，不仅对企业的经营决策有利，而且可以加深与大客户之间的情谊，培育大客户的忠诚度，有助于促进厂商之间伙伴关系的建立。

项目四 掌握客户关系管理方法

根据服务营销领域的研究，开发一个新顾客所花费的货币、时间、精力成本是保持一个老顾客的5～6倍，甚至8～10倍。可见，建立客户关系和搞好客户关系管理是企业保持和提高经营业绩的有效途径，也是企业持续发展的需要。企业可以通过开发客户资源（如消费者、分销商、合作伙伴的需求等）获得经营价值，以强化其市场地位。可以说，客户关系的维持与发展是现代企业最为核心的管理内容，也是保证企业竞争优势的关键要素之一。

任务1 认识客户关系管理

1. 客户关系的界定

客户关系（Customer Relationship），是指企业和自己的分销商、服务商、供应商以及消费者之间因为业务往来而形成的交互关系，或者说是指供应商与其顾客之间的交易关系，它既包括业务的关系，也包括情感的关系。在企业通常叫"客情关系"，而书面用语通常称为"客户关系"。

客户关系≠庸俗关系。在企业实践中，老板或经理通常都会要求业务人员"搞好客户关系"，于是业务员就去与分销商套近乎，请吃请喝请玩，其结果是业绩没有提升上去，生意没有多少进展，业务员还花了不少精力和钱财。为什么会出现这种得不偿失、枉费心机的事情呢？原因在于业务人员错误地理解了"客户关系"的内涵，以为"搞好客户关系"就是请吃请喝，就是吹吹拍拍，就是结交酒肉朋友，陷入到了建立"庸俗关系"的误区。当然，这跟我们的社会风气有关，社会上流行哥们义气，对商业文化也产生了影响。

我们认为，"客户关系"需要建立在一定的沟通和交流的基础之上，需要投入一定的感情，但是"客户关系"并不简单地等同于"感情关系"；"客户关系"是厂商之间的业务关系，它首先表现为一种业务员与客户之间的人际关系，但并不简单地等同于"人际关系"，而更重要的是体现为一种厂商之间的交易关系和利益关系。

2. 客户关系管理的内涵

客户关系管理是把企业的客户作为一种企业资源进行管理的经营思想和管理技术，旨在挖掘客户资源的价值。客户关系管理可以帮助企业提高顾客的满意度和忠诚度，帮助企业提升经营业绩。有专家研究认为，客户关系管理包含如下三个层次的内涵：

（1）从思维方式的层面看，CRM是一种营销理念、一种管理哲学。其核心思想是将企业的顾客作为企业最重要的核心资源，通过全面的顾客认识、深入的顾客分析、完善的顾客服务来满足顾客的需要，培养顾客忠诚，最大程度地发展顾客与本企业的关系，实现顾客价值的最大化。

（2）从广义的和战略的角度看，CRM 是全面的顾客关系管理，是一种战略、策略，应用于企业的市场营销、销售、服务与技术支持等与顾客相关的领域，通过向企业的销售、市场和顾客服务的专业人员提供全面、个性化的顾客资料，并强化跟踪服务、信息分析的能力，使他们能够协同建立和维护一系列与顾客之间卓有成效的"一对一关系"。

（3）从狭义的和战术的角度看，CRM 是一种技术解决方案。CRM 通过一系列的过程和系统来支持企业的总体战略，以建立与特定顾客之间长期的、互利双赢的关系。企业必须有效采用先进的数据库和决策支持工具，有效收集、分析顾客数据，并将顾客数据转化成顾客知识，以便更好地理解和管理顾客行为。

案例 11-6

巧妙利用客户"杠杆"

上个星期去一家艺术装饰玻璃企业培训，遇见了一位广东某地区最大的装饰玻璃的经销商，同时经营着 10 多种装饰玻璃，随便哪种玻璃年销量都在 200 万以上，更牛的是当地学校、高档娱乐场所、星级酒店等几乎被其垄断，敬佩之余我又拿起了我的"吃饭宝贝"——竖起耳朵聆听他的经验。

原来该老板做事最厉害的地方是，他首先将可能存在的客户进行分类，比如按照学校、夜总会、KTV、星级酒店等进行分类，然后对其进行评级，找出各个类别中最有影响力的标志性企业，然后就想尽各种方法攻克这些企业，让他们的满意度达到最高，并且留下各种资料作为日后谈其他客户的证据，如果有机会他还会要求客户给他做一些转介绍，就是凭借这种方法，他几乎垄断了很多地方的装饰玻璃的供应。

其实他的方法并不新鲜，但是的确非常有效，按照我们常用的说法就是："数标杆、立典型"，因为很多时候客户无法信任你，或者面对众多品牌无法选择时就必须通过一些大家都信得过的事情给他信心，让他一看就觉得："行，人家某某企业也是用这个，应该不会差，我们也用这个得了！"尤其当你的客户累积到一定的时候，那么就会产生巨大的光环效应，从而能得到更多的客户，大大降低自身的谈判成本！

记得上次见到优秀的地板销售人员，他的秘诀就是，他往往会告诉他的客户说："你看你们小区的某某都是购买我们的地板，你可以去问问他们，用我们的地板如何？"这时客户往往都不用问了，直接购买了，为什么呢？因为人都有从众心理，其他的邻居都买了，我也就放心了，为什么不购买呢？你说是吗？

3. 客户关系管理的分类
（1）按客户规模分类。
- 大企业 CRM：其在业务方面分工明确，并在各个地区设立自己的机构。大型企业在业务规模运作方面信息交流交错而庞大，也就是说大企业 CRM 操作复杂。
- 中小企业 CRM：相对大企业而言，中小企业 CRM 内容简单，操作简易、灵活。

（2）按应用性质分类。
- 销售管理 CRM：这是企业以专业销售人员为主，使得与客户能够完全一对一或渠道对渠道等进行销售业务，应完全考虑到对 CRM 的功能扩展性与共享性的开发。

- 服务支持CRM：这涉及到了整个客户群体的培养与维护以及强化客户资源，必须使服务与支持同步进行。
- 综合应用CRM：对于企业而言，其关系到客户管理的运作是否通畅，这里不仅仅是关系着企业CRM的完整性，而且对于企业的财务、物流、信息、ERP、营销等多方面应用都起着集成性作用。

（3）按系统功能分类。

- 操作型CRM：主要是按照业务方法提高企业、员工在销售、营销和服务规定进行的实施，采用最佳如销售自动化、营销自动化、客服自动化等软件工具的应用，都属于操作型CRM的范畴。
- 协同型CRM：指整合企业内部、企业与客户之间的互动渠道，包括客服管理中心、企业网站、电子邮件、通讯工具等，其目标是提升企业内部、企业与客户的沟通协同能力，并强化客户关系管理。
- 分析型CRM：其从ERP、SCM等系统，以及对以上两部分等不同渠道所收集或生成的各种与客户相关的数据资料，以帮助企业全面地了解客户的心理、行为、需求和偏好等，企业可以据此为参考拟定即时的经营决策。

任务2　把握客户关系管理的原则

1. 动态管理原则

客户是多层次、多类型的，客户同时又是变化的。因此，客户档案建立后就应当及时维护和更新。要对客户的资料加以调整，针对客户情况的不断变化剔除过时的或已经变化了的资料，及时补充新的资料，对客户的变化进行跟踪，使客户管理保持动态性。另一方面，要注意对新客户的筛选，全力留住大客户，淘汰无利润、无发展潜力的客户。

2. 重点管理原则

（1）要加强对重点客户的管理以突出重点。推销人员要透过客户资料找出重点客户，重点客户不仅要包括现有客户，而且还应包括未来客户或潜在客户。

（2）应建立不同的客户档案。客户购买企业产品后有两种情况：一是再销售盈利；二是自己直接使用。因此要对客户建立两种"资料卡"加以管理，即针对销售店的"经销资料卡"和针对使用者的"用户资料卡"，以免主次不分，造成管理缺陷而降低管理绩效。

（3）对不同类型的客户应采用不同的销售策略和管理办法。因为企业的资源有限，应将有限的资源用在最有效益的客户身上。

3. 灵活运用原则

客户资料的收集管理，目的是在销售过程中加以运用。所以，在建立客户资料卡或客户管理卡后，应以灵活的方式及时全面地提供给销售人员及其他有关人员，使他们能进行更详细的分析，提高客户管理的效率。推销人员在开展客户关系管理工作时应分析每次预订、每次销售的情况，注重改进销售质量，更好地为客户服务，使与客户的长期交易关系更为稳固和可靠。要灵活运用客户管理资料就要做到以下几点：

（1）专人负责。由于许多客户资料是不宜流出企业的，只能供内部使用，所以客户管理应确定具体的规定和办法，应由专人负责管理，严格客户情报资料的利用和借阅。

（2）总结经验。在每次的销售评估活动中，推销人员都应认真总结自己的行为模式，找出自己被隐藏的优势或者是被忽视的缺点。能够时常总结销售经验的推销人员通常会比较成功，而不善于总结的推销人员通常工作没有什么起色。

（3）评估交易。交易完成后，推销人员应评估整个销售过程，分析优势行为，找出不足的地方，适时改进，提高客户管理水平。

（4）提高业绩。推销人员要将自己的经验用之于实践，同时建立起一套有效的销售工作程序，不断追求自己销售业绩的进步与提高。

4. 保持距离感原则

厂商之间作为相互独立的经济主体，必然存在各自不同的利益和立场，也就是说，厂商关系有合作的一面，也有对立的一面，因此生产企业（供应商）在进行客户关系管理时与客户适度保持距离感是非常必要的。有鉴于此，厂商关系的创建者、维护者必须站稳自己的立场，在政策允许的范围内为对方谋利益，小心落入对方布置的陷阱，绝对不能以出卖公司利益为代价获取个人利益，这是原则问题。俗话说得好：距离产生美。所以，必要时还需要保持一定的关系距离，以使厂商关系更纯洁、更持久。

有的厂家派驻的销售代表，由于经不起分销商的利诱，往往容易丧失立场，置公司利益于不顾，与分销商勾结，谋取私利，大则造成公司重大经济损失，破坏公司形象，小则出卖个人尊严和价值，影响了厂商之间客情关系的良性发展，重则身败名裂。所以，厂商之间、厂商人员之间保持一定的距离是必须的，坚定自己的原则立场是必要的。换句话说，只有适度保持距离感，才能使得厂商客户关系朝着健康的方向发展。

案例 11-7　某公司李经理，平时为人豪爽仗义，喜欢交往，还喜欢看球、喝酒和唱歌，在公司人缘很好，领导和同事都很喜欢。李经理是公司驻杭州的地区经理，他在浙江地区发展了十几个经销商。李经理善于交朋友，和他的经销商的个人关系都很好，甚至亲密无间，每次去拜访经销商，经销商都热情款待，请吃饭请唱歌，甚至提前买好整箱李经理喜欢的白酒放在办公室里，吃完饭卡拉 OK 去了。经销商来杭州，李经理也是非常大方地接待，大家合作很好。但后来问题出现了，经销商在旺季推说资金紧张，要求李经理在超信用额度的情况下发货，旺季后付款，李经理冒险答应了。之后李经理去拜访客户催收账款，经销商更加热情地款待，请吃还请唱歌洗桑拿，第二天催款时经销商说最近几天资金紧张，过两周打款。如此方式一拖再拖，李经理所辖地区经销商的应收账款越来越大，公司发现不对不再发货了，市场陷入停顿状态，李经理的业绩也直线下滑，不久辞职黯然离开。

任务 3　顾客数据库的建立与管理

要使客户关系管理富有成效，首先需要建立顾客数据库，获得顾客全面的信息，以便跟踪管理客户和挖掘客户资源。而顾客数据库，其实就是对企业所拥有的客户情况档案资料，反映企业与客户之间有关联的商业流程和信息的集合。

1. 建立顾客数据库的意义

顾客数据库的建立，对于企业具有非常重要的作用，这意味着企业能够有效地服务顾客，增加企业的利润来源，减少市场的风险，扩展市场的渠道。通过建立顾客数据库，帮助把握和影响客户的投资理念与购买决策，除了一些最基本的客户情况以外，企业还需要对客户的经营方向、企业规模、信用及资产状况、业务拓展等方面进行细致的汇总、筛选和挖掘，通过改进客户满意度、忠诚度、赢利能力来改善企业的经营效率,为企业创造和维护客户资源。所以,顾客数据库的建立应侧重于将各类客户信息用于辅助企业做出正确的分析和决策,侧重于挖掘客户信息中隐含的商业信息,以充分实现客户价值。

2. 怎样建立顾客数据库

顾客数据库包括客户与公司联系的所有信息资料,包括客户的基本情况、市场潜力、经营发展前景、财务信用情况、经营方向、企业规模、客户信用及资产状况、业务拓展等有关客户的方方面面信息。顾客数据库的建立需要注意以下一些内容和方法:

(1) 收集有关客户的详细资料。

- **基本原始资料**:主要包括客户的名称、年龄、性别;专业、学历;性格、兴趣、爱好;地址、电话、负责人、联系人;其与企业交易的方式、金额、内容;企业组织形式、经营状况、资产、业种、付款方式等。
- **客户特征资料**:主要包括市场区域、业务范围、经营规模、代理产品、服务区域、销售能力、发展潜力、市场观念、经营方向、经营特点、经营政策、法人代表、主管等。
- **业务状况资料**:主要包括客户与企业间的业务关系、销售业绩以及与客户的经营管理者和业务人员的合作情况、客户在市场上的竞争力和地位、和其他竞争者相比较的数据、每一笔交易业务的历史记录等。
- **交易历史资料**:主要包括客户与企业间的业务交易往来的规模、信誉状况、对客户未来销售的估算、交易条件、销售动态等。

(2) 收集客户资料的方法。

销售人员对于自己的客户要留心观察,随时记录客户的个人资料,以便综合整理。同时还要留意各种媒体发布的行业信息和客户信息,以便提高客户管理水平。正所谓"处处留心皆学问"。收集客户详细信息的主要方法有以下几种可供参考:

- **细心观察记录客户**。对客户购买要有意识地仔细观察,包括客户挑选商品时的过程情况、购买时间、次数等。结束后,要对这些信息进行记录,分析客户的购买偏好、频次数量等方面有规律性的信息。
- **主动询问客户**。对于比较熟悉又热情、开朗的客户,推销员可以采取主动询问的方式收集信息,询问他们最近有何购买打算、有什么特别需求、对公司的产品有什么意见等,询问时要表现出对客户的关怀和尊重。主动询问时一定要注意对象,态度要真诚,不能引起客户的反感。
- **与客户聊天交流**。在客户购买产品的时候,针对客户的年龄和职业特征抛出一个话题,引起客户的兴趣,然后顺势和客户交流看法,以了解客户的观点。聊天让客户感到亲切、自然、友好,在不经意间透露自己的各方面的情况信息。
- **让客户自己动手填写资料卡**。设计一些有关客户个人资料的卡片,以加入公司会员俱乐部等名义,在客户购买产品的同时,请客户自己填写一份详细的个人资料卡。但一定要让客户清楚,填写卡片的目的是为了更好地为他开展个性化的服务,争取客户的自愿和理解。
- **主管整理客户资料卡入库**。业务主管应关注客户数据库的建档管理,并注意督促推销员重视、利用客户资料卡,并及时将资料卡信息输入数据库进行电脑化信息管理。

业务主管应将客户资料卡的收集、整理作为业绩考核的一项内容贯穿业务活动的过程，主管应及时整理、分析客户资料卡，从中获得有用信息，用于指导业务活动的开展。同时主管应安排专人将客户资料卡内容输入数据库，并进行及时更新，实现客户数据库的动态管理。

3. 顾客数据库的分类整理

客户信息是动态的，每天都有新的情况发生，所以顾客数据库需要不断地补充、增加新资料、新内容。但顾客数据库内容庞杂，需要根据一定的脉络或主题进行分类整理，才能满足客户管理的需要，以提高信息分析的准确度和有效性。根据企业顾客数据库资料的内容和其营销运作程序，可以把顾客数据库资料分成五大类分别管理：客户基本资料、合同订单资料、欠款还款资料、交易状况资料、退赔折价资料等，如图11-3所示。

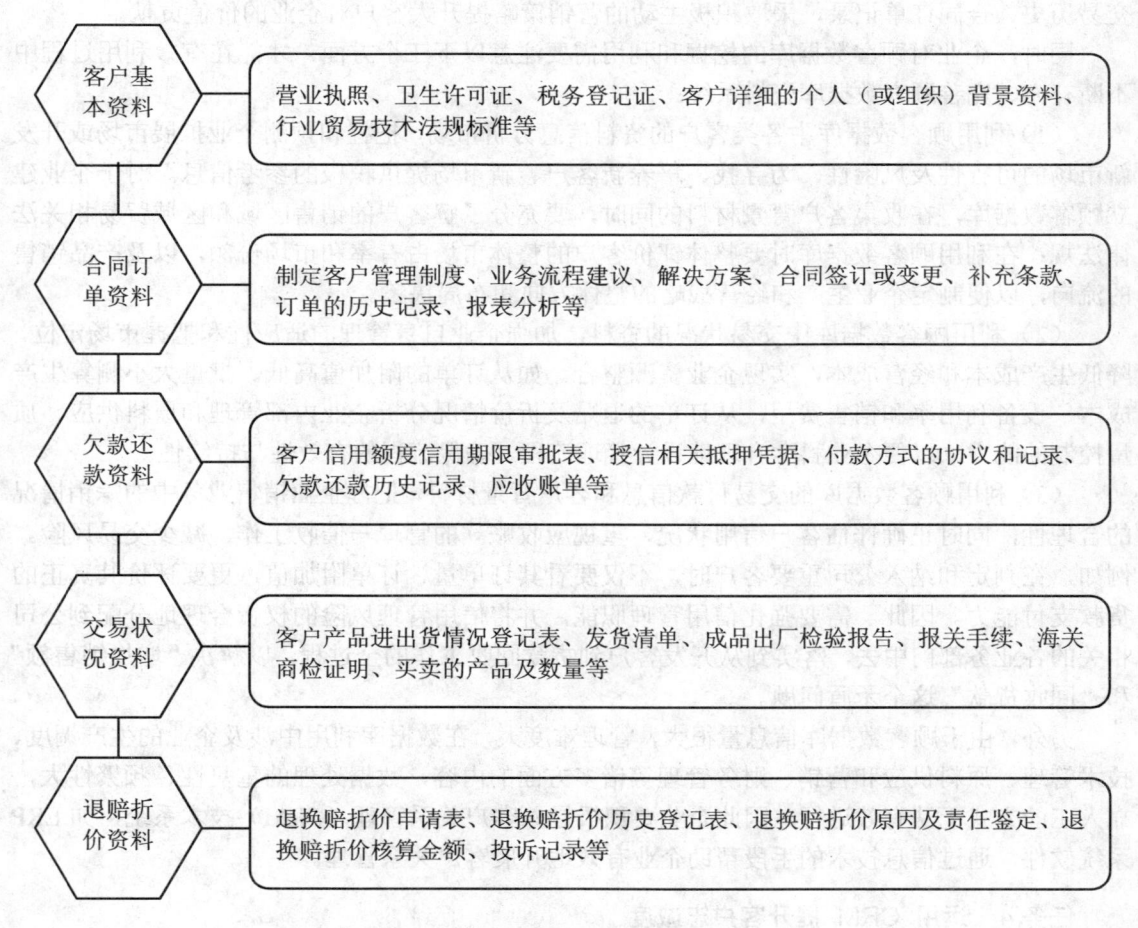

- **客户基本资料**：营业执照、卫生许可证、税务登记证、客户详细的个人（或组织）背景资料、行业贸易技术法规标准等
- **合同订单资料**：制定客户管理制度、业务流程建议、解决方案、合同签订或变更、补充条款、订单的历史记录、报表分析等
- **欠款还款资料**：客户信用额度信用期限审批表、授信相关抵押凭据、付款方式的协议和记录、欠款还款历史记录、应收账单等
- **交易状况资料**：客户产品进出货情况登记表、发货清单、成品出厂检验报告、报关手续、海关商检证明、买卖的产品及数量等
- **退赔折价资料**：退换赔折价申请表、退换赔折价历史登记表、退换赔折价原因及责任鉴定、退换赔折价核算金额、投诉记录等

图11-3　顾客数据库分类整理示意图

4. 顾客数据库的利用

企业通过顾客数据库管理，仅仅对客户资料的收集、分类、整理是不够的，对顾客数据库信息的挖掘和利用才是客户管理的真正目的。要把顾客数据库作为企业的信息资产加以管理和利用，只有通过对顾客数据库的整理、统计、分析、挖掘，才可以提高大客户、中小客

户和潜在客户管理的有效性，为企业的经营决策提供有价值的参考信息。

（1）利用顾客数据库信息，为不同类别的客户"量身订做"合适的促销政策。

企业通过对顾客数据库的整理、分析，对客户进行有效分类。首先根据客户原始基本资料、客户特征资料、客户业务状况资料、客户交易历史资料等方面细分客户类别，对每一类客户的信息再细分，如所在地区位置、购买能力、购买行为、消费趋势、对产品的服务期望值、产品价格等，从而细分出不同客户类型，以便有针对性地制定差异化的营销组合策略。

（2）不断收集和研究客户需求的变化，针对顾客数据库中的客户需求开展营销，并使之反馈到企业产品和推销策略中去，提高已有客户的满意度和忠诚度，吸引新客户。

（3）根据顾客数据库资料，锁定大客户，并采取针对性措施，挖掘大客户价值。可以根据顾客数据库分类级别，针对不同级别客户制订差异性的客户管理维护计划，参考已实现的交易历史、合同订单记录，采取积极主动的营销策略提升大客户对企业的价值贡献。

同时，企业对顾客数据库的挖掘和利用需要注意以下三个方面，才能在有效利用过程中不断补充、完善顾客数据库资料系统：

（1）利用顾客数据库中各类客户的资料信息分析市场，把握和预测企业扩展市场或开发新市场的可行性及风险性，为寻找、培养新客户、新市场提供积极的参考信息。对于企业建立顾客数据库，在收集客户背景材料的同时，要充分了解客户的销售区域和区域贸易相关法律法规；在利用顾客数据库时要整体评价客户的整体市场占有率和市场份额，以及产品销售的流向，以便制定企业生产和经营战略的整体方向和布局决策。

（2）利用顾客数据库中交易状况的资料，加强企业自身管理的适应性和把握市场定位，降低生产成本和经营成本，实现企业资源整合。如从订单的附加值高低、批量大小测算生产成本、设备利用率和销售费用，从订单的退赔及折价情况分析企业内部管理和原料供应、质量控制的能力，以便企业科学合理地设计管理流程，确保流程的有效性与持续性。

（3）利用顾客数据库的交易付款信息和客户背景材料，把握企业销售业务中的赊销情况的合理性，同时正确评估客户信用状况，重视应收账款的管理与催收工作，减少交易风险。例如，在判定和纳入公司重要客户时，不仅要看其订单量、订单附加值，更要评价其真正的货款支付能力。因此，需要强化信用管理职能，并将信用管理风险的权责合理地分配到公司相关的各业务部门中去，落实到从开发客户到货款回收工作的全过程，以解决"增加销售额"和"回收货款"这个矛盾问题。

另外，由于顾客数据库信息量很大，管理难度大，在数据库利用中涉及企业的生产调度、技术管理、原料供应和营销、财务管理等诸多方面的内容，数据处理的重复性、频繁性大，靠人工的方式无法有效进行，因此企业要积极导入客户关系管理（CRM）技术系统，如 ERP 系统软件，通过信息技术的手段帮助企业有效地开展客户关系管理。

任务 4　运用 CRM 提升客户忠诚度

客户忠诚指的是客户对公司及其产品极为信任和依赖，并不断消费和重复购买的消费行为。客户满意、客户忠诚是企业追求的服务目标，只有客户满意才可能形成客户忠诚，而企业只有培养出一大批忠诚的顾客，企业才可能持续发展。而 CRM 是一种经营管理技术，企业可以通过运用 CRM 技术提高客户忠诚度，提高企业效益。

1. 运用 CRM 提升客户忠诚度的步骤（如图 11-4 所示）

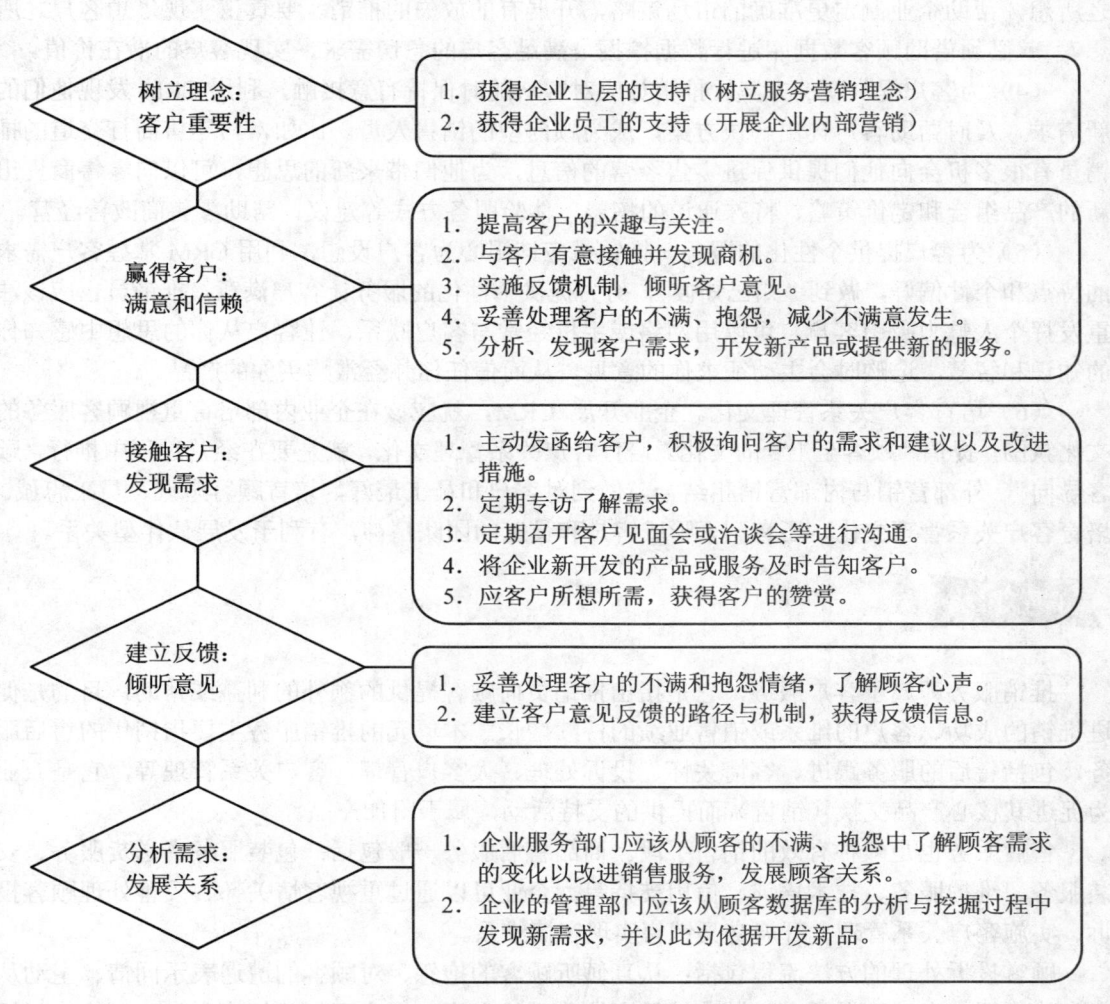

树立理念：客户重要性
1. 获得企业上层的支持（树立服务营销理念）
2. 获得企业员工的支持（开展企业内部营销）

赢得客户：满意和信赖
1. 提高客户的兴趣与关注。
2. 与客户有意接触并发现商机。
3. 实施反馈机制，倾听客户意见。
4. 妥善处理客户的不满、抱怨，减少不满意发生。
5. 分析、发现客户需求，开发新产品或提供新的服务。

接触客户：发现需求
1. 主动发函给客户，积极询问客户的需求和建议以及改进措施。
2. 定期专访了解需求。
3. 定期召开客户见面会或洽谈会等进行沟通。
4. 将企业新开发的产品或服务及时告知客户。
5. 应客户所想所需，获得客户的赞赏。

建立反馈：倾听意见
1. 妥善处理客户的不满和抱怨情绪，了解顾客心声。
2. 建立客户意见反馈的路径与机制，获得反馈信息。

分析需求：发展关系
1. 企业服务部门应该从顾客的不满、抱怨中了解顾客需求的变化以改进销售服务，发展顾客关系。
2. 企业的管理部门应该从顾客数据库的分析与挖掘过程中发现新需求，并以此为依据开发新品。

图 11-4　运用 CRM 提升客户忠诚度示意图

2. 运用 CRM 提升客户忠诚度的方法

（1）加强员工的服务意识。顾客的满意和忠诚来自企业高质量的产品和全体员工真诚而周到的服务，可以说，企业最前线的员工就是现场推销人员和服务人员，他们会直接与客户接触，他们是企业的门面和窗口。为此，企业上层要树立服务营销理念，企业内部要开展内部营销，树立员工的服务意识，主动开展客户关系管理，这是提高客户忠诚度的保证。

（2）积极帮助客户解决问题。推销人员应利用 CRM 了解客户的困难，尽可能地帮助客户解决实际问题。如果不能直接帮助他们，也可以向他们推荐别人或其他公司，这样容易获得客户的好感，增进客情。他们生活中碰到的一些困难，只要是你知道又能做到的，就一定要帮助他们。这样，你与客户就不仅仅是合作关系了，而更多的是朋友关系，获得销售产品的先机。

（3）满足客户的急切需求。企业实施 CRM，需要进行客户档案和信息管理，将其整理加工，而后进行客户细分，利用各种市场与客户的信息来预测未来客户的需求动向，想客户之所想，帮助企业制定更准确的市场策略，开展有的放矢的推销。要真正实现"想客户之所想"，就必须借助顾客数据库进行数据挖掘，满足客户的急切需求，实现客户的潜在价值。

（4）为客户提供新的方案。推销员应对客户随时保持有意接触，利用CRM发现他们的新需求，及时帮助客户提出解决方案，成为顾问型的销售人员。比如，与零售商打交道的推销员有很多机会向他们提供促进零售经营的信息，为他们带来新的思想，可以向零售商提出新的产品组合和定价策略、特殊通道的拓展、体验服务方式等建议，帮助零售商改善经营。

（5）为客户提供个性化的服务。推销员应该用心为客户设想，利用CRM掌握客户需求的特点和个性偏好，做到"知己知彼"，努力提供个性化的服务让客户满意。推销员也应该注重发挥个人魅力吸引客户，可以用网络或手机经常与客户联系，让客户从你的思想中感知你的知识和智慧，选购时会主动征求你的意见，从而信任你并经常购买你的产品。

（6）培育客户关系管理文化。企业开展CRM，就应该在企业内部培育重视顾客服务的文化氛围，提倡"顾客至上"的文化。培育客户关系管理文化，就是要在经营过程中推行"顾客导向"，外部营销与内部营销相结合，做到对客户和员工最好，培育顾客忠诚、员工忠诚。培育客户关系管理文化，还有利于形成客户和员工的团队精神，有利于发展伙伴型关系。

单元小结

推销服务即属于客户服务，它是指由推销员向顾客提供的额外的利益或帮助，目的是促进推销的成功、客户的维系或销售业绩的持续增长。本单元的推销服务主要指销售的售后服务，包括售后的服务跟进、客情关怀、投诉处理、大客户管理、客户关系管理等，它是企业为促进其核心产品交换（销售）而提供的支持活动，属于附加产品。

售后服务也是一种有效的销售手段。商品售后服务一般包括：包装服务、送货服务、安装服务、维护服务、技术培训、信用支持等。企业可以通过重视客情关怀、妥善处理顾客投诉、实施客户关系管理、开展交叉销售实现客情维系。

顾客投诉处理的方法流程包括：认真倾听顾客的抱怨、对顾客的遭遇表示同情、主动从自身找原因、真诚地向顾客道歉、诚恳表达改进的意愿、提出可行的解决方案、严格执行解决方案、及时进行反省和检讨等。

大客户，也称重点客户、关键客户，或称KA、VIP，一般是指市场上卖方认为对自己很重要或具有战略意义的客户。大客户是公司销量和利润的主要来源。大客户管理是卖方采用的一种有效的分类管理方法，目的是通过持续地为大客户量身订做产品或服务，培养出忠诚的大客户，为企业生意的持续发展提供保障，它体现了"重点管理"的管理思想。

客户关系管理（CRM）是把企业的客户作为一种企业资源进行管理的经营思想和管理技术，旨在挖掘客户资源的价值。CRM是一种营销理念、一种管理哲学；CRM是全面的顾客关系管理，是一种战略、策略；CRM是一种技术解决方案。企业通过实施客户关系管理，可以提高企业的经营业绩，帮助企业培养顾客忠诚。

企业可以通过运用顾客数据库，实施CRM以提升客户忠诚度，具体方法包括：加强员工的服务意识、积极帮助客户解决问题、满足客户的急切需求、为客户提供新的方案、为客户提供个性化的服务、培育客户关系管理文化等。

核心概念

推销服务　　顾客投诉　　大客户（KA）管理
客户关系管理（CRM）　　客户忠诚度

训练题

1. 企业开展推销服务有什么现实意义？
2. 顾客投诉对于企业经营有什么价值？
3. 怎样区分善意投诉和恶意投诉？怎样应对恶意投诉？
4. 企业应该怎样平衡大客户与一般客户的管理？
5. 企业怎样通过实施 CRM 挖掘客户价值和提高客户忠诚度？
6. 设计一种顾客投诉的情景，让同学们提出解决方案并演示。

综合案例分析

乔·吉拉德怎样搞"客情"？

乔·吉拉德是世界上最有名的营销专家，被吉尼斯世界记录誉为"世界上最伟大的推销员"。在商业推销史上，他独创了一些巧妙的方法，被世人广为传诵。

吉拉德创造的是一种有节奏、有频率的客户关系管理法。他认为所有已经认识的人都是自己潜在的客户，对这些潜在的客户，他每年大约要寄上12封广告信函，每次均以不同的色彩和形式投递，并且在信封上尽量避免使用与他的行业相关的名称。

1月份，他的信函是一幅精美的喜庆气氛图案，同时配以几个大字"恭贺新禧"，下面是一个简单的署名："雪佛兰轿车，乔·吉拉德上。"此外，再无多余的话。即使遇上大拍卖期间，也绝口不提买卖。

2月份，信函上写的是："请你享受快乐的情人节。"下面仍是简短的签名。

3月份，信中写的是："祝你圣巴特利库节快乐！"圣巴特利库节是爱尔兰人的节日。也许你是波兰人或是捷克人，但这无关紧要，关键的是他不忘向你表示祝愿。

然后是4月、5月、6月……

不要小看这几张印刷品，它们所起的作用并不小。不少客户一到节日，往往会问夫人："过节有没有人来信？"

"乔·吉拉德又寄来一张卡片！"

这样一来，每年中就有12次机会，使乔·吉拉德的名字在愉悦的气氛中来到这个家庭。

乔·吉拉德没说一句："请你们买我的汽车吧！"但这种"不说之语"，不讲推销的客情维护方法，反而给顾客留下了最深刻、最难忘的印象，等到他们打算买汽车的时候，往往第一个想到的就是乔·吉拉德。

分析启示：商业与人情味始终保持着必要的张力，商业排斥人情味，但又需要人情味。"王婆卖瓜"式的销售不高明，消费者更喜欢"润物细无声"的方式。

资料来源：http://www.chinavalue.net/Blog/439149.aspx

问题思考：从以上案例你受到了什么启示？

小方的冷淡与"热情"

气派豪华、灯红酒绿的中餐厅里，顾客熙熙攘攘，服务员小姐在餐桌之间穿梭忙碌。一群客人走进餐厅，引座员立即迎上前去，把客人引到一张空餐桌前，让客人各自入座，正好10位坐满一桌。

服务员小方及时上前给客人一一上茶。客人中一位像是主人的先生拿起一份菜单仔细翻阅起来。小方上完茶后，便站在那位先生的旁边，一手拿小本子，一手握圆珠笔，面含微笑地静静等候他的点菜。

那位先生先点了几个冷盘，接着有点犹豫起来，似乎不知点哪个菜好，停顿了一会儿，便对小方说："小姐，请问你们这儿有些什么好的海鲜菜肴？"

"这……"小方一时答不上来，"这就难说了，本餐厅海鲜菜肴品种倒不少，但不同的海鲜菜档次不同，价格也不同，再说不同的客人口味也各不相同，所以很难说哪个海鲜特别好。反正菜单上都有，您还是看菜单自己挑吧。"

小方一番话说得似乎头头是道，但那位先生听了不免有点失望，只得应了一句："好吧，我自己来点。"于是他随便点了几个海鲜和其他一些菜肴。

当客人点完菜后，小方又问道："请问先生要些什么酒和饮料？"

客人答道："一人来一罐青岛啤酒吧。"又问："饮料有哪些品种？"

小方似乎一下来了灵感！

小方说道："哦，对了，本餐厅最近进了一批法国高档矿泉水，有不冒汽泡的和冒汽泡的两种，你们不能不尝一下啊！""矿泉水？"客人感到有点意外，看来矿泉水不在他的考虑范围内。

"先生，这可是全世界最著名的矿泉水呢。"客人一听这话，觉得不能在朋友面前丢了面子，便问了一句："那么哪种更好呢？""那当然是冒汽泡的那种好啦！"小方越说越来劲。

小方说："那就再来10瓶冒汽泡的法国矿泉水吧。"客人无可选择地接受了小方的推销。服务员把啤酒、矿泉水打开，冷盘、菜肴、点心上来，客人在主人的盛情之下美餐一顿。

最后，主人一看账单，不觉大吃一惊，原来1400多元的总账中，10瓶矿泉水竟占了350元，他不由嘟哝了一句："这矿泉水这么贵啊！"

账台服务员解释说："那是世界上最好的法国名牌矿泉水，卖35元一瓶是因为进价就要18元呢。"客人说："哦，原来如此，不过刚才服务员没有告诉我价格呀。"最后客人显然很不满意，付完账后怏怏离去。

资料来源：http://www.admin5.com/article/20081227/123243.shtml

问题思考：你怎样看待服务员小方的冷淡态度和"热情"行为？

单元十二 推销过程管理

知识点

（1）推销时间管理。
（2）推销压力管理。
（3）胡萝卜加大棒理论。
（4）人员激励三大法宝。
（5）推销账款过程控制。

技能点

（1）理解过程管理与重点控制在推销中的作用。
（2）掌握推销业务管理的基本内容和方法。
（3）了解推销组织设计的基本类型及特点。
（4）掌握销售队伍管理与激励的有效策略。
（5）掌握推销过程账款控制与催收的方法。

[案例导入]

案例 12-1 有个朋友曾做过推销工作，他的自我管理的经验可以拿出来和大家分享。刚开始时，他对推销工作充满了好奇心，干劲十足，每天都制定拜访计划，并按计划去拜访很多的客户，所以他的销售业绩很不错。而后来随着他对推销工作的熟悉，好奇心没有了，他也不再制定每天的工作计划了。认为反正自己有足够的推销经验，肯定能使顾客购买自己的产品。他每天出去拜访客户的时间越来越少，拜访的客户也越来越少，可想而知，他的销售业绩绝对不可能有所增加，相反，还不断下滑。因为，不管他的销售经验多么丰富，顾客是不会自己找上门来的。后来，他们公司又来了一个新推销员，那个新推销员每天都很勤奋地工作，业绩也不错。在新推销员身上，他又看到了自己以前的影子，于是他觉醒到了自己今天的懒惰与消沉，决定重新奋起。于是，他每天都制定详细工作计划，研究每次拜访的方案，加上他越来越丰富的销售经验，他的业绩不断上升，重新成为了公司的明星业务员，赢得了领导和同事的尊敬，也赢得了丰厚的奖金。

资料来源：http:// blog/item/8f310b9a0ec22b066e068c8f.html

项目一　推销业务管理

公司管理层及推销业务人员，要对推销的工作过程进行有效管理才能不断提高业务水平，提升公司经营业绩，并使公司推销工作程序化、规范化、系统化和科学化。推销业务管理一般包括日常推销业务管理、客户资源管理、推销组织设计、销售队伍管理、信用与账款管理等诸多方面，其中日常推销业务管理是整体推销过程管理的基础环节，也是企业推销工作走向规范和高效的基础环节。

[参考阅读]

两种有效的过程管理方式

1. 走动管理

麦当劳曾经在一段时间内业绩下滑，后来发现，一些管理人员在办公室做管理，而很难快速、便捷地解决问题。后来，麦当劳把办公室椅子的靠背全部锯掉，让喜欢待在办公室里的管理人员没有了舒服的靠背，从而主动到现场去做管理了，结果快速扭转了局面，提升了业绩。其实，主管要想更好地去做销售过程管理，走动式管理必不可少。娃哈哈集团作为一家民营企业多年保持快速增长，其中一个原因是娃哈哈集团的董事长宗庆后一年 200 多天都在市场上跑，他熟悉市场，熟悉客户，熟悉营销人员，通过走动管理减少了娃哈哈集团决策失误的几率。走动式管理能够掌握一线市场情况，做出及时处理，提高管理效率。

2. 现场管理

现场管理对于下属及客户更有吸引力。不论是销售人员还是客户，都喜欢能够现场解决问题的主管，而从不喜欢在办公室、在电话里指手画脚的领导。销售主管要想树立自己的威信，更好地帮扶下属与客户，就必须亲自到现场去。效果如下：

（1）现场解决市场问题。很多问题是需要主管到现场去调查、取证、喝彩、助威的，比如窜货、乱价等问题，就不能轻信一家之言，必须到现场去调查，取得一手信息，并追根溯源，合理地予以处理。

（2）现场培训销售人员。销售主管可以通过现场管理，发现销售工作中存在的问题，以及技能方面存在的不足，找到目标达成的根本解决途径和方式并即时演练，可以现场手把手地提示、培训，从而提高销售业务人员的操作能力和水平。

任务 1　日常推销业务管理

1. 填写推销日报表

（1）推销日报表的内容。推销日报表的内容一般包括：

- 拜访活动栏。主要填写日期、推销员姓名、组别、天气状况、当日销售目标、工作时段及内容安排。
- 客户栏。主要填写客户姓名、地址、电话、联系人、拜访时间、拜访事由、主要事项。
- 工作情况及业绩栏。主要内容为推销性质（开拓、回访、理货、补货、收款），送货品种、数量、金额，结款方式等。

- 客户销售或使用情况栏。主要记录库存、上柜、缺货、货物陈列等情况。
- 市场情况栏。主要记录客户、消费者评价、意见反馈、竞争者情况。
- 小结栏。简要总结当日工作业绩、感受、存在的问题及对策,提出次日工作计划、建议。

（2）要求业务员每日填写。推销日报表的内容因企业、产品、市场的不同有所差异,在内容及要求上因企业而异。但管理规范的企业一般都要求相关业务人员每日填写,以便做到推销工作有计划、有规范,便于跟踪检查和管理。一般而言,一份推销日报表应满足一些基本要求：包含推销工作的主要任务项目；反映客观推销业绩或工作成果；反映工作过程的主观努力和客观工作量；简单,易于填写；格式化,便于统计、比较；反映推销员的工作日期、地域；反映市场信息等。

（3）填写推销日报表的作用。推销日报表是推销人员每日销售活动的当日小结,也是制订次日销售活动计划的基础,其中包含次日销售活动计划的内容。它是企业规范销售活动过程管理的重要工具,也是推销人员实现自我管理的一种重要方法。它的主要作用体现在以下几个方面：

- 帮助企划、市场部门了解市场需求、竞争者情报、顾客意见等市场信息。
- 便于主管掌握推销员在业务过程中的效益、质量,并及时指导。
- 推销人员可以通过日报表自我评价推销目标达成率,分析得失,总结经验。
- 推销日报表是销售效益分析、销售统计的原始资料。
- 能反映不同阶段的推销工作状况。

2. 建立客户资料卡

客户资料卡是推销人员对客户进行管理的重要工具,它记录了客户的基本情况及与公司的业务往来情况。一个客户建立一个独立的客户资料卡,以便分析掌握客户业务发展情况,做到心中有数、有的放矢。可以建立纸质卡或电子卡。

客户资料卡主要包含：

（1）客户档案栏。包括客户名称、地址、电话、联系人、账号、税号、法人代表、经营状况、结算规定等,有时还包括信用额度、信用期限等内容。

（2）业务往来栏。按日期填写历次货物送、退的品种、数量、价格、销售奖励、结算方式、结款额、应收账款额和累计账款额。

（3）客户建议栏。填写客户对公司的要求、建议及其公司的处理情况。

（4）评价栏。对客户在信用保证、销售能力、发展潜力、对公司支持度等方面的综合评价,有的公司还定期对客户进行评级,如惠普的4A、3A、2A客户评定。

通过客户资料卡的管理,推销业务人员可以了解目标市场的业务发展情况、客户生意的发展情况,可以从中发现潜力客户或优质客户进行重点关注,进而培养成为公司的重点客户（VIP）,为公司销售业绩提升提供保障。同时也可以发现问题客户,进行及时处理和矫正,以避免大的销售风险,如账款风险等。所以,客户资料卡的建立和管理对总结业务经营成果、发现问题和解决问题、发展良好客情关系、保证货款回收等都具有重要意义,是企业提高经营绩效的一项重要工作。也要求推销业务人员认真填写客户资料卡,以保障资料的客观性和分析结果的准确性。

3. 填写推销周报、月报表并及时进行分析处理

推销业务工作周报/月报表的作用在于及时总结每周/月业务员的工作情况与工作成果,为

销售主管提供了解市场信息、开展业务管理的依据，也是对业务员的工作成效进行监督管理的工具。通过对周报/月报表的研究分析，总结成功经验，找出问题所在，为下一步工作计划的制定和应对策略的实施提供依据。

推销周报/月报表的填写是建立在详细的推销日报表及客户管理资料基础之上的，其主要内容是阶段性工作成效的回顾总结、业绩汇总、工作方法分析、计划完成率（市场目标完成率、销售额目标完成率、毛利润完成率、回款率）分析等，它为上级主管领导的推销管理工作提供了有力的管理依据。

同时，推销周报/月报表的填写还能够使销售人员清楚自己的业务开展情况，促使销售人员有的放矢，更加有效地开展工作以完成销售目标，因为每一位销售人员都希望自己的推销周报/月报表能够内容充实，能够让领导看起来满意，能够让自己满意。对推销人员来讲，推销业务工作周报/月报表的填写既是一种工作压力，同时也是一种激励动力。

任务2　推销压力管理

1. 了解压力的概念

压力（stress）指的是两个同时的事件：称之为压力源的外部刺激、对刺激产生的生理和情感反应（焦虑、担心、肌肉压力、心跳加速等）。压力分为生理的和心理的压力，通常主要指心理的压力。消极的、威胁性的或者令人担忧的事情随着时间的积累，可以让人消沉和筋疲力尽、身体不舒服，失去上进心和战斗力。在人员推销中，存在太多的负面压力容易影响推销活动的开展和推销效率。所以，压力需要正确认识和缓解，压力问题需要提高到管理日程上来。

2. 弄清压力管理的理由

人员推销过程会产生一定的推销压力，这主要是因为销售工作的挑战性，以及来自销售任务目标和竞争对手的压力，有时甚至是来自个别不讲道理的顾客的压力。销售人员每一天都有着不同的经历，都会遇到各种各样的事情，特别是遭遇挫折和困难，可能会直接产生压力。比如拜访陌生顾客，有些销售人员可能会感受到压力；遇到竞争对手或担心任务完成可能会感受到压力；工作时间太长、工作环境艰苦、休息不够以及和家人在一起的时间太少也可能导致压力。尽管感受生活、工作的压力是一种必然，但是一个人能够接受的压力也是有限的。所以，如何正确地准备好、处理好生活与工作的关系，如何从生理上和心理上有效地释放和缓解工作相关的压力，是销售业务人员自我管理的一项重要内容，也是销售主管的一项重要工作。只有学会如何把工作处理得有条不紊，把生活安排得井然有序，在轻松的生活和工作环境中工作，才能发挥最大的潜力，这是销售成功的关键要素。

然而，压力并不一定都是有害的，有些压力是有益的，压力可以转化为动力，保持适当的压力可以帮助推销员保持动力、增强活力，但是过多的压力如不加以控制却不利于人的身心健康。努力完成销售指标或者计划，走遍销售区域都会导致压力；错过与客户的约会、在很多人面前进行演示，以及缺乏对自己表现的反馈及信心也会带来压力；许多销售人员感觉他们每天24小时都在"随时待命"，这让他们神经紧张，感到工作的压力。在信息时代的今天，一个重要的新问题就是信息过剩替代了信息稀缺，处理太多的信息让人感到压力。另外，越来越多的知识人士声称感到来自同事的压力、失去工作满意感和由于信息过剩导致的紧张的人际关系。总之，太多的信息、太多的变化、任务完成和销售竞争，构成了现代推销人员面临的种种压力，生活中完全消除压力是不可能的，重要的是我们可以采取压力管理战略来帮助自己处理生活中的压力，排解工作上的压力，以提高推销效率。

3. 掌握压力管理的主要策略

一个人不管生理上的还是心理上的压力都需要释放、排解，否则就会像皮球一样发生"爆炸"，所以压力管理工作对于企业销售队伍的管理非常重要。然而，每个业务人员面对的情况不一样，心理承受能力也有差异，其排解压力的方式也必然有所不同。但归根结底，压力管理的道理是一样的。销售业务人员必须针对自己的情况设计不同的压力释放方式，以保障自己良好的工作状态。有以下几种方式可供参考：

（1）保持乐观的工作态度。乐观主义者倾向于把问题仅仅看做是暂时的挫折，他们打心眼里认为未来一定可以成功。他们关注潜在的成功，而不是失败，所以遇到困难和挫折时，他们总能够化解紧张的压力。相反，悲观主义者则倾向于认为坏事会持续很长时间并在面对挑战时更容易沮丧，并轻易放弃。所以，对于消除压力，保持积极乐观的心态是很重要的。而乐观也可以是一个后天习得行为，你可以尝试让自己乐观起来，遇事想开一点，逐渐形成习惯。例如，你可以花更多的时间想象你自己取得了成功。如果你想要取得某方面的成功，就想象你真的成功地做成了。想象的过程需要一遍又一遍地不断重复。乐观的思维可引发积极的态度，改善与顾客的有效关系，帮助你化解压力和取得成功。

（2）建设无压力的家庭办公室。推销是一种比较自由的职业，许多销售人员在家里办公。一个人只要经过一些努力，创造一个压力较少的家庭办公室环境是可能的，也是可行的。比如安装一个仅在家庭办公室使用的专用电话线（电话和传真），防止其他家庭成员接听商务电话而有损职业形象。如果你的家庭办公室不是适当的会客地点，建议就改到客户的办公室或者某餐厅、酒吧、茶室会面好了。确定平时工作比较固定的时间，不要让工作时间延续到晚上和周末。让你的邻居或者朋友知道你保留有办公时间，让他们不要在"工作"时间里打扰你等。

（3）保持健康向上的生活方式。在一段长期的工作压力之后，进行适当的娱乐、休闲、聊天、朋友聚会、做家务，甚至开展一项有意思的体育运动——慢跑、网球、羽毛球、游泳或者打牌、下棋等任何自己喜欢的项目都可以"燃烧"掉在你的血液中积累的有害物质，有效释放你的烦躁情绪。健康专家认为，我们每天所吃的食物——高饱和脂肪、精制糖、添加剂、咖啡因、太多的盐——不利于人们应对压力，而休闲娱乐、体育锻炼给人们提供了放松和解除与工作相关的压力的机会。应对压力的一种方式就是在休息好、放松好之后再工作，很多销售主管鼓励他的销售人员最大程度地利用休假，以帮助员工解决他们的工作负荷问题，以便员工们能够享受休假时光，很好地放气、充电，带来好心情。

应对管理压力的最有效策略之一就是有节制地生活，保证足够的高质量睡眠。保证身体健康所需的睡眠时间因人而异，但是对于大多数人而言7~8小时的睡眠是合适的。关键的检验标准是早上醒来你感到休息好了并准备好开始一天的活动。另外，在很多方面，销售人员都必须像职业运动员一样进行自我约束，管理好自己的身体不要透支。因为销售工作对身体素质的要求很高，缺乏适当的休息、不当的饮食习惯、饮酒过度、缺乏适当的锻炼都可能会降低一个人应对压力及紧张的能力。

（4）学会正确地倾诉情感。当一个人心理压力出现时，你可能会感受到生理和心理的变化：心跳加快、血压升高、精神高度紧张。这时需要释放，否则对身心健康有损害，释放的最好方式是学会找到合适的对象倾诉自己的郁闷和情感，达到立竿见影的效果。

人遇到压力，有"抗争"和"逃避"两种选择。选择抗争意味着胡言乱语、肆意宣泄、不顾他人感受，效果很差。当然，这种行为并不可取，它可能损害和团队成员、顾客或者顾客支持人员的关系。逃避是回避问题的做法。面对困难时，不是直接面对问题而是扭头就走。这种逃避反应通常并不令人满意，问题很少会自然而然地消除。

如果你对不切实际的销售定额感到压力，就应该和销售经理谈谈，努力降低定额。不要仅仅是消极地妥协应对。如果你和家人、朋友在一起的时间太少，就要重新审视你的业务管理计划，并努力制定一个更加有效的方法来进行销售拜访，平衡时间。如果你不断地感到来自工作要求的压力，而你又不能通过沟通获得一个更加轻松的工作日程规划，那么离开这个充满压力的环境可能是唯一的解决方案。总之，通过倾诉可以有效地排解心理压力，保持身心健康是提高推销员战斗力的保障。

任务3　推销时间管理

1. 了解时间管理的意义

时间对于任何人而言都是有限的，也都是重要的，对于推销人员来说更是意味着效益和利润，所以对于时间的有效管理和利用，对于提高业务人员的销售业绩和企业经营效益具有举足轻重的意义。然而，很多人在处理工作和生活中的各种事务时，往往会因不善于管理时间而影响了工作效率，往往忙于应付一些偶发事件或干扰性杂事牺牲了许多享受生活乐趣的时间和处理重要事情的时间，进而影响成功的机会。生命由时间构成，我们的一生中除去睡眠和用餐、交通、休闲等时间外，用于工作和学习的时间只有不到20年的光阴，一个人的一生是短暂的，应该好好珍惜，对于销售业务员来说，销售青春更为宝贵。但仅仅知道珍惜是不够的，还要学会如何科学地利用和管理时间以提高效率。

2. 开展时间管理能力测验

通过回答下列问题，可以大致判断你的时间管理能力：
- 你是否清楚做一件事达到几个目的与分别做几件事之间的差别？
- 你是否有意识主动掌握和安排自己的时间？
- 你是否经常授权给下属去办理一些事情？
- 你的助手是否在出现问题时才将工作计划汇报给你？
- 你是否有意识拒绝陌生拜访？
- 你是否在办事时遵照先易后难的规则？
- 你是一个能够快速做出决定的人吗？
- 你是否有勇气拒绝别人的邀请？
- 你是否经常回顾检查自己的日常工作？
- 你是否注重工作与休息的平衡，即努力地工作，愉快地生活？

对以上问题的回答，"是"代表一种正确的选择，回答"是"越多，说明你的时间管理能力越强。回答"否"多了，说明你管理时间不力，应注意加强时间管理。

自我检测一下：每小题10分计。如果得分在70分以上，恭喜你，说明你是一个比较善于管理时间的人，应该发扬；如果得分在60分以下，鞭策你，说明你是一个不太善于管理时间的人，应该加强。

3. 经理人员的时间管理

（1）利用时间分析表安排时间。推销经理应将日常活动与所需要花费的时间对应起来，建立一个时间分析表进行时间管理，分析确定日常活动所需时间和事情的轻重缓急，确定业务行动的先后秩序。这样的表格有两个基本作用：一是可以有效地安排时间；二是能够记录每一时间段所进行的活动，便于检查和评价。如甘特图就是一种基于项目进展的时间管理方法。推销经理时间分析如表 12-1 所示。

表 12-1 推销经理时间分析表

时间	主要工作内容	重要或紧急程度	工作完成方式
8：00			
8：30			
9：00			
9：15			
9：30			
10：00			
10：30			
11：00			
……			

在做好时间分析表后，考虑以下问题：
- 工作任务的完成情况与时间消耗的关系如何？效率是否提高？为什么？
- 最长的一段无干扰工作时间有多长？
- 按照重要次序，哪项工作花费的时间成本最大？
- 可以采取哪些措施消除或控制工作中断？如无谓的电话、不速之客处理等，尽量缩短电话与交谈的时间等。
- 会议时间是否太长了？效果与时间的关系怎样？
- 一天所做的工作有多少是与目标特别是长期目标相关的？
- 是否有"自我改进"的意识？
- 有没有提高工作效率的有效方法？

（2）根据事情的轻重缓急安排时间。许多经理经常采用什么事先发生就先处理的原则，顺文件的时间顺序往后做，没有区分事情的轻重缓急，结果往往是本来该优先处理的重要事情压在了下面，拖了很久却一直无法解决，无关紧要的杂事却浪费了时间，新的文件、新的问题又不断积压上来。

解决这一问题的方法是每天下班前或每天上班先查看一下放在办公桌上的文件、报告，大致了解一下应处理事件的情况，做出轻重缓急的判断，并对应处理的重要事件进行优先的时间安排和处理。重要的事先做，次要的事后做；急的事先做，不急的事后做。依轻重缓急列出当日处理事项清单，每完成一项即划掉一项，做到有条理、有计划、不遗漏。

（3）合理安排下属的工作以节省时间。作为一个推销经理，不能事无巨细均亲自处理，这样会浪费大量的精力在一些繁杂的小事上。作为一个优秀的时间管理者，应该合理地将任务委派给下属，让他们分担一部分工作，将时间用在部门工作安排和重大事件处理上。在分配下属任务时，应注意根据职责和能力有效授权，明确分工，并进行监督检查。即使是一件应由自己处理的问题，也可以将其中一些简单而费时的环节交给秘书或助手去完成。在任务分派以后要列出自己应亲自做的工作，然后逐项完成，以免遗漏。

（4）做好周工作计划以有效利用时间。周六、周日是员工放假的时间，但推销经理必须在这一段时间里做一些未雨绸缪的事情，其中很重要的一件事就是做下周的工作计划，安排下周活动及时间进程。因为一周为一个明显的工作时段，而周六、周日又比较静心，将事情考虑周密、安排得当，可以使下周的工作进行得更有秩序，更高效率。

（5）预先考虑一些可能发生的困难及对策。在制定工作时间计划时，应考虑一些可能发生的不定事件，并留出机动时间处理。比如突如其来的销售价格战、参加社会活动的通知等。所以在紧密安排工作时间的同时，应适当留有一定的空余时间，或者在完成某件事时通过提高效率节约一些时间，这样不至于因意外事情发生占用时间而影响工作效率。

4. 推销员的时间管理

作为推销业务人员，勤奋而善于管理时间者往往体现高效率和好业绩，相反，懒散而经常浪费时间者则体现出低效率和差业绩，两者差异是很大的。推销员的工作有比较大的自由度，工作上容易养成因时间观念不强而浪费时间的不良习惯。加之，推销员面临的事务多，环境复杂，因此在时间管理上难度较大。有时推销员虽然每天忙碌，但最终也没有产生好的业绩。正因为如此，推销员的时间管理对于业务人员的成长和创造佳绩就显得尤为重要。推销人员的时间管理重点表现在两个方面：一是杜绝时间浪费，二是更有效地利用时间。

根据经济学的"二八"原则，公司业务量的80%来自于20%的客户；公司推销业绩的80%是由20%的推销员创造的，推销员20%的时间创造了80%的业绩。因此，一个优秀的推销员应懂得抓住重点有效利用时间，将主要的精力放在销售量或销售潜力大的客户身上，而不要对无潜力的小客户耗费太多的时间。每个推销员都应该明白，时间是一种推销成本，必须做有选择的推销，做有重点的业务工作，这是推销员时间管理的重要环节。

另外，在日常的工作中，注意一些细节也会让你节省不少时间，提高销售效率。以下方法是改善推销时间管理能力的一些注意事项：

- 事先联络好客户、确定好时间，以免无谓等待或白白浪费时间。
- 不要一味等待某客户，如果正巧客户外出或有事不能见面，应尽可能在附近开展其他相关工作，可以提前做些相关准备。
- 不要在销售的黄金时间（上午10:00～11:00，下午14:00～16:30）去干杂事，无关紧要的杂事可以利用中午或其他零碎的时间去做。
- 只要可能，尽量在电话或网络对话中将一些问题谈清楚，减少因小事会面。
- 事先设定好业务活动路线，将同一路线上应拜访的客户和应做的其他事情都做完，避免为一件事单独跑很远的路。
- 对不感兴趣的客户要判断其潜力，如果客户既无兴趣，销售潜力也不大，则不要在此浪费太多时间。
- 对客户资料进行审查，不要在无权决策或根本没有购买能力的人身上浪费时间。
- 想办法弄清客户的工作时间特点，尽量在方便客户的时间和地点接洽。
- 上下班途中可以沿路观察市场的概况，有时可以选择不同路线回家收集业务信息。
- 不要和与业务无关的工作人员应酬太长的时间，否则会耽误你的工作，也会引起你的客户及主管的不满。

时间如滴水，积水成河。树立时间管理意识，掌握一些在细节上节省时间的方法，养成有效利用时间的好习惯，会帮助一个人成就一生的事业。重要的是，作为一个推销员，你工作的大多时间不应用在办公室，而应用在你的客户身上；你的时间主要应用在业务工作开展上，而不是用于其他的闲习（逛街、购物或聊天）上面。从长期来看，你在客户身上投资的时间越多，你收获的也将越多；你的时间管理得越好，你的工作业绩也将会越好。

项目二　推销组织设计

推销组织是企业在营销战略环境下为实现推销职能、实施推销计划而建立的推销业务运作系统。推销组织设计决定企业推销工作开展的形式，是企业销售目标得以实现的制度保证。合适的推销组织能够帮助企业提高推销效率，改善经营效益。所以，企业进行推销管理首先要建立符合市场规律和企业发展实际需要的销售组织，并确定、培养一批符合现代市场竞争要求的推销人员，以保障企业推销业务的有效开展。

任务1　推销组织设计的原则

1. 有利于目标任务的原则

企业推销组织的设计、建立、调整、建设都应以对其实现销售目标是否有利为标准来衡量，以有利于达成销售目标为原则，哪种推销组织模式有利于达成销售目标就采用哪种推销组织模式，当然还要考虑企业的具体条件（资源状况、战略目标、企业文化、领导人偏好等），推销组织的建立应与企业的总体发展战略和经营计划相一致。

2. 组织成员分工协作的原则

企业的推销工作是一个整体运作系统，组织中的每一位成员都为这个系统的目标尽自己的责任。因此，在建立企业推销组织时，首先应将总体任务分解，根据任务的性质、范围、数量明确各自的工作内容和分工范围；另一方面，推销工作虽然具有个人独立性的特点，但在推销组织中，成员之间相互协作还是非常重要的，如推销前的信息交换、针对某些客户的交叉销售、对组织市场的推销、市场推广中的相互协调等，都要求组织成员分工协作。

3. 责、权、利相结合的原则

推销组织成员在实施推销职能时，必须明确自己的职责和任务，同时企业也应给予推销组织和推销人员相应的权力，以便于他们更好地完成任务。责任与权力是对等的，权力越大，责任也越大；同样，责任越大，赋予的权力也应该相应增加。切忌出现以下两种情况：一是推销员对销售决策没有相应的权力，什么事都不能决定，从而影响工作效果；二是推销员滥用权力，做出有违企业政策的决定，造成损失和负面影响。另外，责权制度还必须与相应的经济利益相结合，一分付出一分回报，以激发业务人员的销售热情。

4. 推销组织精干高效的原则

企业在建立推销组织时，应根据企业的实际情况，包括目标市场、企业规模、客户类型、分销方式等，结合推销人员完成任务的能力，确定合理的机构规模和组织结构形式，尽量实现组织机构的扁平化，提高推销组织的管理效率，避免机构臃肿，避免人浮于事。精干不等于精简，要使推销组织处在有效的工作状态，各尽其责，相互协作；同时，要保证企业有充分的推销管理与执行能力，以市场份额最大化、销量最大化为目标。

任务 2 典型推销组织模式

在设计一个公司推销组织模式时，需要考虑企业的战略目标、资源状况、企业文化、偏好等企业条件，遵循销量最大化和市场份额最大化的目标，在综合考量的基础上进行优化整合和设计筛选，以选择最有利于实现企业经营目标的组织模式进行设计和建设。目前主要的推销组织模式有：地域型、产品型、市场型、职能型、客户型等。

1. 地域型

地域型推销组织是以自然地理区域为管理单元，把销售人员分配到不同的地理区域，并且在该区域内开展面向所有客户的全部推销活动。这是一种除了在地域上专业化外没有其他专业分工，在推销努力上不重复的最常见的销售组织类型。因为地理有界线，易于划分和管理，我国绝大部分企业都是采用的这种销售组织模式。就我国的地域划分和地域型销售组织的设立习惯看，一般把我国市场划分为地域型东北、华北、西北、华东、华南、华中、西南七个大区，也可以按照各个省区（自治区、直辖市）进行划分和管理，如图12-1所示。

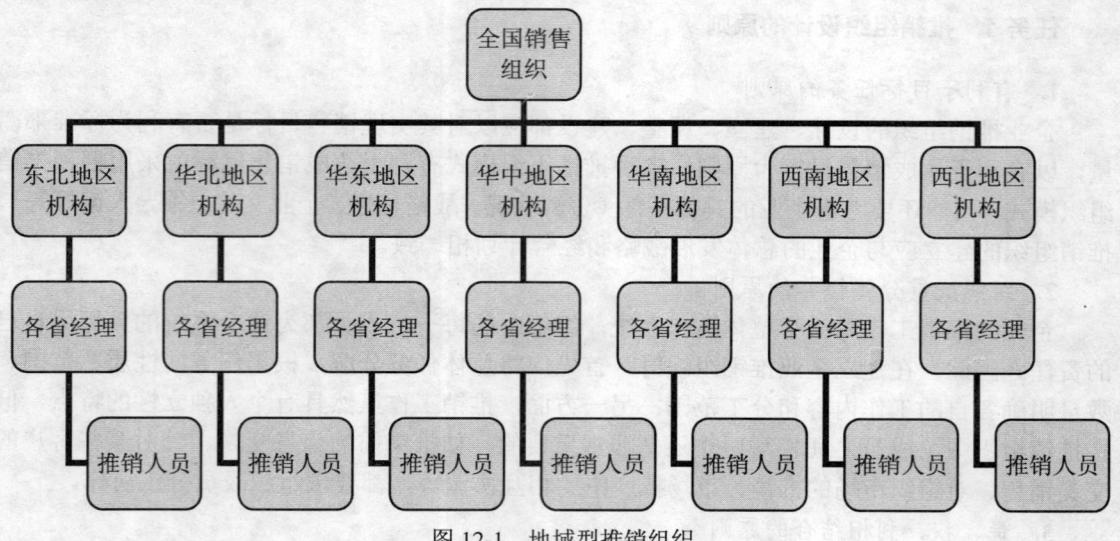

图 12-1 地域型推销组织

2. 产品型

产品型推销组织就是按产品或产品线分配销售人员，实行产品专业化销售。公司依据产品线设置相对独立的事业部，组建相对独立的销售队伍，对那些有许多不同的产品线或产品线之间关联性不大的公司来说，这是一种最为有效的实现产品最大化覆盖的经营模式，如图12-2所示。如宝洁（P&G）就是采用的这种销售组织模式。产品型的推销队伍可以使推销人员成为该产品类别中的专家，有利于更好地满足客户专门化的需求，有利于产品的推销和便于监控某一产品的营销过程，便于制定专门的营销政策。但这种模式也会导致销售地理的交叉和推销工作的重复，以至增加推销成本。

3. 市场型

市场型推销组织指推销队伍按照市场类型来分配和设定，一部分推销人员专门为某一类特定的市场（顾客）服务的销售管理模式，如图12-3所示。一般来讲，我们可以把市场划分为组织市场、消费者市场和特殊市场，设立对应的推销机构开展推销，通过顾客专业化以提高推销工作的效率。市场型推销队伍的目标是让销售人员理解特定顾客群如何购买和使用公司的产品，如何更好地满足他们的需求以实现销售目标。市场型推销组织以特定顾客为对象，可以更好地满足不同细分客户的多样化需求，避免同一地区推销人员的重复劳动，但可能存在不同顾客类型在数量、分布、需求、销售价格方面的不平衡问题，管理起来有一定难度，需要制定相关政策进行协调。

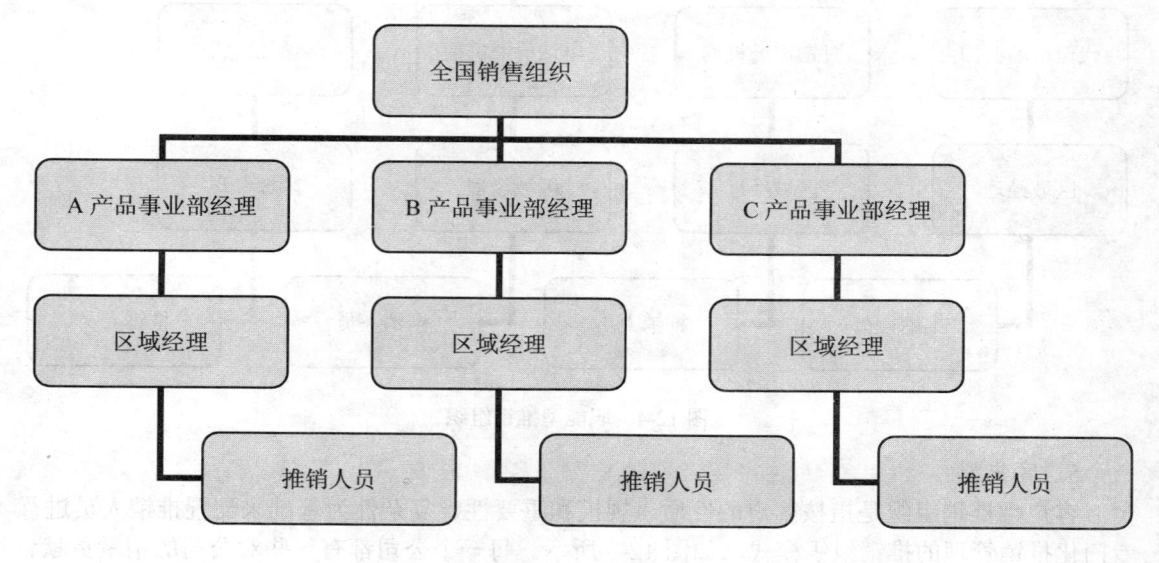

图 12-2　产品型推销组织

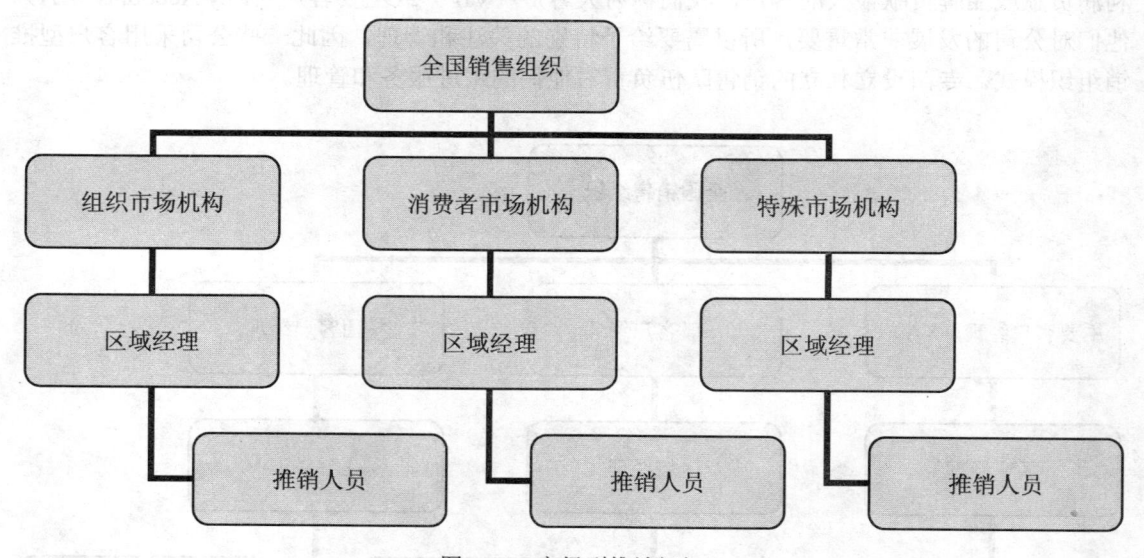

图 12-3　市场型推销组织

4．职能型

职能型推销组织是依据推销活动的具体任务来组建机构和安排销售人员，以体现多种不同的推销功能及特点，如代理、直销、电话销售、连锁经营等，如图 12-4 所示。当需要不同的专业人员来实现不同的推销职能时，企业适合采用职能型推销组织。职能型推销组织有利于培养和发挥推销人员的专业特长，但可能导致成本的增加，同时增加管理的难度。

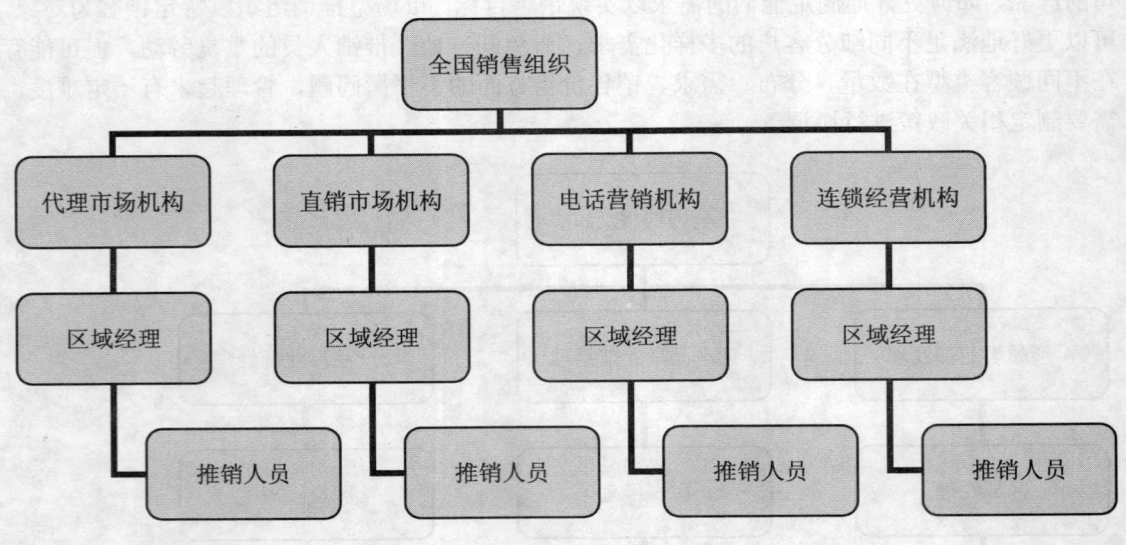

图 12-4　职能型推销组织

5. 客户型

客户型推销组织是指按客户的性质、规模和重要性、复杂性为基础来配置推销人员进行专门化推销管理的推销组织模式，如图 12-5 所示。每一个公司都有一些对公司的销量贡献、利润贡献或品牌贡献很大的客户，我们称为大客户（VIP）或主要客户（Key Account，KA）。他们对公司的发展非常重要，所以需要给予特别的关注和管理，因此一些公司采用客户型推销组织模式，专门设立独立的销售队伍负责对他们的跟进服务和管理。

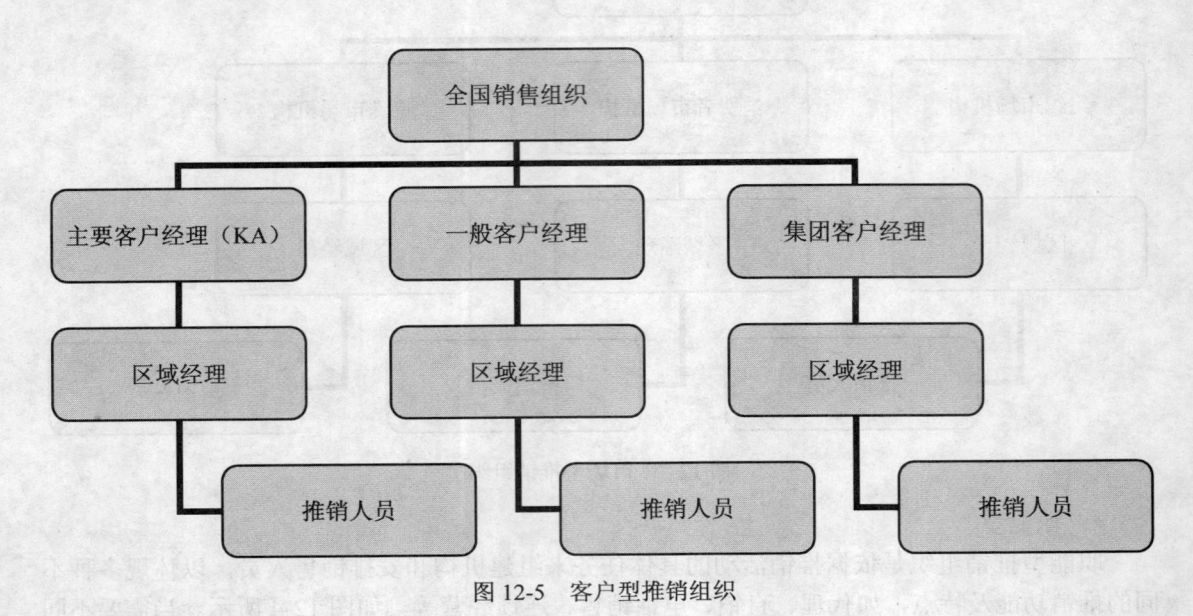

图 12-5　客户型推销组织

从公司战略层面来讲，公司组织与制度是战略实施的基础，销售队伍是实现公司经营目标的保障。事实上，推销管理组织与队伍的设计并没有统一的模式，也没有一个所谓最佳的方法。企业必须在分析推销目标、推销环境的基础上，结合公司产品、渠道、客户、人员及所处地理区域等因素综合考量和取舍，来选定一种合适的推销组织模式进行建设，以体现公司推销队伍的特点，提高推销效率和效益。

项目三　推销队伍管理

人是管理活动的中心，推销队伍的建设与管理是推销管理工作的一项重要内容，它包括推销人员的招聘、培训、薪酬设计与激励等重要环节。

任务 1　推销人员招聘

推销人员的招聘，可选择从企业内部选拔和企业外部招聘两种最典型的方式。下面介绍推销业务人员招聘的 4 种主要途径。

1. 公开招聘

所谓公开招聘就是面向社会，向公司以外的一切合适人选开放，按照公平竞争的原则公开招聘推销业务人员。具体包括：

（1）通过人才交流会招聘。

各地每年都会组织大型的人才交流见面会。用人单位为此花一定的费用在交流会上摆摊设点，以便应征者前来咨询应聘。如各地几乎每年都举办春、秋季人才交流会，还举办特殊专题（如营销、中小企业）人才交流会和外资企业人才招聘会。这种招聘方法的主要优点是可公事公办，按标准招聘，可直接获取应聘人员有关资料，如学历、经历、意愿等，根据需要招聘紧缺人才。这种招聘会对象集中、节省时间和经济成本，是主要的招聘形式。

（2）利用媒体广告招聘。

目前企业最普遍的招聘广告大都利用报纸媒体。这种途径费用低，操作便捷，又便于保存和查询，且报纸发行量较大，信息扩散面大，可吸引较多的求职者，备选比率大，并可使应聘者事先对本企业情况有所了解，减少盲目应聘。但通过这一途径招聘业务人员也会存在以下几个问题：

- 招聘对象来源、数量不稳定，质量差别较大。
- 招聘广告费用较高，并有不断上涨的趋势。
- 广告篇幅拥挤狭小，千篇一律，内容单调。
- 广告位置不醒目，各类广告混杂在一起，使应聘广告效果不佳。

（3）通过网络进行招聘。

由于信息技术和互联网的发展，越来越多的企业通过因特网招聘人才，这种方式成本低，可以长期持续招聘。一部分企业通过专业人才招聘网站招聘人才，付给少量费用。我国有名的招聘网有深圳南方招聘网、上海人才招聘网、北京人才招聘网、前程无忧招聘网（51job）、智联招聘网、研究生就业网等。目前更多的企业通过自己企业的网站招聘人才，这样可以随时招聘，但也存在招聘信息不能及时到达的问题。

2. 内部招聘

内部招聘就是由公司内部职员自行申请适当位置，或由他们推荐其他候选人应聘。许多规模较大、员工众多的公司经常采用这种方式。这种招聘方式主要是挖掘内部人才潜力，让人才各得其所，或者本着内举不避亲、外举不避仇的原则，让内部职员动员自己的亲属、朋友、同学、熟人，经过介绍加入公司的推销业务队伍。通过这一渠道招聘有它的优点：

（1）一方面，应征者已从内部职员那里对公司有所了解，既然愿意应征，说明公司对他有吸引力，招聘人员具有相对稳定性；另一方面，公司也可以从内部职员那里了解有关应征者的许多情况，从而节省了部分招聘程序和费用。

（2）由于应征者已对工作及公司的性质有相当的了解，工作时可以减少因生疏而带来的不妥和恐惧，从而降低了人才流失率。

（3）有时因录用者与大家比较熟悉，彼此有责任把工作做好，相互容易沟通，有利于提高团队作战的效率。但是，如果利用不好，这种内部招聘也会带来诸多的弊端，如内部职员引荐录用的人多了，容易形成小帮派、小团体和裙带关系网，"牵一发而动全身"，从而造成内部管理上的困难。

3. 委托招聘

委托招聘就是委托一些专门机构负责推荐、招聘人才，主要有以下几类：

（1）职业介绍所。许多企业利用职业介绍所获得所需要的推销业务人员。一般认为职业介绍所介绍的求职者，大多数是能力较差、不易找到工作的人。不过如果有详细的工作说明，让介绍所的专业顾问帮助筛选，既能使招聘工作简单化，也可以找到不错的人选。

（2）人才交流中心。它是政府劳动人事部门或企业设置的常年人才市场。它们掌握人才储备、人才的介绍与推荐，乃至人才招聘以及社会人才的管理。北京、上海、广州、深圳、武汉等大城市的人才交流中心都有大量的人才储备。

（3）行业协会。行业组织对行业内的情况比较了解，他们经常访问、接触行业内的厂家、经销商、推销经理和业务员，往往具有行业人才需求与供给的资源，如中国市场协会、各省市行业市场研究会、专业俱乐部等，企业可请它们代为联系或介绍推销人员。

（4）公司客户。公司在开展业务过程中，会接触到顾客、供应商、代理商、非竞争同行及其他各类客户人员，这些人员都是推销业务人员的可能来源。

（5）猎头公司。猎头公司是掌握高素质人才信息，并与高素质人才有密切联系的专业人才经营公司。他们的主要任务是掌握高端人才信息并建立人才数据库，为企业引荐高端人才并收取相当费用。企业通过猎头公司推荐人才需要付出较高的费用。

4. 定向招聘

所谓定向招聘是指企业到大专院校或职业学校挑选推销业务人员的方式。通过这种渠道招聘推销人员有以下几个优点：

（1）能够比较集中地挑选批量的推销业务人员而节约成本。

（2）大学生受过良好的专业基础知识和综合素质教育，为今后的人才培训奠定了基础。

（3）大学生往往因为刚刚参加工作，对推销工作充满了热情，一般较为积极主动。

（4）从薪金上，招聘应届大学生比一般招聘具有推销经验的推销人员代价要小些。

但这种方式也有很大的缺陷，主要是大学生缺乏推销经验，适应工作较慢。

5. 推销人员的选拔程序

(1) 填写申请表。应聘者要先填写一般的人事资料登记表，内容应包括姓名、性别、身高、年龄、健康状况、学历、工作经历、家庭成员、本人特长、居住地址、电话号码、个人主页或电子邮箱、邮政编码等。

(2) 企业面试。面试由企业推销经理和人力资源部负责人主持，并可以请有丰富推销经验的推销人员参加。通过个别沟通、集体谈话和侧面观察相结合的方法，考察应聘者的人品态度、知识水平、反应能力、仪表风度、健康状况，以及有无心理或生理缺陷等。同时向应聘者如实介绍企业的概况、工作任务的艰苦性，以判断其申请态度是否诚恳，对本企业的工作岗位和待遇是否满意等。

(3) 业务考试。对面试合格者要进行业务专题考试，考试内容包括专业知识考试、综合素质测试、心理测验等诸多方面的内容，主要考察准业务人员的专业业务能力、综合素质与心理、性格特征。企业还可通过特殊的测试方式测试应聘者的特殊技巧或进行某项工作需要的特殊智能。

(4) 体检。对业务考试合格、企业准备录用的人，录取前还需要对其进行身体检查，以决定其是否符合推销业务工作的体能要求。

任务 2　推销人员培训

推销人员对顾客的需求必须要有清醒的认识，需要不断地学习新的知识和技能以满足顾客不断变化的需求。不论是新人还是老手，都必须不断地"充电"，以提高专业知识和技能水平。所以，对推销人员的培训是推销管理过程当中一个重要而且必不可少的环节。

推销培训（Sales Training）是为了使推销人员树立正确的推销理念，确立积极的推销态度，获得有关推销工作的专业知识和技能，从而改善推销工作绩效。

1. 推销培训的内容

推销培训是一个系统工程，其内容涉及面较广，一般包括知识培训、技能培训和态度培训多个方面。

(1) 企业知识的培训。有关企业知识的培训内容包括：本企业过去的历史及成就；本企业在社会及国家经济结构中的重要性；本企业在所属行业中的现有地位；本企业的各种政策，特别是市场、人员及公共关系等方面的政策；推销工作对企业发展的重要性，公司对推销人员的期望及任务安排；行业与市场的发展特点等。

(2) 产品知识的培训。有关产品知识的培训内容包括：产品的类型与组成、产品的品质与特性、产品的优点与功能利益点、产品的制造方法、产品的包装情况、产品的用途及其限制、产品的售后服务（如维护、修理等）、行业生产技术的发展趋势、相关品与替代品的发展情况等。

(3) 推销技巧的培训。推销技巧的培训内容包括：如何做市场分析与调查；如何注意仪表和态度，访问的准备、初访和再访以及推销术语；如何进行产品说明；如何争取顾客好感；如何应付反对意见；如何坚定推销信心；如何克服推销困难；如何获得推销经验；如何更新推销知识；如何制定推销计划等。

(4) 客户管理知识的培训。有关客户管理知识的培训内容涉及：如何寻觅、选择及评价潜在的顾客；如何获得约定、确定接洽日程，如何做准备及注意时效；如何明了有关经销商的职能、问题、成本及利益；如何与客户建立持久的业务关系；如何了解客户的消费行为特点等。

（5）推销态度的培训。有关推销态度的培训内容包括：对公司的方针及经营者的态度；对上司、前辈的态度；对同僚及服务部门、管理部门的态度；对客户的态度；对工作的态度等。

（6）推销行政工作的培训。有关推销行政工作培训的内容包括：如何撰写推销报告和处理文书档案，具体包括：编制预算的方法，订货、交货的方法，申请书、收据的做法，访问预定表的做法，日月报表的做法，其他记录或报告的做法；如何答复顾客查询；如何控制推销费用；如何实施自我管理，具体包括制定目标的方法、工作计划的拟订方法、时间的管理方法、健康管理法、地域管理法、自我训练法；经济法律知识的学习等。

总之，对推销人员的培训是提高队伍战斗力的一种主要手段，是一项系统而复杂的工程。对于企业管理者而言也是一项细致而艰巨的工作，它需要企业成立专门的机构、配备专门的人员开展专业化的培训工作。

2. 推销培训的过程

"磨刀不误砍柴功"，推销队伍的培训工作需要长期、持续地开展，才能提升队伍的凝聚力、战斗力，保持推销队伍的活力。一般推销队伍的培训包括以下几个方面的程序和内容：明确培训需求、制定培训目标、设计培训方案、实施推销培训和测定培训效果。

（1）明确培训需求。通过调研找到推销队伍的欠缺及问题所在，有的放矢地提供专题培训。培训需求确定的目的是比较与绩效有关的技能、态度、洞察力差距，明确推销成功所必需的知识与能力，提供针对性培训。准确确定需要培训的主题内容，应有助于推销人员提高其推销绩效。主要有推销技巧（Sale Technique）、商品知识（Product Knowledge）、顾客知识（Customer Knowledge）、竞争知识（Competitive Knowledge）、时间与区域管理知识（Time and Territory Management）等方面的内容。

（2）制定培训目标。多数公司把推销培训的目标确定在增加推销额、利润和提高效率等短期目标上，但事实上推销培训不完全局限于此，其目标内容包括：帮助推销人员成为好的推销主管；辅导新手熟悉推销工作；改进有关产品、公司、竞争者及推销技能方面的知识；提高访问率，稳定推销队伍；转变对推销工作的认识和态度；降低推销成本；培养适合于推销事业的个性品格；获取反馈信息；提高对某个特定的产品或某类特定顾客的推销能力等。

（3）设计培训方案。培训方案是针对某个特定培训目标所拟定的具体培训行动计划，合适的培训方案能够帮助提高培训效果。培训方案包括培训目标、培训内容、受训范围、培训时间、培训地点、培训师资、培训方法及经费预算等具体内容。

（4）实施推销培训。在完成前几步的基础上，推销培训的实施是水到渠成的事情，但整个实施过程中推销经理要监控培训的整个进程，了解受训人员学习的意愿、方法和成效，加强培训工作的过程管理，保证培训目标的顺利实现。

（5）测定培训效果。培训效果的测定是一个很棘手的问题。有时候很难对培训目标做一个明确的陈述，即使陈述清楚，也难以用数字去定量衡量，因为推销业绩的好坏受到很多因素的制约和影响，我们不可能分辨出推销业绩的增长是因为培训的原因，还是其他某个方面原因所造成的结果。尽管如此，我们还是需要对推销培训进行评估，以了解培训的价值。一般可通过培训前后基础知识的测试、培训后顾客对推销人员服务及态度的评价变化情况、培训前后推销人员推销业绩的变动情况等来了解推销培训效果。事实证明，有效的推销培训能够有效提高业务员的推销技能，能够有效促进公司推销业绩的增长。

任务3　推销人员薪酬设计

常言道：要想马儿跑得好，要给马儿吃好草。要能够充分调动推销人员的推销积极性，设计一个公平而富有激励性、挑战性的薪酬制度是其中的一个关键性保障。

1. 薪酬设计的原则

推销人员薪酬的设计要遵循如下几条基本原则：

- "三公"的原则。即公平、公正、公开，不厚此薄彼。
- 差异性的原则。薪酬设计要考虑适当拉开业务人员的收入差距。
- 激励性的原则。薪酬设计要能够达到奖勤罚懒、奖优罚劣的目的。
- 经济性的原则。薪酬设计要考虑企业的经济效益和承受能力。
- 合法性的原则。薪酬设计要符合国家的政策和法律规范。

然而，推销员的工作具有很大的独立性、流动性和自主性，他们的工作环境极不稳定，风险较大，所以薪酬制度的设计首先要考虑业务员的收益，要能够留住优秀业务员，同时又要兼顾企业利益，考虑企业的特征、企业的经营政策和目标、财务及成本上的可行性、行政上的可行性和管理上的可行性等因素。

2. 典型的薪酬模式

企业薪酬制度的选择与设计因企业具体情况而异，没有任何固定的模式。推销员的薪酬形式主要有纯粹薪金制、纯粹佣金制和基本薪金加奖金制、年终分红等典型的形式。

（1）纯粹薪金制。所谓纯粹薪金制，就是企业每月支付给业务人员一定的、固定的薪水，不考虑其业绩以及其他的成就、表现的一种薪酬制度。换句话说，无论推销员的业务成绩如何，均可以在一定的工作时间内获得一个定额的报酬。这种薪酬形式主要以工作的时间为基础，是计时工资的一种形式，与推销工作效率没有直接联系，没有激励作用，所以较少在业务部门采用，但在行政部门有所采用。

纯粹薪金制的优点：

- 有安全感，在推销业务不足时不必担心个人收入。正在受训的推销员以及专门从事指导购买者使用产品和开辟新推销区域的推销员，都愿意接受纯粹薪金制。
- 有利于稳定队伍，因为推销员的收入与推销工作业绩并无直接关系，不少人愿意接受这种固定收入模式，因为它意味着有一份相对稳定的工作。
- 管理者能对推销员进行控制，在管理上有较大的灵活性。因为收入与推销工作效率不直接挂钩，所以根据需要在推销区域、顾客、所推销的产品等方面进行必要的灵活调整时，矛盾一般也比较少。

纯粹薪金制的弊端：缺乏弹性，缺少对推销员激励的动力，较难刺激他们开展创造性的推销活动，容易使推销员产生惰性心理，导致平均主义，形成吃"大锅饭"的局面。因此，目前企业业务部门很少采用这种形式。

纯粹薪金制适用的情况是：企业希望推销员服从指挥、服从工作分配；某些推销管理人员，如企业的中高级推销管理员希望工作稳定；需要集体努力才能完成的推销工作（大型项目）；该产品的推销比较容易，不存在多少难度（如垄断行业）的推销工作。总的来讲，这是一种比较保守、落后的薪酬模式。

（2）纯粹佣金制。所谓纯粹佣金制，就是企业对推销员只按业绩完成情况按一定比例提取佣金作为推销员的全部收入的一种薪酬制度。佣金制与薪金制不同，它有较强的刺激性，即企业根据推销员在一定期间内的推销工作业绩来支付报酬，做多得多。推销员的推销工作业绩通常以推销员在既定的时期内完成的推销额为基础来计算，有时也以利润额来计算。推销人员的收入主要取决于两个因素：一是在既定的时期内完成的推销额或利润额，二是给定的提成率。

纯粹佣金制的优点：
- 能够把收入与推销工作效率结合起来，鼓励推销员努力工作，促进销量提高。
- 有利于控制推销成本。
- 简化了企业对推销员的管理。
- 促进推销员业务水平提高。因为为了增加收入，推销员必须努力工作，并不断提高自己的能力，不能吃苦或没有推销能力的则自行淘汰。

纯粹佣金制的缺点：
- 收入不稳定，推销员缺乏安全感。
- 企业对推销员的控制程度较低，因为推销员的报酬是建立在推销额或利润额的基础上的，因而推销员不愿意推销新产品，不愿意受推销区域的限制，也不愿意干推销业务以外的工作。
- 企业支付给推销员的佣金是一个变量，推销的产品越多，佣金也就越多，这样推销员往往只关心销量的增长，重结果而不重过程，重眼前而忽视企业长远利益，甚至可能出现用不正当的手段来推销商品的短期行为。
- 容易导致地区业务和推销员收入的两极分化，不利于公司业务的全面发展，不利于推销队伍的稳定和良性发展。

纯粹佣金制一般适用于：某种商品积压严重，需要在短时间内削减库存，回收资金；某种新产品为了尽快打开销路，需要进行特别积极的推销。总的来讲，这是一种过于粗放、简单而危险的薪酬模式，容易导致窜货、乱价、不正当竞争等行为。

（3）基本薪金加奖金制。基本薪金加奖金制是上述两种形式的结合，即在支付业务人员基本薪金的同时，利用奖金（或佣金）来刺激推销人员的工作积极性。基本薪金提供生活保障和基本职位价值体现，它包括职位工资、职位津贴、住房补贴、电话补贴、交通补贴、午餐补贴、医疗补贴、保险、公积金、出差报销（或补贴）等，它构成了业务人员收入的主要部分。而奖金（或佣金）是拉开差距、鼓励优秀的收入项目，主要根据业务人员的业绩来计算和发放，计算比例和考核方式因企业而异。

这种报酬形式通常是以固定薪金为主，以奖金（或佣金）为补充，它尽可能地吸收了薪金制和佣金制的优点，又尽量避免了两者的缺点。这种形式既可以保证推销员获得稳定的个人收入，具有安全感，又有稳定性，同时便于对推销员的控制，还能起到激励的作用，求得在安全与激励之间的某种平衡。正因为如此，目前绝大部分企业实行这种薪酬模式。

但值得注意的是，企业必须处理好固定工资和佣金之间的比例关系，既要体现固定薪金带来的心理安全感，又要体现弹性佣金带来的挑战性和刺激感，以求得稳定和发展的平衡，追求企业推销工作的最佳绩效。

此外，年终红利制度、员工股份制度等都不失为很好的薪酬福利补充制度，在一些企业作为业务人员年终福利发放具有很好的激励效果，但年终红利和股份制目前还主要是针对推销管理高层实施，未来也有希望全面实施。总之，业务人员的薪酬没有固定模式，企业可以根据自身的产品特点、资源状况、推销目标进行灵活机动的选择，重要的是因地制宜，整合制定，目的是既能激励推销队伍，又能为企业带来高绩效和高效益。

任务4　推销人员绩效考核

推销绩效考核是推销业务管理的重要内容，它为企业薪酬与激励制度的实施提供依据。

1. 推销人员考核的必要性

（1）推销绩效考核是决定推销员薪资水平的依据。推销的业绩决定了推销员的佣金或奖金的多少，这是推销员收入的主要部分，体现了多劳多得的分配思想。

（2）推销绩效考核是对推销员进行奖励提升的依据。推销员是否优秀，取决于推销员的综合业绩的表现，业绩的好坏是企业奖励提升优秀推销员的有力证明。

（3）推销绩效考核是对推销员进行管理监督的依据。推销员掌握公司货物和资金的流动，推销员的工作具有非常大的灵活性和弹性，所以推销员是需要进行监管的，而考核恰恰就是对推销员进行有效监管的有力武器。

（4）推销绩效考核是了解推销员培训需求的依据。推销员需要全方位的培训，包括知识、方法、技能等方面，但针对推销员或某个推销员群体，究竟他们在哪方面比较欠缺，哪方面急需要优先培训，只有通过推销考核才能发现问题，才能找到培训的突破口。

2. 推销人员考核的内容

对推销业务人员进行考核应该是全面的、具体的，其内容包括推销业绩、工作态度、客情关系、专业知识、团队协作等能力与效果的考核，其中业绩是最主要的考核项目。

（1）推销业绩考核。推销业绩考核包括推销员个人的推销量、推销金额、回款率、毛利率、新客户开拓数、拜访客户次数、市场占有率等。在制定考核标准时，一定要考虑不同推销人员的差异，包括推销区域的市场发育状况差异、推销产品差异、基础客户的条件差异等，用设立考核系数的方式缩小个人及区域差异，避免两极分化。

（2）客情关系能力考核。客情关系考核包括现有客户数、解决客户问题能力、支持客户能力、管理客户能力及管理状况等。注意对不同类型客户进行分别考核。

（3）专业知识及能力考核。专业知识及能力考核包括企业知识、产品知识、对市场的了解、对客户情况的掌握、对竞争者情况的分析、推销技巧及管理知识等。

（4）团队协作能力考核。团队协作考核包括对公司环境的了解，对公司的忠诚度，与同事良好相处、协调共事的能力，与主管及同事良好沟通的能力等。

（5）其他考核。其他考核包括业务形象、推销信心、语言表达、综合办事能力等。

3. 考核的方法

考核的方法很多，比较具有代表性的方法是横向比较法、纵向比较法、尺度考核法。

（1）横向比较法。这是一种把各个推销员的推销业绩进行比较和排队的方法，把推销额进行对比，还要考虑到推销员的推销成本、推销利润、客户对其服务的满意程度等因素。这种方法有利于衡量推销员业务工作的优劣。

（2）纵向比较法。这是将同一推销员现在和过去某时段的工作成绩进行比较的方法，包括对推销额、毛利、推销费用、新增客户数、流失客户数、客户平均推销额、客户平均毛利等数量指标的分析。这种方法有利于衡量推销员业务工作的改善状况。

（3）尺度考核法。这是将考核的各个项目都配以考评尺度，制作出一份考核比例表加以考核的定量考核方法。在考核表中，可以将每项考核指标划分出不同的等级考核标准，然后根据每个推销员的表现按实际评分，并可对不同的考核指标按其重要程度给予不同的权数，最后核算出总的得分，以评定其综合业绩，如表12-2所示。

表12-2 推销人员业绩尺度考核表

评价指标	推销员1	推销员2	推销员3
指标1：推销量			
① 权数	5	5	5
② 推销目标	300000	200000	400000
③ 实际完成	270000	160000	360000
④ 完成率（③/②）	0.9	0.8	0.9
⑤ 成绩水平（权数*完成率）	4.5	4.0	4.5
指标2：订单平均批量			
① 权数	3	3	3
② 推销目标	500	400	300
③ 实际完成	400	300	270
④ 完成率（③/②）	0.8	0.75	0.9
⑤ 成绩水平（权数*完成率）	2.4	2.25	2.7
指标3：客户开发			
① 权数	2	2	2
② 推销目标	30	25	40
③ 实际完成	20	22	36
④ 完成率（③/②）	0.66	0.88	0.9
⑤ 成绩水平（权数*完成率）	1.32	1.76	1.8
业绩合计	8.22	8.01	9.0
综合效率	82.2%	80.1%	90.0%

任务5 推销人员激励

作为推销管理的一项重要内容，制定政策激励推销人员是一个企业推销部门主管的重要工作。正确的评价、适时的激励，对于提高推销员的信心、激发他们的工作热情、挖掘推销员的最大潜能和提升企业推销业绩都是至关重要的。

[参考阅读]

胡萝卜加大棒理论

根据胡萝卜加大棒理论，企业员工有时需要用"大棒"进行惩罚，才能让他们按规章行事，有时更需要用"胡萝卜"进行奖励，才能充分调动员工的工作积极性。前者是一种负向激励，而后者是一种正向激励。实践证明，新时期对于推销人员的激励，"胡萝卜"比"大棒"更加有效。

1. 推销人员激励的必要性

有些推销人员即使没有管理部门的督促也会尽心竭力地工作，对他们来说，推销是世界上最刺激而富于挑战性的工作，他们胸怀大志，积极主动，收入丰厚，具有工作动力。但是对于大多数的推销员来说，推销是一项艰苦而具有压力的工作，他们则需要鼓励和特别的刺激，才能使他们的工作取得佳绩。推销人员需要激励，原因在于：

（1）工作的性质所决定。推销员通常要独立工作，推销工作经常受到挫折，存在销量的压力。他们的工作时间是无规律的，还要经常离家在外，经常面临孤独和压力的工作环境，他们常常因为无法赢得理想客户或失去好客户、大订单而失望，这个时候特别需要激励，才能激发推销员的斗志。

（2）人性的弱点所决定。根据"Y 理论"，人的本性是懒惰的，人们不愿承担责任，一有机会就会逃避。大多数业务人员如果没有特别的激励，如金钱、荣誉和社会地位等，就会放松工作，回避困难，就不能发挥其最大潜能。因此，业务员总是需要不断的激励和鞭策，才能保持上进心。

美国推销专家福特·沃克曾经对推销员激励的问题做了深入的研究，并提出了推销员激励的基本行为模式，如图 12-6 所示。

激励措施 → 业务员努力 → 取得成绩 → 获得奖励 → 成就感

图 12-6　推销员激励的基本行为模式

上述模式表明，对推销员的激励越大，他做出的努力也就越大。更大的努力将会带来更好的业绩，更大的业绩将会带来更多的奖赏，更多的奖赏将会产生更大的满足感和成就感，而更大的满足感和成就感又会提供给业务员更大的精神动力，帮助业务员创造更辉煌的业绩。这是一种正向的激励原理，也是一种良性的循环。

2. 推销激励的基本原则

[参考阅读]

公平理论

根据管理学的公平理论，企业员工在接受公司的工资、奖金、福利、表彰等工作回报时都会与同行、同事进行比较，特别是与身边的人进行比较，一旦发现与其他人存在显著差异，特别是发现不如其他人，就会产生心理不平衡，产生不满情绪而影响工作。换句话说，员工都有追求公平的心态，激励员工队伍特别需要兼顾公平，否则就达不到激励的效果，正所谓"不患贫而患不均"。

一个企业推销目标的实现，与推销员的精神状态有着密切的联系，也就是推销队伍的士气，激励是鼓舞士气的有效手段。企业通过有效的、科学的激励方法，引导、激发推销员的内在潜力，使他们的积极性和创造性得以充分发挥，从而取得最佳的工作绩效。推销激励的基本原则有以下几个方面：

（1）公平合理原则。激励必须建立在合理确定目标任务基数的基础上，做到标准统一、一视同仁、公平合理；否则，就失去了奖勤罚懒的积极意义。

（2）及时兑现原则。及时兑现原则即趁热打铁，及时奖励，及时表彰，对提高推销员工作热情和工作绩效有积极的刺激作用，有直接的利益驱动意义。

（3）稳定有效原则。激励具有长期性、相对稳定性，作为一种管理手段、管理制度要长期保持，才能收到更大的激励效果。激励对于个人是短时的，但对于企业的生意来说应该是长期的，要将激励的短期效用与企业的持续发展结合起来。

（4）目标一致原则。激励的目标、定量、范围和方法要简单明确、易于操作，使每个推销人员都明确认识到自己应做什么和不应做什么。而且，激励个人的目标要尽量与组织的目标一致，才能帮助企业达成经营目标。

（5）投入产出原则。企业是经营实体，要考虑成本、利润问题，效率和效益问题，即经营的经济性问题。所以，业务激励也要考虑投入和产出状况，量力而行。

（6）物质与精神相结合原则。根据行为学家的实验，人们有物质和精神两方面的需要，人的全部潜能的发挥，有 60％是由物质因素引发的，有 40％是靠精神因素引发的。所以，对推销人员进行激励时，不能只用金钱物质奖励方法，还必须使用精神奖励方法。

3. 推销激励的主要类型

马克思把人的需要简要地概括为物质需要与精神需要两大类。通过对推销业务人员物质需要与精神需要的满足，可以达到激励的效果，所以有人把激励分为物质激励与精神激励两大类。另外的人则站在企业的角度，把激励分为内部激励与外部激励两个方面。

[参考阅读]

推销激励小点子

推销员的需求不外乎三个方面：收入、地位和成就感。满足推销员的相关需求就可以使他们有不断进取的精神动力。具体来讲，推销员的需求包括：合适的工资、奖金及提成；工作的努力和专业能力为主管所赏识；有接受培训及个人发展的机会；有一定的职位及权力；有良好的工作氛围；受到上级、同事及客户的尊敬和认同。你认为，推销员更注重哪些方面的需求？企业应该怎样处理？

（1）物质激励与精神激励。

1）关于物质激励。

"钱不是万能的，但没有钱是万万不能的"。物质需要是人的基本需要，物质刺激是最基本的激励手段，因为工资、奖金、住房等决定着人们的基本需要的满足。企业可以运用的物质激励手段，包括工资、奖金和各种公共福利的提供，调动推销人员的工作积极性。物质激励是基础，它对于处于社会基层的推销业务人员来说尤为重要，因为推销人员的收入水平及居住条件也影响其社会地位、社会交往，甚至学习、文化娱乐等精神需要的满足。当然，在应用时要十分注意把握物质激励的度，过与不及都达不到应有的激励效果。

2）关于精神激励。

精神需要是人的更高层次的需要，在物质条件基本满足的情况下，人们更加注重对精神愉悦和成就感的追求。现代企业管理实践表明，人总是需要一点精神的，物质激励必须同精神激励相结合，才能产生最大的激励效果。精神激励包括表扬、授予光荣称号、象征荣誉的奖品和奖章、职位晋升、受到认可和尊重等，这是对推销人员贡献的公开承认，可以满足他们的自尊需要和自我价值实现需要，从而达到激励的效果。正如美国 IBM 公司副总裁巴克·罗杰斯在其《IBM 道路》一书中所说的："几乎任何一件可以提高自尊心的事情都会起积极作用。我并不是说光凭赞美、头衔和一纸证书就会使一个付不起账单的人满足，但是这些做法在物质奖励的基础上是对做出贡献的人的一个很好的、公正的评价。"

（2）内部激励与外部激励。

1）关于内部激励。

内部激励（Internal Motivation）是当一项职责或任务完成后公司对当事员工的内在奖赏，如成就、挑战、责任、肯定、表彰、提升、成长、工作本身的乐趣和参与感等。如果推销人员喜欢拜访顾客并乐于解决他们的问题，那么这一活动对业务员本身就是一种奖励，属于一种自我激励，因为推销业务员能够从中感受到乐趣和价值。

内部激励常常是当推销职位提供了成就和个人成长的机会时引发的。内部激励因素常常比外部激励因素对雇员的态度和行为有更加长期的影响，更大的激励效果。在许多推销案例中我们发现，推销绩效与推销经理对出色完成工作的业务员的赞许直接相关，而且是正相关。内心对工作满意的推销人员更倾向于努力工作以达到高绩效的推销水平。

2）关于外部激励。

外部激励（External Motivation）是由其他人采取的行动，包括奖励或者其他形式的强化，从而使员工积极行动以确保得到奖励的管理方式，如开展竞赛、发放奖品、确定定额等。公司对达到推销目标的推销人员给予现金奖励就是外部激励的一个典型做法。许多推销经理认为，企业可以通过举办更多精心设计的推销竞赛、给予更多昂贵的奖品或者挑选真正具有异国风情的开会地址来提高推销生产力，这就是外部激励的威力。

这一观点忽略了我们确信的有关动机的两个基本点：第一，动机是个性化的，满足了一个人的需要的东西可能对于另外一些人并不重要，如一个推销人员对社会地位（阶层）的欲望就可能如此；第二，动机在我们的一生中都会发生变化，因为人们把不同的兴趣、驱动力和价值观带到了工作场所，所以他们对各种激励方式的反应各不相同。

激励问题专家提出，公司应该提供外部激励和内部激励的组合策略，才能取得最大的激励效果。

4. 推销激励的有效方法

推销激励的核心是对推销员的推销工作成果进行奖励。实践表明，最有价值的奖励是增加业务员工资，随后是职位提升、个人发展机会和作为某阶层群体成员的成就感。价值最低的奖励是好感与尊敬、安全感和表扬。换句话说，工资、有出人头地的机会和满足成就感需要对推销员的激励最为强烈，而表扬和安全感的激励效果较弱。对策总比困难多，推销激励有方法。

（1）目标激励。目标激励是业务员达成推销目标就进行奖励的方法。企业应制定的主要考核目标包括每年/每月销量目标、利润目标、访问客户的次数目标、开发新客户的目标、推销增长目标、订货单位平均批量目标等。目标能激励推销员上进，是他们工作中的方向。为使目标成为有效的激励工具，目标必须同报酬紧密联系，推销员达到目标就一定兑现奖励。目标激励的好处在于企业的目标变成了推销员自觉的行动，使他们看到自己的价值与责任，工作也增添了乐趣。所以，目标既是一种压力，也是一种动力。

（2）榜样激励。榜样的力量是无穷的。俗话说："拨亮一盏灯，照亮一大片。"大多数人都不甘落后，但往往不知道应该怎么干或在困难面前缺乏勇气。通过树立先进典型和领导者的宣传和示范，可以使推销人员找到一面镜子、一把尺子和一根鞭子，为推销人员增添克服困难去实现目标、争取成功的决心及信心。企业要善于运用国内外优秀推销人员成功的案例来激励大家，并要树立本企业的优秀推销人员，使大家看得见、摸得着，从而激励整体素质的提高。如有的公司每年都要评出"冠军推销员"、"优秀业务员"、"推销女状元"等，效果很好。

（3）工作激励。行为科学理论认为，对职工起激励作用的因素分为两类：一类是与职工工作直接相关的，即从工作本身产生的激励因素，被称为"内在激励"；另一类是与职工工作间接有关，但不是工作本身产生的激励因素，被称为"外在激励"。例如工资、奖励、职业地位、表扬、批评、提升等。这两种激励都是必不可少的。工作激励首先是合理分配推销任务，尽可能使分配的任务适合职工的兴趣、专长和工作能力；其次是利用"职务设计"方法，即充分考虑到员工技能的多样性、任务的完整性、工作的独立性，并阐明每项任务的意义，就可以使员工体验到工作和所负的责任的重要性，从中产生高度的内在激励作用，形成高质量的工作绩效及对工作高度的满足感。工作激励的关键在于知人善任，发挥所能。

（4）竞赛激励。人都有好胜的本能，可以通过开展推销竞赛激发推销业务员的竞争精神。因为推销工作是一项很具有挑战性的工作，每天都要从零开始，充满艰辛和困难，所以推销主管要不时地对推销员给予加油或充电，开展业绩竞赛是一种好形式，能够激发推销队伍的活力。竞赛奖励的目的是要鼓励推销员付出比平时更多的努力，创造出比平时更高的业绩。竞赛实施需要对竞赛主题、参赛对象、竞赛方法、入围标准、评奖标准、评审过程、奖品选择等各个方面进行深入细致的准备。

竞赛激励的组织实施要注意以下要点：
- 奖励设置面要宽，竞赛要设法让更多的参加者有获得奖励的机会。
- 业绩竞赛要和年度推销计划相配合，要有利于公司整体推销目标的完成。
- 要建立具体的奖励颁发标准，奖励严格按照实际成果颁发，杜绝不公正现象。
- 竞赛的内容、规则、办法力求通俗易懂，简单明了。
- 竞赛的目标不宜过高，应使大多数人通过努力都能达到。
- 专人负责宣传推动，并将竞赛进行情况适时公布。
- 要安排宣布推出竞赛的聚会，不时以快讯、海报等形式进行追踪报道，渲染竞赛的热烈气氛。
- 精心选择奖品，奖品最好是大家都希望得到的但又舍不得花钱自己买的东西。
- 奖励的内容有时应把家属也考虑进去，如奖励去香港旅行，则应将其家属也列为招待对象。
- 竞赛完毕，马上组织评选，公布成绩结果，并立即颁发奖品，召开总结会。

除此之外，推销人员激励的手段还有：提供好的生活条件和工作环境；关心推销员的思想、生活情况；为推销员解决各种个人困难；任人唯才，任人唯德，不任人唯亲；根据推销员能力、特点合理安排工作；提供考察、学习机会，促进他们成长等。

[参考阅读]

人员激励"三大法宝"

根据人力资源管理的思想，人员激励有三大法宝，即目标激励、奖励、工作设计。推销目标既是一种工作压力，但它也可以转化为一种激励动力；奖励包括物质奖励和精神奖励，都会形成直接的激励动力。把业务人员放到合适的区域、负责合适的客户或工作，让业务员能够发挥自己的才能，体现自己的价值，同样具有激励的效力。你认为，哪种激励对于推销队伍的激励更加重要？为什么？

项目四 推销账款控制

推销账款控制问题是推销管理的一个重点和难题。因为销售就是把货物卖出去把货款收回来并从中获利的游戏（企业经营行为）。销售的重心在回款，只有把货款收回来了，一个单元的销售工作才算完成。一些新的业务员在缺少销售经验的情况下，为了追求业绩，往往陷入一种误区，希望把产品"推"出去而急于求成，往往忽视了收款的环节，稍一疏忽，就会给企业带来推销账款风险，甚至造成呆账坏账，给企业经营带来危害。而不少企业把推销账款管理当作一种事后行为，等到呆账坏账发生了才去想办法催收，等于是亡羊补牢，这是很危险的！因此，我们应该学会运用管理学的过程控制、重点控制、例外控制的思想和方法有效防范推销账款风险的产生，把握推销账款的"例外"情况，进行及时有效的催收。

任务1 了解推销账款

所谓推销账款，顾名思义就是企业销售产品以后按理应该回收但还没有实际收回的销售货款。一般超过应收日期6个月以上不能收回就会被视为呆账坏账纳入处理程序，最后因对方企业倒闭、恶意拖欠等原因造成的企业实际无法收回的账款，叫做呆账坏账。推销账款从理论上视为可回收货款，从财务上计入企业的流动资产。推销账款过多就会使企业现金流不足，重则造成企业资金链断裂而出现严重的经营风险。推销账款如果不能及时催收，超过一段时间就会转变为呆账坏账，给企业带来严重的经济损失。

在现代市场经济条件下，企业将产品推出去并不等于经营成功，成功的经营是将商品转变成现金流，而不是将商品转变成债权。但激烈竞争的市场环境使赊销行为无法回避，特别是中小企业销售困难，为了生存不得不赊销，引发推销账款问题。行内有句俗话："不赊销等死，赊销找死"。这种情况下，很多企业选择销量，甘愿冒应收之风险，因此陷入推销账款的泥潭。赊销在中国是一种常见的销售行为，也意味着一种经营风险，所以推销账款问题需要预先防范。

任务2 分析推销账款的成因

长城不是一天建成的，企业推销账款问题也并非一朝形成。有人说现款现货或者说先款后货，是避免推销过程应收账款产生的最好办法。没错，但是在如今的买方市场条件下，现款现货或者说先款后货政策较难执行。市场上存在着众多竞争对手，你不允许赊购，而别的企业允许，你的竞争对手就会因此而抢走你的客户。甚至在我国消费品行业，赊销已成风气，不赊销就没法销售,所以赊销现象的普遍存在是应收账款产生的最主要原因。
当然,在推销过程中,其他因素也会导致应收账款的发生,总结起来有以下几个方面:
(1) 公司销售政策方面。

公司如果采用单纯的销量导向,单纯以销量考核业务员并计算报酬,业务员为了完成销量任务不得不冒险赊销,有时甚至是明知故犯。

(2) 业务员主观心态方面。

有的业务员具有消极心态,由于没有认识到应收账款的危害,对货款回收问题采取无所谓的态度,在销售活动中容易出现疏忽、松懈,导致把关不严。

(3) 公司销售管理方面。

表现为销售管理公司销售管理环节松懈,制度不严或者是主管管理不力,比如在发货管理和信用审批发放环节出现了漏洞,或因客户流失或客户人员变动导致账款。

(4) 业务员专业知识方面。

由于很多新业务员缺少警惕性,欠缺销售方面的知识和经验,只知道发货不知道收款,容易轻信客户的承诺而误入陷阱。特别因为新业务人员的畏惧心理会造成应收账款。

(5) 客户方面的原因。

部分客户因经营道德水平低下,出现恶意拖欠的不道德商业行为,这类客户从一开始就没有打算回款,他们的经营目的就是"滚款"。有的因为对企业的政策有所不满,就以拖延货款来报复。另一些客户则因为自己经营不善而无法偿还,或者希望通过拖欠货款来获取经营资金,这在中国极为常见。

所以,根据对推销账款成因的分析我们发现:推销员必须尽可能现款交易,因为收不回资金的销售比没有销售更糟糕;要账比销售更困难,与其将大量的时间和精力花费在要账上,不如用这些时间去开发更多更好的客户;企业现金流才是根本,宁可失去这笔生意,也不抱着侥幸心理冒险赊销;客户尊重做事专业而且严谨的企业,在账款问题上的妥协不可能换来客户的友情,也不可能换来客户对你的尊重。

任务3 认识推销账款的危害

应收账款只是账面销售、账面利润,一旦应收账款成为呆账坏账,是需要企业用其他盈利来冲抵的。不良账款吞噬销售额、侵蚀企业利润。为压缩成本、增加利润,企业必须控制赊销账款。推销账款问题使企业的渠道运营成本增加,主要表现在以下几个方面:

(1) 费用支出增加。税金、账款管理成本、讨债费用等,当然最重要的是财务费用和税金。客户欠着你的钱,你还得替这笔钱支付利息和税金。

(2) 导致周转不良。应收账款使企业的产品转化为现金的时间拉长,不良资产增加,使企业的流动资金困难。应收账款的产生,使资金停止参与循环,就如同血液停止循环。

(3) 呆账坏账损失。不是所有的账款都能收回来,如果推销账款变成了呆账坏账,造成直接经济损失,后果更加难以弥补。

(4) 市场运作困难。如果被不良客户和已发生的账款牵制,要账也不是,不要账也不是,还不能停止供货,结果是应收账款越积越多,企业越陷越深,形成恶性循环。

(5) 精力、心理上的危害。许多企业为要账问题所累,明明是别人欠你的钱,而你却要为之支付利息、税金,想要回自己的钱,还要付出应酬费,耗费精力和财力。

所以，作为一种投资，赊销如果控制得好可以提升销售业绩，提升竞争力，增加经营利润。但如果管理不当会陷入推销账款泥潭，造成经营被动，失去市场竞争力。应收的账款要以10倍、20倍的销售额来弥补，呆账坏账犹如洪水猛兽侵蚀着企业的利润！

任务4　领会推销账款的防范要领

推销账款的控制是一件未雨绸缪的事情，推销账款的防范必须抓住以下几个要点：

（1）树立推销账款风险意识。业务人员大多对推销账款的危害性认识不足，对自己赊销行为的可能后果认识不足，对客户可能的阴谋手段认识不足，于是有意无意之中就会造成推销账款。这就需要加强培训，让员工认识到推销账款问题的极端危害性，认识到自己肩负的责任，以提高推销账款风险的防范意识。

（2）树立良好的收款心态。推销账款的形成有客观因素，也有主观因素。有的推销账款是由于销售业务员的胆怯、软弱和碍于情面造成的。应该认识到，客户是利用我公司品牌赚钱的，赚钱之后交纳货款是天经地义，我催收货款也是理所当然，不要感到不忍心、碍于情面，没有什么难为情的。

（3）掌握适当的收款方法。收款是一门学问，光有胆量还不行，还必须有相当的耐性，讲究一定的方式方法，比如收款时机的掌握、提前准备提前催收、死缠烂打、整存零取、利用第三方的压力催收等。

（4）坚决催收，形成习惯。一旦推销账款形成，必须坚决催收，采用"逼迫式"打法，让对方不得安宁，收到为止。如果客户恶性拖欠或抵赖，那就坚决诉诸法律或利用黑道势力，不计成本也要打击和催收。

任务5　掌握推销账款的催收方法

应收账款的催收是一件艰苦而富于挑战性的工作，以下催收方法供参考：

（1）账款发生后，要立即催收。据英国销售专家波特·爱德华的研究，赊销期在60天之内，要回的可能性为100%；在100天之内，要回的可能性为80%；在180天内，要回的可能性为50%；超过12个月，要回的可能性为10%。另据国外专门负责收款的机构的研究表明，账款逾期时间与平均收款成功率成反比。账款逾期6个月以内应是最佳收款时机。如果欠款拖至一年以上，成功率仅为26.6%，超过两年，成功率则只有13.6%。

（2）对那些不会爽快付款的客户，经常催收。如果业务员要账时太容易被打发，客户就不会将还款放在心上，他会觉得这笔款对你来说不重要，能拖就多拖几天吧。业务员经常要账会使得客户很难再找到拖欠的理由，不得不还你的账款。

（3）对有信誉，只是一时周转不灵的客户，适当给予延期，诚信催收，并尽可能帮他出谋划策，帮他联系业务等，以诚心和服务打动客户，达到收回的目的。要注意在收款完毕后再谈新的生意。这样，生意谈起来也就比较顺利。

（4）对于支付货款不干脆的客户，提前催收。如果只是在约定的收款日期前往，一般情况下收不到货款，必须在事前就催收。事前上门催收时要确认对方所欠金额，并告诉他下次收款日一定准时前来，请他事先准备好这些款项。这样做，一定比收款日当天来催讨要有效得多。

（5）对于付款情况不佳的客户，直截了当催收。一碰面不必跟他寒暄太久，应直截了当地告诉他你来的目的就是专程收款。如果收款人员吞吞吐吐、羞羞答答的，反而会使对方在

271

精神上处于主动地位，在时间上做好如何对付你的思想准备。

（6）为预防客户拖欠货款，明确付款条款。在交易当时就要规定清楚交易条件，尤其是对收款日期要作没有任何弹性的规定。例如，有的代销合同或收据上写着"售完后付款"，只要客户还有一件货没有卖完，他就可以名正言顺地不付货款；还有的合同写着"10月以后付款"，这样的模糊规定今后也容易扯皮。双方的约定，必须使用书面形式（合同、契约、收据等），并加盖客户单位的合同专用章。

（7）到了合同规定的收款日，上门的时间一定要提早，这是收款的一个诀窍。否则客户有时还会反咬一口，说我等了你好久，你没有来，我要去做其他更要紧的事，你就无话好说。

登门催款时，不要看到客户处有另外的客人就走开，一定要说明来意，专门在旁边等候，这本身就是一种很有效的催款方式。因为客户不希望他的客人看到他的债主登门，这样做会搞砸他别的生意，或者在亲朋好友面前没有面子。在这种情况下，只要所欠不多，一般会赶快还款，打发你了事。

（8）如果客户一见面就开始讨好你或请你稍等一下，他马上去某处取钱还你（对方说去某处取钱，这个钱十有八九是取不回来的，并且对方还会有"最充分"的理由，满嘴的"对不住"），这时，一定要揭穿对方的"把戏"，根据当时的具体情况，采取实质性的措施，迫其还款。

（9）如果只收到一部分的货款，与约定有出入时，你要马上提出纠正，而不是要等待对方说明。如果你的运气好，在一个付款情况不好的客户处出乎意料地收到很多货款时，就要及早离开，以免他觉得心疼。

（10）如果经过多次催讨，对方还是拖拖拉拉不肯还款，千万不能放弃，而且要开动脑筋，采用一些非常规的手法灵活催收。在得知对方手头有现金时，或对方账户刚好进了一笔款项时，就立刻赶去逮个正着。

单元小结

本单元从过程管理的视角，诠释了推销过程的业务管理、压力管理、时间管理、销售队伍管理、应收账款管理等重要环节和内容，将企业推销工作提升到管理的高度。

推销业务管理一般包括日常推销业务管理、客户资源管理、推销组织设计、销售队伍管理、信用与账款管理等诸多方面。推销时间管理是让业务人员学会如何科学地利用和管理时间以提高销售效率的技术，它包括推销业务员的时间管理和推销经理的时间管理。

推销组织设计决定企业推销工作开展的形式，是企业销售目标得以实现的制度保证。合适的推销组织能够帮助企业提高推销效率，改善经营效益。目前主要的推销组织模式有：地域型、产品型、市场型、职能型、客户型等。

销售队伍的建设与管理是推销管理工作的一项重要内容，它包括推销人员的招聘、培训、薪酬设计与激励等重要环节。其中薪酬制度的设计是一个关键环节，需要遵循如下原则："三公"原则、差异性的原则、激励性的原则、经济性的原则、合法性的原则。此外，推销考核与激励也是推销管理的重要工作，它需要遵循公平合理、及时兑现、稳定有效、目标一致、投入产出、物质与精神相结合的原则。推销激励的有效方法包括：目标激励、榜样激励、工作激励、竞赛激励等。

应收账款控制是推销管理的一个难题。应收账款过多会使企业资金链断裂，应收账款如果不能及时催收，会转变为呆账坏账，给企业带来经济损失。应收账款的控制是一件未雨绸缪的事情，需要树立应收账款风险意识，培养良好的收款心态，掌握适当的收款方法。

核心概念

业务管理　　时间管理　　压力管理　　推销组织设计
过程管理　　重点控制　　销售队伍管理　　推销账款控制

训练题

1. 时间管理对于销售业务员的业绩提升有什么意义？
2. 压力管理对于销售业务员的成长有什么价值？
3. 你认为哪种推销组织形式最适合我国国情，其优势和劣势在哪里？
4. 谈谈你对应收账款风险的认识，你有什么更有效的收款方法？
5. 假如你是销售经理，你打算怎样制定你的销售队伍的激励政策？
6. 寻找一个关于推销管理的大型案例，剖析其成功经验和失败教训，并展开讨论。

综合案例分析

这个老板好用心

某销售公司曾经有个30多岁的业务员，为了推销公司的产品，整整一年没有回过家。到了年底，回到了公司，他创造了全公司销售第一，获得了销售冠军的称号，非常高兴。按照公司销售提成比例的规定，他也应该得到3万元。而庆祝会开完后，他却只拿到一万块钱的销售提成。此时，他十分恼怒，准备找老板谈谈，大干一场，然后拍桌子走人。就在这时，老板约他去吃年饭。当他匆匆忙忙赶到酒店时，一下子傻眼了，在酒店的包厢里，除他一年没见的父母亲和他的妻儿，没有旁人。老板笑呵呵地说道："来来来，辛苦辛苦，好好吃一顿团圆饭吧。"然后，对他的父母亲说道："感谢两位老人，为公司培养出这样优秀的人才，我代表公司向二老表示深深的敬意！送一万块给你们过个好年吧。"又对他的妻子和孩子说道："对不起你们，公司对你们关心不够，这一万块是给你们的，是要奖励你们，因为你们有一个好丈夫和一个伟大的父亲，就是陪你们的时间太少了！"这时，这位业务员再也忍不住了，哭着说道："老板！你放心，明年我一定还是最优秀的！"人性的管理，人心的沟通，那是管理工作中的更深层次的运用，这位老板不但运用现代生活中诚信的原则，而又巧妙地将管理激励艺术发挥得淋漓尽致，但是他毕竟是生意场上的老板咯。

资料来源：http://www.boraid.com/darticle3/list.asp?ID=123593&page=1

问题思考：（1）你认同销售公司老板的这种做法吗？为什么？
　　　　　（2）假如你是那个业务员，你会怎么想？怎么做？

参考文献

[1] 吴健安主编．现代推销理论与技巧（第二版）．北京：高等教育出版社，2008．
[2] 董亚辉，霍亚楼主编．推销技术．北京：对外经济贸易大学出版社，2008．
[3] 陈守则，戴秀英主编．现代推销学教程．北京：机械工业出版社，2010．
[4] 李文国，夏冬主编．现代推销技术．北京：清华大学出版社，2010．
[5] 李光明主编．现代推销实务．北京：清华大学出版社，2009．
[6] 梁红波主编．现代推销实务．北京：人民邮电出版社，2010．
[7] 刘俊等主编．业务员岗位职业技能培训教程．广州：广东经济出版社，2007．
[8] 一鸣主编．金牌推销员的成功话术．北京：企业管理出版社，2008．
[9] 邹华英，方华明主编．销售要有好礼仪．北京：人民邮电出版社，2010．
[10] 崔小屹主编．电话销售成交技巧实训．北京：化学工业出版社，2010．
[11] 陈守友编著．每天一堂销售课．北京：人民邮电出版社，2009．
[12] 陆兴华主编．卓有成效的推销员．北京：中国经济出版社，2009．
[13] 郭国庆主编．市场营销学通论（第四版）．北京：中国人民大学出版社，2009．
[14] 郭国庆主编．服务营销管理（第2版）．北京：中国人民大学出版社，2009．
[15] 吕巍著．精确营销．北京：机械工业出版社，2008．
[16] 郑锐洪著．中国营销理论与学派．北京：首都经济贸易大学出版社，2010．
[17]（美）戴维·乔布等著．推销与销售管理（第7版）．俞利军译．北京：中国人民大学出版社，2007．
[18]（美）杰拉尔德·L·曼宁，巴里·L·里斯著．销售学：创造顾客价值．陈露蓉译．北京：北京大学出版社，2009．
[19]（美）杰弗里·吉特默著．推销圣经．陈召强译．北京：中华工商联合出版社，2009．
[20]（美）马克·W·约翰斯顿等著．销售管理（第7版）．黄漫宇等译．北京：中国财政经济出版社，2004．